# Amores que duran ...y duran ...y duran

## Claves para superar las creencias destructivas que separan a las parejas

JESÚS MIGUEL MARTÍNEZ

EDITORIAL
PAX MÉXICO

COORDINACIÓN EDITORIAL: Matilde Schoenfeld
PORTADA: Víctor M. Santos Gally

© 2006   Editorial Pax México, Librería Carlos Cesarman, S.A.
       Av. Cuauhtémoc 1430
       Col. Santa Cruz Atoyac
       México, D.F. 03310
       Teléfono: 5605 7677
       Fax: 5605 7600
       editorialpax@editorialpax.com
       www.editorialpax.com

Primera edición
ISBN 13 dígitos: 978-968-860-782-4
ISBN 10 dígitos: 968-860-782-7
Reservados todos los derechos
Impreso en México / *Printed in Mexico*

A mi hijo Miguel Arturo, quien tras nueve años de amor
y admiración logró convencerme de que soy capaz
de hacer cualquier cosa.

A mi esposa Laura, quien ha tenido la paciencia y la sabiduría
de compartirme amorosamente con mis otras pasiones.

A mis padres, por el respeto con que aceptaron
todas las cosas que no he llegado a comprender aún de mí mismo.

A mis pacientes, que con fe y coraje me aceptaron en su vida
y me confiaron sus vínculos, para enseñarme a ver más allá
de lo aparente y hacer de mí una mejor persona.

# Índice

Las páginas de este libro están vivas, llenas de fragmentos de numerosas sesiones de psicoterapia que se llevaron a cabo a lo largo de más de dos años. Sobra decir que, en aras de la confidencialidad que el terapeuta les debe a sus pacientes, todas las identidades están debidamente resguardadas tras nombres supuestos, alteraciones de las historias, cambios en las características físicas, profesiones y otros datos que no repercuten, en forma importante, en la comprensión de lo que he querido exponer e ilustrar. Muchas de las historias han contado con la aprobación de los pacientes a que hacen referencia, y algunas de ellas han sido reestructuradas siguiendo las sugerencias de éstos.

---

## ACERCA DEL AUTOR

El doctor Jesús Miguel Martínez A. es médico psiquiatra, graduado en la Uni-versidad Central de Venezuela, especialista en dinámica de grupos por el Institute of Cultural Affaires, especialista en psicoterapia Gestalt por el Instituto Venezolano de Gestalt (IVG) con estudios en programación neurolingüística, psicoterapia ericksoniana, psicoterapia breve sistémica y estratégica (en MRI, Palo Alto, California) y psicoterapia constructivista.

Psicoterapeuta individual y de pareja desde 1992, coordinador del área de psiquiatría y psicohigiene social del Centro de Investigación y Estudio de la Dinámica Social (CIEDIS) entre 1992 y 1995. Vicepresidente de la Sociedad Internacional de Especialistas en Dinámica Social, Capítulo Venezuela. Entre 1993 y 1997, miembro docente Instituto Venezolano de Gestalt (IVG) y coordinador general del mismo desde 2004. Profesor de psicoterapias breves y de dinámica y psicoterapia de grupo en el postgrado de psiquiatría del Centro de Salud Mental del Este, de 1995 a 1998, y miembro de la Comisión Científica y de la Comisión de ética de la Asociación Venezolana de Psicoterapia (AVEPSI) desde 2004.

# Introducción

*Las creencias constituyen la base de nuestra vida
y el terreno sobre el que acontece, porque ellas nos ponen delante
lo que para nosotros es la realidad misma.*

JOSÉ ORTEGA Y GASSET

En 1912, tras cuatro días y medio de navegación, se hundió el trasatlántico que todo el mundo suponía imposible de hundir: el *Titanic* se sumergió para siempre en el fondo del océano, dos horas y veinte minutos después de que chocara con un iceberg; 1 500 personas murieron debido a la errónea creencia de que este barco no podía hundirse. "Ni Dios mismo podría hundir este barco" se cuenta que comentó uno de sus tripulantes. La historia del *Titanic* está llena de las consecuencias fatales causadas por las creencias que se habían introducido en la forma de pensar de muchas personas. Cada uno de los pasajeros que se encontraba a bordo pudo haber sido salvado, si, por ejemplo, hubiesen portado suficiente cantidad de botes salvavidas. En realidad se pensó que éstos no hacían falta, pues el barco era imposible de sumergir, según las creencias de los constructores y de la tripulación. De otra manera, ningún capitán se hubiese arriesgado a asumir la responsabilidad de un barco de pasajeros en que no hubiese forma de evacuarlos a todos en caso de un siniestro. Los pocos botes de que disponía cumplían una función más bien estética y de tranquilidad psicológica. La creencia de que el *Titanic* no podía hundirse se extendió rápidamente a la mayoría de las personas, incluidos los pasajeros, la tripulación y hasta los capitanes de otros barcos.

La tripulación del barco mixto de carga y pasajeros *The Californian*, que se encontraba a sólo 10 millas del lugar donde se hundió el *Titanic*, envió por lo menos dos mensajes. "Tres icebergs grandes" fue el primer aviso del operador de ese barco. "Oye, viejo", transmitió por la tarde desde un punto a 30 km del *Titanic*, "estamos varados y rodeados de hielo". Jack Phillips, operador de radio del *Titanic* respondió: "Aléjate y cállate. Interfieres mi señal. Hablo con Cabo Race". Del operador de Cabo Race en Terranova, Phillips recibía mensajes para los pasajeros importantes de su barco; ésa era su prioridad. Más tarde, desde *The Californian* pudieron ver que desde el *Titanic*, por razones desconocidas, estaban quemando cohetes en la noche; estos cohetes de auxilio debieron haber alertado al capitán Stanley Lord de que algo anormal ocurría y, si hubiese encendido el radio de su barco, hubiese escuchado las llamadas de auxilio. Sin embargo, pensaron que la gente a bordo del *Titanic* disfrutaba de una enorme fiesta con juegos pirotécnicos y se dedicaron a admirar el espectáculo de fuegos artificiales, recostados en el puente de su barco, mientras se alejaban lentamente. En ninguna mente surgió la idea de que el *Titanic*, el barco imposible de hundir, tuviese algún problema.

Muchas parejas pasan por situaciones similares: parecen tan conectadas que lucen como si fuesen a durar para siempre. Como si la ruptura no fuera posible. "Eso no puede pasarnos a nosotros", parecen pensar, y, precisamente por eso, no se toman el trabajo de cuidar de las cosas que mantienen la salud de la relación. Con mucha sorpresa para ellos y para las personas que los rodean, que creyeron en la supuesta perfección de la relación, pueden, perplejos, presenciar el hundimiento de su vínculo como si del *Titanic* se tratara.

Este libro trata de lo que la gente cree y de cómo lo que cree le hace vivir la vida de una manera particular. Trata de cómo lo que creen sobre las relaciones de pareja hace que sus vínculos puedan ser difíciles, desagradables y hasta traumáticos, pero sobre todo quiere ser un libro que genere alternativas adecuadas, que permita construir creencias acerca de las relaciones, que hagan que éstas sean posibles, gratas y nutritivas.

Quiero iniciar este trabajo anunciando que pienso que el ser humano no vive en una realidad fija e inmutable. Veo al ser humano no como un ente que reacciona a una realidad que lo rodea, sino como un proceso dinámico que participa en la construcción de su propia realidad, que otorga significado a las cosas que lo rodean y a los sucesos en los que participa, y pienso que este significado desempeña un papel relevante en la construcción de la realidad por la que transcurrimos. Estamos orientados a construir activamente una comprensión del mundo en el que vivimos, lo cual nos mantiene en un proceso permanente de cambio y evolución. Como dijera el terapeuta constructivista Michael J. Mahoney (Neimeyer y Mahoney, 1995): "...los humanos son participantes proactivos (y no reactivos y pasivos) en su propia experiencia, es decir, en toda percepción, memoria y conocimiento".

Las creencias que elaboramos y los mitos personales con los que caminamos por el mundo estructuran la realidad en que vivimos. No importa lo que las cosas son, sino lo que creemos de ellas. Es esa realidad, elaborada por nosotros consciente e inconscientemente, la que nos hace vivir de una u otra manera, la que nos hace tener éxito o fracasar, ser felices o vivir frustrados.

Una de mis pacientes en una oportunidad me definió la vida como "un océano de sufrimientos, salpicado de algunas pocas islas de alegría". Creo que definiciones de la vida como ésta hacen a las personas tener una existencia llena de sufrimiento y no, como comúnmente se piensa, que una vida de sufrimiento lleva a la gente a fabricarse una definición semejante. Cuando exploramos el origen de creencias como ésta, vemos que ya existían antes de que la persona comenzara con su colección de desgracias. Generalmente estas creencias ya estaban en su infancia, ya las tenían sus padres, sus abuelos u otras personas emocionalmente importantes para ella y que ejercieron mucha influencia en su crianza. De estas personas las tomaron para fabricar los paradigmas con que construyeron su realidad, los cuales nunca más fueron cuestionados o puestos en duda. Se quedaron en su sistema de creencias como verdades incuestionables, con el peso de provenir de personas mayores de quienes dependían física y emocionalmente.

Un ejemplo impresionante de cómo hacemos nuestra realidad con las creencias que albergamos lo da un paciente con quien trabajé en una oportunidad. Él creía tener una inteligencia precaria. "No es que sea bruto o retrasado, doctor —me decía—, lo que ocurre es que mi inteligencia es poca y las cosas me resultan más difíciles que a los demás", y la realidad parecía corroborar esto. Había tenido muchas dificultades para culminar sus estudios y luego había trabajado en empleos de poca responsabilidad y con un desempeño más bien mediocre. Sin embrago, en el curso del proceso terapéutico comencé a tener evidencias de que este joven tenía una enorme cantidad de inhibiciones que ocultaban una cantidad no menos enorme de recursos. Una extraordinaria capacidad de *insight*, una gran agudeza para entender sus problemas y una disposición a resolver más que a quedarse encerrado en la comprensión de los problemas me llevaron a dudar de la escasez de inteligencia de este paciente. De hecho mostraba muchos recursos y capacidades a medida que aumentaba la confianza en el proceso terapéutico y en sí mismo. Sabía, por el trabajo que veníamos realizando, que decirle mi opinión no cambiaría nada, de manera que lo hice evaluar por un psicólogo con el cual trabajo y le pedí que le aplicara un grupo de tests para medir esa serie de funciones cerebrales que, con el tiempo y sin saber muy claramente de qué modo, hemos decidido denominar inteligencia. El resultado no fue ninguna sorpresa: estaba en presencia de un personaje que, según estas pruebas, era extraordinariamente inteligente, con una puntuación que lo colocaba muy por encima del promedio. Cuando decidí comunicarle el resultado de sus tests su respuesta tampoco me sorprendió: no quería creerlo.

—Pero ¿estás seguro de que esos tests que me hicieron son confiables? —me preguntó.

—Pues son los tests con que evalúan a todas las personas y éstos revelan que eres más inteligente que el promedio; si no son confiables, en todo caso la mayoría de la población del mundo suele salir en ellos peor de lo que lo has hecho tú.

—¿Y no puede ser una casualidad? Digamos que el resultado es un error del azar.

—Según entiendo, el efecto del azar está contemplado en el diseño de las pruebas y minimizado.

—Ese psicólogo que me hizo los exámenes... ¿confías en él? —me preguntó con dudas.

—Para ahí —le digo sonriendo—, porque ya le tiraste a las pruebas, luego al psicólogo y lo próximo que vas a preguntar es si estoy seguro de cómo hacer mi trabajo...

Se ríe nerviosamente y me mira.

—No pareces muy dispuesto a creer en el resultado. ¿Qué me estarías diciendo en este momento si yo te hubiese notificado que los tests te ubican un poco por debajo del promedio de la población? —le pregunté muy serio y me quedé mirándolo. Luego de pensar un rato me respondió con tristeza:

—Me hubiese parecido cierto, te diría que ya lo sabía.

—¿Me estás diciendo que sólo estás dispuesto a creer lo que ya crees y si algo no corrobora la realidad que prefieres buscas la forma de desecharlo o de descalificarlo?

—Bueno, parece que es así —dijo en voz muy baja y casi de inmediato agregó—: ¡Ajá! Pero entonces ¿por qué todo me cuesta tanto trabajo?, ¿por qué hay tantas cosas que no me resultan sencillas?

—Eso no lo sé, habrá que averiguarlo... quizá porque de esa manera te resulta más fácil creer lo que estás dispuesto a creer. Pero ya veremos.

Hacer que este joven creyese en sus capacidades no fue una tarea fácil, pero se consiguió mediante un proceso terapéutico de unos pocos meses. Comenzó a arrojar mejores resultados en su trabajo, a causar mejor impresión entre sus superiores y obtuvo una promoción.

En esta situación como en la mayoría de los casos, no importa cuán inteligente es una persona. Si ésta cree firmemente que no lo es, se comportará como si no lo fuera y obtendrá los resultados que se ajustan a su creencia. De igual manera he podido corroborar que personas que en las pruebas de inteligencia arrojan resultados pobres, que son catalogados como de inteligencia promedio o incluso bajo el promedio, pero que tienen un alto concepto de sí mismos, logran descollar con facilidad y tener éxito en tareas en las cuales la mayoría presenta dificultades. Se podrá alegar que eso es una prueba de lo inadecuados que son los tests de inteligencia utilizados, criterio con el cual no estoy en desacuerdo, pero pienso que es mucho más que eso: es una manifestación de cómo el ser humano construye sus realidades y se ajusta a ellas.

En el curso de la historia vital de una persona suceden acontecimientos que son integrados a su experiencia de una manera única, la cual está definida, en parte, por la carga genética con que el sujeto viene al mundo, ese temperamento particular que trae como marca de fábrica y, en parte, por la forma en que aprende a interpretar los acontecimientos a partir de su relación con las figuras importantes con que comparte su vida infantil. Sin embargo, no todo queda en la infancia. Si bien es cierto que en este periodo de la vida un ser humano es más susceptible de ser influenciado (pues su experiencia del mundo es escasa y en los primeros cinco o seis años aprende un alto porcentaje de las destrezas que va a utilizar en su vida, como hablar, comunicarse, pedir, oponerse, negociar, reclamar y muchas otras), no es menos cierto que la personalidad cambia durante el curso de la vida en función de las experiencias y de los vínculos interpersonales que una persona sostenga durante su existencia. El ser humano es muy eficiente para aprender, mucho más que cualquier otra especie viva sobre el planeta, pero le resulta muy difícil "desaprender". Como asevera el terapeuta de familia italiano Giorgio Nardone (1998/2002): "Los seres humanos, como demuestra la moderna psicología cognitiva y de las atribuciones, tienen dificultad en cambiar sus puntos de vista y sus esquemas comportamentales, aun cuando éstos resulten inadecuados. Se dice, en efecto, que el hombre desea más reconocer que conocer".

Cuando una estrategia, una forma de entender determinadas cosas o una posición ante el mundo nos resulta exitosa en un momento y en una situación particulares, seguimos usándola aunque comience a dar resultados adversos; así, cuantas más veces una estrategia o forma de pensar nos funcione, tanto más difícil nos resultará cambiarla cuando se haya hecho disfuncional.

Cuando hablamos de creencias disfuncionales nos referimos a algunas formas de entender el mundo y sus situaciones (las relaciones de pareja, en este libro al cual vamos a dedicarnos), que alguna vez resultaron exitosas, pero que hace mucho tiempo no dan resultado. Asimismo, en la mayoría de los casos proceden no de la experiencia personal, sino de la enseñanza de los mayores, marcada por la autoridad y dependencia en que nos encontramos en relación con ellos en un momento de nuestra vida. Las creencias que albergamos permanecen incrustadas en nuestra concepción del mundo, sostenidas por la costumbre y por el "sentido común" que ellas, en forma circular, contribuyeron a crear, y debido a esto ya no son cuestionadas cuando comienzan a trastornar nuestra vida diaria. Como escribiera el filósofo inglés Bertrand Russell (1929/1956) en su libro *Matrimonio y moral*: "El hecho de que una opinión haya sido sostenida ampliamente no es de ninguna manera evidencia de que no es absolutamente absurda; de hecho, en vista de la tontería de la mayoría de humanidad, una creencia extendida es más probablemente tonta que sensata".

En este libro pretendo no sólo mostrar cuáles son las creencias disfuncionales más frecuentes y más dañinas para las relaciones de pareja, sino también ayudar a la creación de modelos alternativos (cuantos más mejor) más eficaces para interpretar las vivencias que se suceden en los vínculos afectivos y para elaborar realidades más funcionales y felices.

# Capítulo 1

# Qué es y cómo se construye
# una creencia disfuncional

*Nacemos creyendo. Un hombre lleva sus creencias,*
*como un árbol lleva sus manzanas.*

Ralph Waldo Emerson

Jorge, uno de mis pacientes, es un hombre de mediana edad, moreno, pasado de peso, impaciente y en ocasiones irritable, una de esas personas que viven con la sensación de que el tiempo es algo que siempre escasea. Un día llegó a la consulta extremadamente preocupado.

"No puedo seguir así, Miguel" —me dijo— "hoy en la mañana tenía una entrevista importante con un cliente y ¿qué crees que me ocurrió? Bueno, pues el maldito auto no quiso encender y entonces me puse loco. Me bajé de él, abrí la tapa del motor y lo golpeé con la llave de cruz. Luego lo pateé por los cauchos y le di un puñetazo en el techo. ¡Lo abollé! ¡Hundí el techo! Estaba loco de la rabia.

—¿Encendió? –le pregunté con fingida seriedad.

—No, carajo, por supuesto que no encendió –se queda pensativo y añade sonriendo–... pero después de eso me subí e intenté encenderlo de nuevo... ¡Estúpido! ¿No? Bueno, el caso es que luego empecé a gritar como loco mirando al cielo, algo así como "¿por qué a mí?", "¿por qué hoy?", "Dios me odia", y los vecinos se asomaron por las ventanas. No puedo seguir en esto o un día me van a sacar en una ambulancia para un manicomio.

—¿Por qué te ocurren estas cosas a ti? –le devuelvo su pregunta.

—Bueno, el auto estaba fallando desde hace cerca de una semana –dice pensativo–, pero no tuve tiempo de llevarlo a revisar –añade, excusándose.

—¿Crees que Dios te odia?

—Bueno, en realidad no soy creyente, pero si hay alguien allá arriba no está de mi lado.

Tratar las explosiones emocionales de Jorge era parte de los objetivos de nuestro proceso terapéutico y este episodio no habría cobrado para mí el significado que lo incluye en este texto, de no ser porque algo más de una semana después mi paciente Victoria, una mujer de mediana edad, divorciada, entusiasta, curiosa, amante de la astrología y de los libros de autoayuda, y militante de la *new age*, llegó a la consulta vestida muy informalmente para un día de trabajo.

—Tu atuendo hoy es muy deportivo –le señalo.

—Es que hoy no fui a trabajar –me explicó–. Me levanté muy temprano para ir al trabajo y mi carro no encendió.

—¿Y qué hiciste? –le pregunté, recordando la situación de Jorge.

—Bueno, me dije a mí misma: "Amiga, si esto te está ocurriendo, por algo será". Tú sabes que no existe la casualidad, que todo es causal –me dice como quien enseña algo– "...Como el universo conspira para protegerme, quizá iba a tener un accidente o a atropellar a alguien", de manera que me regresé a la casa y llamé al mecánico. Siempre viene a la casa cuando lo necesito... Las ventajas de ser mujer... La verdad es que es un ángel guardián. Llamé al trabajo para decirles que no podía ir... Por un día en la vida que yo falte no va a haber problemas. Aproveché el tiempo para poner orden en mi clóset. El mecánico me arregló el auto en media hora, salí a hacer el mercado de la semana, luego vine hacia acá y aquí estoy...

No quiero pronunciarme a favor o en contra de las visiones del mundo de estas dos personas, pues entiendo perfectamente que ambas tienen sus ventajas y sus desventajas. Pero no tengo la menor duda de que existe una diferencia muy importante entre andar por el mundo con la creencia de que Dios nos odia y hacerlo pensando que el universo conspira para protegernos.

## Una breve historia de las creencias

El conocimiento de que las creencias definen la realidad en que vivimos no es nuevo. Protágoras, quien vivió entre los años 480 y 410 a.C., planteaba que la verdad no era absoluta (Desiato, 1995; Marías, 2001). Aseveraba que cada cual tiene sus sensaciones y opiniones y que éstas no podían ser catalogadas como verdaderas o falsas. La sensación es siempre verdadera y una opinión sólo puede ser mejor o peor que otra, pero no más cierta. Gorgias y los sofistas presocráticos, cerca de 400 años antes del nacimiento de Cristo, planteaban que el conocimiento de la realidad resultaba imposible más allá de las opiniones personales de quien pretende conocer. Asimismo, Pirrón y Sexto Empírico, quien recopiló, comentó y amplió la obra del primero, aseguraban que la sensación constituía la base de nuestros juicios acerca de la realidad y al ser las sensaciones cambiantes, también lo eran nuestras certezas sobre la realidad y, por ende, la realidad misma según la conocemos. Pirrón ya se planteaba la tesis de los constructivistas radicales de la actualidad al asegurar que las propiedades de, por ejemplo, una manzana eran percibidas por nuestros cinco sentidos de una manera tan particularmente única que no podíamos asegurar si estas propiedades pertenecían a la manzana o si le eran asignadas por nuestros sentidos.

Descartes se opuso enérgicamente a la propuesta filosófica de Pirrón. Él planteaba absolutos universales y no realidades individuales. Con su más célebre frase, *cogito ergo sun*, nos da la prueba irrevocable de nuestra existencia, de la que se puede deducir la existencia de Dios y del alma humana y la existencia del mundo físico. La Francia de Descartes rompía en el siglo XVII con la visión renacentista y se encaraba al futuro con firmeza. El saber dejaba de ser meramente teórico y se desprendía de sus raíces teológicas. El conocimiento ya no era utilizado como una prueba para confirmar los dogmas religiosos, sino como una herramienta para mejorar la vida del hombre y, por lo tanto, no podía ser subjetivo, ni susceptible de error. Descartes acuñó su "método" como un camino para llegar a la verdad, evitando todo error. Como una serie de reglas que conducen a la certeza, la primera regla del método cartesiano es la de la evidencia (Descartes, 1637/1983): "No aceptar nunca cosa alguna como verdadera que no la conociese evidentemente como tal, es decir, evitar cuidadosamente la precipitación y la prevención y no admitir en mis juicios nada más que lo que se presentase a mi espíritu tan clara y distintamente que no tuviese ocasión alguna de ponerlo en duda".

Vemos que Descartes no acepta como verdadero sino lo que es evidente universalmente; pero ¿qué cosa es evidente? Para Descartes, la evidencia se produce sólo en la "intuición", la que él define como un acto puramente racional, por el que nuestra mente capta o "ve" de manera inmediata y simple una idea; esta intuición intelectual se caracteriza por su exclusión total del error.

La visión racionalista cartesiana de verdades y realidades únicas y absolutas no convenció a Locke (Desiato, 1995; Marías, 2001). Éste se encontraba muy interesado en la forma como funciona la mente humana y del estudio que hizo de ella dedujo gran parte de sus postulados filosóficos. Locke y los demás empiristas (Hobbes, Berkeley y Humme) plantearon algunas tesis fundamentales que apoyaban la visión de que el ser humano elabora la realidad a partir de las interpretaciones que hace de las cosas: la experiencia es el origen de todo conocimiento. El conocimiento es subjetivo, y la mente no puede conocer las cosas más que a partir de las ideas que tiene de ellas. La experiencia es la única fuente y el límite del conocimiento. No existen los conceptos ni el conocimiento universal.

Hacia el final del siglo XVII y principio del XVIII, Gianbattista Vico (Vico, 1725/1978; Neimeyer y Mahoney, 1995; Desiato, 1995; Marías, 2001) elaboró una de las más atinadas oposiciones al racionalismo cartesiano. Le dio preeminencia a lo verosímil frente a lo verdadero. Se centró en el estudio del saber humano y la forma en que éste se construye: "Así como la verdad es lo que Dios llega a conocer al crearlo (el saber) y organizarlo, la verdad humana es lo que el hombre llega a conocer al construirlo, formándolo por sus acciones. Por eso la ciencia es el conocimiento de los orígenes, de las formas y la manera en que fueron hechas las cosas" (Vico, 1725/1978).

Según Vico, sólo podemos llegar a conocer lo que hemos creado y es el acto de crear o de constituir algo lo que nos permite llegar a la posesión de los elementos que harán posible el conocimiento. El conocimiento es una construcción humana, pero activa. Kant coincide con el punto de vista de Vico al asegurar que la mente no sólo es el receptáculo pasivo de las impresiones que le envían los órganos de los sentidos, sino también crea significados, ordena la experiencia y construye con ella el conocimiento. Esta visión fue ampliamente compartida por Franz Brentano y por Edmund Husserl y en ella se fundamenta la fenomenología (Desiato, 1995; Marías, 2001).

En la culminación del siglo XIX, la irreverente lucidez de Friedrich Nietzsche añade una nueva luz al tema. En *La genealogía de la moral* escribe:

> Guardémonos mejor, por tanto, de la peligrosa patraña conceptual que ha creado un sujeto puro del conocimiento, sujeto ajeno a la voluntad, al dolor, al tiempo. Guardémonos de los tentáculos de conceptos contradictorios, tales como "razón pura", "espiritualidad absoluta", "conocimiento en sí": aquí se nos pide siempre pensar en un ojo que de ninguna manera puede ser pensado, un ojo carente en absoluto de toda orientación, en el cual debieran estar entorpecidas y ausentes las fuerzas activas e interpretativas, que son, sin embargo, las que hacen que ver sea ver algo, aquí se nos pide siempre, por tanto, un contrasentido y un no concepto de ojo. Existe únicamente un ver perspectivista, únicamente un conocer perspectivista(...) Pero eliminar en absoluto la voluntad, dejar en suspenso la totalidad de los afectos, suponiendo que pudiéramos hacerlo: ¿Cómo?, ¿es que no significaría eso castrar el intelecto? (Nietzsche, 1887/2000).

Nietzsche consideraba que la única realidad era el ser en continuo cambio de creación y destrucción. La voluntad es la esencia de la realidad, "ser es querer", decía (Desiato, 1995; Marías, 2001). Él no veía la realidad como algo estático, permanente o inmutable, ni tampoco como la consecuencia de algo estático, permanente o inmutable. Si la realidad es el producto de la voluntad, ha de ser, al igual que ésta, multiforme y cambiante. Esta "voluntad de poder" es vital, expansiva, dominante; se engendra a sí misma y tiende a la omnipotencia. Esta nueva concepción de la realidad genera una nueva concepción de la verdad, una verdad que no reside en juicios, que no cree que el intelecto deba adecuarse al objeto. Todos los juicios son falsos, plantea Nietzsche, pues son una "paralización" de un aspecto de la realidad mediante el uso de conceptos intelectuales. Pues bien, si la realidad cambia no podrá estar atrapada en un concepto rígido e inmutable. Y como los conceptos intelectuales son la base de los juicios, éstos no pueden expresar ni entender la realidad. La verdad ha de ser resultado de la interpretación de la realidad; por ello, ninguna verdad puede ser inmutable o única. La realidad y la verdad son cambiantes y contradictorias.

En la mitad del siglo XX, tras las guerras mundiales y en medio de las tensiones políticas que sacudieron al mundo del más "civilizado" de los animales, el filósofo francés Jean Paul Sartre daba a luz el existencialismo, el cual también tenía algo que aportar al tema de lo real. El existencialismo dijo al hombre que carecía de misión y de naturaleza. Su misión y su naturaleza no vienen al mundo con él, sino que debía construirlas; le dijo que el hombre es lo que hace de sí mismo. Existir consiste en crear el propio ser, arrancarlo de la nada; somos lo que hacemos, nuestros actos nos definen. El hombre tiene múltiples alternativas, dado que cada construcción que realiza implica la existencia de muchas otras posibilidades de construcción. La conciencia debe inventarse al igual que la realidad.

Desde otras áreas del pensamiento se estaba llegando simultáneamente a las mismas conclusiones. A principios del siglo XX eran ampliamente aceptadas las ideas de Freud acerca de la existencia de una realidad psicológica independiente de la realidad objetiva. Esta realidad psicológica es la única realidad a la cual reacciona la psique humana. No importa si un hecho es real o no; lo importante es que el individuo considere que lo es.

Según plantea Jung (1934/1998), existe un *inconsciente personal* superficial que descansa en un estrato más profundo que él denominó *inconsciente colectivo*. Este último no se origina, como el primero, en la experiencia personal, sino que es de naturaleza universal. Al contrario de lo que ocurre con el inconsciente personal, el colectivo es igual en todas partes y en todos los individuos. Los contenidos del inconsciente personal los llamó Jung *complejos de carga afectiva*, los cuales forman parte de la vida anímica de cada sujeto y se incorporan a él mediante sus experiencias en sus vínculos con su entorno y quienes lo habitan. Los contenidos del inconsciente colectivo los denominó *arquetipos* el psicoanalista suizo. Además, los arquetipos son arcaicos, primitivos y se transmiten de generación en generación sin cambios, son inconscientes y al hacerse conscientes cambian de acuerdo con la conciencia individual a la que emergen. Entonces los arquetipos son tanto imágenes que se expresan en forma de historias o narraciones, como un sistema de pensamientos ordenadores del mundo no cuestionados, pues poseen un poderoso significado intrínseco. Son símbolos, mitos y dogmas sobre temas universales como la sabiduría, el amor, la muerte, el heroísmo, la generosidad, la amistad, la santidad, el sexo, las relaciones, la familia, etcétera, que sirven para dar significado al mundo de experiencias en que estamos inmersos. ¿Cómo funciona este acto de otorgar significados? Dejemos que Jung dé la explicación: "Pero, ¿cómo otorgamos significado?, ¿de dónde lo tomamos en última instancia? Nuestras formas de otorgar significado son categorías históricas que se pierden en una oscura antigüedad, hecho éste que no se advierte como es debido. Las interpretaciones utilizan ciertas matrices lingüísticas, que también provienen de imágenes arcaicas" (Jung, 1934/1998).

De esta manera explicaba Jung una de las funciones de nuestro cerebro: la de otorgar significado a las cosas y sucesos del mundo circundante. Para él, el inconsciente colectivo es fuente donde se nutren nuestras creencias, que así parecen ser transformaciones hechas por nuestra experiencia de estos temas universales y que sirven para otorgar significado al mundo en que vivimos.

En 1921, el sociólogo americano William Thomas postulaba lo que posteriormente se denominó *el teorema de Thomas* (Timasheff, 1955/1961), el cual planteaba que "si los hombres definen una situación como real, ésta será real en sus consecuencias". Es común en la actualidad que en el terreno de la psicología y la psicoterapia se hable de las profecías que se autocumplen y no resulta asombroso que biólogos como los chilenos Maturana y Varela aseguren que "todo conocimiento depende de la estructura del conocedor". La influencia del observador sobre la realidad que éste presencia ha sido muy documentada. El físico Paul Davies (1984/1985) cita en su libro *Superfuerza* las experiencias de un grupo de físicos que, deseando medir la inclinación del spin de los electrones en relación con unos puntos de referencia (campos electromagnéticos) seleccionados al azar, descubren que los electrones se alinean siempre paralelamente al punto de referencia seleccionado. Aun cuando se seleccionen varias referencias distintas, el electrón cambiará de forma alternativa su ángulo de spin para situarse paralelamente al campo elegido por el experimentador. Esta observación corrobora de una manera asombrosa las aseveraciones de Heinsenberg de que la presencia del observador modifica los fenómenos observados. Como plantea Davies: "De algún modo, el libre albedrío del experimentador se inmiscuye en el micromundo. El extraño servilismo que obliga a todas las partículas dotadas de spin a adoptar el ángulo fijado por el experimentador parece sugerir un dominio de la mente sobre la materia".

Este tipo de fenómeno no pasó desapercibido para otras destacadas mentes de la física. Shödringer, Premio Nóbel en 1933 por ser uno de los creadores de la mecánica quántica, decía que la imagen que cada ser humano posee del mundo es un constructo de su mente. Estos planteamientos revelan la forma en que nos acercamos o percibimos la realidad. Pero cuando von Foerster (Freíd, 1994), uno de los creadores del constructivismo radical, afirma que el sistema nervioso humano se organiza a sí mismo para producir una realidad estable, nos dice algo acerca de la capacidad que cada ser humano tiene de construir, bien o mal, la realidad en que vive.

Las creencias son equivalentes a los paradigmas sobre los que atinadamente escribiera Tomas Kuhn (1962/1971). Son modelos que utilizamos las personas para reconocer y entender la realidad —y, diría yo, para construir nuestra realidad particular. Nuestras creencias delimitan el mundo que observamos y la comprensión que de éste tenemos, asignan valores y prioridades a los sucesos en que participamos, nos señalan lo que debemos sentir y nos indican qué clase de soluciones aplicar a los problemas. Si algún elemento de nuestro medio o algún suceso de la experiencia no concuerda con los presupuestos de nuestras creencias será posible que no lo percibamos o, en el mejor de los casos, que genere dudas que nos lleven a reformular nuestro sistema de creencias. Entonces puede decirse que las creencias son paradigmas, modelos que las personas utilizamos para reconocer la realidad. Durante largos periodos y a veces por toda la vida proporcionan modelos que nos dictan el tipo de problemas que hemos de tener y las soluciones que hemos de aplicar.

En palabras de José Ortega y Gasset (1997):

Las creencias constituyen la base de nuestra vida, el terreno sobre que acontece, porque ellas nos ponen delante lo que para nosotros es la realidad misma. Toda nuestra conducta, incluso la intelectual, depende de cuál sea el sistema de nuestras creencias auténticas. En ellas "vivimos, nos movemos y somos". Por lo mismo, no solemos tener conciencia expresa de ellas, no las pensamos, sino que actúan latentes, como implicaciones de cuanto expresamente hacemos o pensamos. Cuando creemos de verdad en una cosa, no tenemos la "idea" de esa cosa, sino que simplemente "contamos con ella".

## Y entonces, ¿qué son las creencias?

No es fácil entender qué es en realidad una creencia, pero puedo afirmar que la frase anterior revela una creencia. Significa que yo tengo la convicción de que entender qué clase de cosas en el mundo son las creencias conlleva un esfuerzo intelectual que no todas las personas pueden realizar espontáneamente; significa también que para explicarlas yo y entenderlas otro se necesita una preparación y una atención especial. Más aún, si a alguien le explico qué cosa es una creencia y éste entiende con facilidad lo que le digo, dudaré de que me haya entendido o lo consideraré privilegiado intelectualmente, ya que yo me acerco a la explicación con la convicción de que "no es fácil entender qué es en realidad una creencia".

Las creencias que la gente sostiene están relacionadas con el tipo y el origen de los problemas que los aquejan y con la forma como intentan resolverlos, también con la manera en que lo consiguen o con el modo como fracasan en su intento, y luego en cómo asumen este éxito o este fracaso para definirse a sí mismos, a los demás y al entorno en que habitan. A todo esto le llamarán luego *realidad*.

La palabra *creencia* implica varios aspectos importantes. En primer lugar es una afirmación acerca de la visión que un individuo tiene de su mundo. Por ejemplo, un individuo puede tener la convicción de que él y su cónyuge son "una pareja perfecta", y al hacer esta afirmación él nos dice algo que considera verdad, algo real. También conlleva un componente emocional: esta persona nos dice también que esto es algo que él considera deseable, le satisface. Por último, desde una perspectiva conductual, nos dice que está dispuesto a hacer algo para que esto sea y siga siendo así. Dependiendo de la forma más o menos saludable con que este sujeto esté acostumbrado a transitar por su existencia, si se presenta alguna circunstancia que amenace ese enunciado, él seleccionará una actitud o una acción para mantenerlo. Si en su relación afectiva surge un desacuerdo, un conflicto de algún tipo, esta persona podrá decidir conversar con su pareja sobre el problema, buscar la ayuda de un profesional o simplemente ignorar la dificultad con la esperanza de que desaparezca por sí sola, sin dejar rastro alguno. Como decía uno de mis pacientes: "...Nunca hablé de eso con ella, pues creía que íbamos a discutir y que las discusiones dañan la relación". Como ya se habrá dado cuenta el lector, esto último es también una creencia. Las creencias nunca están solas, sino que se acompañan de otras y todas juntas tejen una red intrincada, como una tela de araña en la que la gente se enreda cada vez más, un complicado laberinto en el que es fácil perderse. Esta persona cree que tiene "una pareja perfecta" y también cree que "las discusiones dañan las relaciones", por lo tanto, elige una conducta que lo sume en la falta de comunicación y evita conversar sobre situaciones conflictivas que pueden generar discusiones. La comunicación es una forma de resolver los conflictos, entonces estas personas no los resuelven sino que los almacenan, lo cual, en última instancia, es un comportamiento que daña las relaciones. Es muy común que generemos problemas serios con las estrategias que utilizamos para evitarlos. Como estas parejas que, evadiendo la conversación sobre temas de tensión, pretenden impedir las discusiones que pueden dañar su relación "perfecta" y con ello sólo consiguen generar un hábito de incomunicación que hace que los problemas jamás se resuelvan y que se acumulen, ocasionando amargura y resentimiento que van destruyendo lenta y subrepticiamente su relación. Casi todos conocemos alguna de estas "relaciones perfectas" que de pronto se desploman sin que nadie entienda por qué.

La conducta y las emociones de cada persona se encuentran vinculadas estrechamente con las creencias que ésta alberga. Con las creencias dota de sentido y significado a su mundo y a su existencia, otorga un significado a las acciones de los demás y construye las posibles respuestas ante las situaciones que le plantea un entorno siempre cambiante y muchas veces amenazador. Sirven para construir su sistema de referencia, es decir, sus verdades y su visión del mundo; en otras palabras, su realidad.

Las creencias pueden ser definidas como los sistemas de conceptos e ideas de las personas que les sirven para organizar la percepción de partes del mundo o de su totalidad, éstas son grupales y socializadas, en el sentido en que han de ser validadas por los grupos de referencia y la sociedad en la que viven los sujetos. Rudi Dallos (1996) dice al respecto:

Una creencia es una afirmación categórica acerca de algunos aspectos o sucesos del entorno en el que se desenvuelve una persona o un grupo de ellas. En las creencias se mezclan ideas que a la persona le resultan valiosas emocionalmente y le proporcionan un fuerte sentimiento de certeza. Sin este sentimiento de certeza, la idea es sólo una opinión, una opinión no ofrece resistencia al cambio, lo cual sí ocurre con las creencias. Las opiniones tampoco tienen la fuerza constructora de las creencias.

## ¿Cómo se construyen las creencias?

Era un día de alegría para Luis y Mariana. En la mañana, tras ocho horas de trabajo de parto, había nacido su primer hijo. Le llamaron Luisito, como el padre, y con este hecho habían continuado el trabajo de crearle un concepto de sí mismo a aquello que más tarde él llamará "yo soy..." Digo que continuaban creándolo, pues ya habían comenzado cuando él estaba en el vientre de su madre e incluso antes, cuando decidieron tenerlo. Mariana recordaba conversaciones con Luis en las que fantaseaban acerca de cómo sería el niño.

—Va a ser grande como tú —le decía a Luis.

Y éste respondía

—Y tendrá tus ojos, que son más claros y ven mejor que los míos (Luis es miope desde los 12 años).

Cuando nació Luisito, Mariana lo encontraba muy parecido a ella.

—Pero mírale la boca, yo tengo una fotografía mía de cuando tenía unos meses de nacida y tenía la boca igual.

Para Luis, el niño tenía su color de piel.

Cuando al día siguiente, ya en casa, comenzaron a llegar los familiares de ambos, el círculo de parecidos se ensanchó. La madre de Mariana decía que tenía un gran parecido con un hermano de su esposo.

—Es idéntico a tu tío Samuel —le decía a Mariana—, ojalá sea sólo el físico, porque Samuel es y siempre fue un parrandero que nunca sirvió para nada.

—Eso no es verdad —replicó el padre de Mariana—; mi hermano Samuel siempre fue una persona con muchos problemas. Creo que nunca le comprendimos bien y terminó haciéndose rebelde y distanciándose de todo el mundo.

Esta conversación se prolongó unas horas y luego unos días, y poco a poco el trabajo de encontrar parecidos se extinguió, pero ya cada uno tenía una idea de a quién se parecía Luisito.

Calificativos como "parrandero", "inservible", "problemático", "incomprendido" y "aislado" quedan inconscientemente asociados a Luisito en la mente de las personas que van a tener una gran influencia en la estructuración de su personalidad, listos para influir en el comportamiento que cada uno de ellos tendrá con él en el futuro.

Cada persona se enfrenta a la necesidad de dar un sentido al mundo en el que vive, necesita entender y justificar las acciones de los demás y las suyas, y construir una serie de fórmulas que le permitan orientarse y resolver las diversas situaciones a las que se enfrenta en el mundo. Muchas de estas fórmulas tienen éxito en algunas situaciones y entonces son asimiladas e incorporadas en una estructura que se mantiene en la mayoría de las ocasiones en forma bastante rígida, aun cuando hayan dejado de ser útiles. Cada persona tiende a vincularse con otros que tengan visiones del mundo similares y fórmulas de solución parecidas. De tal manera que se establecen relaciones de pareja entre personas que comparten una estructura de creencias similar y se construyen familias en las cuales se transmiten en forma más o menos exacta estas estructuras, o algunas similares o complementarias. A partir de estas fórmulas individuales, la familia adquiere una forma común de dar sentido al mundo en el que vive, en la que se involucran las emociones, la conducta y las creencias, y la transmiten a su descendencia de una manera predominantemente inconsciente. Esta construcción común es el resultado de la influencia que ejercen de modo mutuo sobre las emociones, estructuras cognitivas y conductas de los demás cada integrante de la familia. Lo que cada persona hace influye en los demás y modifica su comportamiento, y esta modificación resultante ejerce una influencia sobre la conducta de la primera.

Las familias, como manifestaba Gregory Bateson (1972), son ecosistemas en constante evolución. En ellas surgen cambios continuamente, pero mantienen una congruencia, ya que éstos suelen hacerse para mantenerse ajustados a una estructura general. La familia es entonces un todo organizado que trata de mantener su congruencia al hacer cambios constantemente, la mayoría de ellos homeostáticos, que se hacen para regresar a las situaciones de equilibrio existentes antes de que sucediesen las situaciones de crisis y que entran en la categoría que Watzlawick, Weakland y Fisch (1974/1976) llamaron *cambios 1*: los que ocurren para que todo siga igual, generalmente respaldados por la lógica y el sentido común. Existen otros cambios que revolucionan la estructura de creencias de la familia, como los *cambios 2*: aquellos que resultan extraños y desconcertantes y que suelen ser perturbadores para quien ha de llevarlos a cabo. Como sucedió en las dificultades de

Gonzalo y Linda: ella, cansada de la relación de pareja, decidió divorciarse. Gonzalo, quien hasta entonces había sido bastante descuidado con las necesidades de ella, comenzó arrepentido a "ser un buen marido".

—Esto se acabó de verdad, Miguel —me decía desesperado—; ella dice que comencé a hacer las cosas demasiado tarde. Y es cierto que muchas veces ella me pidió que fuese más detallista y que compartiese más tiempo con ella, pero no le hice caso. Sólo pensaba en mí y en los proyectos laborales que tenía que llevar a cabo. Y hasta el tiempo libre me parecía más divertido pasarlo jugando squash que con ella. ¡Qué ciego y qué torpe, Dios! Y ahora ya no sé qué hacer, lo he intentado todo para que desee regresar y no quiere ni verme.

—¿Lo has intentado todo?

—Sí, ya no encuentro qué hacer.

—¿Qué es lo que has intentado? —insisto.

—La llamo para invitarla a cenar, le llevo flores, le hago regalos, la acompaño a casa de sus padres, me he ofrecido a acompañarla a hacer las compras de la casa, sus compras personales y todo eso.

—¿Y todo eso?

—Bueno, he querido acompañarla a hacer ejercicios e ir al teatro con ella; el teatro le encanta.

—Me parece que todo lo que has intentado hacer es parte de una misma cosa.

—¿Cómo que la misma cosa? —me pregunta visiblemente molesto.

—Estás tratando de convencerla de que eres un buen marido.

—Sí, eso es verdad, y no funciona.

—Así parece, pero tú sigues intentando más de lo mismo. Dicen que el ser humano es el único animal que pretende obtener resultados distintos haciendo siempre las mismas cosas.

—No entiendo nada. No sé qué estoy haciendo mal; se supone que está decepcionada porque fui desatento. Ya estoy siendo atento y nada cambia. Y tú dices que todo lo que hago es igual.

—Es como si hubieses tomado una autopista para ir a algún lugar, pero la autopista no llega hasta allí. De modo que decidiste intentarlo de otra manera. Cambiaste de canal, aumentaste y disminuiste la velocidad, te pasaste al asiento del acompañante, usaste otro auto, pero nada funciona. Después de hacer todo lo posible, terminas de nuevo en el mismo lugar.

—Ya lo veo, "ser un buen marido" parece ser la autopista que no me conduce a ella. Y entonces ¿qué hago?

Gonzalo intentaba desesperadamente todos los cambios 1 que se le ocurrían, todos guiados por el sentido común y todos infructuosos. Nos planteamos que podría ser de interés explorar a dónde conducía la autopista en sentido contrario. Y Gonzalo comenzó a "dejar de convencerla de que era un buen marido".

—¿Puedes creerlo, Miguel? —me decía asombrado y eufórico unas sesiones más tarde–. Hablé con ella y le dije que tenía razón, que me había comportado como un patán y que me merecía lo que me estaba pasando. Que no iba a intentar convencerla de que había cambiado porque yo mismo no estaba seguro de que fuese así. Le dije que quizá de verdad yo fuese una mala persona, pero que la quería y que estaba de acuerdo con separarme y con que ella intentase rehacer su vida con alguien mejor. Se pasó el resto de la noche tratando de convencerme de que yo era un buen tipo, que me había equivocado y que sabía que yo podía hacer las cosas mejor. Terminamos haciendo el amor y diciéndonos cómo queríamos que fuese la relación de ahora en adelante. ¿Puedes creerlo?

—Sí, sí puedo.

—¿No estamos locos?

—No lo sé. Ése es otro asunto que consideraremos luego.

El cambio 2 no es un cambio lógico, parece una locura, pero les permitió replantearse las normas y convicciones sobre las que habían construido su vínculo.

Los síntomas o patologías de la familia o de alguno de sus miembros también están relacionados con las creencias. Los síntomas son en ocasiones estrategias para mantener la congruencia interna de la familia Rudi Dallos (1996). Naturalmente, esto no quiere decir que todos los miembros de la familia están de acuerdo entre sí, basta una mirada a una familia cualquiera para darse cuenta de que esto no es cierto, pero todos ellos comparten creencias acerca de sí mismos, de la familia, de la vida, del mundo, de los problemas y cómo se resuelven, de la naturaleza de las cosas y las personas, y estas creencias suelen tener consecuencias similares. En una familia puede, por ejemplo, existir la creencia de que la fidelidad es un valor importante para la estabilidad del matrimonio. Esto no implica necesariamente que todos los miembros de la familia serán fieles, pero hace posible que uno de los integrantes de la pareja amenace o sugiera la posibilidad de tener una aventura extramarital para manipular a su cónyuge y lograr más atención o un trato especial. También cabe la posibilidad de que alguno tenga una experiencia sexual con otra persona, y en ese caso seguramente la ocultará para evitar conflictos que amenacen la estabilidad de la relación. Si compartieran la creencia de que las relaciones extramaritales carecen de importancia, ni las usarían para manipular, ni se verían obligados a ocultarlas.

Las creencias son ideas que se han incorporado lentamente a nuestra vida mental, derivan de todo aquello que se nos ha dicho, y de lo que hemos vivido en compañía de otras personas significativas, muchas nos son transmitidas por personas como nuestros padres y familiares cercanos, educadores y amigos que las aprendieron de sus experiencias vitales; otras provienen de influencias de los medios de comunicación o de los libros que hemos leído. Todo esto impregna los aspectos conscientes e inconscientes de nuestra vida y condiciona nuestra perspectiva y nuestros actos.

José Luis creció y llegó a adulto con la idea de que era una persona poco inteligente. De niño le habían hecho varias pruebas psicológicas y él tenía la idea de que el resultado había sido adverso.

—Lo más importante fue que mis padres dudaban de mí, eso es lo que me afectó más. En una ocasión mis padres discutían sobre una dirección y yo hice un comentario tonto que la aclaró. Mi padre me miró con asombro y le dijo a mi madre: "¿Ves?, el niño es inteligente". En realidad nunca supe el resultado de las pruebas, pero ya no hacía falta; si ellos dudaban, debía ser por algo.

Sin embargo, no debemos caer en la tentación de sobresimplificar y adjudicar un papel excesivamente determinista a las creencias familiares y a lo que nuestros cercanos nos transmiten por medio de sus palabras y actos. Cada persona viene al mundo con un temperamento que le es propio y a éste se suma una serie de influencias y patrones ambientales que llamamos carácter. Este último se encuentra matizado en parte por las creencias a las que estamos expuestos. El temperamento y el carácter estructuran nuestra personalidad. Las mismas influencias familiares y las creencias en que se basan y de las que están plagadas ejercen muy diversas influencias en personas con temperamentos distintos. En una ocasión tuve el raro privilegio de trabajar con dos hermanos gemelos no idénticos, cuyo padre era una persona severa que los había castigado brutalmente durante toda su infancia, hasta por las razones más insignificantes. Vinieron a consulta porque no podían entenderse, peleaban constantemente y parecían despreciar la forma de ser del otro. Con gusto se hubiesen alejado para no verse más, a no ser porque el padre, al morir, les había heredado una fábrica de plástico muy rentable y de la que vivían más que cómodamente. Uno de ellos me explicaba: "La conducta de mi padre conmigo ha hecho de mí un pusilánime, un indeciso, todo me parece difícil, me acabó la vida", mientras que el otro me decía: "Mi padre ha hecho de mí un hombre, fue muy duro pero la vida lo es más; gracias a él sé cómo defenderme y enfrentarme a la vida, nadie va a pisarme". Dos personas pueden asimilar experiencias similares de muy diversas maneras. El significado que asignamos a una experiencia no reside en la experiencia misma, ni es sugerido por ella, sino que es el producto de la compleja interacción de los eventos con nuestra estructura de personalidad y con nuestra historia personal y familiar.

En general, podemos simplificar las cosas diciendo que las creencias en un individuo están estructuradas en *sistemas personales de creencias,* los cuales se forman a partir de *los sistemas compartidos de creencias familiares* y luego se acoplan a otros sistemas personales (los de su pareja), para integrar nuevos sistemas compartidos de creencias familiares Rudi Dallos (1996).

Las creencias que un individuo posee se inician y se difunden en la familia y cuando éste crea una nueva familia transmite grupos de creencias a sus hijos, las cuales son una combinación de las creencias provenientes de los sistemas de creencias de su familia y las de la familia de su pareja. Esto nos lleva a otro punto de suma importancia: la selección de una pareja no se hace en forma casual, sino que es un intento por hacer coincidir una serie de patrones de pautas y creencias compatibles o complementarias. Ningún sistema de creencias es exactamente igual a otro, pero todos tienen características en que se semejan; tendemos a elegir amigos y pareja entre personas cuyos sistemas de creencias tienen mayor parecido al nuestro.

El ser humano es en realidad bastante narcisista. Cuando dos personas se conocen, pongamos por caso unas que constituirán una relación de pareja, lo primero que hacen es una serie de movimientos de reconocimiento, conversan sobre temas triviales como sus preferencias en cine o en música, en qué prefieren invertir el tiempo libre, sus actividades laborales, etcétera. En este periodo no sólo intentan impresionarse mutuamente mostrando lo mejor de sí mismos, sino también tratan de reconocerse en el otro buscando puntos en común. Luego continúan haciendo lo mismo con temas más delicados como sus creencias sobre el amor, el sexo, las metas de sus vidas, etcétera. Resulta común escuchar frases como "es una mujer maravillosa, para ella los valores familiares son tan importantes como lo son para mí... ", "qué inteligente es, fíjate que él también cree que... ", es decir, una persona será inteligente o maravillosa si piensa como el otro lo hace o si comparte visiones del mundo similares. Pues bien, esta persona tiene más posibilidades de convertirse en su compañero porque sus sistemas de creencias son parecidos y compatibles. El tema de la influencia de las creencias en la selección de la pareja será profundizado en el próximo capítulo.

Las creencias no sólo son individuales o familiares, sino también se transmiten y difunden desde cada familia, pero están referidas a todos los ámbitos de la existencia social humana. Existen creencias relacionadas con la persona, con sus capacidades, con los vínculos interpersonales, con los grupos a los que pertenece, con la cultura, con la nación y hasta con la historia global. Como las figuras que hace una piedra al caer en un estanque de aguas quietas, las creencias son como una serie de ondas concéntricas que parten del centro donde están las creencias sobre sí mismo y terminan en las creencias acerca de la concepción universal de la humanidad. Todas estas creencias se elaboran en forma progresiva y coexisten simultáneamente. Un individuo tiene en su sistema de creencias una concepción de sí mismo según la cual él es inteligente, hábil, simpático, un hombre con suerte, fuerte, tiene oído musical, o quizá es torpe, introvertido, etcétera. Existen creencias vinculadas con la familia de procedencia, "los Gómez somos buenos comerciantes" o "son unos perdedores", "las mujeres de mi familia siempre han tenido mala suerte con los hombres" o "somos muy unidos y nos protegemos mutuamente". Luego hay una infinidad de ideas relacionadas con los grupos a los que la gente pertenece: "los negros siempre son rechazados", "las mujeres son débiles", "los jóvenes son alocados", "los pobres nunca son tomados en cuenta", "los médicos son abnegados", etcétera. Un poco más afuera se encuentran las creencias regionales relacionadas con las costumbres y cultura de ciertas regiones geográficas y países a los que la gente pertenece: "los ingleses son flemáticos", "los mediterráneos son histriónicos y emocionales", "los de Texas son chabacanos". Por último, se hallan las concepciones universales, entre las cuales se encuentran las creencias que tenemos sobre la civilización a la que pertenecemos, la época que nos ha tocado vivir o la religión que profesamos.

Una de las características que hacen más complejo el estudio de las creencias es que éstas se entrelazan entre sí para formar verdaderas redes de gran complejidad, en las que unas creencias se refuerzan con otras y crean nuevos significados inconscientes, es decir, dan origen a otras creencias derivadas, de las que el sujeto no tiene ningún conocimiento y que, aun puesto delante de ellas, le resulta difícil creer que pueda albergar tendencias semejantes. Veamos con un ejemplo cómo se interconectan las creencias.

Alba es una mujer joven, inteligente, profesional, de buen carácter y con gran sentido del humor. Entre los problemas que más le preocupan se encuentra su sobrepeso, en relación con el cual en el curso de una sesión expresó la creencia siguiente: "El que siempre ha sido gordo nunca será delgado". Un par de sesiones más tarde reveló entre la conversación otra de sus creencias: "A los gordos nadie los quiere".

—¿Por qué dices que nadie te va a querer nunca? —le pregunté, sintetizando estas informaciones en una forma directa y categórica.

—Yo no dije eso —me respondió asombrada.

—Sí, sí lo dijiste. Hace unas dos semanas te escuché decir que el que es gordo nunca será delgado. Y ahora dices que a los gordos nadie los quiere. Tú has sido gorda desde pequeña, desde que eras niña. Significa que nada de lo que hagas te hará perder peso nunca y si a los gordos nadie los quiere, entonces nadie te querrá nunca.

—Pero yo estoy haciendo dieta —me respondió, algo aturdida por mi intervención.

—¿Y qué ha ocurrido luego del tercer mes en tus dietas anteriores?

—Generalmente las abandono.

—¿Aunque hayas estado perdiendo peso?

—Sí, en verdad es así, aunque parezca raro —me dice mientras mira sus manos.

—No me parece raro. En realidad es congruente con lo que crees. ¿Para qué sacrificarse si siempre vas a ser gorda?, un poco más o un poco menos, pero gorda. Aun cuando la evidencia diga "tu peso baja", tu creencia parece más poderosa para guiar tus actos.

—No lo puedo creer. Uno no puede actuar así —me dice, algo sorprendida—. Es una locura

—¿Alguien te ha dicho alguna vez que le gustas? —le pregunto como si cambiase de tema.

—No.

—¿Seguro?

—Bueno, un compañero de trabajo, hace unos meses

—¿Y qué pasó?

—No lo tomé en serio. Al fin y al cabo él es un mujeriego

—Nadie puede amar a un gordo, ¿no?

Me mira sonriendo sin responder.

Estas redes de creencias se vuelven aún más complicadas cuando se entretejen con las de otra persona, como ocurre con las relaciones de pareja. Y la interacción se hace conflictiva y compleja a medida que los mecanismos de comunicación se van haciendo más pobres e ineficaces. Un fragmento de una sesión con Aurora y Leonardo puede servir como ilustración. Se trata de un matrimonio joven de profesionales inteligentes y competitivos, muy responsables y con alta autoexigencia, tanto en sus ámbitos profesionales como en su rol de padres.

—Estábamos en la playa —me cuenta Aurora—. Yo iba a darle de comer a nuestro hijo y de pronto Leonardo desapareció. Yo creo que él da por sentado que el niño es asunto mío nada más... Bueno, no exactamente, porque él también se encarga de él y lo atiende, pero cuando yo estoy con el niño no es así. Creo que él se desaparece intencionalmente, se escabulle dejándome a mí toda la responsabilidad; más aún, en ocasiones, cuando le pido que me ayude con el niño, se hace el lento deliberadamente para que yo me desespere y tenga que hacerme cargo de lo que le pedí a él que hiciera.

—Eso no es así —dice él, con mirada incrédula y riendo nerviosamente—, yo no hago eso. ¿Tú crees que yo te hago eso? —dice, mirándola sorprendido.

—Sí, me parece que desapareces para no ayudarme con el niño y que cuando te pido algo lo haces en forma lenta intencionalmente para que yo no aguante y me levante a hacerlo yo.

—¿Significa eso que piensas que él actúa de mala fe? —le pregunto, recalcando las dos últimas palabras.

—No de mala fe, sólo que él me deja toda la responsabilidad —responde, suavizando el tono de voz—. Me hace trampas.

—¿Intencionalmente y con trampas?

—Eh... sí —me dice, luego de pensar un poco

—¿Cómo le llamas a eso?

—...Bueno, sí, de mala fe —me dice ella, dubitativa, mientras Leonardo la observa en silencio.

—¿Actúas de mala fe, Leonardo? —le pregunto para corroborar.

—Yo no actúo de mala fe —me dice, mientras mira incrédulamente a Aurora.

—Aurora parece pensar que sí —le señalo. Él voltea y me mira sin responder.

—¿Y qué sientes cuando lo buscas y ves que él no está y piensas que lo hizo por escabullirse y dejarte a ti la responsabilidad? —le pregunto a Aurora.

—Me siento mal.

—Mal no es un sentimiento. ¿Qué emoción es la que sientes en ese momento?

—Me da rabia, mucha rabia —dice, mirando a Leonardo.

—¿Y qué haces entonces sintiendo toda esa rabia?

—Trato de que asuma su responsabilidad y lo presiono para que haga lo que tiene que hacer.

—¿Cómo haces eso?

—Le mando algo y no lo dejo, lo presiono para que lo haga, pero entonces se hace el lento y tengo que terminar haciéndolo yo de todas maneras.

—No te sirve de mucho esa estrategia —le señalo, y viendo a Leonardo le pregunto:

—¿Te das cuenta de esa actitud cuando la asumes?

—Sí —me responde, conteniendo la rabia— y me molesta mucho porque pienso que me quiere controlar, que está tratando de dominarme, de ponerme el pie encima.

—¿Y qué hace ella cuando se lo dices? —pregunto para resaltar que doy por sentado que ésa es la actitud obvia.

—No le digo nada, sólo me da rabia y me voy, porque no me provoca complacerla.

—Con esto se confirma la creencia de ella de que te desapareces intencionalmente para dejarle la responsabilidad del niño.

—Bueno, así parece ser.

—Y tú, Aurora, ¿qué haces entonces?

—Le reclamo y lo busco para mandarle a hacer algo relacionado con el niño —me dice lentamente y con actitud reflexiva.

—Con esto se confirma la creencia de él de que quieres ponerle el pie encima.

Aurora asiente en silencio mirando a Leonardo fijamente, mientras él mira el suelo.

—¿Sabes? —me dice Aurora, mirando a su esposo—, yo tiendo a pensar que Leonardo actúa de mala fe, creo que todos los hombres lo hacen. Puede ser porque mi mamá me decía que los hombres no sirven para nada, que son mal intencionados.

—Quizá por pensar eso ha tenido en su vida hombres como los que ha tenido. Ninguno sirvió mucho —señala Leonardo.

—¿Sabes? —dice Aurora, mirándome algo triste pero con una sonrisa—, mamá me decía, cuando yo tenía 15 años, que algún día vendría un hombre malo y me llevaría de su lado.

Podemos ver en acción cómo la experiencia de la madre se transmite a la hija en forma de un sistema de creencias que puede resumirse como "los hombres son malintencionados y no sirven para nada". Estas creencias reaccionan con las de su esposo, "las mujeres son dominantes y caprichosas", y pronto los tenemos a ambos actuando en forma automática ante la realidad construida por sus creencias particulares, aislados por su falta de comunicación en dos mundos que parecen transcurrir simultáneamente, pero que en realidad son sólo una ficción. Están aislados e incomunicados en sus realidades. Parecen dos actores de teatro que representan dos obras diferentes en el mismo escenario. Afortunadamente, la responsabilidad y el compromiso con el cambio de estos jóvenes les capacitó para evitar que tales tendencias trascendieran a otra generación.

## ¿Qué hace tan poderosas a las creencias?

El *Mahabharata* es un relato épico hindú, de 3 500 años de antigüedad; es una muestra de la sabiduría de la India. En el libro VI se encuentra un texto de excepcional belleza y profunda penetración: el *Bhagavad Gita* (1999), en el cual sus autores desconocidos muestran lo que sabían acerca del poder de las creencias. Aseveran en forma concisa y tajante que: "El hombre está hecho por sus creencias. Como él crea que es así será". Podría añadir que el hombre construye también su mundo y su realidad y que éstos, al igual que él, serán lo que él crea que son.

Las creencias son un impulso muy vigoroso que determina la conducta. Un hecho conocido es que si una persona realmente cree que puede hacer algo, casi nada podrá impedir que lo haga; por el contrario, si está convencido de que le es imposible hacerlo, será altamente improbable que logre realizarlo. Existen creencias que nos sirven como recursos y otras que nos limitan. Nuestras creencias, como hemos visto anteriormente, pueden afectar e incluso determinar nuestra capacidad para percibir opciones y alternativas de vida, el grado de inteligencia, nuestra salud, nuestras relaciones interpersonales, la creatividad y, por lo tanto, la proporción de éxitos y fracasos que tendremos en la vida.

Las más recientes teorías de la física y los últimos enfoques de la psicoterapia sostienen que la realidad no se encuentra al alcance de nuestra conciencia. La realidad, según afirman, es una construcción individual que cada ser humano estructura a partir de su experiencia en el marco de su desarrollo, primero en el seno de su familia y luego de sus grupos de referencia y de la cultura de la sociedad en que vive. El ser humano construye una estructura de significado que otorga a las cosas y sucesos en los que participa. Esto parece algo inevitable e inherente a la especie humana. La mayoría de nuestros sistemas de creencias suelen ser bastante funcionales para desenvolvernos con éxito en la sociedad en la que vivimos y en su cultura, a la que nos encontramos interdependientemente enraizados. Sin embargo, a veces estos sistemas de creencias ocasionan problemas, puede ser que algunas de nuestras creencias hayan sido muy exitosas en un momento de nuestras vidas y para un tipo de situaciones en particular y, posteriormente, se hacen disfuncionales. Pues bien, en estos casos resulta poco probable que la persona cambie espontáneamente sus creencias; lo que suele suceder es que las sostiene inconscientemente por no saber cómo cambiarlas y prueba encontrar soluciones, utilizando aquellas estrategias que están soportadas por el grupo de creencias en las que se mueve. En palabras de Robert Neimeyer (1995): "A veces las estructuras de significado que desarrollamos para dar un patrón y una dirección a nuestra vida parecen también demasiado frágiles, como cuando una persona debe reconstruir el sentido de sí misma y del futuro luego de sufrir una invalidación de su mundo de asunciones después de la muerte traumática de un ser querido".

Asignamos significado a los hechos y a las cosas que nos rodean en el mundo en que vivimos. Otorgar significados es una función del cerebro humano que realizamos en forma automática y sin tener clara conciencia de ella. Otorgamos significados sin darnos cuenta de cuándo lo hacemos, cómo o por qué. En general, esto nos tranquiliza, pues nos permite entender el mundo, nos hace sentirnos seguros, con control sobre las circunstancias que nos afectan, nos dicen cómo debemos actuar y de hecho lo hacemos, actuamos en función de los significados que otorgamos a las cosas y a los sucesos y no en función de las cosas y de los sucesos. Luego de haber otorgado estos significados ya no los cuestionamos, ni los sometemos a revisión, sino simplemente continuamos actuando en función de ellos hasta que se hacen tan claramente disfuncionales y desactualizados que generan fracaso y sufrimiento. Las creencias más difíciles de cambiar son aquellas que adquirimos primero, en etapas tempranas de nuestra vida, pues éstas se incorporan en etapas preverbales en los estratos más profundos de nuestro inconsciente.

Un hecho simple y cotidiano puede ilustrar el funcionamiento de las creencias. Un teléfono que suena y al ser descolgado nadie responde, sólo se oye el sonido "tuu tuu" de la llamada desconectada, genera en nosotros significados muy diversos. Para una de mis pacientes, éste era el indicio de que su esposo había "vuelto a las andadas": "Ya están llamando y colgando de nuevo, como pasaba cuando tu enredo con la mujercita ésa; quién sabe en qué andarás". Ese significado surgió espontáneamente, sin que ella tuviese noción de cómo, y modificó su estado de ánimo y su comportamiento con su pareja por varios días. Asumió su hipótesis no como una posibilidad, sino como una realidad.

Naturalmente que el significado que otorgamos a estos hechos no es casual, sino que está relacionado con los sucesos que vivimos. Pero no todo lo que ocurre debe ser explicado por los hechos de nuestra historia y estamos habitualmente tan centrados en nosotros que no somos capaces de entender este hecho tan simple. En otra ocasión me encontraba de visita en casa de mi madre cuando sonó el teléfono, ella descolgó para encontrarse con el "tuu tuu" de la línea muerta, colgó el auricular y continuó la conversación algo tensa. Al cabo de un rato me di cuenta de que no estaba escuchando lo que le decía, cuando de pronto, con voz lenta y preocupada, me dijo sin mirarme: "Quizá fue tu hermano, las llamadas internacionales frecuentemente se caen, tal vez le pase algo; está allá tan solo". No pudo tranquilizarse hasta que le llamó y se percató por sí misma de que no había sido él y de que nada le pasaba. Recuerdo un paciente con rasgos paranoides a quien cuando esto le sucedía se le ocurría que algún ladrón estaba llamando para saber cuándo no había alguien en casa para ir a robar. Entonces encendía todas las luces para que pensase que en el lugar había mucha gente. Tenemos aquí un solo suceso que en cada persona provoca el surgimiento de un significado diferente; lo único que hay en común es realmente el problema: cada uno elabora un significado y sólo uno y lo da por un hecho cierto. En cambio, si lo vieran como lo que es: una posibilidad, y decidieran tratar de considerar más posibilidades, tantas como pudieran ocurrírseles, tendrían la oportunidad de decidir cuál acción es la más conveniente para tomar, sabiendo que la realidad está más allá de sus interpretaciones.

El establecimiento de un sistema de creencias en una persona está relacionado con las creencias de los padres y con la educación. Pero no es sólo en esta fase temprana de la existencia cuando incorporamos creencias a nuestro sistema, sino en realidad no dejamos de hacerlo en toda nuestra vida. Pero, naturalmente, la incorporación es mucho más intensa en la primera infancia cuando el ser humano está más vacío de experiencias. También ocurre que en esta etapa no cuestionamos las creencias que incorporamos por nuestra falta de experiencia y porque las recibimos de personas de las que dependemos, a las cuales vemos como muy superiores y en las que aún confiamos ciegamente. De manera que si estas personas me dicen que soy bueno o malo, aplicado, ordenado o loco y que no sirvo para nada, esto tenderá a formar parte de mis creencias sobre mí mismo. Si dicen que los hombres no lloran o que las mujeres son emocionales y los hombres racionales, esto también formará parte de mis creencias sobre mí y acerca de los hombres y mujeres que me rodeen en la vida adulta, y me predispondrá a adquirir determinados prejuicios, como "los hombres son de Marte y las mujeres de Venus", que si un hombre es muy sensible ha de ser homosexual o que mi amiga es lesbiana por jugar futbol. Pueden llevarme a creer que es difícil entenderse con las mujeres, que el mundo es un lugar peligroso, que no se puede creer en nadie, que ganarse la vida es arduo y difícil y que el dinero es cochino. Así, sin cuestionarlo, en forma inconsciente creamos nuestro sistema de creencias, configuramos la realidad en que vivimos y transmitimos este sistema de creencias a nuestros queridos hijos, quienes lo reciben sin objetarlo. Cuando una persona tiene la creencia de que "la vida es difícil" o que "el amor dura poco y luego hay que conformarse con la buena compañía", sus sentidos, su percepción, están condicionados a ver lo que espera ver y hallar lo que le enseñaron a encontrar. Puede buscar alegría y amor eterno, porque quizá le dijeron que eso hay que buscar, pero no lo encontrará, pues, obviamente, hay una diferencia entre buscar y encontrar. Hallará con mucha más facilidad dureza que alegría y más hastío que amor, porque cree que eso abunda.

—Los hombres son irresponsables —me decía una de mis pacientes—. Siempre se marchan cuando las cosas se ponen difíciles.

Ésa es una creencia que se encuentra corroborada por las situaciones vividas por ella. Su madre fue abandonada por su padre y ella escuchó esa frase cientos de veces.

—¿A quién te refieres? —le pregunto, tratando de precisar al destinatario de su coraje.

—A todos los hombres, y perdona: yo sé que tú eres hombre, pero la mayoría son... bueno, ya tú sabes cómo pienso. Es más difícil encontrar un hombre bueno que aprender a volar.

—Sí, ya sé lo que crees acerca de los hombres, pero eso no significa que en realidad todos los hombres...

—Bueno, mi padre se fue de la casa cuando yo tenía ocho años y no lo volví a ver hasta que cumplí 21, y eso porque fui a buscarlo. Luego Andrés (su esposo) me dejó, cuando mi hija tenía 10 años. ¿Qué tengo yo que ver con eso? Él se fue.

—Tú lo elegiste —le señalo, mirándola amablemente.

Se queda pensativa un rato y luego responde con cierta amargura:

—Elegí mejor que mamá; a mí me duró un par de años más. Bueno —añade luego de un rato de reflexión—, si sufrí tanto con la experiencia de mi madre, ¿por qué no me hice experta en detectar a ese tipo de hombres para encontrarme uno bueno?

—Tal vez porque aún no has aprendido a volar.

—Ésta me la gané —dice riendo, divertida.

En una ocasión acudió a mi consulta una mujer de unos 55 años de edad, alta, delgada, de mirada firme y ademanes autoritarios. Se sentó en la silla frente a mí, me recorrió con una mirada evaluadora mientras yo le hacía la primera pregunta que formulo de rigor a todos mis pacientes.

—Dígame señora Soledad, ¿en qué puedo ayudarla?

En general, la mayoría de los pacientes "muerden el anzuelo" y aceptan las condiciones particulares de la pregunta: denota que existe algo en lo que *puedo* ayudarla, es una fórmula basada en el lenguaje de la sugestión hipnótica, en la cual de forma subrepticia elimino las alternativas. Jamás digo algo así como "veamos si puedo ayudarle", pues estaría dando a la mente de esta persona un par de opciones: puede ser que lo ayude o puede ser que no. Pero Soledad respondió con la fórmula que menos me gusta escuchar:

—Veamos si puede usted ayudarme. Si es que alguien puede ayudarme —me dijo, apartando la vista hacia sus manos entrelazadas en su regazo.

—Bueno, debe albergar alguna esperanza para haber venido aquí —le dije.

—Mire, doctor, he tenido muchos problemas con los hombres en mi vida y me dijeron que usted era experto en terapia de parejas... En realidad me he casado tres veces, la última hace dos años, y resulta que mis tres esposos resultaron ser alcohólicos. Usted dirá que es culpa mía, pero nadie dice que es alcohólico cuando uno lo conoce. Creo que es mala suerte.

—Soledad, el alcoholismo es una enfermedad que aqueja a 7% de la población y usted elige tres parejas y los tres son alcohólicos. Eso no es mala suerte, es puntería, disparó tres tiros y los pegó en el centro de la diana.

—Quizá tenga razón, pero entonces ¿cree que es culpa mía?

—No es un asunto de culpas, se trata de determinar cuál es su responsabilidad en ello. Usted los eligió. Quizá hay un problema con su patrón de selección. Si logra determinar su responsabilidad, podrá corregirlo.

—Bueno, tal vez vale la pena intentarlo.

Soledad no estaba dispuesta a casarse de nuevo después de tres fracasos; sin embargo, permitir que continuara creyendo que tenía mala suerte con los hombres seguiría condicionando sus relaciones interpersonales. Otra de las creencias de Soledad era que los hombres eran agresivos por naturaleza.

—Eso es mucho más que una creencia —me decía con convicción—. Mi padre le pegaba a mi madre y también a mí. Mis dos primeros esposos también lo hicieron y si éste no lo ha hecho aún es porque le puse cara de perro y le dije que si me pegaba sería la última vez que dormiría tranquilo, porque estaba dispuesta a matarlo mientras dormía.

—Si deseas tener un perro y piensas que todos los perros son negros, ¿qué creerás estar viendo cuando alguien te ofrezca un dálmata?

—Un animal raro, cualquier cosa menos un perro.

—¿Lo tomarías?

—Bueno, si estoy buscando un perro y creo que lo que me dan no es un perro no lo tomaría. Pero, ¿qué tiene eso que ver? —preguntó, animada por la curiosidad.

—Si crees que todos los hombres son agresivos, ¿qué creerás estar viendo cuando encuentres uno pacífico?

—Ah, ya sé a dónde vas.

Soledad tenía la creencia, probablemente *heredada* de su madre, de que todos los hombres son agresivos. Esto condiciona su capacidad para elegir. Y las elecciones que ha hecho terminaron por confirmar la veracidad de su creencia.

Lo que hace tan contundente a una creencia es que la persona la toma no por una posibilidad entre muchas, sino como la realidad: en general no busca otras posibilidades y muy rara vez las cuestiona o piensa en ellas con reflexión. Las creencias están alojadas en los estratos inconscientes de la persona y profundamente arraigadas con las emociones más básicas. En general las personas tienden a pensar que sus creencias son universalmente ciertas y, por lo tanto, esperan que todos los demás vean el mundo de la misma manera, "de la manera real". No pueden darse cuenta de que su sistema de creencias es algo exclusivamente personal, sólo suyo, y la mayoría de las veces muy diferente del de los demás. Cuestionar alguna de las creencias de una persona puede desestabilizar todo su sistema, pues afecta otras que provienen o están relacionadas con ella. Por esta razón, hay una resistencia tan grande al cambio de una creencia y se genera mucha angustia cuando uno de tales supuestos es cuestionado. Esta resistencia al cambio se manifiesta en muchas ocasiones como una omisión, una ceguera selectiva que anula de nuestra percepción consciente todo elemento que contradiga una creencia. Por ejemplo: si alguien se cree poco atractivo ignorará los halagos de los demás o los interpretará de tal manera que queden invalidados, los verá como un engaño de buena fe, con la intención de subirle su autoestima.

## Las creencias: ¿maldición o bendición?

En una charla sobre el tema de las creencias, uno de los asistentes, muy preocupado, me preguntó: ¿cómo puede una persona deshacerse de sus creencias?, como si se tratase de una enfermedad grave. Supe en ese momento que había dado la errónea impresión de que las creencias son algo malo o indeseable. No creo que las creencias sean malas ni buenas. Las creencias están más allá del bien y del mal, cumplen una función, se encargan de estructurar el mundo en que vivimos, de configurar eso que llamamos realidad, de detallar nuestras posibilidades y nuestros límites. Algunas veces las personas tienen creencias que las limitan, que les impiden alcanzar sus metas y hasta tener algunas; pero en otras ocasiones estas creencias pueden impulsar a la gente a alcanzar sus objetivos con menos miedo y más posibilidades de éxito. Decimos que las creencias no son buenas ni malas, sino útiles o no, sirven para alcanzar las metas que nos planteamos o no lo hacen. Son limitantes o impulsoras, todo depende de cuáles sean, en qué circunstancia funcionen y de lo que hagamos con ellas. Las creencias pueden, en un momento y un contexto determinados, ser impulsoras, como creer que "soy un hombre de recursos, pase lo que pase siempre encuentro la manera de hacer lo que quiero" . Otras pueden también ser limitantes: "siempre tengo mala suerte, hago lo mejor posible y nadie se da cuenta", "después de los 30 años cuesta mucho adelgazar", "loro viejo no aprende a hablar", etcétera. Lo anterior significa que después de una edad determinada es más difícil aprender. Otra muy común creencia limitante es que "sólo el trabajo esforzado merece recompensa".

Clemente es un hombre de 33 años, alto, atractivo, muy callado y con una pobre idea de sí mismo. Menciona haber sido muy sobreprotegido por sus padres y duramente criticado o ridiculizado cuando hacía algo que a ellos les parecía inadecuado, lo cual no aparenta ser un evento que haya quedado en el pasado, ya que aún vive con ellos. También depende de ellos económicamente y a menudo le critican su improductividad, lo descalifican por ello y le dicen cosas como "y tú de qué vas hablar si ni trabajo has podido conseguir", "muy profesional que eres pero no produces ni para jabón". Clemente no cree en sí mismo, se considera poco inteligente, torpe y lento, y aporta como prueba sus fracasos en los estudios y en los trabajos que ha realizado. En realidad ha logrado graduarse de ingeniero y ha tenido varios trabajos en los que, luego de salir airoso en los exámenes de selección (con pruebas de inteligencia incluidas), ha decepcionado las expectativas de sus jefes por su indecisión y su poca participación en los proyectos.

—Prefiero no hablar cuando estoy en una reunión o con una muchacha porque tengo miedo a decir una tontería o a hacer el ridículo con comentarios superficiales —me comenta en una sesión.

—¿Cómo sabes que va a ser así?

—Porque ya me ha pasado varias veces, yo no invento, Miguel, yo sé cómo soy.

—¿Cómo crees que eres? —le pregunto, haciendo énfasis en la palabra *crees* para introducir una duda en su aseveración y plantearla como una creencia.

—Creo que soy poco inteligente —me dice, aceptando la duda—, no un bruto total, pero sí poco inteligente, no soy "babas", sino lento.

—Me decías que te ha pasado varias veces que te atreves a hablar en un grupo o con una muchacha... y entonces ¿qué ha pasado?

—Bueno, que digo algo que ya han dicho y no me doy cuenta. O cuando hay una mujer es peor, lo que digo no resulta importante y lo digo de forma monótona, sin gracia, como si leyera. No soy simpático, creo que se dan cuenta de que soy "tapado".

—Clemente, quiero que respondas honestamente —le pido.

—Bien.

—Cuando estás en grupo, callado, y los demás hablan, ¿buscas el momento de decir algo para que no crean que eres tonto por estar callado?

—Sí, así es.

—Y cuando te decides a hablar, ¿escuchas que tus pensamientos te dicen algo?

—Sí, ¿por qué?

—¿Qué dicen?

—Cosas como "te están viendo", "se van a dar cuenta, tienes que decir algo". También me digo a mí mismo que tengo que hacerlo con gracia, que suene inteligente o chistoso.

—Es decir, ¿tienes la mente dividida atendiendo a lo que dicen en la conversación, buscando el momento de decir algo, instándote a decirlo de forma inteligente, y preparado para criticarte si los demás no reaccionan exactamente como deseas que lo hagan?

—Así parece —responde en voz baja y evitando mi mirada.

—Con tanto ruido, si de verdad fueras tan lento como dices, es un milagro que consigas mantener el hilo de la conversación —digo en voz muy baja para que apenas pueda oírme.

—¿Cómo dices? —pregunta con interés.

—¡Ah! Pensaba que hay que tener gran habilidad para mantener una conversación teniendo la mente fraccionada atendiendo a tantas cosas a la vez. Naturalmente no todo lo puedes hacer bien. Yo sólo puedo pensar en una cosa a la vez —le digo poniéndome por debajo de él—. Estoy pensando que posiblemente mejorarían las cosas si en lugar de hacer mal lo que los otros ven, hicieras mal lo que no ven.

—¿Cómo qué?

—Como vigilar lo que dices o instarte a decir las cosas de una u otra manera; haz eso menos bien.

—¿Tú crees? —me dice confundido.

¿Son malas las creencias con las cuales Clemente se define como poco inteligente, que es tonto o que es lento? El primer impulso es decir que sí; sin embargo, cuando se profundiza más en el trabajo terapéutico resulta sencillo descubrir que, en realidad, las creencias de Clemente le protegen de algo. Clemente teme ser criticado, no tolera el rechazo y la descalificación, ha desarrollado pocas destrezas sociales y muchas veces permanecer callado le ha hecho lucir enigmático y, por ello, ha llamado la atención de algunas personas. Creerse poco inteligente le mantiene aislado, al margen de las conversaciones, y reduce la probabilidad de que le rechacen; sin embargo, él se ha empeñado en incorporarse socialmente y ahí su mecanismo de protección, antes exitoso, ahora no le sirve, sino más bien lo expone a sufrir aquello de lo que se supone había de protegerle. Desde una perspectiva terapéutica, podría resultar inútil empeñarse en cambiar las creencias que le limitan si no atendemos también el desarrollo de sus destrezas sociales, pues esto sólo haría que aumentara su resistencia al cambio.

Algo muy diferente ocurre con Liliana, una joven estudiante de arquitectura, de facciones aniñadas y mirada traviesa. Es muy activa e inquieta. Acude acompañando a su novio, quien se encuentra abrumado por la tristeza y las responsabilidades que tuviese que asumir luego de la muerte de sus padres en un accidente automovilístico.

—Es algo terrible lo que le pasó, pero lo vamos a superar juntos, yo voy a ayudarlo. Mi abuelo siempre decía que las tragedias derrumban a los frágiles y templan a los fuertes, y nosotros somos fuertes. Le estoy ayudando con las cuentas del negocio de su padre, yo siempre he sido buena para los números y él es excelente para vender; de niño le cobró a mi hermano por dejarlo lavar el carro que su padre le había mandado lavar a él.

Y ¿qué podemos opinar de las creencias de Liliana acerca de sí misma y de su pareja? No parece tan malo tener creencias como éstas; sin embargo, hay que considerar el contexto en el cual una creencia entra en acción. Una joven paciente que estaba en vísperas de un examen muy importante para obtener un premio y una beca se decía a sí misma: "Si alguien lo ha hecho es posible, y si es posible también yo puedo hacerlo". Esta creencia, que se encontraba muy acorde con su manera de enfrentar la vida, tranquiliza en un contexto como el mencionado. Ahora imagínese usted como psicoterapeuta de una persona que le dice lo mismo, con similar convicción y firmeza, pero se trata de un adolescente que pretende escalar la escarpada pared de 300 metros de una montaña, a manos libres, sin el entrenamiento adecuado y sin la guía de un experto. Trabajando con las creencias de la gente hemos de indagar no sólo las creencias que sostienen, sino también las circunstancias en que se activan, hacia qué objetivo los dirigen, de qué les protegen, y ayudarles a evaluar cuidadosamente las consecuencias que pueden generar.

Respondiendo al título de este segmento, considero que las creencias no son una maldición ni una bendición, sino un modelo del mundo y los modelos no son buenos ni malos, ni ciertos o falsos. Un modelo propone una serie de estructuras que sólo pretenden ser útiles, con las cuales sólo se persigue construir una propuesta de funcionamiento que permita entender e interrelacionar las complejidades de la existencia para dirigirnos al cumplimiento de nuestras expectativas.

## Tipos de creencias

Cuando se aborda el trabajo con una pareja y comienza a profundizarse en la comprensión de las creencias en las que ellos basan su existencia, es útil darse cuenta de que existen varios tipos de creencias. Se han ideado numerosas propuestas de clasificación atendiendo, por lo general, a la necesidad de los distintos autores, a los objetivos que éstos se hubiesen planteado alcanzar en sus investigaciones y a los aspectos específicos del grupo sobre el que en ese momento recayese su atención. Pero desde una perspectiva práctica podemos decir que las personas tienen tres tipos fundamentales de creencias.

### Creencias de identidad

Tales creencias permiten que la gente sepa cómo definirse a sí misma, por ejemplo: "soy trabajador", "soy un mujeriego sin remedio", "soy una mujer atractiva". También permiten definir a las demás personas o grupos a los que pertenece o con los que está relacionada: "los Pérez somos gente dura", "los jóvenes son rebeldes por naturaleza", "mi hermana Carlota es una mujer paciente" o "los ingenieros son gente cuadrada y analítica". Las creencias de identidad especifican no sólo lo que somos, sino también lo que podemos hacer o no en un momento determinado o en el curso de nuestras vidas. "Nunca serviré para la matemática", "a estas alturas de la vida ya no se puede aprender con facilidad", "los idiomas se aprenden mejor de niños", "esta familia jamás hará un negocio exitoso" son ejemplo de este tipo de creencias, las cuales influyen en la personalidad de quien las detenta. Son particularmente difíciles de cambiar, pero, una vez que esto ocurre, las personas se convierten, literalmente hablando, en sujetos diferentes.

## Creencias interpretativas

Este tipo de creencias nos permiten entender el mundo en el que vivimos y los sucesos que tienen lugar en él. Con ellas pueden explicarse y valorarse los fenómenos cotidianos, como el amor, el trabajo, la vida y la muerte. Se puede considerar que "el trabajo duro dignifica al hombre", "el amor es cosa de jóvenes", "la vida es cruel", "la muerte es la entrada en el paraíso", "el matrimonio es la tumba del amor", etcétera.

Las creencias interpretativas nos dan explicaciones de las cosas que suceden o que han sucedido. Éstas estructuran nuestro pasado y extraen de él las explicaciones que dan sustento a las creencias de identidad. "Es un inútil porque siempre ha sido sobreprotegido", "tanta disciplina le impusieron que lo han hecho un obsesivo", "si el padre era borracho, ¿qué se puede esperar de él?"

Puede parecer una aseveración arriesgada decir que si una persona reestructura sus creencias interpretativas, cambia su vida y la realidad en que se desenvuelve; sin embargo, existe una enorme evidencia psicoterapéutica de que esto es realmente así. De igual manera podemos decir que si se cambian las creencias que tenemos acerca de nuestro pasado, podremos cambiar el pasado. Estoy acostumbrado a que me miren con extrañeza cuando hago tal afirmación, pues muchos piensan que tenemos tras nosotros un bloque de sucesos que nos definen y que están guardados en nuestra memoria. En realidad no quiero asegurar que no exista el pasado; sólo digo que nuestra conexión con él (la memoria) no es objetiva o invariable.

La memoria es una función del cerebro cuya finalidad no es dotarnos de un registro preciso de lo que hemos vivido, sino otorgarnos una aproximación a nuestras experiencias que nos permita inferir consecuencias de sucesos similares a los pasados para tomar la previsión de repetir las acciones exitosas y descartar las que no lo han sido. Esto no requiere recuerdos precisos e inmutables, sino reminiscencias cargadas emocionalmente. Nuestra memoria suele omitir situaciones que han sido muy traumáticas, completa recuerdos inconclusos y aquellos que carecen de sentido, y fusiona otros. Además, suele suceder que, ante un hecho similar, dos o más personas recuerdan cosas distintas, ya que de acuerdo con su personalidad han prestado más atención a unas cosas que a otras y a lo que han visto lo han dotado de interpretaciones completamente particulares. De manera que nuestro pasado no existe fuera de nosotros, de nuestra memoria, no está fuera de nuestras interpretaciones y creencias. Podría ahora arriesgarme a decir que, en términos operativos, mi pasado es mi memoria y, al igual que ésta, es variable, cargado de significados y dinámico. Si ayudo a alguien a que reestructure el conjunto de significados de un segmento de su memoria, cambiará su pasado y la influencia que éste tiene sobre su realidad actual, que también será diferente.

## Creencias ejecutivas

Este tipo comprende las creencias relacionadas con la acción y que sirven para señalar cómo han de enfrentarse los problemas y circunstancias cotidianas de la vida. Pueden ser del tipo de "hay que enfrentar los problemas", "la infidelidad es el fin del matrimonio", "si lo intento la cantidad de veces suficientes lo lograré", "para que los hijos no se descarríen hay que darles de palos", "si no quieres que las mujeres te pierdan el respeto no te muestres muy interesado", "si te acuestas con él en las primeras citas te dejará", y una infinidad de creencias más que nos indican lo que no debemos hacer, lo que sí y cómo hacerlo.

Como vemos, la mayoría de las creencias sirven para que las personas puedan definirse, entender su mundo y saber cómo comportarse en él.

# CAPÍTULO 2

# Creencias en el momento de elegir a la pareja

*No escojas a tu esposa en un baile,*
*sino en el campo entre los segadores.*

PROVERBIO CHECO

## ¿Cómo se forma una pareja?

Antes de mostrar las creencias más comunes en las distintas etapas por las que transitan las relaciones afectivas, es importante explicar cómo se constituyen habitualmente los vínculos de pareja.

Imaginemos a dos personas que se conocen en una reunión social: llamémoslos A y B. Ellos se encuentran en medio del grupo y comienzan una conversación social mediante la cual se exploran mutuamente. Para ese momento existe entre ellos una afinidad física, es decir, que se gustan o se resultan interesantes mutuamente. Esto hace que intenten impresionarse de forma positiva; coquetean, se seducen; hablan de temas superficiales, de clichés y buscan en el otro las similitudes; desean sentirse identificados, les gusta reconocerse en el otro y validarse a sí mismos. Las ideas y los gustos propios en palabras ajenas parecen más ciertos, les hacen sentirse aceptados y más importantes. Los sectores narcisistas de sus estructuras mentales les guían en este reconocimiento. La conversación se desliza superficialmente y al azar sobre temas de identidad, como los gustos musicales y artísticos, el trabajo que realizan, los estudios que han cursado, las comidas que prefieren, la forma como les gusta pasar el tiempo libre y divertirse, los amigos en común, el cine, el baile, entre otros. A y B encuentran muchos puntos de coincidencia. De no ser así se separarían y buscarían a otras personas en la reunión para continuar la búsqueda. Pero aquí la exploración continúa, están interesados uno en el otro y lo encuentran carismático o, tal vez, inteligente. Cada uno cree que el otro es inteligente porque piensa como él o tiene opiniones similares, y cree que es interesante porque hace cosas que se encuentran entre las actividades que

33

él hace o que desearía hacer. También podría resultarle fastidioso si hiciese cosas que a él le fastidian, pero éste no es el caso. A y B se encuentran hablando acerca de lo que hacen bien, relatan anécdotas sobre sus éxitos laborales o deportivos, hacen comentarios agudos sobre terceros y se cuentan sus opiniones referentes a temas políticos, religiosos o filosóficos. Para un observador extraño podría resultar curiosa la frecuencia con que utilizan frases como "fíjate que yo también...", "igual yo...", "qué casualidad, a mí una vez..." La identificación ha funcionado, se produjo el *contacto* y las probabilidades de un segundo encuentro son muy altas.

En encuentros posteriores, A y B continúan profundizando en los temas comunes, definen sus posiciones sobre cuestiones como la política, la religión el amor, el sexo, los amigos, los planes para el futuro, las ambiciones personales, etcétera, siempre haciendo mas énfasis en las similitudes entre ellos. Este tipo de interacción basado en la identificación es muy común en la primera etapa de la relación de pareja: la de la selección y adhesión, que se inicia con el contacto.

Pero lo similar es finito. Cuando las semejanzas están siendo conocidas hacen su aparición las diferencias. Si A y B no son lo suficientemente maduros y tolerantes, estas diferencias los llevarán a antagonizar, a tener conflictos por intransigencia ante los contrastes, lo cual puede ocasionar que la incipiente relación se termine. También puede ocurrir que uno de ellos reprima y esconda sus opiniones o su visión del mundo para evitar conflictos que deterioren la relación de pareja, lo cual, paradójicamente, daña la relación por falta de comunicación, aunque posterga el final.

Continuemos imaginando que A y B son lo suficientemente maduros y tolerantes para aceptar con curiosidad las experiencias disímiles del otro y las construcciones de la realidad y del mundo de éste que no coinciden con las suyas. Entonces empezará un intenso proceso de enriquecimiento en el cual experimentarán otra realidad y compartirán las vivencias del otro. Dejarán que los gustos del compañero se incorporen a su vida, que otros hábitos se sumen a sus rutinas, cambiarán sus formas de percepción y de relación. Las personalidades más dependientes pueden dejarse invadir por las más fuertes en una influencia unilateral, ocasionando una despersonalización y haciendo que el dependiente copie y mimetice al fuerte. Pero si esto no ocurre, sino que hay un intercambio de influencia bilateral, se iniciará la etapa de consolidación y cohesión, que es la segunda etapa de la relación de pareja, un periodo largo y enriquecedor en el cual negociarán y establecerán acuerdos sobre aquellas situaciones en las que la curiosidad y la tolerancia no han sido suficientes. Definirán, por ejemplo, la frecuencia con que se vincularán con sus respectivas familias de origen o con sus amigos, las nuevas pautas laborales, establecerán normas para expresar los afectos, para el sexo, idearán reglas sobre la intimidad, crearán una forma de colocarse límites y pedirse las cosas, etcétera. Si esto se realiza respetando las posiciones del otro, hasta donde sea cómodo, sin renunciar a las propias y más allá de lo deseado, la negociación generará una nueva manera de hacer las cosas que será propia del vínculo y donde eso que llamarán "nuestra forma de hacer" no atentará contra la individualidad de cada uno de ellos. Habrá tenido lugar el elemento más importante de esta segunda etapa de la relación, el *encuentro*, y el vínculo es ahora estable y ha sentado las bases para durar, se ha consolidado. En este segundo período de la relación de pareja comienza progresivamente a ocurrir otro tipo de sucesos. Ya vimos cómo una vez que la identificación disminuye, la pareja empieza a enriquecerse con las experiencias que ambos tienen entre sí, pero este proceso también es limitado, ya que en algún momento la pareja habrá incorporado o negociado la mayoría de las diferencias previamente existentes y tendrá las destrezas para hacerlo con las pocas que vayan surgiendo.

Ocurre luego que estas dos personas que ya se encuentran acopladas más o menos armónicamente comienzan a explorar el mundo como una unidad. En esta tercera etapa se exponen a nuevas experiencias y las asimilan, experiencias que no forman parte de la historia de ninguno de ellos. Son vivencias que ocurren al estar juntos, que van sincronizando su mundo y profundizando su conciencia de pareja a medida que los transforma paulatinamente. En este momento ocurre lo que llamamos *intimidad*, no la intimidad física del sexo, sino esa intimidad del alma que ocurre por evolucionar juntos. En este momento, A y B generan ideas y propuestas que son novedosas, verdaderos descubrimientos. Si esto ocurre en forma adecuada, la relación entre A y B podrá entrar en la etapa de redefinición y maduración fácilmente, cada vez que sea necesario, para recomenzar el ciclo y ser una pareja duradera.

Pero puede también ocurrir, como mencionamos anteriormente, que uno de ellos reprima sus emociones, calle sus opiniones y oculte sus expectativas para evitar conflictos con el otro poco tolerante, o que uno de ellos, con una personalidad débil y poco estructurada, renuncie a su visión del mundo para adoptar la del otro. En este caso será englobado por su pareja y entrará en un estado de *confluencia* en el cual ya no tendrá más opiniones ni más gustos que los de su compañero, tampoco tendrá nada más que aportarle que un amargo sentimiento de frustración y una profunda soledad, y el otro se habrá quedado sin interlocutor y a solas con una empobrecida réplica de sí mismo.

## Consideraciones acerca de la elección de pareja

La cultura occidental se caracteriza en este sentido por la importancia que concede a la presencia del amor como razón para constituir una relación de pareja. Sabemos que en las culturas orientales como las de India, China, Japón y algunas partes del continente africano y del mundo árabe resulta extraña esta práctica. No es que el amor no exista en esas sociedades, sino que éste no es causa suficiente para concertar una unión matrimonial. En varias de estas culturas, los padres negocian el matrimonio de los hijos, en algunos casos en la infancia de éstos, como medio para mantener el orden social y económico y para crear las condiciones que faciliten la vida familiar. En estos casos el móvil no es el amor, sino mantener la estructura social, política y económica; sin embargo, se espera que la lealtad, el afecto y la responsabilidad maduraran con el paso del tiempo y que el amor aparecerá en el curso de la unión. En nuestras sociedades, la gente suele casarse por amor, pero este énfasis, que podríamos llamar romántico, es relativamente nuevo. El antropólogo Ralph Linton (1956) menciona:

> Toda sociedad ha reconocido que, de vez en cuando, hay ataques emocionales violentos entre las personas del sexo opuesto, pero nuestra cultura americana es prácticamente la única que ha intentado capitalizar este hecho, para sentar sobre él las bases del matrimonio. La mayor parte de los grupos ven esto como algo desafortunado y señalan a las víctimas como horribles ejemplos. Su rareza en la mayor parte de las sociedades sugiere que éstos son psicológicamente anormales.

Esta visión, que es más una postura personal que una explicación sobre el comportamiento del ser humano en pareja, es compartida por otras personalidades científicas, quienes se preguntan si una persona que experimenta una emoción intensa, que ofusca la capacidad de juicio y que los guía hacia un fin de satisfacción inmediata o a corto plazo, puede tener la entereza para elegir una pareja adecuada y sentar las bases de una relación que se prolongue en el tiempo

En Occidente no ha sido sino hasta hace un par de siglos cuando el hombre y la mujer han empezado a unirse movidos por el amor.

Antes se elegía al cónyuge según un contrato tradicional que aseguraba el mantenimiento de la clase social y perpetuaba el sistema de parentescos. En los últimos dos siglos, una serie de revoluciones sociales han hecho más amplios los límites entre las clases: las más favorecidas comenzaron a defender el matrimonio basado en el amor y posteriormente las más bajas emularon su ejemplo.

Parece que la elección de pareja se ha debatido entre dos variables: por un lado el amor y por el otro la perpetuación de los sistemas económicos y de parentesco. En la actualidad, la presencia del amor en la constitución de los vínculos ha cobrado una importancia fundamental. Tal es el énfasis que se ha puesto en el amor que tienden a omitir otros factores de suma importancia. Los rasgos del amor romántico son frecuentemente resaltados hasta tal punto que han llegado a idealizarse. De esta manera, el amor como emoción humana ha quedado ensombrecido por múltiples creencias, a veces contradictorias, que llenan de dudas a la gente. Muchos no son siquiera capaces de reconocer tal emoción en ellos.

—La verdad, Miguel, es que no sé si ame a Iván —me decía Carmela, con mucha tristeza. Más aún, no sé si habré amado alguna vez. Es difícil de saber.

—¿Has sentido coraje hacia alguien alguna vez? —le pregunto distraídamente.

—Sí, claro —dice sin pensarlo.

—¿A quién?

—A mucha gente.

—¿A quién? —insisto.

—A ver. A mi hermana, a mi jefe.

—¿Estás segura?

—Sí, claro —me dice con impaciencia.

—¿Cómo lo sabes?

—Pues porque lo siento. ¡Caramba! Tú sí sabes exasperarme con tus preguntas.

—¿Y por qué es distinto con el amor?, ¿de dónde proviene tanta confusión?

Como Carmela, mucha gente siente gran confusión sobre sus sentimientos amorosos, debido en gran parte a las exigencias que recaen en esa emoción. Todos hemos escuchado las descripciones de las mariposas en el estómago, las miradas embobadas y el aturdimiento mental. Mucho se ha escrito y hablado sobre el amor, demasiado tal vez, y cada persona nos da su visión particular, nos cuenta su experiencia inevitablemente subjetiva y la universaliza como si no hubiese otra forma de percibir y sentir el amor que la que él ha tenido: "El amor no consiste en mirarnos fijamente el uno al otro, sino en mirar juntos en la misma dirección" nos decía Antoine de Saint-Exupéry en *El principito* (1994); con ello nos transmitía su experiencia personal, indudablemente hermosa. El amor no consiste en esto sino en esto otro y cualquier otra cosa no es amor. ¿Cómo puede alguien interpretar esta frase? ¡Cuidado! Si una persona tiene un marcado interés en llegar a ser músico de orquesta y su pareja no tiene mayor inclinación hacia la música, ambos están mirando en direcciones diferentes y, por lo tanto, cualquier cosa que sienta el uno por el otro no es amor. D.H. Lawrence escribió en *El amante de lady Chatterley* (1987): "El amor es la flor de vida, florece inesperadamente y sin ley, debe arrancarse donde se encuentra y debe disfrutarse durante la hora breve de su duración".

Dicho autor es alguien más que nos muestra su experiencia como una realidad innegable: "el amor es..." Luego de leer esto, ¿debe extrañarnos que la gente piense que no hay manera de hacer durar al amor? Y para regresar al principio, según escribió Honoré de Balzac en *La fisiología del matrimonio* (1830/1945): "Lo que hace indisoluble a las amistades y dobla su encanto es un sentimiento que le falta al amor: la certeza".

¿Está usted seguro de amar? ¡Sí! ¡Sorpresa! Entonces usted no ama, pues donde hay certeza no hay amor. Con tanto bienintencionado explicándonos lo que es el amor no es de extrañar que no confiemos en lo que sentimos, que muy posiblemente será algo diferente, porque cada uno tiene una manera distinta de percibir las emociones. La desconfianza lleva a la gente a desarrollar estrategias bizarras para asegurarse de que realmente siente lo que cree que siente, como Alí, un joven con una gran inestabilidad afectiva, muchas parejas de breve duración y una búsqueda honesta y angustiosa de alguien a quien realmente pueda llegar a amar.

—Creo que esta vez sí estoy enamorado —me decía con alegría.

—¿Cómo lo sabes? —le pregunté.

—Porque cuando la veo siento que la respiración se me corta y el corazón se acelera, me da un vacío en el estómago, me pongo tan nervioso que las manos me sudan y me tiemblan, y hasta tartamudeo.

Al escucharlo repasé mentalmente los criterios para el diagnóstico de las crisis de ansiedad, que son bastante parecidos a los síntomas que me describió.

—Caramba, creo que le tienes miedo a esa mujer —le digo, sorprendido.

—¡Miedo! ¡Yo no le tengo miedo! —dice con enfatizada extrañeza.

—Pues muchas personas me han dicho que cuando tienen miedo sienten que la respiración se les corta, el corazón se les acelera, tiemblan y tienen sudoración fría. ¿No te ha pasado eso con el miedo? –le pregunto fingiendo desconcierto.

—Pues sí –me dice extrañado–, pero no es miedo, estoy segurísimo.

—¿Cómo puedes estar tan seguro?

—Pues porque sé cuándo tengo miedo.

—¿Es cierto eso?

—¡Pues claro que sí, hombre! –insiste sonriendo.

—Con el miedo estás seguro de lo que sientes y el amor tienes que deducirlo a partir de sus síntomas. ¡Qué curioso! –le digo mientras me acaricio la barbilla pensativo.

—Algo me pasa con el amor. No confío en lo que siento y tengo que ponerle demasiada cabeza, ¿verdad? –me pregunta en voz muy baja.

El énfasis exagerado que se ha colocado sobre el amor no sólo ha conseguido idealizarlo y crear confusión en los sentimientos de las personas, sino que además las ha llevado a menospreciar otros aspectos importantes para el establecimiento de vínculos sanos estables, duraderos y, sobre todo, felices. De esto hablaremos en el siguiente apartado.

## Los patrones de selección

Es común observar en la práctica que la mayoría de las personas hacen elecciones de pareja bastante inadecuadas. Y cuando estas parejas terminan, tienden nuevamente a elegir personas muy similares en sus características a las anteriores, como ocurrió con Soledad, la paciente a la que nos referimos, que solía elegir hombres alcohólicos. En realidad la situación de Soledad es bastante rara, lo más común es que alguien que elige una persona alcohólica se vea luego vinculada con un adicto a algún medicamento o un fumador compulsivo, es decir, personas con trastornos o rasgos de personalidad dependiente. Los patrones no suelen repetirse en forma tan explícitamente idéntica, y las similitudes se desarrollan en niveles más profundos y en ocasiones simbólicos.

Cuando desarrollaba las estrategias para desentrañar y evaluar los patrones de selección de los pacientes que trataba, estaba convencido de que la gente en general tenía patrones de selección inadecuados, pobres o incongruentes. Ésa era en dicho momento mi creencia; sin embargo, a medida que profundizaba en la comprensión de los patrones de selección, iba descubriendo con sorpresa que no era así, sino que mi hipótesis se invalidaba con la observación, los patrones resultaban ser sorprendentemente viables, no tenían grandes contradicciones, ni estaban idealizados al punto de perseguir imposibles. ¿Qué ocurría entonces? Por alguna razón, las personas no los respetaban. En el trabajo con Raúl aumenté mi comprensión de este fenómeno.

Raúl es un joven proveniente de una familia con muy escasos recursos que logró estudiar y graduarse en la universidad con grandes sacrificios. Consciente de que su única limitación no era la académica, durante sus estudios se interesó en múltiples actividades: arte, música, cine, espiritualidad, etcétera, con lo cual se hizo de una sólida cultura general. Antes de terminar sus estudios había contraído matrimonio con una compañera de la universidad, quien decidió no continuar la carrera luego de casarse, aun contra el deseo de Raúl. Tuvieron un hijo. Cuatro años más tarde, Raúl había encontrado trabajo en una prestigiosa empresa trasnacional en la que era muy apreciado por su calidad profesional y el matrimonio presentaba grandes fisuras, debido a su incapacidad para comprenderse en los más cotidianos detalles de su vida. La frustración en su vida emocional y su incapacidad de obtener de ella satisfacción para sus necesidades le había llevado a tener relaciones extramatrimoniales. Su esposa había descubierto algunas de sus aventuras y eso había desestructurado aún más su vida conyugal.

Raúl, por indicación mía, había hecho una lista de las características que debía tener una mujer para que pudiese tener una relación con ella en la que pudiese ser feliz. Me la leyó en la consulta y, una vez que terminó de leerla, me miró turbado y me dijo:

—Es como mucho, ¿no?

—¿A qué te refieres?, ¿crees que no existe alguien así?

—No, bueno, estoy pensando que... ¿por qué una persona así habría de interesarse en mí?

—¡Ah! Crees que es mucho para ti. Entonces, ¿es un problema de autoestima? –le sugiero.

—Es posible –me dice después de pensar un momento. Cuando conocí a mi esposa pensé que tenía que amarrarla pronto porque no iba a encontrar con facilidad otra como ella. Ahora creo que me precipité. No es que ella no sea buena, creo que es una persona maravillosa, pero no cuadra conmigo: no podemos compartir las cosas que más me gustan. Mira: ella es el tipo de persona que dice que quien ha visto un museo los ha visto todos; entonces, cuando hay una exposición me voy con otra persona. No le gusta la música de cámara, ni el teatro y cuando vamos al cine no podemos ponernos de acuerdo, porque las películas que me gustan le aburren. Además, la vida espiritual, que es importante para mí, le parece sólo una tontería. No cuadramos. ¿Sabes? Creo que fui conformista y no reconocí mis necesidades en ese momento.

Raúl elegía sus parejas basado en la creencia de que una persona con las características que él deseaba sería demasiado buena para él. Se sentía indigno de la atención de alguien que se aproximara a su ideal. Su autoestima le había tendido una trampa y elegía personas con menos de aquello que él consideraba cualidades. No personas menos buenas, pues, como él mismo dice, su esposa era una mujer que hubiese colmado las expectativas de otros hombres, no de hombres menos exigentes, sino de aquellos que coincidieran en aspirar las cualidades que ella detentaba. En condiciones como ésta es fácil pensar que una parte de la mente de la persona ha enloquecido y adopta una conducta autodestructiva; sin embargo, no es así: el funcionamiento mental sigue una tendencia a proteger a la persona. Alguien con una pobre autovaloración tiene miedo a ser rechazado o abandonado y su elección de alguien que no alcanza su ideal pretende protegerlo de lo que teme. El problema es que esta persona no despertará admiración suficiente para sustentar el amor y el deseo sexual, ni permitirá que la relación se consolide. Esto es lo que ocurría con Clara, una mujer joven y dinámica, con un espíritu inquieto, amante de la naturaleza, conciencia ecológica y gusto por el ejercicio intenso. Solía elegir hombres con menor formación académica y nivel cultural, con trabajos menos remunerados y menos atractivos físicamente.

—Creo que de esta forma no van a dejarme y la verdad es que parece funcionar, la mayoría de las veces se pegan a mí. Pero soy yo la que no aguanto y empiezo a criticarlos por todo: por su falta de ambición, por el trabajo mediocre, por su ignorancia. A la semana ya estoy queriendo cambiarlos.

—¿En realidad quieres que cambien?

—No, en realidad no. Creo que si cambiaran me sentiría insegura. Esto parece una maldición: escojo a alguien que no se asemeja a quien en realidad deseo porque que quien deseo me parece tan bueno que creo que se decepcionaría de mí y me dejaría, pero entonces soy yo la que me decepciono y comienzo a hacerle la vida imposible, y al final lo dejo porque creo que merezco a alguien mejor. Pero no busco a alguien mejor, sino siempre elijo igual. Dios, pienso que estoy más loca de lo que creía —me dice, sonriendo tristemente.

Luego otro paciente, Freddy, me confirmó una sospecha que tenía y que he corroborado posteriormente hasta la saciedad: por alguna razón, algunas personas que se sienten culpables eligen parejas que les hacen sufrir. Parece ser una manera de purgar las culpas. Freddy fue un claro ejemplo de que la violencia doméstica no la sufren solamente las mujeres. Su esposa lo descalificaba frecuentemente, destrozaba su ropa y sus libros, controlaba todo el dinero que él ganaba tildándo-lo de despilfarrador, lo humillaba a menudo frente a sus amigos por su desempeño sexual y en varias ocasiones llegó a golpearlo con un zapa-to y a arrojarle un plato con comida. No es que Freddy fuera un ángel desvalido, sino que en muchas ocasiones se comportó con ella bajo un esquema de agresión pasiva, olvidando fechas importantes y creando dudas sobre la presencia de otras mujeres en su vida.

—Estoy completamente harto de su conducta destructiva, me hace trizas la autoestima —me decía—. No aguanto más, ella no va a cambiar nunca, siempre fue así. No puedo decir, como otros, que ella se trans-formó después del matrimonio. Tuvimos cuatro años de noviazgo antes y las cosas eran iguales. Rompimos más de 10 veces en ese tiempo.

—¿Por qué te casaste con ella? —le pregunté.

—No lo sé muy bien, creo que quería casarme rápido.

—¿Qué sentías por ella?

—Me gustaba que a veces era cariñosa conmigo y creo que ella me amaba.

—Mi pregunta es: ¿qué sentías *tú* por ella? —recalqué.

—No estaba enamorado, si a eso te refieres.

—Y entonces, ¿qué te motivó a casarte?

—Pensaba que no iba a amar a nadie más después de mi relación con Claudina y que no tenía mucho derecho a aspirar más felicidad.

—Cuéntame qué pasó con Claudina.

—Yo era muy joven y ella quedó embarazada. Mis padres me mandaron a estudiar a Inglaterra cuando se enteraron y ella se quedó con ese enorme problema, ella sola. Decidió abortar. Con toda razón nunca quiso volver a hablarme. Nunca voy a sentir algo como lo que sentía por ella, ni tampoco creo que me merezca mucha felicidad después de lo que le hice —terminó con tristeza.

También he encontrado relaciones que se establecieron como un mecanismo de autoagresión, no como forma de pagar alguna culpa, sino como una manera de dañarse a sí mismos, pero en esta ocasión no es el sujeto el que arremete contra sí mismo, sino que se vincula con alguien que se encargue de ello. En muchas ocasiones las personas maltratadas no pueden desprenderse de sus parejas, pues de algu-na manera las necesitan para hacer efectivo un perjuicio que no pue-den aplicarse ellas mismas o como complemento de una más abierta actitud en la cual abundan los episodios de autoagresión. La rabia es una emoción que suele expresarse de múltiples maneras, casi todas ellas poco constructivas. Las formas más sanas de expresión de la rabia no son habitualmente encontradas de modo espontáneo por la mayoría de las personas, aunque por lo general pueden aprenderlas mediante la guía psicoterapéutica adecuada. Cuando una persona siente rabia tiende a reprimirla por considerarla mala o destructiva, en cuyo caso se acumula hasta llegar a un límite que conduce muchas veces a estallidos de agresión verbal o física contra alguna persona, comúnmente alguien que no tiene nada que ver con el surgimiento de la emoción. En otras ocasiones la represión es tan intensa que la exteriorización de la rabia no llega a ocurrir, y entonces la persona comienza a colocar la agresión sobre sí mismo, en una escala de variadas maneras que van desde el suicidio hasta el padecimiento de una enfermedad psicosomática. Algunas personas se vuelven descuidadas y propensas a los accidentes, otras se dedican a realizar actividades o deportes peligrosos, y entre esta variedad de maneras algunos sujetos suelen toparse con personas castigadoras y sádicas y delegan en ellas, por medio de mecanismos de proyección, la tarea de castigarse.

Antonia era una de esas personas que nunca mostraban su rabia, era considerada buena gente, muy tolerante y comprensiva, y nada parecía sacarla de sus casillas. No le gustaba admitir su rabia ante nadie y había sufrido muchos accidentes de tránsito. "Creo que soy distraída cuando manejo", decía excusándose. Se había quemado seriamente las manos en la cocina en dos ocasiones, cortado con un botellón de agua potable y sufrido varios shocks eléctricos y tres envenenamientos accidentales, dos con medicamentos y uno con una sustancia de limpieza almacenada inadecuadamente en una botella de refresco.

—Cuando comencé a vivir con Pablo, los accidentes desaparecieron casi por completo; creo que su presencia me equilibra —me decía.

Lo cierto es que Pablo la agredía verbalmente con mucha frecuencia y la había golpeado varias veces; en una de ellas tuvo que ser hospitalizada.

—¿Así que crees que Pablo te equilibra?

—Sí. Sé que tiene mal carácter, pero, en general, me entiende.

—Me has dicho que te agrede verbal y físicamente. ¿Crees que en realidad te entiende?

—¡Oh!, ¡vamos, doctor!, él nunca me va a lastimar seriamente. Y la verdad, la mayoría de las veces soy yo quien lo saco de sus casillas.

Pude constatar que muchos de los episodios de agresión por parte de Pablo habían ocurrido horas después de que ella había tenido una situación de conflicto laboral o discrepancias con su padre, en las cuales había sentido una intensa rabia que no había sido capaz de exteriorizar. Entonces llegaba a casa y "sacaba de sus casillas" a Pablo y terminaba llena de moretones. Había sustituido los accidentes por la relación con Pablo.

Otro descubrimiento importante es que, además de elegir desde una autoestima empobrecida o seleccionar personas con las que el sufrimiento va a ser una compañía constante en la relación, existen algunas omisiones de gran importancia que las personas hacen al elegir a su pareja y que están propiciadas por algunas creencias muy comunes. La mayoría de las personas tienen en sus sistemas de creencias indicaciones que les obligan a ignorar y omitir grupos de elementos de gran importancia en sus patrones de selección, por ejemplo: "dar importancia al físico de las personas es de gente materialista y superficial", "no se debe dar mucha importancia al dinero, pues eso es de gente mezquina, lo importante es el sentimiento", "no importa si es o no profesional, basta con que sea ambicioso", etcétera. Creo que es importante que una persona elija a su pareja entre gente que le guste físicamente; no me refiero a personas que entren en un canon estético socialmente definido, sino a que para su pareja han de ser atractivas y deseables. Me he encontrado con personas que eligen a su pareja para que les guste físicamente a los demás, para no ser ridiculizados por sus amigos o para ser envidiadas por sus amigas. La personalidad ha de ser compatible y de igual manera han de considerarse el nivel académico, la actitud ante el trabajo, la capacidad productiva, las costumbres sexuales y las espirituales y, por último, los atributos familiares. Los aspectos más importantes son ocho, y algunas personas podrán asegurar que unos son más importantes que otros. Hay quienes afirman que la personalidad es más importante que el físico o la actitud espiritual más que el dinero que produzca. Yo pienso que la relación de pareja es como una mesa parada sólidamente sobre sus patas. ¿Quién puede decirme qué pata es la más importante de la mesa? Si una es más corta, la mesa cojea y tiene problemas de estabilidad. Entonces, a la hora de elegir:

1. Seleccione a alguien que le resulte físicamente agradable.
2. Asegúrese de que la persona tiene las características de personalidad que le interesan. Su capacidad para dar y recibir afecto, su disposición a brindar respaldo y protección, el respeto que muestre por las

formas de ser de los demás, su deseo de proyectarse al futuro y hacer planes de vida, la capacidad para compartir las decisiones importantes, su postura ante las relaciones de poder, etcétera, suelen ser muy importantes.

3. Atienda al nivel cultural y académico, a la profesión; éstos son aspectos que han de ser considerados suficientes por quien elige. La relación de pareja exige un buen nivel de comunicación y cada persona necesita un interlocutor con quien compartir sus ideas y su visión del mundo. "No nos entendemos: lo que para mí es importante, él no lo valora" es una queja demasiado común.

4. Fíjese en su actitud ante la producción y el dinero. Los aspectos económicos rigen la vida social de las personas y no pueden ser despreciados sin consecuencias. Una persona puede ser despilfarradora o excesivamente ahorrativa, puede tener dinero sin producirlo (por ejemplo: haberlo heredado). Es prudente evaluar los propios sentimientos ante estas situaciones.

5. Fíjese en la actitud ante el trabajo. Hay una gama muy amplia entre aquellas personas a las que no les agrada trabajar hasta quienes trabajan aun durante el sueño y suelen generar emociones muy diversas en quienes tienen que compartir su vida con ellos.

6. Infórmese acerca de sus preferencias sexuales, su capacidad para negociar sus hábitos, su disposición a crear e inventar nuevos juegos y situaciones, entre otros aspectos.

7. Asegúrese de que las preferencias religiosas y espirituales pueden ser compatibles sin sacrificios.

8. Observe su actitud ante su familia y ante la propia, y evalúe su capacidad para negociar y redefinir algunas costumbres de la vida familiar previa.

El patrón de selección es inconsciente y debemos hacerlo consciente, no para que la gente se pasee por ahí con una lista de chequeo en la mano, tratando de ver quién le cuadra mejor según un inventario de atributos. Una vez que han hecho consciente su patrón de selección y reflexionado sobre él y la forma como lo han usado en sus elecciones previas, éste de alguna manera es más evidente a la hora de hacer elecciones. Por otra parte, las razones por las que se ha irrespetado pueden ser intervenidas psicoterapéuticamente y mejoradas. He encontrado que alguno de mis pacientes, luego de comprender su patrón de selección, tiene miedo a que si lo respeta tenderá a ser muy exigente al elegir y tener dificultades para encontrar a alguien que lo satisfaga. Como decía una de mis pacientes:

—Si soy muy exigente, tendré menos probabilidades de conseguir a alguien.

—Ciertamente –le dije–. Tus probabilidades se van a reducir, pero a expensas de los que no cumplen con tus expectativas, de los que tarde o temprano tendrás que rechazar, no por malos sino por incompatibles.

Es importante ser exigente en algo tan fundamental como elegir a alguien para compartir no una buena cantidad de años, sino todos los que nos quedan de vida. En todo caso, es preciso corroborar que los patrones de selección no contengan grandes contradicciones o francas incongruencias, como quien quiere encontrar una mujer proactiva, crítica y exitosa que sea también complaciente y sumisa. Yo corroboro el patrón de selección de mis pacientes preguntándome si conozco a alguien que cumpla con todas las características que me mencionan. Busqué en mi mente entre amigos, conocidos y otros pacientes, y muy contadas veces encontré quien tuviese patrones francamente incongruentes.

## Reflexiones en torno a la seducción

Cuando alguien cree haber encontrado a la persona que más se ajusta a ella, comienza a ejecutar una serie de rituales que tienen como finalidad atraer la atención y el interés de ésta. Quizá sería más exacto decir que esto suele ocurrir cuando no existe ningún problema de importancia en la persona que ha hecho el hallazgo, pues la verdad es que en muchas ocasiones alguien que conoció a una persona que le gusta suele retraerse asustada y actuar de tal manera que el otro tiende a pensar que está siendo rechazado.

Seducir es un verbo que proviene del latín *seduco, seducere*. En su significado original, *seducere* es llevar aparte a alguien, llevárselo para hablar a solas. En la actualidad hemos adoptado el significado aparecido en la traducción que san Jerónimo hizo de la *Biblia*. En el *Génesis*, donde se describe cómo el demonio, en forma de serpiente, convence a Eva de comer el fruto del árbol de la ciencia, se usa el término *seducir* y a partir de ahí ha seguido siendo entendido de la misma manera. Cuando esta versión de la *Biblia* pasó al griego, el verbo *seducere* fue traducido como *apatáo*, que significa engañar, defraudar o traicionar. En la actualidad, el *Diccionario de la lengua española* emanado de la Real Academia Española acepta que el término *seducir* tiene dos acepciones: la primera es engañar con arte y maña, persuadir suavemente al mal, y la segunda es embargar o cautivar el ánimo. No parece necesario advertir que no haré comentario alguno acerca de la primera acepción y que a lo que voy a referirme se parece mucho más a la segunda. Lo que quiero significar en esencia con el término *seducir* es lograr que alguien desee aquello a lo que inicialmente no aspiraba.

No debemos confundir la seducción con la atracción sexual, aunque ambas están estrechamente relacionadas. No todo hombre es atractivo para una mujer o para otro hombre homosexual, al igual que no toda mujer es atractiva para un hombre o para otra mujer homosexual. Pero mediante la seducción podemos hacernos objeto de interés para quien antes no éramos atractivos. De la atracción sexual emana el deseo, que es el pretexto de la seducción. Con la seducción manifestamos nuestro deseo del otro e intentamos convertirnos en el objeto de su deseo. La atracción sexual y el deseo surgen en las personas como respuestas naturales a una acción de otro; sin embargo, la seducción es un comportamiento deliberado, una conducta ritualizada para alcanzar algo, un comportamiento que aspira a imponer una dirección al deseo. La seducción se manifiesta mediante la ceremonia del cortejo, una suerte de estrategias que desarrollan con grandes variantes todas las especies que se reproducen sexualmente, desde sacudir las plumas del pavo real macho hasta el lápiz labial de las hembras humanas. Incluso en las ocasiones en que dos personas se gustan mutuamente desde el principio, es necesaria esa conducta ritual para propiciar el acercamiento y no es extraño que, de resultar poco acertada, rompa el encanto inicial de la "química" y se convierta en un alejamiento más que en el contacto que se espera. La atracción puede responder a una necesidad de descarga sexual en la que no estén involucrados los sentimientos, en tanto que la seducción apela a la intermediación de las emociones para generar el deseo.

Algo que tienen en común la atracción física y la seducción es que ambas están mediadas por las presiones culturales y sociales. La atracción física se encuentra profundamente influida por las variables propias de cada cultura y depende de los valores y costumbres que imperen en los distintos ámbitos socioculturales. En Occidente, por ejemplo, se prefieren las mujeres y los hombres delgados, y en estos últimos son apreciados los cuerpos de músculos bien definidos; sin embargo, en Mali o en Nigeria encontraremos gustos muy diferentes, una modelo occidental seria considerada un saco de huesos muy desagradable, las mujeres entradas en carnes son muy apreciadas, hasta el punto de que existen "cabañas de engorde", donde las mujeres que van a casarse reciben una dieta hipercalórica para aumentar sus atractivos. De la misma manera, los hombres resultan más atractivos si son gruesos y con traseros desarrollados. En Occidente se considera atractiva a la mujer que posee un busto desarrollado, mientras que en algunas regiones de China el pecho sólo tiene interés para los niños de pecho. La seducción está relacionada estrechamente con los valores sociales, y en general resulta más sensual y erótico aquello a lo que la sociedad se opone. Por ejemplo, mientras más presión social existe para que la gente use ropa que esconda mucho los atributos físicos más atractiva resulta la desnudez, mientras que, por el contrario, en sociedades donde la desnudez es habitual lo llamativo es cubrirse ciertas partes del cuerpo. En algunos lugares, como Samoa, suele llevarse cubierto el ombligo por lo que la vista de éste resulta a la vez censurable y muy excitante. Igualmente ocurre con el rostro de las mujeres en la cultura islámica, en la cual la costumbre les impone llevarlo cubierto con velos. En las islas Célibes es sexualmente excitante la visión de las rodillas femeninas. En muchas sociedades, la visión de los genitales resulta estimulante; sin embargo, en las poblaciones indígenas del Amazonas, donde la desnudez femenina y masculina es la norma, la excitación no es confiada a la visión sino a la realización de ciertos ademanes o gestos que indican la disponibilidad o una intención sexual.

La seducción recae en la conducta más que en el aspecto físico y reside en las miradas, en la forma de caminar, de hablar, de vestirse y de desvestirse, en los gestos y en la manera de decir las cosas. Lo novedoso resulta también muy excitante, de ahí que con el transcurso del tiempo las parejas tengan que recurrir a su imaginación para reactivar el interés en la sexualidad y mantener saludables las relaciones afectivas.

Lo que llamamos seducción consiste en una serie de estrategias de comportamiento que están dirigidas a un fin determinado; estrategias que transfiguran las apariencias y estimulan la curiosidad cubriendo las intenciones con un velo de misterio. El seductor anticipa las expectativas del otro tratando de aparecer a sus ojos como aquello que la persona anhela, y se muestra como el ser humano con que ésta desearía compartir una parte de su existencia; sin embargo, la seducción no es un engaño. Para tener éxito, la persona que seduce debe tomarse el tiempo de conocer más o menos profundamente a quien desea, para mostrarle lo que anhela ver y, como de nosotros no puede salir lo que dentro no esté, tal acto de complacer las expectativas del otro nos permite actuar partes de nuestra personalidad que han estado restringidas, de manera que termina completándola y diversificándola.

Pero ¿qué es lo que seduce? Muchas personas cambian su aspecto físico con el maquillaje o la indumentaria que utilizan, mientras otras llegan más lejos y recurren a la cirugía estética, pero, como hemos mencionado, el aspecto físico atrae y lo que seduce es otra cosa. La seducción comienza por la mirada, en una mirada se encierra un universo de comunicación, la mirada que dura un instante más de lo esperado demuestra interés en quien se mira. Luego de la mirada, la sonrisa ratifica el interés, de manera que la sonrisa es el segundo gran gesto de la seducción. La sonrisa hace que los músculos de la cara, en particular los de la boca y los ojos, adopten una posición agradable y armoniosa que indica aprobación. También el lenguaje de las posturas corporales y los gestos es utilizado en la seducción, la cual es un arte comunicativo en el que los mensajes son velados, sugeridos, confusos y misteriosos; el cuerpo habla, se hace notar, dice "quiero que me mires porque me interesas". Si la mirada, la sonrisa y el cuerpo han hecho bien su trabajo, la persona podrá acercarse y utilizar el medio más sofisticado: la conversación. Es el momento de la palabra y de la forma como ésta se emite. A partir de este punto, todo intento de establecer una relación transita por el contacto físico, desde los roces de manos y las caricias casuales hasta los besos y la relación sexual, de modo que la seducción sigue su camino.

Aunque la seducción no está relacionada de manera directa con el aspecto físico, muchas personas que se consideran físicamente poco agraciadas pueden tener problemas para atreverse a desplegar un comportamiento seductor, ya que están obstaculizadas por sus sentimientos de vergüenza y el miedo al rechazo. Pero la seducción trasciende el aspecto físico. La mujer más seductora que he conocido distribuía más de 80 kilogramos de peso en una estatura de 1.70 y su delicado pie ocupaba la misma talla de zapato que el mío, que no es particularmente pequeño. Pero, como ya he mencionado, no se trataba de su apariencia sino de otras cosas menos tangibles, como los ademanes, los gestos, la manera de hablar, el tono de su voz, la forma de mirar a los ojos, en fin una actitud ante los vínculos que la hacía sugestiva y deseable.

Podemos decir con afán práctico que existen dos tipos de seducción: el primero está basado en la petición y podemos llamarlo *directo* o *declarativo*. Existen múltiples formas de declarar a otra persona el interés que despierta en nosotros. Esta modalidad es predominantemente usada por los hombres, aunque no es exclusiva de ellos. En general requiere que la persona se sienta muy segura de su elocuencia y de su capacidad para la conversación. Se trata de las mil y una maneras de decir al otro directamente con la palabra "tú me gustas", "quiero ser tu pareja". Las personas que no se sienten muy convincentes prefieren el segundo tipo, basado en crear en el otro la intención de acercarse; este estilo podemos llamarlo *indirecto* o *propiciativo*. Es más comúnmente usado por las mujeres y por aquellos hombres que no se sienten cómodos con la declaración directa de su interés; no consiste en convencer a alguna persona de que lo mejor que le puede pasar en la vida es estar con nosotros, sino hacer las cosas de tal manera que esta persona quiera convencernos a nosotros de ello. No es vencer una resistencia, sino suscitar un deseo.

Un amigo muy cercano durante mis años de universidad, que tenía una facilidad asombrosa para la seducción, adoptó en una ocasión una estrategia que me dejó perplejo por sus resultados. En aquel momento me pareció magia lo que ahora entiendo como una actitud que suscita interés por ser poco amenazadora y aparentar dejar las decisiones en manos del otro. Pues bien, este amigo conoció en la facultad a una chica que le gustó, estudiábamos para los exámenes de fin de semestre y luego de obtener de mí la poca información que tenía de ella me dijo: "El semestre que viene voy a ser su novio". Luego de nuestro periodo de vacaciones, comenzamos las clases del nuevo semestre, él me comentó que coincidíamos con ella en la misma sección en un par de materias. Me pidió que le dejara solo para acercarse a ella, de modo que me limité a sentarme aparte y a observar. La parte teórica de una de estas materias la dictaban en un amplio auditorio, a pesar de que el número de estudiantes era pequeño. Era la primera clase de la mañana, de modo que el primer día él llegó temprano, se asomó al auditorio y la vio sentada conversando con una amiga; entonces se acercó y se sentó justo al lado de ella, abrió un periódico y se enfrascó muy concentrado en la lectura de éste. Ella volteó extrañada: no es común que en un espacio tan grande, con muchos asientos vacíos, alguien se siente justo al lado de una persona a la que no conoce; tampoco es común que un estudiante de medicina se interese en saber sobre la actualidad del mundo que le rodea. Lo vio absorto en la lectura y continuó tranquila su conversación con su amiga hasta que comenzó la clase. Esta escena se repitió varios días: él se sentaba a leer el periódico junto a ella, mientras ésta conversaba con su amiga siempre en el mismo puesto. La gente parece tener un sentido territorial que les hace apropiarse de un asiento y no cambiarlo, aunque tengan la opción de hacerlo. Un día él llegó y ella se encontraba sola, pues la amiga aún no había llegado. Repitió la rutina de sentarse a su lado a leer el periódico, ella le habló y él cerró el periódico y se dedicó a conversar con ella hasta la llegada de la amiga. Entonces se enfrascaron los tres en una animada conversación. Ella había iniciado la charla y mi amigo había respondido: logró que ella tomara la iniciativa de hacer lo que él deseaba, con sólo un poco de paciencia y con ninguna posibilidad de ser rechazado. Una semana más tarde me dijo: "Hoy voy a hacer un experimento". Ese día llegamos aún más temprano y ella no estaba en el auditorio. Él se sentó dos filas más abajo y varios asientos más a la derecha, pero cuando ella llegó se sentó a su lado. Yo no podía creerlo. En el receso entre unas clases, mientras saboreábamos un café, me dijo: "Su sitio no es una silla, sino al lado mío". En tres semanas más salíamos los cuatro y ellos dos eran novios. "Soy muy malo con las declaraciones amorosas", me decía pícaramente, "me pongo muy nervioso y torpe y generalmente me mandan a paseo; así me sale mejor: sólo llamo la atención, dejo que me conozcan, que se interesen en mí, que tomen la iniciativa y yo sólo accedo". Lo mágico de este estilo es que ella se creía segura, sentía tener el control y tomaba las decisiones.

Algunas personas son muy buenas convenciendo, pero a la hora de la seducción se apoyan más en sus destrezas verbales, mientras que otras propician situaciones a partir del lenguaje sin palabras o de la sugestión de las palabras confusas.

# Creencias erróneas más comunes en esta etapa de la relación

## Creencia 1: no hay hombres, ni mujeres

Quizá la más difundida de estas mentiras y una de las más dañinas es la idea de la supuesta escasez de miembros del sexo opuesto. Me ha sorprendido la frecuencia con que escucho en mi consulta frases como "¿dónde están los hombres?", "lo que ocurre es que en nuestro país hay seis mujeres por cada hombre", "los hombres son como los teléfonos públicos: hay pocos, la mayoría no sirven y si encuentras uno que sirva, tiene una cola de gente esperando por él", "claro —dicen otras— hay muchos menos hombres que mujeres y de los que hay la mayoría son homosexuales". Estas aseveraciones me causaron tal curiosidad que terminé por hacer una investigación para determinar su veracidad. Descubrí que en realidad en nuestro país las estadísticas de la Oficina Central de Estadística e Informática (OCEI) muestran que la distribución de la población es bastante equilibrada. Según el censo del año 2001 había 11 402 869 hombres y 11 651 341 mujeres, proporción que, según las proyecciones hechas hasta el año 2005, no se esperaba que cambiase sustancialmente. Para ese año las proyecciones estadísticas plantean que la cantidad de hombres será de alrededor de 13 303 351 y la de mujeres cerca de 13 164 483, lo cual revela que la proporción se encuentra muy discretamente desplazada hacia los representantes del sexo masculino y se mantiene más o menos igual en los distintos grupos de edades. En el mundo, las cosas parecen similares: el 52% de la población mundial son mujeres, según estimaciones de la división de estadísticas de la OMS. Sin embargo, la creencia se ha difundido entre los hombres y las mujeres, y la mayoría de las personas se muestra sorprendida cuando ésta es cuestionada y dudan de la veracidad de las cifras. Si los hechos no corroboran la creencia correrían malos tiempos para los hechos; por otro lado, una cantidad bastante grande de los hombres que acuden a mi consulta me plantean situaciones como "las mujeres ya no están interesadas en tener pareja, sino sólo quieren trabajar", "yo no sé de dónde sacan la idea de que hay más mujeres que hombres, tú vas a un bar y te encuentras a un montón de tipos solos", "mira: yo tengo 30 años, soy profesional, autosuficiente, estoy soltero y todo eso. Soy lo que se dice un buen partido y, sin embargo, no encuentro pareja, yo también podría decir que no hay mujeres".

¿De dónde proviene entonces la creencia de que hay una escasez de hombres o de mujeres? Por un tiempo, en mi trabajo terapéutico me dediqué a indagar cómo mis pacientes habían llegado a construir la idea de la escasez de miembros del sexo opuesto y, dado que ésta no era realmente cierta, me interesó también saber para qué podría llegar a servirles creer en ella. Me parecía que era una idea "conveniente", en algunos casos, para personas con mucho miedo al compromiso o a las relaciones interpersonales con carga amorosa o, más precisamente, con miedo al sufrimiento que puede causarles ser rechazados por alguien que les gusta: era una manera de mantenerse alejado del peligro y tener una buena justificación que colocase la responsabilidad fuera de ellos. Sin embargo, esta explicación no era suficiente para entender todas las situaciones. Algunos de mis pacientes eran personas con gran capacidad de riesgo, con mucha tolerancia a la frustración y a quienes no les generaba vergüenza ser objeto de un rechazo. Debía haber algo más que no estaba viendo.

En una ocasión Cristina Stecca, colaboradora cercana, con quien he hecho gran parte de mi investigación en el área de las relaciones interpersonales, fue invitada a un programa de televisión en el cual se iba a hablar acerca de la soledad y la dificultad para el establecimiento de relaciones afectivas. Nos reunimos para intercambiar algunas ideas antes de su programa y conversamos sobre la creencia de la escasez de miembros del sexo opuesto. Fue en esa conversación donde terminamos entendiendo un aspecto que se nos había pasado por alto: entendimos que en los momentos actuales ocurre algo en la estructura social, vinculado con una situación de cambio en el papel que desempeñan los hombres y las mujeres en la sociedad y en la familia. Hace unos años atrás, no muchos, quizá 50 apenas, los roles del hombre y de la mujer en la familia estaban más definidos y claros de lo que lo están ahora. La mujer, en la mayoría de los casos, se encargaba de criar a los hijos y de mantener el orden del hogar, mientras que el hombre se encargaba de trabajar para proveer a la familia de los bienes materiales. La mujer y el hombre tenían roles claros, definidos y complementarios. Al margen de si esto es bueno o malo, justo o injusto, constituía una situación de complementariedad.

No quiero correr el riesgo de que se interprete que estoy de acuerdo con el estilo de vida de la pareja de los años cincuenta, pues no lo estoy, pero no podemos dejar de darnos cuenta de que en la actualidad existe un choque entre los roles del hombre y de la mujer. Con el correr del tiempo la mujer asumió responsabilidades sociales diferentes, tuvo más acceso a las fuentes de estudio hasta el punto de que hoy en día la mayoría de los egresados de nuestras universidades son mujeres y han alcanzado puestos de gran responsabilidad en el mercado laboral, no porque la sociedad se haya vuelto más justa, pues no soy tan ingenuo para creer que el mundo se desplaza hacia la evolución y la justicia. Toda esta revolución de oportunidades para la mujer fue, a mi juicio, ocasionada por la necesidad de la sociedad de consumo de incrementar el número de consumidores.

La mujer, que antes no conducía un automóvil (los edificios de apartamentos construidos hace más de 30 años no tenían más de un puesto de estacionamiento por apartamento y ahora tienen por lo menos dos), se ha convertido en un segmento del mercado que ha duplicado la cantidad de automóviles que se venden. La mujer que antes compraba ropa para trabajar en casa y trajes de paseo o fiesta consume también ropa para trabajar en la oficina, para ir al gimnasio, para seducir en los lugares nocturnos, etcétera. Bueno, ahora la mujer y el hombre compiten por las oportunidades de estudio y por los puestos de trabajo, y dentro de éstos se enfrentan por los ascensos, por las evaluaciones de las que dependen los aumentos de sueldo, etcétera. La mujer ha dejado de ser sumisa y el hombre galante. Ahora son contrincantes en múltiples situaciones. Pasan enormes cantidades de tiempo dedicados a sus trabajos o a sus estudios, de manera que, lógicamente, muchas parejas se constituyen en los lugares de trabajo y de estudio. Pero cuando, en consulta, evalúo los patrones de selección por los que mis pacientes de cualquier sexo eligen a su pareja, cuando les pregunto qué característica debe tener un hombre o una mujer para que puedan iniciar una relación con él o ella y poder ser feliz, ¿qué me responden? Cosas como "quiero que sea agradable, romántico, cariñoso, leal, detallista, con sentido del humor, etc". Ése es el hombre o la mujer que cada uno tiene metido dentro de su mente como la pareja ideal. Pero ¿qué ven en sus lugares de trabajo o de estudio, o en las reuniones sociales derivadas de éstos, donde hoy pasan la mayor parte de su tiempo nuestros hombres y mujeres de clase media? Ven competidores desconfiados, en busca de oportunidades para sobrevivir en un mundo donde parece que no cabemos todos. En realidad no hay hombres ni mujeres, al menos no aquellos que tenemos en nuestra mente como el ideal de pareja para nosotros. No nos muestran con facilidad la faceta que queremos ver, aunque la tengan, porque, además, se ha extendido otra creencia destructora de las relaciones afectivas de la que hablaré en su oportunidad, según la cual nos hacemos débiles y vulnerables cuando mostramos nuestra parte tierna, afectiva, emocional y romántica.

Ese día dije a Cristina:

—Nuestros pacientes tienen razón: no hay hombres, ni mujeres. Cuando miran a su alrededor no están a la vista los hombres y mujeres con los que se puede construir una buena relación afectiva. Tenemos que ayudarles a no temer al rechazo, a mostrar sus emociones sin miedo y a ver más allá de lo que el miedo a los demás les deja enseñar. Los hombres y mujeres se encuentran ocultos dentro de sí mismos, protegiéndose de sus fantasmas, escondiendo sus aspectos tiernos y mostrando una máscara de seguridad y aplomo que atemoriza a los demás.

Una de mis pacientes que se encontraba sola y, como ella decía, "en busca de un hombre bueno para iniciar una relación seria", me dijo en una oportunidad: "Hay tres tipos de hombres: los maricas, los casados y los magos, que te revuelcan y desaparecen". Resulta difícil no asustarse imaginándose las relaciones que esperan a alguien con semejante creencia.

Maria E., una mujer de 35 años, que sentía la presión familiar que le recriminaba su soltería, me decía:

—Yo estoy buscando pero no es fácil encontrar; sé que dices que no hay más mujeres que hombres, pero entonces ¿dónde están los hombres?

—¿Dónde los has buscado? —le pregunto.

—Pues en todas partes donde me encuentro. Estoy atenta a la gente.

—¿A qué hora comienza tu trabajo?

—A las ocho de la mañana

—¿A qué hora terminas?

—En teoría salimos a las cinco, pero pierdes puntos si sales antes de las ocho o las nueve —me responde con pesar.

—¿Y luego qué haces?

—Casi siempre me voy a casa. Termino agotada —me explica excusándose.

—Y los fines de semana, ¿qué haces?

—Vivir sola tiene responsabilidades —me contesta, poniendo cara de haber comprendido algo—. Tengo que limpiar la casa, lavar mi ropa y luego no me llama la atención salir, por lo cual a veces me quedo viendo televisión

—Voy entendiendo por qué no encuentras a nadie —le digo.

La situación de Rosa parecía ser diferente.

—Yo salgo mucho —me decía—, tengo múltiples actividades y conozco mucha gente, y puedo decirte que estamos todas en lo mismo. De verdad hay escasez de tipos o todos están escondidos.

—¿Cuáles son esas actividades?

—Fíjate: después del trabajo, tres veces por semana me voy a mis clases de flamenco, tengo la astrología dos tardes y el *spinning*. También salgo con algunas amigas a conversar en algún café.

—Flamenco y astrología, ¿cuántos hombres hay en esas clases?

—Este... en el flamenco no hay hombres y en astrología hay dos: el profesor y un señor mayor, pero en el *spinning* hay varios.

—Sí, debe ser muy interesante lo que conversas con ellos mientras dejan el alma en la bicicleta —le digo con ironía—. Con razón están todas en *lo mismo*.

—¡Vaya! —dice pensativa—. Creo que voy a tener que tomar clases de karate —me mira pícaramente y se ríe.

Yamile creía haber llegado más allá. Salía son frecuencia, iba a lugares nocturnos e intentaba estar abierta a conocer gente que pudiese interesarle. Pero nada parecía ocurrir.

—Estoy en circulación —decía—; con frecuencia me voy a tomar algo a "El Jardín" con una amiga; el sitio está de moda, ¿sabes? Todo el mundo va hacia allá y el ambiente es bueno, mucha gente, buena música.

—¿Y?

—Bueno, hay hombres que se me acercan, pero nadie me gusta, pues no confío.

—¿Por qué? –pregunto asombrado.

—Porque una nunca sabe con qué intención se acercan.

—Sí, no se sabe hasta que conversas con ellos y lo averiguas. No sabes adivinar aún, ¿o sí? –pregunto con ironía.

—¿Qué clase de hombre se me puede acercar en un lugar como ése? –me dice a la defensiva–. Esos sitios están llenos de hombres casados que al salir del trabajo, en lugar de irse a su casa, van a ver qué pescan por ahí. O de tipos que sólo quieren una aventura de una noche y eso no es para mí.

—Si estás tan segura de eso, ¿para qué vas a ese lugar?

—¡Pero bueno!, ¿salgo o no salgo?, ¿quién te entiende?

—Haz lo que te haga sentir mejor, lo que disfrutes. Pero no te engañes, no hay mucha diferencia entre no buscar algo y buscarlo donde crees que no está.

—Entonces, ¿qué hago? –me pregunta, confundida.

—¡Escucha! –le digo–. "El Jardín" está realmente de moda, uno de mis pacientes va a ese lugar: un joven profesional, bastante bien parecido, muy sensible emocionalmente, destacado en su trabajo y, sobre todo, soltero, aunque algo tímido. Va con un amigo y se sientan en una mesa algo nerviosos y asustados los dos; cuando ven a alguna chica que les simpatiza comienzan a discutir sobre quién va a tener el valor de acercarse a establecer comunicación. Luego uno de ellos se levanta, respira hondo y comienza a desempeñar el papel que él cree que va a resultar más seductor o con menos probabilidades de "rebotar", como él dice. Generalmente trata de lucir seguro de sí mismo, interesante, "con cancha"; el resultado es una caricatura, una especie de Don Juan. Se acerca y dice algo así como: "Mi amigo y yo nos dimos cuenta de que están solas, podemos sentarnos juntos y compartir, divertirnos y conocernos mejor". Entonces una de ellas responde: "No, gracias, muy amable, pero estamos esperando a alguien".

—Yo misma he dicho eso varias veces –me dice en un susurro.

—Bueno, él vuelve a su mesa tratando de no caerse a pedazos por el camino y fingiendo que todo sigue igual. Ha "rebotado" otra vez.

—Este mundo es una locura –me dice, llorando pausadamente.

—Ya lo creo. Eso hacemos de él con gran frecuencia –afirmo en un murmullo y me callo, dejándola llorar su emoción.

## Creencia 2: buscar no es adecuado

Una preocupación constante de algunas personas es que no saben dónde buscar a la gente adecuada para relacionarse; más aún: muchas piensan que no es adecuado buscar. "Pero eso no se busca", me dicen, "la gente aparece". Mucha gente considera que buscar pareja está mal, creencia que, en general, es más común entre las mujeres. "Yo no voy a andar por ahí buscando hombres", me decía una paciente, algo disgustada. Esta renuncia a buscar parece un remanente de la época victoriana en la cual las mujeres no buscaban, sino que aceptaban o rechazaban, que es la forma pasiva de la elección. Quizá por ello muchas mujeres que se encuentran viviendo una relación afectiva piensan que no eligieron a su compañero, sino que él las eligió a ellas; sin embargo, decir sí o no a quien se acerca con una pretensión afectiva también es una forma de elección. Aún en esta época, que presume de promover la igualdad entre los sexos, vemos que tanto las mujeres como los hombres se sienten más cómodos con sus papeles pasivo y activo, respectivamente, a la hora de la elección de la pareja. Muchos hombres suelen asustarse ante una mujer que toma demasiadas iniciativas y las mujeres temen ser rechazadas si adoptan una actitud que se considera masculina. Esta forma de pensar parece que tiende a cambiar, pero muy lentamente.

—¿Qué has hecho para conseguir pareja? –le preguntaba a una paciente de 35 años de edad, divorciada, que se quejaba de su dificultad para conseguir una pareja adecuada.

—No sé qué decirte: me arreglo, salgo con mis amigos y bueno... estoy pendiente.

—¿Estás pendiente? –repito, mirándola con cara de no haber entendido.

—Sí, estoy atenta. ¿Qué quieres que haga? ¿Me pongo en el pecho un cartel de "se busca pareja"? –me dice y parece disgustada.

—Me parece una idea bastante novedosa, aunque no puedo garantizarte que funcione. ¿Qué estás sintiendo en este momento? –le pregunto para corroborar mi apreciación.

—Me da coraje, haces parecer como si yo tuviese que hacer algo.

—Tienes una necesidad que deseas satisfacer. ¿Quién ha de hacer algo al respecto?

—¿Y qué quieres que haga? Yo no voy a andar por ahí buscando hombres.

—¿Hombres? Tú sólo necesitas uno, ¿no es así? ¿Qué tiene de malo buscar lo que se necesita? Si necesitas empleo, lo buscas y no tienes tanto conflicto.

—Una pareja no es un empleo.

—Eso lo sé, pero es una necesidad para ti.

—Pero una mujer que busca hombres... –corta la frase y se queda mirando el suelo– Una debe saber qué puesto...

—¿Una mujer que busca hombres qué? –le interrumpo.

—No es honorable –me dice y se echa a reír.

—¿Quién te decía eso? –río con ella.

—Creo que mi mamá. Cuando mi hermana y yo estábamos en el colegio y salíamos con el grupo de amigos decía: "ya están como loquitas buscando machos, mucho cuidado con lo que hacen porque las van a ver como putas".

—¿Crees que buscar a un hombre para tener una relación afectiva es de putas?

—Tal vez creo que buscar es de putas.

—¿Has cobrado alguna vez por tener sexo?

—¡Claro que no!

—Y ¿sueles disfrutarlo?

—La mayoría de las veces.

—Entonces lamento decirte que no calificas para el empleo, no tienes el perfil –trato de descalificar la creencia por medio del humor.

Se ríe distendidamente.

—¿Sabes cómo le llamaban a las prostitutas en la España del medievo? –le pregunto.

—¿Cómo?

—Busconas.

"El que busca encuentra" afirma un dicho que tiene su equivalente en casi todas las culturas e idiomas, y buscar pareja es una actividad que la gente ha de hacer concienzudamente. No falta quien considera más romántico dejarse arrastrar por la química más que por el razonamiento, o quien piense que una relación de pareja es algo demasiado complicado e importante para confiárselo a alguien atontado por un amor intenso. Creo que el amor es un elemento imprescindible para construir una relación de pareja, pero también que no es el único importante, ni el que lo es más. Una persona se enamora por razones muy diversas. Ya hemos visto cómo algunos individuos eligen a su pareja desde una concepción empobrecida de sí mismos, y de esta manera terminan vinculados con personas con las que son poco compatibles o buscando pagar culpas inconscientes y como forma de autoagresión. Pues bien, en muchas de estas relaciones existe el amor, pero la persona estableció su vínculo por razones que no conducen a la felicidad o resultó enamorarse de alguien que en realidad no le conviene. Entonces, ¿es mejor tener una relación por conveniencia?, pueden preguntar algunos. Pues no. Al igual que Oscar Wilde, pienso que un matrimonio de conveniencia lo contraen personas que no se convienen en absoluto.

Podemos saber exactamente qué clase de persona nos cuadra, lo cual no es difícil, basta que coincida con nuestros rasgos de personalidad más arraigados, que comparta nuestras creencias básicas y que tenga una buena cantidad de diferencias que puedan aportarnos nuevas experiencias. No es difícil encontrar personas con caracteres compatibles, pero se necesita más que compatibilidad para entablar una buena relación. El ser humano tiene emociones que influyen de manera determinante en la construcción de su realidad y no pueden ignorarse sin consecuencias. El interés económico crea relaciones que pueden ser un buen negocio y la compatibilidad puede hacer relaciones que combinen como prendas de ropa, pero un vínculo sin emociones es una relación de máquinas, las cuales pueden ser productivas pero no se puede decir de ellas que sean felices. Los seres humanos poseemos cerebros complejos capaces de originar emociones como el amor y de discriminar, seleccionar, jerarquizar y elegir. Dejemos entonces que nuestro cerebro haga un trabajo completo a la hora de buscar a la persona adecuada para establecer un vínculo de pareja. La persona adecuada debe despertar sentimientos profundos y una intensa química y debe convenirnos.

A muchas personas se les plantea la disyuntiva de que no saben dónde pueden buscar. ¿Cuál es el lugar más adecuado para conseguir a la pareja afín? Esto, por lo general, depende de quien busca y de qué clase de personas busca. Alguien que tiene una gran pasión por la actividad física puede sentirse más a gusto entre las personas que acuden a un gimnasio o que practican cierto tipo de deportes. Las personas que se sienten atraídas por el arte y la cultura se sentirán más identificadas con quienes acuden a charlas sobre determinadas tendencias pictóricas o que van frecuentemente a conciertos de música clásica. Ya he aclarado que creo que, además de la identificación con las similitudes del otro, las personas se enriquecen con las diferencias, pero resulta muy común que algunas personas establezcan vínculos con quienes tienen mucho apego a actividades que a ellas les desagradan, tal como Emma, una joven paciente cuyo hermano practicaba beisbol regularmente en un equipo amateur. Ella y una amiga iban a los juegos a conocer a los amigos de su hermano. Allí conoció a Carlo.

—Está bien que le guste jugar beisbol –me decía–, pero también quiere ver por televisión todos los juegos de la Liga Nacional porque es fanático de los Leones, y los juegos de la Liga Americana porque le gustan los Yankees.

—¿Sabías que él era amante del beisbol? —le pregunto.

—Sí, pero yo pensaba que podría hacer también otras cosas.

—¿No comparte nada contigo?

—Sí, le gustan muchas cosas que me gustan a mí, pero siempre y cuando no haya ningún juego de los equipos que le interesan. Además, él quiere ser jugador profesional.

—¿Y qué tiene eso de particular?

—No sé, creo que los beisbolistas me parecen gente muy inculta, sólo se preocupan por la actividad física y descuidan lo intelectual.

—¿Y Carlo te parece así?

—Sí, le presta poca atención a sus estudios y me ha dicho que si tiene la oportunidad de que lo admitan en un equipo de las menores va a dejar de estudiar.

—Si el intelecto es tan importante para ti, ¿por qué fuiste a buscar precisamente en un campo de beisbol?

—Bueno, porque allí hay muchos chicos y casi todos muy lindos —me dice riendo.

—Pero que al final no van a ser compatibles contigo...

—Bueno, yo tenía la esperanza de que... pero ¿dónde voy a buscar entonces?

—Donde esté la gente que hace las cosas que a ti te guste hacer. ¿Te sabes el chiste del borracho que busca las llaves que ha perdido?

—No.

—Un hombre se encuentra a un borracho que busca afanado algo en el suelo, en medio de la noche, debajo de un farol. "¿Busca algo?" le pregunta, y el borracho le contesta: "Busco mis llaves que se me han caído". "Por aquí no parece haber ninguna llave" le dice el hombre, ayudándolo a buscar. "¿Está seguro de que cayeron por aquí?" "No, se me cayeron allá en lo oscuro". Y entonces ¿por qué estamos buscando debajo de este farol?", pregunta el hombre. A lo que el borracho responde: "Es que donde se me cayeron no hay luz y ¿quién va a encontrar algo en esa oscuridad?"

—Sí, me parece que estoy como el borracho —me responde Emma.

Buscar adecuadamente parece más un asunto de actitud que de técnica. Se trata de vivir, hacer lo cotidiano con una actitud de apertura, de curiosidad ante los demás; tener el deseo de conocer a las personas y de dejarse enaltecer por los demás. No es una búsqueda sistemática bajo cada piedra, sino un cálido permiso para que el otro se exprese, se muestre y se atreva a conocernos.

He notado que la gran mayoría de las relaciones afectivas de mis pacientes se han establecido en los lugares de trabajo y de estudio. Casi dos terceras partes se establecieron en estos ámbitos que facilitan conocerse, debido a la posibilidad de que la gente se frecuente y se vea casi a diario, compartiendo actividades y experiencias similares. Sin embargo, estos lugares tienen la característica poco conveniente de que son sitios donde las personas se encuentran desempeñando sus más grandes capacidades de competencia. Las relaciones más adaptadas y felices parecen ser aquellas que surgen en el ámbito de las reuniones sociales y de encuentro entre amigos de los amigos.

## Creencia 3: no se puede amar a dos personas a la vez

Salvador tiene 11 años de casado con Marlene, pero, desde antes de casarse, mantiene una relación con otra persona. En el transcurso de este tiempo, él se ha separado de su esposa en cuatro oportunidades, cuando los conflictos se han hecho insostenibles. En esas ocasiones él se ha ido a vivir con Naty.

—Estoy muy confundido —me dice con una sonrisa nerviosa—; creo que me he pasado la vida confundido, no le encuentro sentido a lo que siento. No entiendo nada

—Quizá los sentimientos no son algo para ser entendido —le digo comprensivo y continúo—. ¿Qué sientes por tu esposa?

—Yo me siento enamorado de ella... aunque no es lo mismo que al principio.

—Tampoco tú y ella son los mismos que al principio —le señalo—. ¿Qué sientes por Naty?

—Bueno, no debo sentir nada —me dice con dudas—, porque si estoy enamorado de Marlene...

—Si estás enamorado de Marlene, ¿qué?

—Pues no puedo estar enamorado de nadie más.

—¿Estás seguro de eso?

—Pues no, no estoy seguro de nada, ¿no te digo que estoy confundido? Pero, ¿qué dices? Entonces, ¿no estoy enamorado de Marlene?

—¿Me estás preguntando a *mí* de quién estás *tú* enamorado? —le interrogo con mi mejor cara de desconcierto.

—¡Eh!... Pues sí —responde en voz muy baja.

—¿Cómo puedo yo saber eso?

—Tú eres el experto, ¿no? —me responde riendo.

—El único experto en ti eres tú mismo —le digo con seriedad.

—Bien... —corta y vuelve al tema—. El caso es que no puedo estar enamorado de las dos a la vez, eso no se puede.

—¿Alguna vez le has tenido rabia a más de una persona a la vez?

—Sí, claro, jugaba futbol de muchacho y detestaba a más de la mitad del equipo —me dice riendo.

—Y ¿has tenido miedo a más de una persona a la vez?

—Sí —me contesta, luego de pensar un momento—: una vez me asaltaron tres personas y pensé que alguno me podía matar; los miraba tratando de adivinar quién sería o para acordarme, por si luego me pedían un retrato hablado. No podía notar la diferencia entre ellos.

—Entonces ¿por qué no puede alguien amar a dos personas a la vez?

—Bueno, el amor es otra cosa, ¿no?

—Es una emoción, como el miedo, la ira o la tristeza —le aclaro.

—Pero eso no puede ser.

—¿Sabes?, conocí una vez a un sujeto al que de niño le habían dicho que los elefantes no tenían trompa y cuando de adulto vio uno no supo lo que era. Le preguntó al cuidador del zoológico y él le aseguró que era un elefante, entonces, eso que le cuelga de la cabeza entre los colmillos no puede ser una trompa, dijo el sujeto.

—Bien, háblame de cómo puede una persona enamorarse de dos mujeres a la vez. Al fin, eso es lo que estoy sintiendo. Pero... dime una cosa, lo del tipo del elefante, ¿lo inventaste tú, verdad? —me pregunta con una sonrisa de duda.

—Ya no me acuerdo, hace tanto tiempo de eso. Tal vez.

El amor ha recibido una atención especial en la literatura, es una emoción agradable, representa los ideales cristianos, se convirtió en símbolo de los más altos valores caballerescos y encarna nobles pasiones humanas. De manera que desde muchas áreas del pensamiento se han dedicado a alabarlo y a idealizarlo: desde los clásicos de la literatura hasta las novelas en serie, desde las obras teológicas hasta los tratados psicológicos. El amor ha sido objeto de atención de casi todos y casi todos han querido hacer su aportación para comprender esta emoción. Quizá por ello estamos tan confundidos al respecto. Cada quien ha dado su versión del asunto como si estuviese describiendo el amor en sí, como "realmente es", lo cual ha hecho surgir una enorme cantidad de creencias muy variadas e imprecisas. Escuchamos a la gente hablar de las mariposas en el estómago o del vacío en el pecho para poder reconocerlo, los vemos catalogar el amor de verdadero o falso, clasificarlo según extrañas escalas de intensidad en enamoramiento, amor de compañeros, amor romántico o amor físico. Se afanan en saber si lo que sienten es amor o necesidad; el amor ha pasado por ser considerado eterno, y si se termina, aseguramos que no era amor lo que antes podíamos jurar que sí. En fin, una innumerable cantidad de opiniones ha confundido este sentimiento, entre las cuales una de las más defendidas es que el amor es excluyente, o sea, cuando una persona ama a alguien ya no puede amar a nadie más. El amor es una emoción y como tal obedece a las mismas reglas que determinan el comportamiento de las emociones en el ser humano.

Tal creencia no es exclusiva de esta etapa de la relación, sino que puede influir en cualquier momento a lo largo del vínculo. Sin embargo, es responsable de que algunas personas seleccionen, sin tener mucha conciencia de ello, una segunda relación sin haber concluido la primera, la cual habitualmente se encuentra en un período cercano al momento de la ruptura o al de la redefinición.

Como le mencionaba a Salvador en la sesión de la cual se tomó el extracto anterior, es posible que alguien le tenga miedo a varias personas simultáneamente, como también lo es que sienta coraje hacia varias personas a la vez, o que se sienta triste por cosas que hayan sucedido simultáneamente con más de una persona. Pues bien, al margen de si es deseable o socialmente aceptable, también existe la posibilidad de que esta persona se encuentre enamorada de más de una persona al mismo tiempo. Cuando nos detenemos a entender el cómo y el por qué de las emociones, podemos aclarar un poco más este asunto. Las emociones no se encuentran en el ser humano por un azar de la naturaleza, sino que poseen una finalidad y un sentido. Cada emoción tiene una utilidad: la ira prepara nuestro cuerpo para la pelea, el miedo dispara una serie de mecanismos fisiológicos que facilitan una rápida huida, y el amor es el responsable de que la pareja, la familia y la sociedad existan. Si sólo tuviéramos periodos de celo, como otros mamíferos, no se crearía un vínculo lo suficientemente estable para permitir que los hijos de los seres humanos fuesen atendidos durante el largo periodo que requieren para madurar y ser independientes. Y hasta la tristeza sirve para algo: proporciona el pensamiento reiterativo y el recogimiento suficiente para reflexionar sobre las causas que la originaron y bastante malestar para que provoque aprender a hacer algo útil con tales reflexiones.

Las emociones surgen en nosotros como un efecto ante los acontecimientos del entorno, un efecto que genera una serie de comportamientos más rápidos que el pensamiento, en circunstancias en las cuales la reflexión puede ser lenta y contraproducente. Cuando los humanistas dicen que el hombre es más sabio que su intelecto, se refieren a que tomamos decisiones en las cuales es necesario manejar más información que la aportada por nuestra parte consciente, y ahí intervienen las emociones. Cuándo, cómo y de quién huimos, a quién atacamos o de quién nos enamoramos son decisiones no conscientes en las que intervienen activamente las emociones. Con esto no afirmo que las emociones no nos hacen cometer equivocaciones, sino sólo digo que la emoción surge como resultado de un manejo más complejo y más rápido de la información que el que somos capaces de hacer con el razonamiento consciente. Las emociones también se equivocan y resultan confusas, sobre todo cuando tratamos de racionalizarlas para aprehenderlas intelectualmente.

Existe una diferencia entre lo que ocurre con el miedo o la ira y lo que sucede con el amor. Cuando alguien siente ira o miedo hacia otra persona trata de alejarse de quien le produce tales sensaciones, pues éstas no son agradables, por lo cual tiene tiempo libre para dedicarse a temer o a odiar a muchos más. Sin embargo, el amor es una emoción que genera muchas sensaciones placenteras que en general queremos perpetuar, por lo que nos abocamos al disfrute de la persona que nos hace experimentar este sentimiento; nos queda entonces menos tiempo para tener un contacto lo suficientemente intenso o prolongado con otra persona, que haga que pueda surgir hacia ella el mismo sentimiento. Pero hay situaciones muy particulares en que esto puede tener lugar. En la mayoría de los casos en que alguien se encuentra enamorado de más de una persona a la vez, he podido constatar que el mecanismo es más o menos el siguiente: un sujeto se enamora de una persona con quien establece una relación, pero a medida que el tiempo transcurre, por cosas que pasan en el vínculo (como una comunicación deficiente o una pobre expresión de las emociones), surgen desacuerdos que generan distancia y resentimiento, en cuyo caso el amor comienza a decaer. Si los desacuerdos no se resuelven, una de las personas comienza a sentir una serie de carencias y vacíos en la relación que pueden llevarlo a querer conocer otras personas que llenen estos vacíos, y ahí suele encontrar a alguien de quien se enamora. A partir de este punto comienza a alejarse de su pareja, su vínculo se deteriora más evidentemente, lo que en muchas ocasiones hace que su pareja intente mejorar la comunicación, se muestre más dispuesta a entender sus necesidades y a satisfacerlas, el afecto comienza a recuperarse y el sujeto queda entonces atrapado entre el sentimiento amoroso que siente hacia las dos personas.

## Creencia 4: la media naranja

El filosofo ateniense Platón, en su obra *El banquete* (1983), da una curiosa visión de la complementariedad entre los sexos. Habla de una época remota en que hombres y mujeres no eran géneros separados, sino que compartían el mundo fundidos en un solo ser: los andróginos, entes que tenían mezcladas en uno solo las características de dos. Y existían tres tipos: los que eran la fusión de un hombre y una mujer, la mezcla de dos hombres y la de dos mujeres. Arsitófanes, uno de los personajes del libro, explica la curiosa anatomía de éstos:

> ...la forma de cada individuo era en su totalidad redonda, su espalda y sus costados formaban un círculo; tenía cuatro brazos, piernas en número igual al de los brazos, dos rostros sobre un cuello circular, semejantes en todo, y sobre estos dos rostros, que estaban colocados en sentidos opuestos, una sola cabeza; además, cuatro orejas, dos órganos sexuales y todo el resto era tal como se puede uno figurar por esta descripción. [Ese individuo] Caminaba en posición erecta como ahora, hacia delante o hacia atrás, según deseara; pero siempre que le daban ganas de correr con rapidez hacía como los acróbatas, que dan la vuelta de campana haciendo girar sus piernas hasta caer en posición vertical y, como entonces eran ocho los miembros en que se apoyaba, avanzaba dando vueltas sobre ellos a gran velocidad.

Estos personajes tan extraños eran en extremo fuertes, vigorosos y arrogantes, al punto de que su soberbia los llevó a atentar contra los dioses; por ello intentaron escalar hasta el monte Olimpo y enfrentarlos. Zeus y los demás dioses se reunieron para resolver esta insubordinación. No querían destruirlos, como habían hecho con los gigantes, pues hubiesen tenido que prescindir de los agradables sacrificios que recibían de los hombres, de modo que decidieron separarlos en dos para debilitarlos. Y continúa Platón en *El banquete*: "...dividió a los hombres, al igual que los que cortan las serbas para ponerlas a secar o de los que cortan los huevos con una crin. Y a todo el que iba cortando ordenaba a Apolo que le diera la vuelta a su rostro y a la mitad de su cuello en el sentido del corte..."

Al quedar divididos los andróginos, cada uno añoraba su mitad perdida, a la que buscaba para fundirse en ella con un abrazo. Tal mito explica cómo el amor se constituye en esta fuerza que intenta reunir las dos mitades nuevamente en una sola persona. Es así como cada uno de nosotros, movido por el amor, intenta encontrar su mitad perdida, para reunirse con ella y estar nuevamente completo. No cabe duda de que es un mito romántico y sugestivo, y hasta podría gustarme si no fuera por un par de ideas que se derivan de él. En primer lugar, sugiere a los hombres y a las mujeres como seres incompletos que andan por el mundo en busca del otro para completarse. Yo prefiero pensar en seres sanos y completos que por medio del otro se enriquecen mutuamente y crecen. Y en segundo lugar, porque sugiere una creencia muy limitante: la de que a cada persona le corresponde encontrar exactamente la mitad perdida y que ésta es una y sólo una.

Me parece que no existe una persona específica que encaje en cada uno de nosotros como una pieza de rompecabezas, como la mitad perdida o la media naranja. Creo que los seres humanos somos entes complejos que poseemos rasgos o atributos que nos hacen más o menos compatibles con los demás. Compatible no es necesariamente similar o complementario, sino una combinación única y particular de igual y diferente que satisfaga las expectativas del patrón de selección de cada uno. Hay peligrosas consecuencias en creer que para cada persona existe una sola pareja que lo complemente. Coincido por entero con una frase que atribuyen a José Ortega y Gasset: "Hay quien ha venido al mundo para enamorarse de una sola mujer y, consecuentemente, no es probable que tropiece con ella".

Pero el problema no estriba sólo en las pocas probabilidades de encontrar a esa otra mitad de la naranja, si sólo existiese una, entre muchos millones de personas que pueblan el mundo. ¿Sabemos acaso cuándo la hemos encontrado o corremos el riesgo de no darnos cuenta y pasar de largo? Esta angustia se le presentaba a uno de mis alumnos: Aníbal, un hombre de 35 años, profesional, agradable y sensible, con un genuino deseo de encontrar a "la persona para él", la cual parecía renuente a llegar. Su vida afectiva se había convertido en una pesadilla, pues había tenido muchas relaciones afectivas de corta duración con mujeres que le parecían excelentes personas.

—He encontrado mujeres maravillosas en mi vida —me decía—, pero ninguna de ellas es...

—¿Es qué? —le pregunté.

—Ninguna es la persona que me toca, la que encaja conmigo.

Aníbal había creído firmemente en el mito de la media naranja o el alma gemela, y su búsqueda le generaba grandes confusiones.

—¿Cómo sabes que ninguna de ellas encaja contigo?

—Con muchas he sentido una gran empatía, pero siempre falta algo.

—¿Qué falta?

—No lo sé, pero siempre hay algo en lo que no nos parecemos. No es que quiera que sea igual a mí, pero siempre hay algo que no me convence

—¿Cómo vas a saber cuando la hayas encontrado?

—Creo que voy a saberlo, algo me lo va a decir.

—¿Algo como qué?

—Una sensación o algo así

—¿Y cómo sabes que no lo has sentido ya?

—Creo que si lo hubiese sentido lo sabría.

Aníbal estaba bastante confuso cuando conoció a Marlene, quien parecía perfecta y comenzó a suceder una historia que ya se había repetido muchas veces. Él se apresuró a salir con ella y a conquistarla, pues podía ocurrir que ella fuese "su persona" y no quería correr el riesgo de perderla. Ella se fijó en él, ¿por qué no? Era un hombre afectuoso y honesto, cargado de buenas intenciones. Pero al poco tiempo él, como siempre antes, comenzó a darse cuenta de que había cosas que no "encajaban", era posible que ella no fuese su media naranja y mientras viese a Marlene podía perder la oportunidad de encontrar a la verdadera "mujer de su vida". De modo que decidió terminar rápidamente con Marlene, tratando de no lastimarla, si esto era posible. Un par de semanas más tarde estaba arrepentido de lo que había hecho. Ella tenía tantas cualidades que muy bien podría haber sido la mujer de su vida. ¿Y si se había equivocado?, ¿y si Marlene era realmente la mujer de su vida? Había sentido cosas especiales con ella. ¿Y si ésa era la señal?, ¿cómo saberlo? Regresó con Marlene, con quien permaneció entre dudas hasta la aparición de Leonor, una muchacha a quien conoció en su trabajo.

—Creo que ella es, es una persona muy especial, me emociona cuando llega, voy a verla varias veces al día, tengo que invitarla a comer para hablar con ella —me dijo después de una clase.

Terminó su relación con Marlene, quien lógicamente no quería saber nada de él, y luego de un tiempo Leonor siguió el mismo camino.

—No sé qué pasa —me decía—. Será que no voy a encontrarla nunca.

—¿O será que ya la has encontrado varias veces? —sugiero.

—Podría ser. A decir verdad me siento privilegiado, creo que he conocido algunas mujeres realmente maravillosas, pero no sé qué me ocurre. Siempre que conozco a una muchacha la llevo a casa de mis padres y trato de saber qué opinan de ella.

—¿Y qué ocurre si no la aprueban?

—Eso influye mucho en mí y por lo general trato de no seguir con ella.

—¿Tratas de complacerlos con tu elección o es que, ante tu confusión por no saber cuál es la correcta, confías más en su criterio que en el tuyo?

—Un poco de las dos cosas —me responde con pesar.

Aníbal llegó a entender que aunque parece muy romántico encontrar a una persona para la que estamos predeterminados por el destino, no ocurre que exista alguien que encaje en nosotros como la mitad perdida de un ser andrógeno completo y perfecto. Escogemos a personas cuyas características las hacen compatibles con nosotros, aunque naturalmente habrá diferencias y semejanzas, y en cada una de estas categorías habrá algunas que nos agraden y otras que no. Luego de ese encuentro comienza un trabajo de construcción del vínculo en el que cada uno se transforma lentamente por el amor del otro, para hacerse una persona diferente por medio de la comunicación, la negociación, el acuerdo y la tolerancia de las diferencias. Y este proceso nos hace más perfectos y más completos, no por la presencia del otro sino mediante ella. Y si algún día triste este otro se marcha por alguna razón, no nos resta, no nos desintegra, sino que nos deja enriquecidos y mejores.

## Creencia 5: si ve mi interés me rechazará

Quizá al verlo escrito le resulte absurdo al lector, pero es muy posible que escarbando en la propia historia personal encuentre algunas ocasiones en que usted, o gente cercana, ha planteado algo semejante a esto. Trabajé en una ocasión con una paciente que me decía que cuando alguien le gustaba, ella trataba de no ser muy evidente.

—¿Para qué quieres ser poco evidente? —le pregunté.

—Porque si me ve muy interesada, va a pensar que soy una loquita y no me va a hacer caso, no le voy a interesar —me responde con fastidio, como quien tiene que explicar algo obvio.

—¿Cómo haces para no ser muy evidente? —le pregunté.

—Trato de no sonreír mucho con él y no le busco conversación.

—¿Eso haces con Marco? (un nuevo compañero de trabajo por el que se sentía atraída)

—Sí, eso mismo.

—¿Tienes amigos en tu lugar de trabajo?

—Sí, hay otros cuatro hombres en mi departamento, tenemos casi tres años trabajando juntos. Uno de ellos, Manuel, es un buen amigo.

—¿Y tratas igual a Manuel?

—¡No! Claro que no, somos amigos, con él juego mucho, es muy especial y divertido —me responde con entusiasmo.

—¿Quieres decir que le buscas conversación y que tienes con él contacto físico?, ¿lo abrazas y lo saludas con un beso?

—Sí. Juego mucho con él, incluso bromas de doble sentido. Tiene un gran sentido del humor, ¿sabes?

—¿Y Manuel te atrae?

—¡No! Es sólo un amigo, él tiene novia, quien lo visita en la oficina de vez en cuando, y ella me cae bien; él no me interesa de esa manera.

—Hagamos un juego de imaginación —le pido.

—¡Ajá!

—Imagina que llegas a un sitio (una clase en la universidad, por ejemplo) y que ves un muchacho que te gusta. Pero él no te mira, no trata de entablar conversación contigo; más bien es serio, no se ríe, por lo menos no contigo. Sin embargo, con otra muchacha él es cariñoso, conversador, juega con ella y la abraza. ¿Pensarías que le gustas?

—No, creo que pensaría que ella le gusta.

—¿Te acercarías a hacerle alguna insinuación?

—No, claro que no —me dice con cara de haber entendido—, me daría miedo que me rechazara.

—¿Y si por casualidad le gustaras a Marco?

—Me parece que tienes razón. Tendría él que ser muy arriesgado para insinuarme algo, tal como están ahora las cosas.

—Como las has puesto hasta ahora.

—Sí, así las puse, pero aún puedo cambiarlas —me dice con aplomo.

Lo anterior coincide con la tradición social, heredada de épocas pasadas, de que la mujer ha de ser receptiva y esperar ser enamorada por el hombre, mientras muy discretamente finge no prestar atención al galanteo, pero al mismo tiempo, trata con sutileza de que su enamorado tenga dudas sobre la veracidad de la indiferencia. Toda una gran confusión.

Alfonso había tenido una relación muy larga y traumática con una persona por quien se sintió manipulado y rechazado en muchas ocasiones; su vínculo era confuso: ella le exigía mantener en secreto sus encuentros y no dejaba que ni siquiera los amigos más cercanos vieran que había entre ellos algo más que una amistad. Él se sentía inseguro de sí mismo y este tipo de vínculo, en el cual era sistemáticamente negado y ocultado, le produjo la impresión de que ella sentía vergüenza de él y empeoró aún más su autoestima. Durante la relación con ella se sintió muy maltratado y disminuido, pero aceptaba sin reclamo la falta de reconocimiento y el abuso. La autoestima de él mejoró muchísimo con el tiempo de tratamiento y se distanció de esa persona, rescatando el gran aprendizaje que había hecho con esta relación tan traumática. Como era un tipo muy inteligente y carismático, con una gran sensibilidad y cultura, le resultó después muy sencillo interesar a las mujeres de su entorno, por lo cual llegó a tener una gran cantidad de experiencias amorosas en las que generalmente, para su asombro y disgusto, era dejado luego de un tiempo de relación corto. En estos momentos sale con una mujer que le fue presentada por unos amigos.

—Hemos salido dos veces y creí que le interesaba —me dijo en la más reciente de sus sesiones de psicoterapia.

—¿Por qué pensaste eso? —indago.

—Yo me iba de viaje por unos días, poco después de nuestro primer encuentro, y decidí no ir. La llamé y salimos, cuando la dejé en su casa me dijo que se alegraba de que me hubiese quedado. ¡Eso significa algo! La llamé a los pocos días para salir y como no contestó el teléfono, le deje un mensaje y no me devolvió la llamada. Ayer la llamé de nuevo para invitarla a cenar el viernes y me dijo que no podía, que cualquier otro día encantada. Creo que voy a darle una oportunidad más y si no pasa nada voy a dejar las cosas hasta ahí.

—¡Qué tajante! —señalo.

—Bueno, no me voy a arriesgar a otro rechazo; ya estoy cansado de eso.

—Me parece que eres tan sensible a los rechazos que necesitas deslumbrar a las mujeres de inmediato para sentirte seguro. Si alguien tiende a ser más lenta para aceptarte lo interpretas como una posibilidad de rechazo, te asustas y te vas. ¿Te suena eso? —le pregunto con cautela.

—No me gusta que me rechacen, eso es cierto, pero, ¿a quién le gusta?

—No conozco la respuesta a esa pregunta, pero te decía que si no las deslumbras...

—No me gusta que esperen mucho, me hace tener dudas sobre si están o no interesadas y empiezo a imaginar que me van a rechazar, por lo cual prefiero irme antes de que me digan que no. Si lo piensan mucho, es que tienen algún reparo. Pues sí, parece que si se muestran entusiasmadas me siento mucho más dispuesto a seguir. Me gustan las "deslumbrables".

—¿Puede ser que las personas "deslumbrables" sean como el flash de una cámara fotográfica?

—¿Cómo es eso?

—Su interés es rápido pero fugaz

—¿Crees que es como un guión?, ¿que por miedo a que me rechacen me vinculo con personas que van a dejarme, y que las personas más estables hay que trabajarlas un poco más?

—¿Tú que piensas?

—Creo que mientras más interés muestro hacia una persona, aumentan las probabilidades de que me rechace.

—Ésa es una creencia interesante, aunque no muy original. ¿Sabes?, unos pacientes míos se conocieron en el instante en que ella salía de una sesión y él estaba por entrar en la suya. Unas semanas más tarde él se encargó de llegar una hora antes y la invitó a salir, mientras ella esperaba para entrar a su sesión conmigo. Salieron y luego él no la llamó en toda una semana; quería hacerlo, pero me dijo que si le mostraba interés, ella iba a pensar que lo podía controlar. Por su parte, ella me contó que se sintió molesta por la actitud de él, pero que tampoco lo llamó porque los hombres, cuando una mujer se interesa mucho en ellos, piensan que los quiere enganchar y salen corriendo. Vaya mundo enredado por las creencias de todos lados y todas gentes.

—¿Sabes? —me dijo con lentitud—, William Shakespeare decía algo así como que los valientes mueren sólo una vez y los cobardes mil. Creo que la pregunta que le voy a hacer no es si quiere salir conmigo el viernes, sino ¿qué día de esta semana quiere salir conmigo? No abandono, me quedo.

## Creencia 6: la mejor manera de recibir es dar

Esta aseveración la he escuchado muchas veces, demasiadas quizá, y también he visto las consecuencias de creer que es cierta. Parece haber un acuerdo amplio en el pensar de la sociedad occidental que apunta a la existencia de un principio de justicia universal en el cual impera la reciprocidad. No extraña en este marco que las personas piensen que "la mejor manera de recibir es dar". Las escuchamos alegar con la certeza de quien habla con la lógica de su lado: "si quieres recibir amor has de darlo", "si deseas tener apoyo tienes que apoyar a los demás". Parece una creencia razonable. Es como si dijeran que nadie tiene el derecho a recibir aquello que no da a los demás. Si deseamos obtener algo, tendríamos que haberlo dado antes para ganar el derecho a que se nos retribuya. Epicuro escribió que era más placentero dar que recibir, pero él daba porque le proporcionaba placer, no para obtener cosa alguna, el hecho de dar ya era en sí el placer que ganaba. También escuchamos con frecuencia que hay quien piensa que es de buenas personas "dar sin pedir nada a cambio".

Esta creencia afecta a todo tipo de relaciones interpersonales, especialmente a la de pareja, y altera cualquier momento del vínculo. Si me refiero a ella en este apartado es porque comienza a perturbar tempranamente y en el periodo de la selección es una de las creencias causantes de que quienes integran una relación tengan dificultades para definir sus respectivos límites. El problema del que quiero ocuparme se presenta cuando alguien necesita obtener algo de otra persona con la cual tiene un nexo afectivo. Digamos que, por ejemplo, quiere recibir afecto o apoyo. ¿Es darlo la mejor manera de recibirlo? Yo sostengo que no.

Un paciente me decía una vez que pensaba que era lógico que debíamos dar para recibir.

—Es obvio que para recibir debemos dar —afirmó categórico.

—¿Obvio para quién? —le pregunté.

—Para cualquiera.

—¡Veamos! —le dije—: imaginemos que tienes un problema económico: no tienes dinero para pagar la cuota del automóvil, porque aún no te han pagado tu sueldo y quieres que tu mejor amigo te preste ese dinero por dos semanas. Entonces vas a verlo y le entregas una suma equivalente a la que deseas que te preste y esperas que él deduzca que necesitas un préstamo de su parte. ¿Qué crees que pensaría él?

—Es que, puesto de esa manera, es una estupidez, va a creer que me gané la lotería o que me sobra el dinero.

—Justo lo contrario, ¿no? Para él puede no ser tan obvio.

—Pero yo me refiero a que si no le he dado dinero antes, mi amigo no tendría por qué prestarme.

—Si le has negado tu ayuda puede ser, pero ¿y si nunca necesitó de tu dinero?, ¿conoces a alguien que te prestaría dinero con gusto y a quien tú nunca le hayas prestado nada?

—Sí, hay al menos tres personas con esas características —dice, después de pensar un poco—. Es verdad, hay muchos amigos que nunca han necesitado que les dé dinero y, sin embargo, podría recibirlo de ellos si me hace falta.

Cuán común resulta que una persona, en la hipotética situación en la que coloqué a mi paciente, en vez de pedir se acerque a alguien con un discurso similar al siguiente:

—¡Caramba! Estoy en un apuro de dinero, fíjate que no tengo con qué pagar la cuota del auto y le pedí a X que me prestara el dinero por 15 días, pero me dijo que lo tenía invertido a plazos; entonces le pedí a mi hermano, pero él tampoco ha cobrado. ¡Vaya!, no sé qué hacer...

Posiblemente espera que quien lo escucha le ofrezca ayudarlo, pero sin haber asumido la responsabilidad de pedir. En la mayoría de las situaciones, este tipo de actitud es adoptada por personas que tienen mucho temor al rechazo o a resultar molestas para los demás, en cuyo caso no se atreven a pedir en forma directa. Creen que es obvio para los demás que ellos necesitan ayuda y que tienen que entenderlos. Y si no ocurre así, lo cual es muy frecuente, se sienten molestos y defraudados de los demás, a quienes calladamente acusan de no haber querido ayudarlos, y se llenan de resentimiento hacia ellos por no haberles dado lo que nunca les pidieron. Por supuesto, jamás les mencionan su decepción o no lo hacen hasta que, pasado un tiempo, explotan por alguna razón con su carga de ira represada, tomando por sorpresa a los demás, quienes no entienden nada de lo que le pasa.

Muchos desacuerdos de la pareja suceden porque uno da al otro lo que él desea recibir de su compañero. Ginger y Ginger (1987/1993) explican este mecanismo, que en psicoterapia gestalt se conoce como *proflexión* y que fue planteado por primera vez por Sylvia Crocker: consiste en hacer a otro lo que quisiéramos que el otro nos hiciera. Una persona que necesita algo de su compañero, en lugar de pedírselo abiertamente, comienza a dárselo. Suele suceder que el otro no entienda la necesidad de su pareja porque no puede adivinar el mecanismo por el cual le solicitan las cosas y, en consecuencia, puede recibir pasivamente sin ser recíproco en corresponder al otro como éste espera, o podría molestarse, pues le están dando algo que puede no necesitar en ese momento y lo considera invasivo o inoportuno. Naturalmente, la persona que da, al no recibir, se siente frustrada y considera que su pareja es mal agradecida o egoísta, y causa un malentendido que puede tener proporciones dramáticas.

Luisa y Enrique pueden ser un ejemplo de cómo esta creencia genera malestar y decepción. Se trata de una pareja de profesionales de mediana edad, con múltiples discrepancias en muchas áreas, peleas frecuentes que nunca se resolvían en acuerdo alguno. Uno de los problemas típicos al inicio de su relación tenía lugar en el estudio donde ambos tenían sus respectivas computadoras y donde hacían parte de su trabajo.

—Cuando los dos estamos ocupados no hay ningún problema —me explica Luisa—; el problema surge cuando uno de los dos tiene trabajo y el otro no. Si Enrique está ocupado, yo me acerco a ver en qué puedo ayudarlo, pero él me rechaza y se pone muy arisco, como espinoso.

—Yo no soy espinoso —interrumpe él abruptamente—. Lo que pasa es que no me pongo babosito como ella.

—¡Vaya! El espinoso y la babosita: interesante manera de verse el uno al otro —digo sonriendo. Ellos se ríen, las caras largas se distienden y parecen más dispuestos a seguir con la exploración del problema.

—¿Cómo tratas de ayudarlo? —le pregunto a Luisa.

—Me acerco a preguntarle si necesita algo, como agua o un café; también trato de hacerle un masaje en la espalda si lo veo muy tenso, o le acaricio la cabeza, algo amable para que se sienta mejor, para que se sienta acompañado, ¿ves?... Y él me rechaza.

—¿Te gusta que te ayuden cuando estás trabajando, Luisa? —le pregunto.

—Sí, aunque él nunca lo hace. Cuando no tiene nada que hacer, se va al balcón a leer un libro y ni se preocupa de cómo estoy o si necesito algo. Ni agua me ofrece —dice ella amargamente.

Enrique hace gestos de fastidio y desaprobación, quizá tratando de llamar mi atención.

—¿Estás tratando de decirnos algo? —le pregunto a él.

—Sí... ¡Bueno! La verdad es que respeto mucho su tiempo de trabajo y no me gusta distraerla.

—¿Distraerla? —pregunto lentamente, como reflexionando sobre el término—. Enrique, ¿podrías decirme cómo piensas cuando estás trabajando?, ¿cómo es tu proceso para generar ideas?

—Muy rápido —me dice extrañado—. Las ideas me vienen como de un chorro abierto, son como agua, vienen y se van; es desesperante porque pienso tan rápido que voy olvidando todo; ahora llevo conmigo una grabadora de reportero porque las mejores ideas se me ocurren cuando estoy manejando el auto. Varias veces había estado a punto de chocar por tratar de anotarlas en un papelito, pero con la grabadora...

—Y tú, Luisa, ¿cómo es tu manera de fabricar ideas? —le interrumpo para evitar que se escape del tema.

—Yo soy lenta, me salen las ideas como un parto, lucho con ellas. En eso somos diferentes. Enrique escribe todo de un golpe, sin redactar ni puntuar, es todo un caos y al final, cuando está calmado, corrige. Yo, en cambio, ni lo reviso al terminar, me ha salido tan lento que me da tiempo de corregir el texto de una vez.

—¿Qué necesita una mujer de su pareja en el momento del parto, Luisa? –le pregunto.

—Que le den apoyo, le agarren la mano, le acaricien la cabeza y le digan que todo va a salir bien, como hizo Juan con tu hermana cuando tuvieron a Martincito –le dice ella, mirándolo con ternura. Él responde con una sonrisa y su cara se ilumina de comprensión.

—Y eso es lo que tú haces por él cuando trabaja –le digo, mirándola seriamente—, pero él no está de parto, sino que tiene un chorro abierto y no quiere ser entretenido para no derramar ni una gota, necesita concentrarse. Y tú, Enrique, le das a ella la tranquilidad que necesitas, pero ella está de parto y necesita soporte.

Luisa y Enrique actuaban por el otro de buena fe con muy malos resultados. Ambos deseaban ayudar al otro, pero le daban la ayuda que ellos necesitaban recibir, no la que su pareja necesitaba que le dieran. La comunicación entre ellos era pobre y había un par de actos lingüísticos que no realizaban con facilidad: pedir y ofrecer. Cuántos malestares se hubiesen ahorrado con el simple acto de preguntar "¿cómo puedo ayudarte?" o de pedir "por favor, no me distraigas, las ideas se me están escapando". Como escribiera Echeverría (1996):

> No pedir no sólo condiciona una determinada identidad y resulta en una particular manera de ser, sino que es un factor que define el tipo de vida que podemos esperar. Insistimos en uno de nuestros postulados básicos: no es que siendo como somos, no pidamos; más bien, el no pedir nos hace ser como somos y nos confiere una forma de vida correspondiente. Si comenzamos a pedir donde no lo hacemos, transformaremos nuestra forma de ser.
>
> De la misma manera hay quienes no hacen ofertas y, en consecuencia, asumen un papel pasivo en mostrarse como posibilidad para otros.

A partir de ese momento, algo cambió en la relación de Luisa y Enrique: ella se acercaba a él cuando trabajaba, silenciosamente le deslizaba un café al lado del teclado y desaparecía sin hacer ruido. Y cuando ella trabajaba, él se sentaba a su lado, abría su chorro para ella y la ayudaba con su trabajo. Esto no hizo desaparecer todos sus problemas, pero generó una dinámica que se fue extendiendo a otros tipos de conflictos. Su comunicación mejoró con el tiempo y con el trabajo terapéutico compartido lograron una relación que fue satisfactoria para ellos. Pedir y ofrecer se incorporaron como hábitos en su comunicación, a fuerza de empeñarse en hacerlo mejor.

Muchas personas creen que pedir las cosas directamente hace que carezcan de valor, pues para ellas lo importante es que la pareja actúe con espontaneidad. Desde mi óptica, dar tanto valor a la espontaneidad puede acarrear algunas consecuencias nefastas. Sabemos que una de las figuras comunicacionales más estudiadas por su potencial patológico son las paradojas, las cuales son una forma de callejón sin salida en la comunicación en la que las personas participantes en ella quedan entrampadas en una situación sin opciones de comportamiento adecuadas. Maurizio Andolfi (1977/1993) nos dice que: "Se puede definir como 'paradojal' una situación en que una afirmación es verdadera si es falsa, y sólo si lo es; esto deriva del hecho de que se emiten contemporáneamente dos mensajes que resultan prácticamente incompatibles entre sí".

A su vez, Paul Watzlawick (1967/1997) nos definía la paradoja como: "Una contradicción que resulta de una deducción correcta a partir de premisas congruentes".

Quizá la mejor manera de entender la paradoja es con un ejemplo, como el que dan Hellen y Carl. Hellen es una mujer robusta y enérgica, de padres alemanes, y Carl el último hijo de una conservadora familia norteamericana. En una sesión, Hellen me hablaba casi con desesperación de sus tentativas por arreglar su relación con Carl.

—Ya no sé qué hacer con él, doctor. Se lo he dicho de todas las maneras posibles. Lo que necesito es un hombre con carácter, que incluso sea capaz de controlarme, no un déspota que me golpee, pero sí un hombre firme que me gobierne.

Me quedo viendo a Carl, quien no ha abierto la boca y mira hacia una de las pinturas de la pared de mi consultorio, como si nada tuviese que ver con él.

—¿Qué piensas al respecto, Carl? –le pregunto.

—Ya me conozco la canción, siempre dice lo mismo, pero resulta que tiene un carácter insoportable: cada vez que le digo algo que no le agrada, parece que estuviese dispuesta a pegarme.

—¡Vaya! Parece que ella quiere que la domines y tú estás esperando que ella te lo permita –le señalo.

—Se da cuenta, doctor –interrumpe Hellen–, parece un pobre diablo sin carácter. Se lo he puesto todo en bandeja de plata, creí que podía hacer de él un hombre, pero no hay nada que hacer.

—Parece que están enredados en una situación sin salida. Dígame, Hellen, ¿qué puede hacer Carl? Si no hace nada, que parece ser la salida que eligió, está actuando mal porque luce débil e indiferente, y si le hace caso, entonces estará tratando de ser firme y controlarle por obediencia, lo cual no parece ser de mucho carácter. ¿Tiene que elegir entre ser un pobre diablo indiferente o un pobre diablo obediente?

—Justo así me siento cuando pide esas cosas —dice Carl exaltado—: me siento atrapado y nada de lo que pueda hacer va a complacer lo que me pide.

Carl está encerrado en una situación en la cual parece que no encuentra una solución que pueda complacer a su pareja y mantener su autorrespeto simultáneamente. Se carga de frustración, se siente incompetente y se llena de coraje hacia ella, quien por su parte cree hacer todo lo posible por mejorar la situación, pero se frustra ante la conducta de Carl, a quien ve como una persona mal intencionada que no desea cooperar en sus intentos de solución.

Existen distintos tipos de paradojas, pero uno de los más frecuentes es el tipo "sé espontáneo". Pienso que no es importante si a una persona se le ocurre mostrar en forma espontánea una conducta que otra espera, lo importante es que lo muestre porque lo desea.

—Él nunca me dice que me ama, doctor —me expresaba una de mis pacientes en presencia de su esposo.

—¿Por qué afirmas eso? —le pregunto.

—Porque jamás me lo dice.

—Pero si tú sabes que te amo —le responde él, intentando ser convincente.

—No, así no me sirve. Tiene que salirte espontáneamente —le responde ella, desilusionada.

Creo firmemente que es mucho más importante que la respuesta de él sea cierta a que sea espontánea. Una persona no puede siempre adivinar cuándo su pareja requiere que le diga o que haga algo; es importante que todos podamos pedir lo que necesitamos recibir del otro, y explicarle que necesitamos que su comportamiento sea sincero y sentido, aunque responda a una solicitud.

Para concluir, parece congruente que la mejor manera de recibir algo no consiste en darlo, sino en pedirlo. Muchas relaciones interpersonales mejorarían si las personas asumieran que no van a recibir nada que no hayan pedido y no tienen por qué dar aquello que no se les pida. Si desean espontáneamente dar algo a alguien podrán hacerlo, pero, como decía Epicuro, por el placer de dar, no asumiendo que el otro ha de estar feliz de recibir esto; y si alguien espontáneamente le da algo al lector, recíbalo si lo desea, pero sabiendo que ése es un regalo, deseado o no, y que no sustituye el pedir lo que se necesita.

# CAPÍTULO 3

# Creencias en el momento de la consolidación de la pareja

*En todo matrimonio que ha durado más de una semana
existen motivos para el divorcio. La clave consiste en encontrar
siempre motivos para el matrimonio.*

ROBERT ANDERSON

## Factores que propician la consolidación

Algunos autores, como Odette Thibault (1971/1972), piensan que la relación de pareja es la resultante de un equilibrio de fuerzas antagónicas. Unas que tienden a unir a los miembros de la relación, a las que llamó *fuerzas de cohesión*, y otras que impulsan su separación: las *fuerzas de disociación*. Esta concepción, inspirada en la física, recuerda las fuerzas de atracción y repulsión del electromagnetismo o las fuerzas centrífuga y centrípeta de los cuerpos en movimiento. No deja de ser una metáfora interesante, pero a mi gusto algo simplista, y sobre todo nos sugiere a unos seres humanos regidos por unas fuerzas que tienen una existencia *per se* y de las que tenemos poco control. Este tipo de imágenes suele calar hondo en el campo de la psicología, ya que evoca las polaridades descritas por Jung (Mandolini 1969) y desarrolladas más extensamente por la psicoterapia gestalt (Ginger y Ginger, 1987/1993; Perls, 1973/1992). Sin embargo, quiero dejar claro que pienso que el ser humano sólo es polar cuando es primitivo, patológico o limitado de alguna manera; una persona madura y equilibrada está dotada de un libre albedrío que hace que sus emociones, su conducta y sus opciones de pensamiento se parezcan más a un espectro cromático o a una escala de sonidos que a una suma de pares opuestos. Entonces la metáfora de Thibault resulta válida sólo en situaciones patológicas; sin embargo, su categorización de las fuerzas de cohesión y de repulsión, que aparecen en la mencionada obra, me parece un punto de partida adecuado para explicar los factores que influyen en la constitución y disolución de las relaciones afectivas, de manera que me he tomado la libertad de disertar, criticar, modificar y ampliar sus conceptos originales en el presente capítulo y en el siguiente.

Las emociones, las expectativas, la forma de integrar la realidad, los sistemas de creencias y los acontecimientos vividos por los sujetos en un balance dinámico y evolutivo se organizan de una manera tal que en un momento determinado y en unas circunstancias particulares pueden consolidar en una relación a dos personas que se atraen y desean establecer un vínculo. En otras ocasiones, estos mismos factores desaparecen o se organizan de otra forma y dejan de favorecer esta consolidación, lo que genera la separación. Cada persona tiene un grado de influencia elevado sobre estos factores, lo sepa o no, la ejerza o no. La duración de una relación de pareja depende no de un predominio de las fuerzas de un tipo sobre las del otro, sino de una alineación compleja de emociones, intereses, expectativas de vida, creencias, historias personales y disposición al cambio, que se evidencian y transforman dinámicamente por medio de la comunicación.

Entiendo a la pareja como un proceso que evoluciona en el tiempo y que, como todos los procesos, tiene una duración finita. La pareja se inicia, se desarrolla, evoluciona y se disuelve en un tiempo limitado. El vínculo se instaura en forma progresiva: pasamos de ser dos individuos a ser pareja mediante una serie de periodos de acercamiento, con clara conciencia de la transitoriedad de lo que realizamos, a pesar de las idealizadas concepciones del amor eterno. Las relaciones son finitas y precisamente esta calidad de finitas hace que nos interesemos en subsanar las dificultades y procuremos vivir en armonía el mayor tiempo posible y, si es factible, hacer durar la relación hasta el fin de nuestra vida. Esto no significa que el amor no tenga fin, sino sólo que podemos, activa y concertadamente entre los dos, encontrar la forma de que dure hasta que lo hagamos nosotros. La historia natural del amor tiene un fin, que podemos postergar al igual que hemos logrado postergar nuestro fin mismo. El promedio de vida a comienzos del siglo XVIII era de algo más de 30 años y en 1900 se había elevado a 49. Quienes nacimos en el siglo XX heredamos la posibilidad de vivir cerca de 80 años y quien nace hoy dispone de unas expectativas de vida próximas a los 100 años, las más altas desde que el hombre ha pisado el planeta. Conocer nuestra fisiología nos permitió desarrollar mecanismos para vivir más y conocer nuestra psicología nos proporciona mecanismos para que nuestras relaciones duren más en nuestras cada vez más longevas existencias.

A continuación describiremos algunos de los factores más importantes para la consolidación de una relación de pareja.

# 1. La compatibilidad física y la sexualidad

La atracción física suele ser el inicio de la relación de pareja. En la mayoría de las ocasiones, el amor entra por los ojos, debido a que éste es uno de nuestros sentidos predominantes y a que, por lo general, el primer contacto suele ser visual. Luego la capacidad de sentir emociones y de actuar en función de ellas, la posibilidad de atribuir significados a las cosas que nos ocurren, hace que nuestros actos sean modulados por una compleja combinación de eventos externos e internos que dan lugar a una gama creativa de posibilidades de comportamiento.

La compatibilidad desde el punto de vista físico entre los miembros de una pareja no es fácil de alcanzar, aunque la mayoría de las personas lo asumen como algo que ocurre en forma natural. La verdad es que requiere un conocimiento extenso y una comprensión honesta de las diferencias fisiológicas y psíquicas que existen entre el hombre y la mujer en general y entre los miembros de cada pareja en particular. Para ello es necesario un tipo de comunicación clara y sincera que rara vez sucede en forma espontánea en los vínculos afectivos. En las parejas homosexuales, el componente de las diferencias entre los sexos en general no desempeñan ningún papel; sin embargo, esta similitud no hace que la adaptación sea más sencilla; en este caso las presiones sociales y las similitudes crean un problema adicional en la búsqueda de la complementariedad. No es cierto que una pareja deba parecerse en todo para aspirar a la armonía. Complementariedad y similitud no son la misma cosa. La similitud facilita la identificación, mientras que lo complementario se basa en las diferencias y, a veces, en rasgos opuestos como cóncavo y convexo, que son complementarios pero no similares. No siempre, por desgracia, los rasgos opuestos generan complementariedad en las relaciones afectivas; en muchos casos la actitud de ellos ante sus diferencias es de intolerancia y entonces se producen antagonismos que muchas veces no pueden ser resueltos.

La sinceridad y la confianza son imprescindibles para alcanzar una adecuada compenetración física. Muchas personas no se sienten cómodas con la forma como son abordadas físicamente por sus parejas. "Me abraza como si fuera un luchador de sumo, me parece que me va a asfixiar", me decía una joven paciente acerca de su nuevo novio; o "no me gustó cómo me besaba, me pareció inexperta y poco participativa", como describió un paciente su primer acercamiento con una chica que le fue presentada por un amigo. Lo curioso y lo peligroso es que en ambos casos les resultaba muy difícil comunicar su experiencia al otro, por temor a herirlo o espantarlo. Decían que era mejor dejarlo para luego, un luego que, en mi experiencia en el trabajo con parejas con dificultades, suele no llegar nunca o, peor aún, llega tarde, y cuando lo hace, la insatisfacción se expresa en forma brutal, en medio de un momento de coraje. Lo mismo, o quizá algo peor, ocurre en un plano más íntimo. En las relaciones sexuales, las experiencias resultan, para la mayoría de las personas, mucho más difíciles de comunicar. Incluso aquellas que se precian de tener una buena comunicación encuentran particularmente difícil hablar de tópicos sexuales con su compañero y mucho menos si es para notificar alguna insatisfacción. "No puedo decirle eso, se va a sentir herido pensando que lo creo un mal amante", "no voy a pedirle que hagamos eso, por más que me guste. Va a creer que soy un pervertido". Con cuánta frecuencia escucho en mis consultas frases como éstas, cuánta amargura e insatisfacción en su vida sexual albergan silenciosamente muchas personas por no atreverse a correr el riesgo de desarrollar una comunicación sincera con su compañero. Pocas personas se preparan para tener una sexualidad satisfactoria y pocos saben de las diferencias del placer entre los hombres y las mujeres.

Es importante comprender que la obtención del placer es diferente para la mujer y para el hombre; son complementarios, pero distintos. Sin pretender profundizar en el tema y adentrándome en él en líneas generales, puedo decir que el hombre está dispuesto más rápidamente a la penetración que la mujer, porque su periodo de excitación es más inmediato, mientras que el de la mujer es pausado. Esto hace que los juegos afectivos y eróticos del preludio (tiempo antes de la penetración) sean muy importantes en una pareja bien acoplada, que persigue el mayor placer para ambos integrantes. Luego de la penetración, la mujer alcanza el orgasmo más lentamente, de ahí la necesidad de que ambos miembros de la pareja conozcan las características del proceso mediante el cual su compañero obtiene placer, para encontrar la forma de acoplarlos, sin que esto signifique que los orgasmos deben ser simultáneos, pues la simultaneidad no posee algún valor. Lo realmente importante es que ambos puedan disfrutar en la mayor medida posible.

El orgasmo masculino está en la mayoría de los casos vinculado con la eyaculación, la cual requiere menos dedicación que la obtención del orgasmo en la mujer. Luego del orgasmo, el hombre tiene un "período de latencia" de aproximadamente 10 minutos de duración, durante el cual se le dificulta mucho tener una nueva erección. Esto no ocurre en la mujer, la cual está capacitada para alcanzar varios orgasmos sucesivos. Luego de alcanzado el orgasmo, el descenso del placer en la mujer ocurre de manera más prolongada que en el hombre, en el cual el placer cae en una forma brusca. Esto tiene una importancia relevante, pues para la mujer en este momento son más importantes los acercamientos afectivos y las caricias corporales. El clásico amante cinematográfico que luego del orgasmo se separa de la mujer y enciende un cigarrillo no es un buen amante, pues ése es el momento de permanecer abrazados, callados o conversando sobre la experiencia, o simplemente disfrutando de la ternura mutua prolongando la unión. Además, éste es realmente el momento de mayor intimidad en todo el acto sexual, pues durante el preludio ambos están demasiado ensimismados en la anticipación del placer que está por llegar y durante el orgasmo están centrados casi exclusivamente en la gran intensidad de las sensaciones corporales que experimentan. El momento posterior al orgasmo es el tiempo de ratificarse el placer de estar juntos.

Me parece curiosa la circunspección y la seriedad con que la mayoría de las personas asumen la sexualidad: el humor parece estar proscrito de las relaciones sexuales. Reflexionaba sobre ello al escuchar en mi consulta el delicioso relato de las primeras experiencias de un adolescente.

—Nos vimos en mi casa cuando mi madre estaba en el trabajo —me dijo con picardía–. Sabíamos que nadie iba a molestarnos. Sentados en el sillón nos besamos, nos empezamos a quitar la ropa haciéndonos cosquillas y luego corrimos por toda la casa desnudos, saltamos sobre los muebles hasta llegar a la cama donde ella se dejó alcanzar. Hicimos un tremendo escándalo, riéndonos y gritando, haciendo guerra de almohadas luego nos acariciamos, nos abrazamos e hicimos el amor y nos burlábamos de las caras que poníamos; no sólo fue muy rico, fue tremendamente divertido.

A veces pienso que con la madurez perdemos la capacidad de divertirnos de esa manera, o quizá los estereotipos difundidos con la literatura, la televisión y el cine alteran nuestra forma de hacer el amor. Cuántas escenas fílmicas he presenciado de parejas que con apasionada seriedad despachan el acto sexual entre gemidos graves y en un par de minutos. ¡Qué pobre modelo de sexualidad nos ofrecen! Por otra parte, el buen amante no es el que tiene más experiencia que los demás, ya vimos lo que mi joven paciente y su novia, ambos en la adolescencia temprana, podían hacer sin experiencia. La mejor experiencia es la indicación del otro, el mejor amante es el que olvida lo que sabe para entregarse a un acto en el cual el único conocimiento importante es la propia sensación y el conocimiento de lo que el otro experimenta y le solicita.

Afirmaciones como que el orgasmo femenino es más global (o sea, que lo obtiene con todo el cuerpo) y que el del hombre es más genital (o sea, que sólo es intenso en el pene) son no solamente falsas sino también limitantes; el orgasmo masculino puede alcanzar una gran intensidad corporal y generalizarse al mismo punto en que puede hacerlo el de la mujer. En líneas generales, el orgasmo femenino requiere más tiempo y dedicación, mientras que el del hombre puede ser más rápido; esta diferencia de velocidades hace que sus fases sucedan a diferentes ritmos. Es importante armonizar estos ritmos para obtener una satisfacción más intensa. La naturaleza parece invitar así al hombre y la mujer a conocerse y a ponerse de acuerdo; prolongar el placer es una búsqueda muy importante para el ser humano. No creo que sólo sea bueno el sexo cuando dura más, pues una relación sexual muy duradera puede ser desagradable y una muy corta ser satisfactoria para ambos miembros de la pareja; me parece importante destacar la importancia de comunicarse y explorarse continuamente en busca de la forma más armoniosa, variada y satisfactoria de disfrutar la sexualidad. El verdadero orgasmo es una participación de los sentidos y de la afectividad; el éxito de la vida sexual de una pareja reside en la armonización de los ritmos físicos y psicoafectivos que se logra con la comunicación respetuosa, la curiosidad y la confianza en el otro.

Tanto para el hombre como para la mujer, el deseo y el placer físico están unidos al plano afectivo, al sentimiento. No me siento dispuesto a creer que no pueda haber placer sin amor, pero estoy seguro de que la combinación de ambos los hace más intensos a los dos. Muchos casos de anorgasmia (o frigidez) están asociados a la insatisfacción en el plano afectivo, así como muchos casos de impotencia o eyaculación precoz están asociados a sentimientos de inadecuación, vergüenza y falta de confianza en la relación.

## 2. La compatibilidad psicológica

El primer contacto entre dos personas suele estar dominado por el componente físico de ambos, lo primero que hacemos al acercarnos a alguien que no conocemos es mirarlo y lo primero que conocemos de él es su aspecto corporal, aunque, en la mayoría de las ocasiones, esto no es suficiente para establecer un nexo afectivo. Es el acercamiento a su mundo psicológico y emocional, el contacto con las afinidades de ambas personalidades, lo que favorece la relación.

Es importante que ambos miembros tengan gustos compartidos, afinidades en diversos planos, centros de interés, temas en común, metas y visiones de la vida parecidas, para que pueda producirse la identificación, como mencionamos anteriormente. Se dice por ello que los seres humanos tienden a la homogamia, es decir, a vincularse con personas similares. Ya vimos en el capítulo anterior el papel que tienen las diferencias en el enriquecimiento de la experiencia de las relaciones de pareja.

Los matrimonios entre razas o clases sociales diferentes no son extraños en la experiencia de un especialista en psicoterapia de pareja, ni lo son las dificultades que este aspecto incorpora a la relación. Además de las distintas historias personales, las diferencias en la crianza, en el significado y valor que se adjudica a las cosas, en los sistemas de creencias, en las experiencias propias de cada individuo, se suman las diferencias en cuanto a valores socialmente establecidos, costumbres, rituales y visiones de destino, creadas en cada grupo étnico o social. La capacidad de adaptación del ser humano es muy grande pero tienen un elevado costo y sus límites específicos. La fuerza de los acondicionamientos sociales y ambientales desde la infancia no debe ser menospreciada. No pretendo decir que resultan imposibles las uniones felices entre miembros de distintos grupos sociales o raciales (existen demasiados ejemplos de que esto no es cierto), sino sólo advierto que en estas condiciones las probabilidades de éxito son menores y que requiere más trabajo y empatía lograr la armonía.

Existen factores psicológicos que tienden a consolidar la unión de una relación y que me gustaría tratar con cierto detenimiento. Entre los más importantes están los siguientes:

## Las habilidades constructivas en los miembros de la pareja

La capacidad para fabricar relaciones felices y duraderas parece encontrarse más fácilmente en las personas optimistas, que respetan los deseos, emociones y la visión del mundo del otro, que tienen sentido del humor y facilidad para el juego, disposición para el compromiso, voluntad de compartir y de crecer juntos, que tienen facilidad para el cambio y que pueden, más que tolerar las diferencias de la otra persona, aceptarlas respetuosamente, pero que también son capaces de pedir y ayudar a cambiar al otro en aquellas cosas que le resultan en extremo inaceptables. A esto nos referimos con las habilidades constructivas.

Esta última característica chocará con la resistencia de algunas personas que tienen la creencia de que la gente no es capaz de cambiar o de que "nadie cambia a nadie", como he escuchado decir más de una vez. Yo diría que todos los seres humanos cambiamos mutuamente en cada interacción que establecemos; quizá no tengamos claro que lo estamos haciendo o que no seamos capaces, sin entrenamiento, de cambiar a otro en la dirección en que quisiéramos cambiarlo, pero el cambio es la constante en el ser humano y no una excepción. Todos cambiamos al establecer cualquier tipo de vínculo con otra persona, y por eso no es posible no cambiar a la persona con quien establecemos una relación de pareja y, de igual manera, es imposible que esta persona no nos cambie a su vez.

El neurofisiólogo británico Eric Kandel (1979) explica que dos personas en un acto, tan aparentemente trivial, como sostener una conversación irrelevante en un ambiente social, están, con esta interacción, experimentando cambios en la configuración y neuroquímica de sus respectivos cerebros. Es decir, que mediante un evento psicológico ocurre una modificación física en las sinapsis de las neuronas y en el medio químico en el interior de ellas. En una relación de pareja, la intensidad de las emociones y el deseo de perdurar llevan al establecimiento de una serie de patrones de interacción propios de esta relación, e irrepetibles en otros vínculos, que generan cambios en la conducta, en las emociones y en la forma de construir la realidad. Todo esto configura la esencia y características únicas del vínculo. Construimos la relación mediante el contacto con el otro y junto con el trabajo del otro. Y al mismo tiempo crecemos, evolucionamos y nos hacemos más completos y mejores personas.

## La capacidad para generar confianza y seguridad

Al establecer una relación afectiva, se une la vida a la de otra persona con la que adquirimos una responsabilidad similar a la que ella asume con nosotros. Esta persona ha de conocer la calidad de nuestro afecto en todo momento y las emociones que ella despierta en nosotros. Cada acto que una persona realiza genera en su compañero una repercusión emocional, es decir, origina emociones y hace que concibamos conjeturas acerca de las razones por las cuales hace lo que hace. Si comunicamos honestamente nuestras emociones y pensamientos, daremos al otro una guía de cómo mantener en nosotros viva la emoción, lo cual le permite sentirse seguro de nuestro afecto y proyectarse al futuro como miembro de una relación, con confianza. Genera seguridad la sensación de conocer a la persona con quien convivimos; por eso es importante permitirle que nos conozca e interesarse en conocerle. Toda la vida está llena de incertidumbres; toda relación de pareja está también llena de incertidumbres. Compartir la experiencia de tener una relación con alguien que no nos dice lo que siente o lo que piensa cuando hacemos algo, o cuando algo pasa en nuestro entorno, puede generar una sensación de no tener control sobre nada, de no poder influir en lo que él piensa, siente o hace. En realidad influimos sobre los pensamientos, emociones y acciones de nuestra pareja.

La buena comunicación implica hacer partícipe al compañero de lo que su presencia nos hace pensar y sentir. De esta manera podrá elegir lo que él considere que es la mejor forma de expresar sus emociones y de comunicar sus ideas, deseos e insatisfacciones.

Un joven paciente me pidió en una ocasión que le permitiese venir a consulta con su nueva novia. Tenían tres semanas de estar juntos y ya habían aparecido los conflictos ocasionados por una comunicación ineficaz.

—Ella no me dice lo que piensa. Sé que hay cosas de mí que le molestan, pero no quiere decirlas —me explica él, mientras la mira fijamente. Ella posa la mirada mansamente en uno de los cuadros de la pared.

—Si él me amara, sabría lo que me molesta —responde ella, muy segura de sí.

—¿Cómo piensas que va a saberlo, si sólo hace unas semanas que te conoce y, según tú misma has dicho, no hablas mucho de lo que te disgusta?

—Cuando se está enamorado aparece una conexión con la otra persona que hace que se entiendan sin hablar —me dice ella, con gran seguridad.

Al igual que esta joven, muchas personas esperan ser entendidas y conocidas sin tener que hablar, sin participar con el otro en ese acto de conocimiento mutuo que tiene lugar mediante la comunicación. Es cierto que en algunas ocasiones las personas se encuentran identificadas la una con la otra y luego de un tiempo de conocerse viven momentos en los cuales son capaces de entenderse sin tener que hablar, son esos instantes en que un cruce de miradas dice más que un discurso. Esos momentos tienen, ciertamente, una magia muy particular, pero son sólo algunos instantes aislados, excepciones maravillosas, pero excepciones al fin. Disfrútenlos, pero para los demás momentos recuerden recurrir a la comunicación, que de ser buena los defenderá de los malentendidos y les proporcionará más momentos como los anteriores.

## La capacidad para construir un significado y una dirección común

En muchas ocasiones he dejado perplejos a mis pacientes al preguntarles para qué quieren tener una relación de pareja, o qué es eso de tener una relación afectiva. Parece que la mayoría de las personas desea tenerlas, pero muchos no saben qué son ni para qué sirven. Cuando empiezan a hurgar dentro de sí para obtener respuestas a tales preguntas, la relación parece comenzar a cobrar más sentido dentro de ellos. ¿Qué es ser una pareja?, ¿para qué quieren vivir juntos?, ¿cuáles son las responsabilidades y los roles de cada uno en esta unión?, ¿por qué estar juntos?, ¿hacia dónde va esta relación? Las respuestas a estas y otras preguntas deben ser lo más similares posibles en cada uno de los miembros de la relación. Y esto se logra mediante numerosos procesos de negociación y acuerdo, al comunicar las expectativas y escuchar las del compañero, y luego reevaluar las propias y llegar a una visión común, que generalmente se encuentra en algún punto intermedio entre las posiciones individuales.

Algunas personas establecen un vínculo afectivo con otra porque ésta es la mejor manera que encontraron de quitarse de encima a sus padres. No es raro que lo logren y tampoco que quitarse de encima a sus padres sea lo único que consigan, y luego se vean metidos en una relación en la cual no se sienten satisfechos. Una relación ha de tener más de una finalidad y éstas han de ser más trascendentes. Luego de trabajar sobre ello, casi todos coinciden con que desean ser felices, obtener y brindar protección, constituir una familia en la que puedan crecer los hijos, darse apoyo económico o profesional, acompañarse durante un trecho del proceso de crecimiento mutuo, entre otras cosas.

Es importante resaltar el carácter dinámico del sentido y la finalidad de las relaciones. Éstos no son en absoluto concepciones fijas e inmutables, sino que varían con el tiempo, se transforman y deben ser sincronizados regularmente para mantener el buen funcionamiento de la pareja. En ocasiones dos personas que inician una relación con una finalidad pueden, con el tiempo, presentar transformaciones personales que les hagan, en un momento determinado, encontrar que ya no coinciden en cuanto a las razones por la que se constituyeron como relación, y darse cuenta de que, lejos de complementarse, se obstaculizan. También puede suceder lo contrario y parejas que se inician con diferentes conceptos de la función de estar juntos pueden con el tiempo encontrar las razones para permanecer unidos.

Luego de más de 10 años de haber estado trabajando con parejas y con los problemas que en ellas se presentan, he podido constatar que en las relaciones más felices ocurren siempre, invariablemente, un grupo reducido de factores de gran importancia. Los integrantes de estas parejas son capaces de darse afecto mutuamente y de ser receptivos al amor que el otro les expresa. El intercambio afectivo es libre, sin críticas ni sentimientos de vergüenza. La comunicación es fluida y permite la negociación de las diferencias, sin caer en luchas de poder por tener la razón o la verdad. Son cooperativos más que competitivos; son personas capaces de darse y de recibir mutuo respaldo, protección y cuidado; en nuestra sociedad, estas funciones se atribuyen más comúnmente al género masculino; sin embargo, el hombre también necesita en muchísimas ocasiones ser apoyado, cuidado y protegido por su pareja y ella frecuentemente se siente feliz de poder hacerlo. Son personas que poseen metas personales coherentes que comparten con su compañero y que se apoyan mutuamente en su consecución. Tienen también metas de pareja, es decir, un "para qué", el cual comparten y por el que trabajan juntos.

## La capacidad para compartir

Una pareja saludable debe aprender a compartir la gran mayoría de las cosas en su vida diaria. Compartirán información sobre los sucesos que les acontecen y las emociones que éstos les generan, comparten ideas, situaciones, oportunidades y beneficios, intereses, actividades, retos, responsabilidades, gastos y desazones. Comparten la responsabilidad del crecimiento y la realización personal del otro, así como la realización profesional, si ése fuese el caso. Casi todo es susceptible de ser compartido. Dos personas integran una relación de pareja para vivir juntos y no sólo para pagar las facturas entre dos, y aunque muchas uniones terminen solamente en una dinámica de compartidores de gastos y dificultades (no estoy seguro de que eso deba ser llamado relación de pareja), no es a alcanzar ese tipo de relación a lo que quiero dedicar este libro.

Me parece importante recordar que el compartir ha de tener sus límites, los miembros de la relación no están obligados a compartirlo todo para funcionar, ya que, más bien, esto podría resultar en una dolorosa confluencia, como mencionamos en el capítulo 2. Se comparten las cosas que honestamente pensemos son de importancia para nuestro compañero, pues un detalle pormenorizado de todas las actividades que realizamos en ausencia del otro podría, más bien, restarles tiempo para participar en situaciones compartidas que enriquecerían la vivencia y profundizarían la cohesión del vínculo.

### Desarrollar una comunicación saludable

La comunicación es uno de los factores más importantes de la relación de pareja, del que se ha hablado y escrito muchísimo y del que jamás se dirá lo suficiente. Creo firmemente que es imposible tener una pareja que funcione sin una comunicación adecuada. La comunicación es mucho más que contarse las cosas. "Nuestra comunicación no tiene problemas, nosotros hablamos muchísimo", me dicen en ocasiones mis pacientes. Muchas personas tienen la ilusión de que se benefician de una buena comunicación solamente porque son capaces de hablar de cosas ajenas a su vida emocional por horas. Una buena comunicación en un vínculo afectivo debe versar muy frecuentemente sobre las emociones que se generan en la relación, sobre las situaciones que les producen miedo o lo que el compañero hace que produce coraje, que les entristece o que les decepciona, y naturalmente también sobre aquello que les produce placer, agrado, felicidad y amor. También es conveniente expresar las conclusiones, hipótesis o creencias que tenemos acerca del comportamiento del otro, para corroborar sus intenciones directamente con él, y no quedarnos con las conclusiones que desarrollemos, ya que, por más lógicas y coherentes que éstas nos parezcan, suelen estar erradas. No pienso que sea inadecuado o improductivo relatarse las situaciones que se viven en ausencia del otro, sino lo que intento plantear es que esto es insuficiente. La comunicación limitada al relato de anécdotas desprovistas de su correlato emocional es incompleta.

La adecuada comunicación emocional tiene ciertas características que creo que es importante reseñar, sin pretender ser exhaustivo en un tema que es casi inagotable. Tampoco quiero saturar este libro con información que puede resultar improcedente en un texto que desea ser eminentemente práctico.

En primer lugar voy a señalar que la comunicación es continua, además de ser un proceso que se inicia en el momento en que los miembros de la relación se conocen y no termina jamás. Ésta puede ser muy funcional o inadecuadamente patológica y comprendida o no por el otro, pero siempre está presente. Entonces la comunicación es inevitable. En su atinado ensayo sobre el tema, Paul Watzlawick (1967/ 1971) dice:

> En primer lugar, hay una propiedad de la conducta que no podría ser más básica, por lo cual suele pasársela por alto: no hay nada que sea lo contrario de conducta. En otras palabras, no hay no conducta o, para expresarlo de modo aún más simple, es imposible no comportarse. Ahora bien, si se acepta que toda conducta en una situación e interacción tiene un valor de mensaje, es decir, es comunicación, se deduce que por mucho que uno lo intente, no puede dejar de comunicar.

Por otra parte, la comunicación es irreversible, de modo que lo que ha sido dicho no puede borrarse de la mente de quien ha escuchado, por más excusas y explicaciones que se ofrezcan posteriormente. Un asistente a uno de los talleres de parejas recordaba un comentario de su esposa: "Una vez me dijo que yo no había sido lo suficiente hombre para ella. Yo creía que las relaciones funcionaban bien, pero parece que yo no le basto". Ella le había explicado posteriormente que lo dijo en un acceso de coraje con intención de herirle, pero que, en realidad, no era cierto. Sin embargo, este comentario había caído directamente sobre una de las zonas de inseguridad de su esposo, quien ahora no podía deshacerse de él. Esta característica hace que debamos ser cuidadosos con lo que decimos y con la forma como lo hacemos. No estoy sugiriendo que una persona deba callar las experiencias desagradables, sino creo que ha de comentarlas con entera honestidad, pero también asumiendo que tiene una responsabilidad con el bienestar del otro, por lo cual ha de buscar la mejor manera de decir lo que decide decir.

La comunicación genera más comunicación. Cuando alguien hace una confidencia abre una puerta para que el otro haga otra confidencia. En mi trabajo con sujetos cuyas parejas se niegan a asistir a consulta he observado que cuando la persona con quien trabajo comienza a mejorar su comunicación, cuando empieza a poner límites a su compañero y a decirle libre y abiertamente lo que siente en las distintas situaciones por las pasan como relación, casi siempre el otro empieza a hacer lo mismo, es decir, adopta un comportamiento complementario y parece aprender de su pareja por una serie de mecanismos de identificación y de modelaje. Esto corrobora la tesis de la psicoterapia sistémica de que la pareja es un sistema en el cual, al cambiar uno de sus componentes, los demás no pueden evitar el cambio.

La comunicación ocurre a múltiples niveles. El más obvio es el verbal, es decir, por medio de la palabra; en éste se expresa el contenido de lo que decimos tal como podría ser leído. Hay un nivel paraverbal que comunica su información mediante el énfasis, el ritmo, la modulación y el tono de la voz. Y también un nivel no verbal o corporal, expresado por medio del cuerpo, su postura, sus gestos, la forma como lo vestimos y las modificaciones sutiles como el rubor, los micromovimientos de los músculos faciales o el cambio de diámetro de las pupilas. Y por último, también el espacio físico del que disponemos para vivir o trabajar comunica cosas sobre nosotros; la rama de la comunicación que estudia este fenómeno se llama *proxémica*.

La comunicación nos afecta y es afectada por nosotros. Cuando una persona está diciendo algo a otra, lo que le dice la afecta y hace que ésta tenga algunas reacciones comunicacionales que afectan la siguiente intervención que va a hacer el primero, y así sucesivamente en una compleja interacción. Como vemos, el ser humano se expresa por entero, intencionalmente o no, mediante las distintas formas de comunicación. La comunicación es un proceso complejo en el que involucramos nuestra voz con su ritmo, tono e inflexiones; el cuerpo con su postura, movimiento y vestimenta; los valores que le indican lo que es bueno o malo, lo que es adecuado decir y lo que no; las expectativas, es decir, lo que se aspira conseguir con la comunicación; los órganos de los sentidos con los que registramos el proceso mediante sus limitaciones específicas; las emociones que modulan la conducta; el léxico o colección de palabras con las que expresamos nuestras ideas y conceptos o los ilustramos por medio de metáforas. Y, por supuesto, con el almacén de conocimientos y experiencias que residen en el cerebro.

Podemos esquemáticamente decir que existen algunas reglas, simples, pero muy importantes, que pueden ayudarnos a alcanzar una adecuada comunicación con nuestros semejantes. En primer lugar, es necesario utilizar un lenguaje sencillo, sin adornos que escondan las emociones sentidas tras una retórica inútil y sofocante. No se debe incluir a terceros en la discusión; si no pueden llegar a un acuerdo juntos, poco han de poder hacer los familiares y amigos, por lo cual es preferible buscar la asesoría de un especialista que va a evitar hacer lo que harán los padres o los amigos: tomar partido, por ejemplo: si alguien le plantea a su madre los conflictos que tiene con su pareja, es muy probable que ella asuma una de dos posiciones: o se alía con él y le dice algo como "no puedes permitir que siga haciéndote eso", o se alía con la otra persona diciendo algo como "sí, hijo, está bien, pero también tú..." En ambos casos habrá tomado partido, aliándose a alguno de los dos, y las alianzas sólo son necesarias en caso de guerra; quien va a la guerra busca aliados, pero también quien encuentra aliados tiene una guerra. En tercer lugar, es necesario hablar en primera persona; es muy común que los individuos usen pronombres indefinidos como *uno* o *cualquiera* para referirse a sí mismos e incluso que utilicen el *tú*.

Hablar en primera persona hace que se asuma la responsabilidad de la comunicación e incrementa la percepción de las emociones; es posible que precisamente por eso evitemos hacerlo en muchas ocasiones. Se recomienda también comunicar los sentimientos, hablar libremente de las emociones que surgen en el curso de la comunicación, no hacer preguntas tendenciosas que generan la impresión de que se le colocan trampas a la persona con quien hablamos. Preguntas como ¿dónde fuiste ayer por la tarde?, cuando ya alguien nos dijo que le había visto en determinado lugar, irritan y hacen que la comunicación se vuelva defensiva; siempre es mejor la franqueza de decir: "me dijeron que te vieron en el centro, ¿fuiste por allí?" Tampoco juegue al adivino, corrobore sus percepciones: "¿estás triste por lo que te dije?" o "me da la impresión de que no estás muy contento con que haya aceptado la invitación, ¿es así?" Esto es mejor que asumir *a priori* que sí lo está. No generalice, pues las generalizaciones son habitualmente inexactas y es muy raro que alguien siempre reaccione de la misma manera. No deje la conversación hasta llegar a un acuerdo. Y, sobre todas las cosas, no actualice viejos conflictos en una discusión, los cuales distraen la atención y la desplazan lejos del conflicto actual, haciendo que la conversación se haga pesada e improductiva, e impide que se lleguen a acuerdos sobre el tema actual, que pasa a engrosar el cúmulo de situaciones inconclusas con que se entorpecerá la próxima discusión.

Existen varias conductas muy comunes en las discusiones entre las parejas que perturban la comunicación verbal, y es curioso cómo la gente reitera en ellas, a pesar de que no generan nunca un resultado aceptable. Ocurre que la manera como la gente trata de resolver sus dificultades, mediante la conversación, está generalmente atrapada dentro de patrones rígidos que se repiten a modo de guiones teatrales, que rara vez cambian sin la intervención de la psicoterapia. Un ejemplo bastante típico está ilustrado en el siguiente extracto de una sesión de psicoterapia de pareja:

—Se nota a un millón de kilómetros que el amor que decías sentir por mí se esfumó hace tiempo —le dice ella y luego, dirigiéndose a mí, continúa—. Lo más importante para él es ganar dinero, sólo habla de negocios. Ya ni me agrada acompañarlo a las fiestas, pues no me presta atención, lo único que hace es hablar de inversiones.

—Siempre estás con esas bobadas —interviene él–. Ya ni sé de qué hablar contigo, lo único que te interesan son esas estupideces de psicología y esoterismo que te enseñan en esos cursos a los que vas, como si no hubiese otra cosa en el mundo. ¿No te acuerdas lo del carnaval pasado en Aruba...?

—¿Otra vez con ese cuento? –le interrumpe ella– Como que no tienes otro... Lo que pasa es que haces lo que haces porque eres un egoísta y ni originalidad tienes. ¿Por qué te cuesta tanto trabajo reconocerlo?

En este pequeño extracto de una sesión, que no difiere de muchas de las sesiones en las que trabajo, podemos encontrar las siete más importantes y dañinas perturbaciones de la comunicación verbal. Primero: ninguno parece tener la intención de escuchar al otro, da la impresión de que es más importante hablar y oírse que escuchar al compañero, la comunicación se convierte en un ataque y contraataque, en los cuales tener la razón es más importante que resolver las dificultades. En segundo lugar, se recurre reiterativamente a generalizaciones como "siempre", "lo único", etcétera, y a descalificaciones como "bobadas" y "estupideces". Luego se dispersan, actualizando eventos del pasado, en lugar de resolver primero los que están causando malestar en el momento actual. La cuarta perturbación de la comunicación verbal es que la pareja expresa los sentimientos en forma confusa, evita hablar de los propios para aventurarse a adivinar los ajenos, como en "se nota que el amor que decías sentir por mí..." Cada miembro de la pareja tiende a interpretar la conducta del otro, en vez de preguntar a qué se debe, como en la intervención: "haces lo que haces porque eres un egoísta". Se interrumpen frecuentemente y no terminan de escuchar lo que el otro tiene que decir. Y por si fuera poco, las informaciones sobre sus preferencias son poco claras, se limitan a criticar el comportamiento del otro sin informarle cuál sería la manera como considerarían correcto que hiciera las cosas.

La comunicación es una situación compleja, pues no solamente lo que decimos y cómo lo decimos influye sobre nuestro interlocutor. Existe una serie de consideraciones importantes acerca de la comunicación no verbal que pueden generar problemas y malentendidos en la comunicación. Todos utilizamos el cuerpo para acompañar lo que decimos con la boca, pero en general estamos bastante menos conscientes de lo que expresa el cuerpo que de lo que dice la palabra. Existen señales no verbales como gestos, ademanes, expresiones faciales y posturas corporales, que acompañan a la comunicación verbal y la enfatizan, la completan o la contradicen. Los principales problemas de la comunicación no verbal son el desconocimiento de las propias señales y de las señales del otro, la incongruencia entre las señales corporales y lo que se expresa verbalmente, y la interpretación errónea de las señales de la pareja. Es importante conocer las señales no verbales de la pareja, para lo cual es necesario tener interés en la pareja, en mejorar la comunicación y corroborar con ella nuestras impresiones acerca de sus señales no verbales. De igual manera podemos pedirle que esté pendiente de las nuestras y nos las haga notar, haciendo comentarios o preguntando sobre su significado.

Lejos de lo que mucha gente cree, el ser humano, a pesar de la búsqueda de seguridad y estabilidad que le lleva a establecer rutinas, es también un ente en cambio constante. Sabemos que cada suceso en el cual participamos, que cada contacto interpersonal que realizamos produce en nosotros modificaciones, algunas muy evidentes, imperceptibles otras, pero por muy minúsculo que sea el cambio, siempre la suma de miles de pequeños cambios genera grandes transformaciones en los seres humanos con el transcurso del tiempo. Las personas que tienen una relación afectiva se ven, como todo el mundo, sometidas a esta corriente de cambios y han de permanecer con el tiempo lo suficientemente similares en sus expectativas y en su crecimiento para permanecer unidos. En una pareja en que la comunicación es buena, los cambios ocurridos a cada uno se convierten en una experiencia transformadora que se transmite al otro mediante múltiples eventos de diálogo en que transcurre la comunicación. Lo importante es hacer partícipe al otro de la repercusión emocional que éste genera en cada uno de los sucesos en que ambos participan, no solamente la anécdota o la historia, sino también la forma como éstas afectan el interior de la persona en el plano de sus sentimientos. Si esto no ocurre de esta manera, los cambios que tienen lugar en ellos no se transmitirán a su pareja y ambos terminarán evolucionando por caminos distintos que los hacen ajenos y los llevan a separarse emocionalmente y en ocasiones físicamente.

## El manejo de los conflictos, los límites, la negociación y el acuerdo

En general, se cree erróneamente que el conflicto destruye las relaciones afectivas. Muchas parejas, por proteger su relación, evitan discutir las situaciones en las que discrepan, pues piensan que la discusión genera la separación. Bajo mi punto de vista el conflicto es ineludible entre dos personas que son inevitablemente distintas y que, con sus diversas maneras de construir su realidad, han de crear una realidad común en la cual vivir, amarse y crecer. El conflicto tiene que ser reconsiderado y evaluado en su influencia positiva. La experiencia me ha demostrado que en realidad el conflicto es el cemento que une las relaciones afectivas, mediante la serie de eventos que desencadena. Un conflicto bien manejado implica la colocación de límites y si los límites son planteados adecuadamente, surgirán la negociación y el acuerdo. Tras cada acuerdo, la relación se consolida.

Como mencionaba, en la relación de pareja se producen inevitablemente muchas más emociones que el amor, y muchas de las cosas que una persona hace generan molestias a su compañero. Se puede evitar hablar de ello y acumular el malestar hasta que ocurra una explosión emocional, o dejar que la ira reprimida se transforme en resentimiento. Pero también se puede aprender a expresar el malestar en forma constructiva y hacer que el conflicto resultante se convierta en un factor que consolide la relación, en lugar de ser un elemento de disgregación.

Las emociones como la ira, el miedo o la tristeza están presentes en muchos momentos de la relación de pareja y se encuentran asociadas a cosas que el compañero hace o deja de hacer. Lo adecuado no es callar cuando esto ocurre, pues el silencio hace que las personas se distancien progresivamente. Los seres humanos cambiamos a diario. Cada experiencia, cada interacción con otra persona introduce en nosotros cambios que nos hacen evolucionar, de tal manera que la única forma de que nuestros cambios ocurran en la misma dirección que los de nuestra pareja es compartir nuestras experiencias, sobre todo las que tienen más carga emocional. Por eso es muy importante conseguir una manera de expresar las emociones en forma constructiva, en especial la ira y el miedo, y el mejor modo que conozco de hacer esto es mediante el ejercicio de colocar límites.

El límite es la forma sana de mostrar a los otros nuestras diferencias, de hacerles saber cuáles son las emociones y los pensamientos que generan en nosotros sus actos. Aprender a colocar límites requiere cambiar gran parte de nuestros hábitos de solucionar conflictos. Yo he condensado los aspectos más importantes de la colocación de límites en lo que he llamado *la regla de los cinco puntos*. La menciono a mis pacientes mostrando el dorso de la mano izquierda con cuatro dedos extendidos y el pulgar oculto en la palma. "Pero ahí tienes sólo cuatro dedos", suelen decir. "No, hay cinco dedos, uno está escondido esperando la mejor oportunidad para actuar", les respondo. Y así es. Hay cuatro elementos que deben ser desarrollados primero, y sólo si en reiteradas ocasiones éstos no obtienen el resultado esperado, recomiendo actuar el quinto. En primer lugar, al colocar un límite, es importante que podamos decir a la persona qué cosa ha hecho que nos ha afectado, por lo cual recomiendo empezar por describir el acto o los actos que nos resultan desagradables; no se trata de hacer juicios sobre la persona o de aplicarle un calificativo, sino de describir el comportamiento molesto. Si su pareja, por ejemplo, olvida el día de su aniversario, será probable que usted tienda a reprocharle que es olvidadizo o desconsiderado, cuando en general esta acusación suele no ser exacta; esta persona podría responder, "te atreves a decir que soy olvidadizo, llevo 12 años pagando la renta y jamás lo he olvidado" o "¿cómo dices que soy desconsiderada si he aceptado cuidar a tu madre por más de cuatro años sin decir nada?" En este momento las acusaciones parecen infundadas y la discusión toma un rumbo que la aleja del problema actual. Es mucho más difícil que esto ocurra cuando se describen los hechos centrándose en la conducta del otro de una manera aproximada a la siguiente: "Estoy molesto porque no recordaste que hoy es nuestro aniversario". En segundo lugar, insisto nuevamente pero nunca demasiado en lo importante de expresar nuestros sentimientos al respecto. Quiero advertir que en la actualidad se ha puesto tan en boga, con la moda *new age*, decir lo que sentimos, que todos juegan a hacerlo sin hacerlo en realidad; no nos hemos hecho más abiertos y expresivos, sino sólo cambiamos nuestro lenguaje. Cuando alguien nos dice lo que siente, suele hablar de cualquier cosa menos de sentimientos, por ejemplo: "siento que has sido injusto al decir eso", y ahí no se está expresando ningún sentimiento, sino sólo una opinión personal. O cuando alguien dice "siento que ya no me quieres", no habla de lo que siente, sino de lo que cree que siente el otro hacia él. "Eso me produce mucho coraje y también algo de tristeza" es una manera más correcta de hablar de nuestras emociones. El tercer punto de la regla es decir a nuestro compañero por qué creemos que ha hecho lo que hizo, no como un acto de adivinar sino como una retroalimentación; le decimos la idea, hipótesis o cognición que surgió en nosotros como consecuencia de su comportamiento. Entonces, no decimos algo como: "lo que pasa es que soy poco importante para ti", sino "cuando haces eso termino creyendo que soy poco importante para ti". Luego le mostramos las que para nosotros hubiesen sido las acciones adecuadas, es decir, le damos las alternativas, mientras más mejor; "yo preferiría que pagases la cuenta de la luz, o al menos que me avises que no vas a poder, para entonces hacerlo yo". Y por último, sólo si al hacer lo anterior varias veces no se ha generado una negociación de las alternativas expresadas que haya dado como resultado un acuerdo, pasamos al quinto punto. El dedo oculto es la advertencia "la próxima vez yo..." Advierto que cuando alguien debe recurrir a este aviso ha de tener un estado de ánimo sereno y estar claro en que no es conveniente amenazar con una sanción que no se esté dispuesto a cumplir, pues esto deterioraría la credibilidad de la persona y restaría importancia a su determinación.

En general las personas hacen todo lo contrario a lo indicado: comienzan por la amenaza, no hablan de la emoción, hacen juicios y adivinanzas. Una de mis pacientes, muy molesta con su esposo, que reiteradamente llegaba tarde a la casa, cansada de soportarlo lo enfrentó de la siguiente manera:

—Estoy fastidiada de ti y de tu maldita manía de llegar tarde, la próxima vez te vas a encontrar con la puerta de la casa cerrada y vas a tener que dormir en el porche –le dijo, desencajada y gritando.

—Haz lo que te dé la gana; si llego y la puerta está cerrada, me voy por donde vine –respondió él, también a los gritos–. Seguro que la paso mejor que aquí.

—Eres un desgraciado desconsiderado, tú me quieres volver loca –continuó gritándole.

—Ya estabas loca cuando te conocí. Tú si me vas a volver loco a mí, con esa gritería con que me recibes, no me motiva ni venir a la casa, mañana llego más tarde.

No pareciera haber dado ningún resultado una discusión como ésta; lo curioso es que se repetía más o menos igual cada cierto tiempo, luego entraban en un periodo en el que se ignoraban, ofendidos, para después comenzar a hablar con cualquier pretexto, y al final se repetían las llegadas a deshoras y ella explotaba de nuevo. La negociación y el acuerdo surgieron mucho después, cuando ella accedió a abordarlo de una manera más o menos similar a la que sigue:

—Ernesto, estoy molesta porque otra vez llegaste tarde, es la cuarta vez esta semana.

—¿Ya vas a empezar de nuevo?

—No, no quiero repetir las discusiones desagradables de antes. Sólo quiero decirte que cuando llegas tarde me siento muy mal, primero me da miedo de que algo te haya pasado, pero luego siento mucho coraje pensando que nuevamente estás por ahí, sin venir a la casa y sin decir dónde estás. Me pongo a pensar que haces todo esto porque soy poco importante para ti, que no te gusta estar conmigo, que tal vez ya no me quieres.

—No es realmente eso lo que pasa, es que la mayoría de las veces me siento atrapado en la casa, necesito una distracción y tú últimamente has estado muy hostil.

—Mira, yo preferiría que ese tiempo lo compartieras conmigo, también yo necesito salir de la casa y distraerme. Me gustaría compartir eso contigo, o por lo menos me gustaría que me dijeras dónde estás o que vas a llegar tarde, algo que me haga quedarme tranquila y que me permita pensar que aún te interesas en mí y en cómo me siento.

Debo admitir que lo anteriormente expuesto es más fácil de sugerir que de realizar. La mayoría de las personas, inicialmente, fracasan en aplicar con éxito la regla de los cinco puntos. En el momento de la discusión se encuentran, por lo general, en un estado emocional de intensa ira, tristeza o miedo y ni siquiera consiguen acordarse de que se les haya hablado de estrategia alguna, sino que están pendientes de ganar la pelea, de demostrarle al otro que tienen de su lado la verdad o la razón y dejan pasar la oportunidad de hacer las cosas de una manera diferente. Comúnmente regresan a la consulta diciéndome algo así como "no lo logré, terminamos a los gritos de nuevo. Sólo me acordé de tu sugerencia de los cinco puntos al día siguiente... pero la próxima vez si..." Y yo sé que la próxima vez que tengan la oportunidad, casi seguramente fallarán en aplicar su nuevo recurso. Tengo por costumbre explicar a mis pacientes que lo importante no es acordarse y decir los cinco puntos en orden y en el momento preciso, pues esto rara vez se logra y en realidad no es tan importante. Les digo que en algún momento ellos estarán conscientes de no haber hecho las cosas de la manera adecuada en su discusión, y verán que por hábito han caído nuevamente en una forma estéril de discutir, en el mismo guión que rige sus confrontaciones. En ese momento (unas horas, unos días o hasta unas semanas más tarde) puede hacerse lo realmente importante para lograr el cambio de las viejas estructuras, en este momento se puede *reparar*. Cada vez que la persona está consciente de haber repetido el guión inadecuado ha de empeñarse en reparar buscando a su pareja y diciéndole algo así como "quiero ofrecerte disculpas por la forma como me comporté cuando hablamos de... (el problema en cuestión). En realidad lo que quería decirte era uno, dos, tres y cuatro (la comunicación construida con la regla de los cinco puntos)".

Si proceden de esta manera, estarán realizando el comportamiento funcional tantas veces como el disfuncional, es decir, la cantidad de veces que es suficiente para que el primero se vuelva un hábito que compita con el segundo. Además, la psique es una función cerebral muy económica, no consume energía en duplicidades innecesarias, cada confrontación genera ansiedad y esto consume energía psíquica, de tal manera que cuando realizamos el comportamiento disfuncional y nos empeñamos en reparar, pasamos en dos ocasiones por experiencias de ansiedad, mientras que al hacerlo en forma adecuada esto ocurre sólo una vez. Por ello, mis pacientes, mediante la reparación, se encuentran rápidamente cambiando su hábito de pelear por el de poner límites.

## Adoptar un modelo compartido del manejo del poder

Las parejas, al igual que cualquier otro vínculo interpersonal, son relaciones de poder. A muchas personas esto puede parecerles amenazador o inadecuado, sobre todo a los idealistas, quienes preconizan que la relación de pareja debe estar signada por el amor y que en ella no debe haber dominio del uno por el otro en ningún momento. Esta posición resulta bastante ingenua, pues cuando hay dos o más personas reunidas, surge una serie compleja de interacciones que se traducen en fuerzas de influencia. Cuando una persona hace lo que otra desea, decimos que influye en ella, que ejerce poder sobre ella. El poder es tanto la capacidad que una persona tiene de influir sobre otras, como una propiedad que emerge cuando una persona se reúne con otra u otras. El poder de una persona no es ilimitado, sino que está circunscrito a las personas sobre las que se ejerce influencia y se halla restringido por ellas. Como dicen Napier y Gershenfeld (1975/1990): "Una persona tiene el poder que aquellos que son influenciados le permiten tener". El poder no es una maldición, sino una característica de las relaciones interpersonales. Existen varias formas de usar el poder que los demás nos otorgan y ahí reside el problema. Una persona puede comportarse en forma arbitraria y coercitiva, y entonces su forma de emplear el poder genera sufrimiento y limita a los demás; por el contrario, si es alguien dado a la cooperación, entonces su manejo del poder estará más orientado a la persuasión y la participación. Las parejas tienen diversas maneras de distribuirse el poder que, en general, no son elegidas en forma consciente. Cuando se pregunta a alguna de ellas cómo se decidieron por la modalidad que asumieron, generalmente no tiene la impresión de haber elegido alguna vez, ni de que se haya conversado sobre cuál era la mejor manera de manejar el poder en la relación; más aún, no tienen la impresión de que exista una forma de manejar el poder que sea propia de ellos y distinta a la de algunos otros. En algunas parejas, uno de los miembros detenta el poder la mayor cantidad del tiempo, esta persona toma decisiones sobre el destino de la relación, la forma como se emplearán los recursos materiales y el estilo de pareja que son. En otros casos, el poder está sectorizado y, por ejemplo, uno de ellos se encarga de las actividades de producción material y el otro de la logística del hogar y de la crianza de los hijos. En la actualidad no existe una diferenciación clara entre los roles de uno y otro cónyuge, debido al masivo acceso de la mujer a la educación y a las fuentes de trabajo. La mujer se mueve cómodamente en los roles productivos al igual que el hombre y las labores domésticas tienden a ser asumidas por igual. Por ello, un nuevo modelo se está haciendo cada vez más popular: el poder rotativo, en el que cada uno puede tener el poder dependiendo de las circunstancias y de su capacidad para resolver determinadas dificultades en un momento dado, cediéndolo al otro cuando las circunstancias así lo pidan.

El estilo de manejo del poder ha de ser concientizado, reflexionado y negociado en algún momento por los integrantes de la relación, y posteriormente revisado y renegociado tantas veces como sea necesario.

## La capacidad para correr riesgos

"Vivir es arriesgarse" afirma un viejo dicho. Toda decisión en la vida es un riesgo que nos enfrenta al territorio de lo desconocido. Iniciar una relación de pareja es arriesgarse a ser rechazado, a ser traicionado, a sufrir, pero también existe en ello la promesa de la felicidad del amor, del placer de la compañía y de la seguridad que la protección del otro nos proporciona. Es cierto que las relaciones afectivas requieren una base de seguridad, pero, aunque parezca una ambivalencia, también requiere de la sorpresa y la incertidumbre. La búsqueda obsesiva de la seguridad hace rígida la existencia de las personas y de las relaciones que éstas mantienen. A medida que la relación avanza, las personas van experimentando cambios, que en un principio pueden resultar amenazadores, pero que terminarán por ser emocionantes si se cuenta con una compañía que produzca seguridad. Todos evolucionamos con el transcurso de nuestra vida, pero hacerlo al lado de otras personas aumenta las responsabilidades e introduce cambios que no se encontraban en nuestros planes antes de emprender la relación. Compartir la vida con una persona vitalmente motivada nos impulsa y nos anima a recorrer caminos nuevos, nos desafía a crecer para guardarle el paso y ser un compañero en el entero sentido de la palabra. Juntos se emprenden riesgos afectivos, económicos, intelectuales y vivenciales.

Sin capacidad para correr riesgos la relación tiende a hacerse monótona y estancada. Creo que las rutinas generan seguridad y confianza en la vida de las personas, pero sin un adecuado balance la relación deja de crecer y pierde una de sus funciones más importantes, que es generar un ambiente seguro para el riesgo y la evolución personal.

Vivir la libertad de ser como nos guste y ser espontáneos requieren capacidad de riesgo. Para crecer y madurar es preciso renunciar a vivir en función de esquemas y clichés, a movernos con exceso en las estructuras socialmente impuestas. Evolucionar requiere sentirse, en la relación, con permiso a actuar como nos agrade o a cambiar sin vernos amarrados por frases como "tú no eres así" o "no parecen cosas tuyas", tener el derecho reconocido a desarrollarnos hacia diferentes formas de pensar y actuar.

## Cultivar el sentido del humor

El humor es un recurso comunicativo que tiende a atenuar el dramatismo de las situaciones difíciles. Es además, según creo, uno de los más importantes elementos de una relación de pareja. Durante muchos años, las historias de amor han sido dramas en los que la intensidad del afecto o de la pasión se media por la magnitud del sufrimiento, desde los amores épicos cantados por los juglares hasta las actuales rancheras. El placer y el disfrute han estado más vinculados con la sexualidad y las relaciones fugaces y con poco compromiso; sin embargo, si le preguntamos a cualquier persona para qué desea tener una relación de pareja, la gran mayoría mencionará entre los primeros lugares la intención de ser feliz. El amor puede ser una comedia sin perder seriedad, intensidad ni compromiso. Yo me siento inclinado a creer que ni el amor ni las relaciones afectivas son cosas serias, sino que ambos pueden y deben ser divertidos, y fuente tanto de satisfacción como de placer, mas no por ello se perderá la responsabilidad. La medida de mi amor puede ser la magnitud del placer y del disfrute que experimento y que hago experimentar al otro, y no cuánto puedo sufrir por otra persona. El amor es cosa de juego, de risa, de alegría y de felicidad.

En una ocasión, mientras conducía mi auto de regreso a casa al final de un día de trabajo, escuchaba un programa de radio llamado "La hora de la ilusión y del amor"; me sorprendí al constatar que todas las canciones hablaban de separación, tristeza y despecho. Y es que el romance y el amor han estado demasiado tiempo identificados con el sufrimiento. Los más promocionados amores de la historia y de la literatura universal han sido amores trágicos, llenos de obstáculos, desengaños, traición y muerte. Desde Romeo y Julieta, Tristán e Isolda y Lanzarote y Gynevra, hasta los romances contemporáneos de Carlos y Diana de Gales. Obtienen más publicidad las relaciones desgraciadas que las felices; sin embargo, por fortuna, conozco a muchísimas personas que están dispuestas a renunciar a la notoriedad y a trabajar para tener relaciones armónicas y felices.

## Desarrollar una buena capacidad de expresión emocional

Los seres humanos tenemos emociones que tienden a expresarse en forma espontánea; no obstante, hemos aprendido socialmente a esconderlas. Desde muy pequeños nos ensañan que "los niños no deben llorar", que "las niñas buenas no gritan ni hacen rabietas", o tal vez que "los hombres no tienen miedo", que "los niños besucones son mariquitas", que "las niñas muy cariñosas terminan siendo mujeres fáciles", etcétera. La represión de las emociones no sólo nos la enseñan con lo que nos dicen, sino también es una cuestión de actitud, y aprendemos por medio del rechazo, la descalificación y la burla. De modo que cuando se llega a ser adulto, gran parte de nuestro repertorio emocional está sometido a la represión que ejercen otras emociones fabricadas socialmente para tal fin: la vergüenza y la culpa. Todos nacemos con la capacidad para expresar amor, miedo, alegría, tristeza, rabia, etcétera, y muchas variaciones de éstas, dependiendo de la intensidad del estímulo que las dispare. Sin embargo, no nacemos con culpa o vergüenza, sino que éstas son emociones creadas en cada uno de nosotros por nuestros padres como medio de control social. Ambas son una perversión del miedo. Constituyen por lo general, en la mayoría de las personas, distintas variantes del miedo al rechazo, a la crítica o a la descalificación, que en última instancia no es más que miedo a la pérdida del amor.

Aprendimos a disfrazar las emociones y nos convertimos en vehículos para que otros aprendan a hacer lo mismo. Un paciente de unos 17 años me confiaba en una oportunidad que pertenecía a un grupo de jóvenes de su edad, la mayoría con novia, al igual que él.

—Son una porquería —me decía— no las tratan bien.

—¿Y tú?

—Pues yo tampoco. Se burlan en lo que me sorprenden con una frase cariñosa. Si me escuchan hablando con ella por teléfono y al despedirme digo "yo también", comienza la burla. "¡Ayyy! Yo también te amo, lo tienen comiendo en la mano, tonto".

—¿Y tú que haces entonces?

—Pues la trato como si me fastidiase, como si tuviese cosas más importantes que hacer que hablar con ella.

—¿Qué te parece tu actitud?

—No me gusta, pero no quiero que se burlen de mí. Pero cuando ella y yo estamos solos, las cosas son diferentes, ahí sí soy muy cariñoso.

—¡Vaya! Tus amigos deciden tu conducta, te dictan lo que tienes que hacer, los lugares a donde vas y hasta la forma de tratar a tu novia. ¿Qué otra cosa deciden por ti? –le pregunto.

—¡Sí! Ya sé, pero ¿qué puedo hacer?

—A mí no me preguntes. Yo no soy uno de tus amigos. Yo no voy a decirte cómo vivir tu vida. Haz lo que té de la gana –le digo tajante.

—Es que no tengo otra cosa que hacer si quiero seguir con ellos. Si no es así, se burlan y me dejan fuera.

—¿Qué hacen ellos para que tú te burles de ellos y los dejes fuera? –le pregunto, para abrir una alternativa opuesta.

—Bueno, en realidad yo también podría hacer lo mismo que ellos me hacen –dice con una sonrisa, como iluminado.

—Imitarlos no es hacer lo que quieres, sino hacer lo que ellos hacen. No parece haber un cambio ahí –le señalo.

—No, no me entiendes –me dice firmemente–. Si me parece bien ser cariñoso con mi novia lo voy a ser y puedo ridiculizarlos cuando ellos maltraten a las suyas. Al fin, no estoy haciendo algo malo, ni soy tonto cuando la trato con cariño; tonto es maltratarla. Si no me gustase o me fastidiase, no estaría con ella, ¿no crees?

—Puede ser –le digo–. Quizá se te haya ocurrido una buena idea.

Otros no ocultan sus emociones, más bien las reprimen por un tiempo y luego las actúan desproporcionadamente. Muchas personas piensan que porque explotan están descargándose de sus emociones. Un paciente me decía en una oportunidad: "yo jamás sufriré un infarto porque cuando algo me molesta me descargo, le formo un escándalo a cualquiera, a mí no me da miedo caerle a gritos a nadie". Muy lejos de lo que este paciente cree, gritar no hace que la emoción subyacente, el coraje en este caso, desaparezca. Imaginemos lo que ocurre con alguien que se siente aterrorizado por una amenaza cualquiera, por ejemplo: está encerrado en una casa ardiendo; esta persona grita y llora porque tiene miedo, y por más que grite y llore éste no desaparece, de manera que no descargará su miedo a menos que el incendio sea sofocado y la amenaza pase; de lo contrario, podrá agotarse o anularse cayendo en un estado de shock por el terror, pero éste seguirá presente. De igual manera sucede con las demás emociones. Lo que hace que una persona pueda librarse de los efectos de la ira o del miedo, e incluso de la tristeza, es tener alguna garantía de que lo generado por la emoción va a desaparecer y, preferiblemente, de que no va a volver a suceder. Si se trata de algo que una persona nos está haciendo o nos ha hecho, la única manera de tener esa garantía es mediante un proceso de negociación.

## Creencias erróneas más comunes en esta etapa de la relación

### Creencia 1: si me ama debe saber lo que pienso

La clarividencia del amor es una de las ideas más absurdas e irracionales con las que un terapeuta de parejas puede encontrarse; sin embargo, nos encontramos con ella con bastante frecuencia. Muchas personas parecen creer que si dos personas se aman, entonces deben saber las necesidades y estados anímicos del compañero, sin necesidad de que él los manifieste. Y peor aún, muchos lo usan como un indicador del amor o de la magnitud de éste. Cuando alguien dice, refiriéndose a su pareja, "si me ama debe saber cómo me siento", también está diciendo que si no lo sabe es porque no le quiere y, por lo tanto, la incapacidad de su pareja para adivinar los pensamientos, emociones o necesidades suyas se constituye en una prueba de su falta de amor. La mayoría de las personas atribuyen al amor cualidades bastante irreales, cuando en muchos casos ocurre exactamente lo contrario: muchos individuos que pueden ser considerados bastante hábiles y desenvueltos socialmente se vuelven muy torpes y distraídos cuando están bajo el influjo de una emoción intensa como el amor.

La mayoría de las personas que están bajo la influencia de esta paradoja esperan no solamente que sus necesidades y sentimientos sean adivinados por el compañero, sino también que éste haga algo al respecto y que este algo sea lo adecuado. Como ven, la adivinanza se complica.

Veo que Nelly llega con la chamarra de Silvio sobre sus hombros y le pregunto:

—¿Tenías frío?

—Sí —me responde ella, mirando la chamarra sobre su hombro.

—Y él caballerosamente te dio su chamarra.

—Sí, pero... tuve que pedírsela —me dice, mirándolo con cierto reproche.

—¿Y cuál es el problema de pedir? —le pregunto.

—Que él no termina de estar pendiente de mí.

—¿Aspiras a que esté pendiente de ti hasta el punto de adivinar lo que estás sintiendo?

—Bueno, no es eso —me contesta, dándose cuenta de que ha dicho algo poco racional—. Pero una sabe por la expresión de los demás lo que sienten.

—¿Significa que tú sabes lo que los demás sienten cuando ves su expresión?

—Bueno, no de todo el mundo, pero sí de la gente que es importante para mí.

—Déjame ver si entiendo: ¿miras la expresión de la gente que es importante para ti y entonces sabes lo que está sintiendo? —indago.

—Bueno, dicho así suena un poco tonto.

—Entonces, ¿cómo es?

—Creo que en realidad no tiene por qué saber lo que yo siento, no está mal pedirle las cosas y que él me complazca. Pero bueno —dice mirándome con fingida severidad—, deja al menos que nos instalemos antes de empezar a escarbar.

La naturalidad con que las personas como Nelly y Silvio asumen esta creencia es asombrosa. Con independencia del rol en que se encuentren, no parecen pensar que tal creencia deba ser cuestionada y, como ocurre comúnmente con las creencias, ninguno lo hace.

—Lo mejor que podemos hacer es separarnos —me dice Dalia.

—¿Por qué crees que lo mejor que pueden hacer es separarse? —le pregunto.

—Porque nunca hemos podido entendernos. Roberto no ha tenido la sensibilidad que se requiere para tener un matrimonio decente.

—¿A qué te refieres con que no ha tenido la sensibilidad?

—Bueno, él siempre ha sido un hombre muy descuidado, siempre hay que andarle diciendo todo.

—¿Quién tiene *siempre* que decirle *todo*? —le pregunto enfatizando las palabras quién, siempre y todo.

—Bueno, yo sé que no es bueno generalizar, pero no ha sido un tipo sensible a las necesidades de los demás.

—¿A las necesidades de *quién* no ha sido sensible Roberto? —le pregunto, tratando de que asuma en forma concreta la responsabilidad de lo que me comunica.

—Pues a las mías —me dice en voz muy baja.

—Bien, ya voy entendiendo. ¿Puedes decirme cuáles son específicamente esas necesidades tuyas que Roberto no ha sabido satisfacer?

—Este... bueno, mis necesidades afectivas —dice, y se queda callada pensando.

—¿Cuáles son esas necesidades afectivas tuyas que no han sido satisfechas por él?

—Yo quería que él fuese más cariñoso, más cercano. Tú sabes, más atento a mí.

—No, Dalia, créeme que no sé. ¿En qué forma querías tú que él fuese cariñoso o cercano o atento?

—Bueno, esto es todo muy confuso, no estoy muy segura. No sé, sólo quería que fuese cariñoso.

—¿Me estás diciendo que has decidido separarte de Roberto porque él no hace algo que no sabes muy bien qué es? —le pregunto en voz baja, lentamente y con mucha suavidad.

—Yo sólo quería que él me hiciese sentir especial —dice llorando pausadamente.

—¿Qué puede Roberto hacer para que te sientas así?

—No lo sé. Quizá hablarme más, preguntarme por mis cosas, interesarse por cómo me ha ido en mi día de trabajo, preguntar si quiero que me ayude con las cosas de la casa.

—¿Qué quieres que suceda con tu relación? En una situación ideal, si tuvieses la varita mágica del hada madrina, ¿qué harías con ella?

—Me quitaría 10 años, 10 kilos y depositaría 10 millones más en mi cuenta del banco —dice riendo con los ojos aún húmedos.

—Me temo que esta varita solamente funciona para relaciones afectivas —le digo riendo también—. Es una varita especialista, ¿ves?

—Bueno, le pediría que me ayudase a entenderme con Roberto. Que lo hiciese más galante y romántico.

—Pero si te estás separando de él —le digo, fingiendo sorpresa.

—Pero él en todo lo demás es un hombre maravilloso y yo lo quiero. Si sólo no me hiciese sentir tan ignorada.

—Dalia, ¿hay algo en particular que él podría hacer que te hiciera pensar que se interesa en ti, algo que pueda indicarte que las cosas comienzan a cambiar?

—Déjame ver —se queda pensando un buen rato—. Me gustaría que pudiésemos sentarnos después de cenar y quedarnos conversando con un café en las manos y hablando de nosotros, que me abrazara mientras hacemos esto... o mejor, que yo pusiese mi cabeza en sus piernas y me acariciara mientras hablamos... sí, eso estaría súper —me dice con una sonrisa.

—Podrías pedírselo.

—Bueno, no sé si me atreva, podría pensar que estoy loca o que es cursi.

—¿Cómo sabes que podría pensar eso?

—Bueno, no lo sé, pero ¿no te parece cursi a ti?

—¿Y qué importa lo que me parezca a mí?, ¿qué te parece a ti?

—Bueno, creo que a mí sí me parece un poco cursi, pero ¿sabes?, se lo voy a pedir. Total, no tengo nada que perder.

—¿Podrías, cuando se lo pidas, explicarle por qué eso es tan importante para ti, explicarle lo que representa, decirle que de esa forma te sientes querida, que así sientes que él se interesa en ti?

—¿Es importante?

—Realmente no lo sé, pero podría serlo. ¿Qué piensas tú?

—Se lo diré.

Si me ama debe saber lo que pienso. Cuánto peor se puede volver esta creencia cuando deseamos que nuestra pareja adivine algo que ni nosotros sabemos. La salud de la relación depende muy estrechamente de la calidad y cantidad de la comunicación que haya entre ellos. No dar por sentado que el otro ha de saber algo que no le hemos dicho parece una regla bastante útil en estas circunstancias. Lo obvio sólo es obvio para quien en un momento determinado está percibiéndolo, pero puede no serlo para nadie más.

## Creencia 2: los celos son la medida del amor

"El que no tiene celos no está enamorado" cuentan que decía san Agustín, y cuán equivocado estaba. Los celos parecen tener más que ver con las características de la personalidad de quien los siente que con el amor que alberga. Naturalmente para tener celos ha de sentirse una emoción como el amor o la amistad, pero no todos los que sienten estas emociones son personas atacadas por los celos. Sólo lo son aquellos enamorados que se sienten inseguros de sí mismos.

Muchas veces se ha dicho que la persona celosa es una persona insegura, lo cual ésta por lo general no desea admitir. En realidad, los celos revelan una triple desconfianza. Puede decirse, sin tener que hacer gran esfuerzo para argumentar la aseveración, que la persona celosa desconfía de las intenciones que alberga un tercero en relación con la persona que él ama; sin embargo, esto no supondría ningún problema, o al menos no sería una razón para tener celos, si esta persona confiara en su pareja. Todos tenemos alguna expectativa colocada en las personas que nos rodean. Esperamos que sean afectuosas con nosotros, que nos hagan algún favor, que nos presten atención o simplemente que nos dejen en paz. Por lo tanto, que alguien se sienta atraído por la pareja de otra persona no constituye en sí un motivo de inquietud, a menos que éste desconfíe también de su pareja. Ésta es la segunda desconfianza del celoso. Él o ella puede pensar que su pareja no lo ama, que está motivada a permanecer en la relación por otros intereses más transitorios que el amor y de los que puede ser provista mejor por algún otro. Esta situación de incertidumbre y duda es por lo general poco tolerada y en la mayoría de los casos tampoco es la razón real de los celos. En la generalidad de las ocasiones una persona es celosa porque no confía en sí misma. Puede desconfiar de los demás y de su pareja, pero la desconfianza en su capacidad para mantener enamorado a quien ama le genera el mayor sufrimiento y le confiere el carácter irracional que los celos suelen tener. Una persona que no se percibe a sí misma como alguien valioso, con cualidades y recursos, cree que su pareja fácilmente puede sustituirle por otra persona más interesante o valiosa. El celoso es una persona que se compara permanentemente con los demás y que sale perdiendo en su comparación.

He podido verificar que una persona celosa tiene cuatro elementos que le definen: una visión precaria de sí mismo, una percepción idealizada de su pareja o del ser amado, incurre a menudo en compararse desfavorablemente con los demás y piensa que nunca podrá conseguir a otra persona con tantas cualidades como la actual, lo cual es la consecuencia lógica de los primeros dos puntos.

Pero a pesar de que lo expuesto no resulte una información novedosa para la mayoría de las personas, casi todo el mundo está dispuesto a aceptar que los celos son un indicador del amor que uno siente por el otro.

Una joven pareja se quejaba de las numerosas peleas que se suscitaban entre ellos. Estas peleas respondían a un patrón que sorprendía por su constancia. Él miraba insinuantemente a una mujer en la calle frente a su pareja, ella le reclamaba y él negaba haberlo hecho, luego ella sentía que perdía el control y explotaba en una serie de insultos y recriminaciones, a los que él respondía con una actitud calmada hasta que el comportamiento de ella, *in crescendo*, hacía que él respondiera también en forma de agresión verbal. En el curso de una de las sesiones le pregunté a él:

—Sergio, ¿qué pensarías si Amelia no reaccionara de ninguna manera cuando tú mirases a otras mujeres...?

—Pensaría que eso está bien —responde interrumpiéndome, y continúa con una velocidad avasalladora—, diría que así debe ser, ¡caramba! Uno tiene los ojos en la cara para ver; además, ella también ve a otras personas...

—¡Espera! —le corto, viendo que él desplazaba el punto focal de él a ella—. Sitúate honestamente en la posibilidad que te propongo. Van ustedes dos por la calle y de repente, al frente, ves que se acerca una mujer muy llamativa. Tú te le quedas mirando fijamente y cuando pasa a tu lado volteas para verla por detrás, y Amelia continúa a tu lado caminando de tu mano, sin inmutarse. ¿Cómo te sientes con eso?

—Creo que me sentiría mal —me dice luego de pensar un buen rato—, creería que no soy lo suficientemente importante para ella.

—¿Me estás diciendo que cuando ella se pone celosa y se violenta sientes que eres importante para ella?

—No... bueno —se ríe nerviosamente, mirando a Amelia y luego a mí, y luego los cuadros del consultorio—. Bueno, quizá sí, no sé... en realidad no le creo mucho cuando ella me dice que me quiere, creo que soy excesivamente desconfiado.

Se hace un prolongado silencio y Sergio luce conmocionado. Yo no entiendo lo que ocurre y miro inquisitivamente a Amelia buscando información.

—Tú sabes que él es divorciado —me dice.

—Sí, lo sé. ¿Qué tiene eso que ver?

—Su primera esposa se acostó con un buen amigo de él.

—Se suponía que todo marchaba sobre ruedas —interviene Sergio, reponiéndose—. No teníamos problemas, el sexo marchaba bien. La noche anterior al día que la descubrí habíamos hecho el amor y ella había dicho que me amaba, que yo la hacía sentir viva y todas esas idioteces. Salí en la mañana hacia la tienda y cuando llegué no había corriente eléctrica. Salí a la calle y una cuadrilla de la electricidad estaba haciendo reparaciones en unos postes, me dijeron que la reinstalarían a mitad de la tarde y decidí volver a casa —me mira con una sonrisa amarga y los ojos húmedos—. Bueno, ya sabes lo que me encontré.

—Entonces, ¿no puedes creer en las palabras y te remites a los hechos? —pregunto en tono de reflexión—. Si Amelia se enoja mucho es que te ama.

—Algo así —responde Sergio con voz muy baja y con tristeza—, ¿crees que estoy loco, verdad?

—Creo que sufres mucho, creo que Amelia también sufre, creo que debe haber otra manera.

Los celos indican que quien los siente está enamorado, pero esto no significa que quien no los siente no lo está. Los celos también nos dicen que quien los siente tiene problemas con su autovaloración, es un enamorado con un trastorno y su amor está enfermo y es preciso curarlo. Los celos son la medida de su sentimiento de inseguridad.

El aspecto más triste y preocupante de los celos es que son a menudo la causa de la violencia doméstica. Las personas inseguras tienden, como mencioné con anterioridad, a compararse con los demás y a salir perdiendo en la comparación. Parecen pensar que si su pareja conoce a cualquier otra persona va a preferir a este extraño antes que a ellos mismos; por eso tienden a interpretar su comportamiento ante los demás como un acto de seducción e intentan apartarla del contacto con los otros. Desean tener control sobre la persona a la que aman, un control que por lo general es excesivo y que genera la rebeldía y oposición del otro. Cuando su pareja se niega a ser controlada, esta negativa es vista como una confirmación de sus sospechas, y entonces muchos pretenden imponer el control por medio de gritos y descalificaciones que despiertan el miedo del compañero, y si esto no es aún suficiente recurren muy frecuentemente a la violencia física.

Rita es una mujer de poco más de 30 años casada con Fred, un hombre de 56. Fred es un sujeto muy exitoso en lo académico y en lo profesional, pero muy inseguro en el terreno afectivo: Rita es su cuarto intento de establecer una unión duradera.

—Es un hombre bueno y generoso —me dice Rita—. Yo me casé con él creyendo que un hombre con madurez me haría sentir más segura en la vida, pero en realidad me está volviendo loca con sus celos, siempre anda conmigo, no me deja ir sola a ningún lado, no me deja tener amigos y a veces enloquece de celos y entonces me insulta, me dice cosas horribles y... en cinco o seis ocasiones ha llegado a golpearme.

—¿Qué sientes con todo esto que me estás contando? –le pregunto.

—Me siento muy mal, creo él se comporta de forma inadecuada conmigo, yo no le he dado motivos...

—¿Cómo te sientes con ello?

—Creo que no sé que esperas que te diga.

—Quiero saber qué emociones sientes.

—Me da miedo, sí, siento miedo. Imagínate tenerle miedo a mi compañero. Ya no sé si estoy enamorada, pero sí sé que tengo miedo.

—¿Qué has hecho al respecto? –le pregunto.

—Yo sé que dicen que hay que denunciarlo, pero no quiero que se ponga aún más disgustado, podría resultarme peor; además, no sé si podría conseguir a alguien tan bueno como él.

—¿Te parece bueno?

—Hay hombres peores.

—¿Cómo quién?

—Bueno, él al menos no me engaña con otras.

—Entonces prefieres un hombre que te pegue a uno que te engañe con otras. ¿No se te ocurre que puede haber una alternativa en la que no salgas perdiendo?

—¿Cómo qué?

—Por ejemplo, para empezar uno que no te engañe con otras y que no te pegue.

—Eso es algo muy bueno, pero un tipo así de ideal no se fijaría en mí.

Parte de la estrategia de vinculación de las personas que incurren en actos de violencia doméstica (tanto hombres como mujeres) consiste en atemorizar a su pareja y hacer que se sienta insegura de sí misma, logran que se sienta poco valiosa mediante las repetidas descalificaciones de que la hace objeto y luego los distintos miedos (al daño físico, a la incapacidad productiva o a la soledad) las mantienen a su lado por largos periodos. La autoestima deteriorada por este tipo de interacción hace que quien sufre la violencia doméstica se sienta poco merecedor de una realidad mejor, de una buena relación de pareja o de un destino sano y feliz.

## Creencia 3: mi pareja tiene un problema: no me desea

Un antiguo paciente me dijo en una ocasión que tenía problemas con su esposa, porque ella había dejado de desearlo sexualmente. Tenían más de 15 años de matrimonio y desde hacía seis ella había dejado de mostrarse entusiasmada por las relaciones sexuales, hasta perder completamente el interés, lo cual había sucedido hacía casi dos años.

—Debe tener algún problema —me decía— y lo peor es que no quiere resolverlo.

—¿Qué problema cree que tiene?

—No lo sé. Tal vez se le esté adelantando la menopausia, quizá esté cansada de las labores de la casa, o los problemas con sus hijos la tengan algo desanimada.

—¿Por qué dice que ella no desea resolverlo?

—Porque ya he hablado con ella y no ha hecho nada.

—¿Qué le ha dicho?

—Le he preguntado qué le pasa, pero ella no quiere hablar de eso.

—Y usted, ¿la desea? —le pregunto.

—Sí, yo sí la deseo. El problema lo tiene ella, doctor.

—¿No se le ha ocurrido que podría ser al revés?

—¿Cómo que al revés?

—Si usted la desea es porque ella puede estar haciendo algo para que sea así y quizá usted haya dejado de hacer lo que la motivaba a ella a desearlo.

—Pues no lo había visto de esa manera —me dice sorprendido—. ¿Qué puede ser lo que haya cambiado en mí?

—No lo sé, ni siquiera estoy seguro de que lo que ocurre se deba a que usted sea diferente de alguna manera.

—Entonces, ¿por qué lo planteó?

—Porque podría ser cierto y porque me siento incómodo cuando sólo tengo un punto de vista de los problemas. Pero si está dispuesto, podemos averiguar qué está pasando con ustedes y trabajar para resolverlo.

—Bien, adelante, ¿qué quiere que le cuente?

El deseo sexual, al igual que el amor, no suele despertar en forma espontánea. Alguien desea a otra persona cuando ésta hace algo que le despierta el deseo. En ocasiones pueden ser actitudes poco evidentes y hasta inaparentes, como una forma de mirar, de sonreír o el tono de la voz, hasta comportamientos más complejos que involucran toda la gama de comunicación verbal, paraverbal y corporal, incluida la compleja comunicación que se establece con las prendas de ropa, los accesorios y el maquillaje. La forma como una persona despierta el deseo sexual de otra no obedece a reglas fijas. Es cierto que existe una influencia social que nos indica cuáles cosas son más sensuales que otras, pero hay una amplia variación personal en las conductas susceptibles de generar deseo. En muchas relaciones de pareja, el deseo surge en tal forma que las personas no están conscientes de lo que hacen para provocarlo, ni de qué hace su compañero para despertarlo en ellos, sino que son conductas inconscientes que tienen la finalidad de agradar al otro, de atrapar su atención, de asegurar su interés. Lo curioso y lamentable a la vez es que en muchísimas relaciones afectivas, una vez que el vínculo se ha establecido parece haber una disminución en la ejecución de este comportamiento seductor y la sexualidad parece quedar a cargo de la existencia del vínculo en sí mismo, es decir, ya nadie hace nada para provocar deseo en el otro, sino que se da por hecho que la existencia de la relación supone el deseo en sí misma.

—Estoy cansada de su indiferencia sexual —me decía Glen, una paciente de mediana edad con casi 20 años de matrimonio—. Hace más de tres meses que no tenemos relaciones sexuales.

—¿Qué has hecho al respecto? —le pregunté.

—Pues hoy en la mañana, ya cansada de todo, me paré en la puerta del baño mientras se estaba afeitando y le pregunté si nunca más pensaba tener sexo conmigo.

—¿Puedes mostrarme cómo lo hiciste?

—¿Quieres que lo actúe?

—Si no es mucha molestia para ti.

Glen se puso de pies con las piernas separadas y los brazos en jarras, con las manos en las caderas y dijo.

—¿Es que acaso tú no piensas tener sexo conmigo nunca más? —dijo, riéndose al final.

—¿De qué te ríes? —le pregunté.

—Parezco una loca, ¿no crees?

—No estoy seguro de que parezcas una loca, pero no me resultas muy seductora en esa postura.

Glen ríe de nuevo y me dice:

—Pero en realidad ya no sé qué otra cosa hacer, ya lo he intentado todo y nada parece dar resultado.

—¿Qué cosas has hecho? Déjame saber cuál es ese "todo" que has intentado.

—Bueno, como ya viste, le he reclamado, le he dicho cosas como "¿no te gustaría hacer una travesura esta noche?", le he pedido que vayamos a un hotel en la playa donde fuimos de novios, y muchas otras cosas.

—¿Y cuál ha sido el resultado?

—Ninguno. Bueno, lo del hotel sí funcionó, pero no vamos a estar toda la vida yéndonos a ese hotel para poder tener sexo.

—Parece que antes hacías cosas que despertaban su deseo sexual y que desde hace un tiempo has dejado de hacer las cosas que tenían éxito en ese sentido.

—Así parece —dice con tristeza.

—Más aún: parece que cuando visitas los viejos lugares tiendes a hacer las viejas cosas y éstas dan resultados, como en los viejos tiempos.

—Sí, así parece, entonces ¿qué puedo hacer?

—¿Tengo que ser yo quien te lo diga?, ¿qué te parece que puedes hacer?

—Creo que lo mismo que hacía cuando lo conocí: ponerme ropa interior atractiva, jugar a provocarlo con juegos de doble sentido, ser pícara y todas esas cosas.

—Es posible que él haya cambiado desde entonces hasta acá y que ahora le agraden cosas diferentes. ¿Cómo sabías en aquel entonces lo que le iba a agradar?

—Porque observaba cómo reaccionaba ante lo que yo hacía y además le preguntaba muchas cosas sobre cómo le parecía mi manera de ser y la forma como hacía todo.

—¡Ah! Ya veo —le digo, fingiendo sorpresa.

—Sí, ya entendí —me responde en tono de burla—. No es hacer las cosas que hacía, sino tener una actitud hacia él como la que tenía en aquella época.

Glen comenzó a hacer algunos cambios en su aproximación a su esposo y me manifestó posteriormente que estaba completamente satisfecha de los resultados. Al igual que Glen, muchas personas olvidan a través del tiempo en la relación cuáles eran las actitudes que resultaban seductoras a su pareja, los comportamientos que propiciaban su deseo sexual. Olvidan que el deseo es algo que no aparece en el otro, ni en sí mismos, en forma espontánea o aleatoria; en realidad sería bastante inconveniente tener un acceso irrefrenable de deseo en medio de un almuerzo en casa de los padres o en el bautizo de un sobrino. El deseo tampoco aparece como un acto voluntario con sólo desearlo, sino que es el producto de la intervención acertada de una persona adecuada en nuestro entorno.

Todas las personas que conozco tienen una idea bastante apropiada de cómo seducir a sus semejantes, muchas de ellas las ponen en práctica en forma más o menos automática cuando conocen a alguien que les interesa, y casi todas olvidan con el tiempo qué fue lo que hicieron y pretenden tener resultados con estrategias ilógicas que nunca funcionan. Tal es el caso de Manuel, un alumno mío que en una ocasión me abordó para relatarme que se encontraba muy preocupado por el desinterés que su esposa tenía hacia las relaciones sexuales.

—Antes teníamos relaciones con mucha frecuencia —me explicaba—, pero desde hace como un año tengo que perseguirla y termina accediendo por rendición. Lo que pasa es que así no me gusta, quiero que ella lo desee tanto como yo. Me hace sentir muy mal que haya dejado de querer tener sexo.

—Me imagino que habrás intentado hacer algo al respecto.

—Sí, claro.

—¿Qué has hecho?

—Se lo he pedido por favor, se lo he reclamado amargamente, le he recriminado diciéndole que eso debe significar que ya no me quiere, le he pedido que me explique si es algo que estoy haciendo mal y cosas por el estilo.

—¿Sabes?, aquí entre nosotros me gustaría comentarte algo –le dije en tono de confidencia–. Hace unos días vi a una mujer que me impresionó, una persona interesante y atractiva, y me dije: "tengo que acostarme con ella". No sé qué me pasó, se me metió en la cabeza. Como se da el caso de que tengo posibilidades de verla de nuevo, ¿qué crees que debería hacer yo para tener sexo con ella?

—Bueno, tienes que resultarle interesante, inteligente, seguro de ti mismo... algo así. Tienes que seducirla –me responde con desenvoltura–. ¿A qué viene esto?

—Me parece que tú tienes un estilo de seducción muy peculiar –le dije con ironía.

—¿De qué hablas?

—¿Qué te parece si me acerco a esta chica y le digo algo así como: "¿Qué ocurre contigo?, tengo rato sentado en esa silla esperando y tú no das muestras de querer tener sexo conmigo, ni de interesarte eróticamente en mí. Dime, ¿qué estoy haciendo mal?"

—Otra vez le estás dando la vuelta a las cosas. Ya te entendí. No creo que tengas más éxito que el que he tenido yo con mi esposa. Por cierto, ¿estás casado? –me preguntó con picardía.

—Sí. Y por cierto –le respondo con similar picardía– no he conocido a ninguna mujer más impresionante que mi esposa en los últimos 14 años.

## Creencia 4: los conflictos destruyen las relaciones

Discutir proviene del latín *discutire*, que significa sacudir el polvo, y eso es lo que hacemos con cada situación en la cual diferimos: quitarle el polvo para limpiarla y verla con claridad. Discutir es aclarar, no triunfar o ser derrotado. Recuerden la popular aseveración de que, en los conflictos de una relación de pareja, cuando uno gana ambos salen perdiendo. Una buena actitud de solucionar es básica para definir el estilo de una relación. Muy frecuentemente lo que nos exaspera de nuestra pareja no es lo que él o ella hacen, sino nuestra actitud hacia ello. El conflicto es inevitable. Cuando se juntan dos o más personas, tiene lugar un encuentro complejo entre sus visiones del mundo, sus distintas historias personales, que han debido llevarles a conclusiones más o menos diferentes sobre la forma de abordar las variadas situaciones de la existencia, y las expectativas que cada uno de ellos tiene sobre los demás. En tal situación, el conflicto no es bueno ni malo, sino simplemente inevitable. Y mi posición respecto a las cosas inevitables es no perder el tiempo negándolas o luchando contra ellas. Si algo es inevitable ha de aceptarse y ser encarado de manera tal que nos permita obtener algún beneficio de ello. Toda persona que haya trabajado con parejas en el área de la psicoterapia o en el de la asesoría matrimonial ha podido observar que la ausencia de conflictos resulta bastante dañina en los vínculos. Muchas personas se preocupan por evitar discusiones y diferencias dentro de sus relaciones afectivas, piensan que la presencia de diferencias es un indicativo de deterioro, de que su relación se está descomponiendo, y pretenden evitar esto negando la presencia de estas diferencias, aislándose emocionalmente, dejando de comunicarse para no tener desacuerdos y disputas.

Según he podido observar, no es el conflicto en sí lo que resulta dañino para las relaciones de pareja, sino la manera como la gente pretende resolver sus diferencias. La primera y más perjudicial de estas maneras es el silencio, negar las diferencias simplemente no hablando de ellas y llenándose de mutismo o de conversaciones insustanciales de tipo anecdótico, en las que no se muestran las emociones que sienten ante los actos del otro. De esta forma se mantiene una estabilidad precaria y ficticia que, aunque puede no tener efecto sobre la duración de la relación, lo tiene sobre la duración de la felicidad de sus integrantes.

—Odio discutir con ella —me decía un paciente acerca de su esposa—, pero ella parece no entender lo que esta discutidera le está haciendo a nuestro matrimonio.

—¿Podrías explicarme a mí lo que le está haciendo?

—Nos está separando, no podemos ponernos de acuerdo en nada. Todo el tiempo estamos metidos en medio de una amargura, hace mucho tiempo que no tenemos paz.

—¿Qué propones para tener paz? —le pregunto.

—Que nos olvidemos de todas las cosas del pasado. He cometido muchos errores, pero lo pasado pasado está. Tú sabes, borrón y cuenta nueva.

—Y yo, ¿qué hago con todo este coraje? —le pregunta ella—. Mientras tú juegas a la pareja perfecta, mientras finges que aquí no ha pasado nada, yo me amargo en silencio y cada vez que te veo tan tranquilazo, tan perfecto, me provoca gritarte, caerte a golpes, tú haces las cosas y las olvidas, "borrón y cuenta nueva", pero yo tengo que vivir con ellas. A veces me gustaría hacerte a ti lo mismo a ver si sigues tan aplomado, pero yo no soy como tú.

—¿Qué crees que se puede hacer? —le pregunto ahora a ella.

—Mira, a mí me gustaría que me pidiera perdón, que reconociera que ha hecho algo malo.

—Tú lo que quieres es que yo me humille ante ti y eso no lo vas a conseguir —la interrumpe él, con coraje.

—No, no quiero que te humilles, lo que quiero es que admitas que has hecho algo inadecuado, porque eso me daría la sensación de que no va a suceder otra vez, pero no. Para ti todo está bien, tú quieres borrón y cuenta nueva. ¿Sabes cuántos borrones hemos hecho ya? Este matrimonio está ahogado debajo de todos tus borrones.

En general, la evitación del conflicto mantiene una armonía fícticia en la que uno de los integrantes de la relación está abusando del otro, en forma consciente o inconsciente, y el otro tolera el abuso.

Los conflictos en los que no se llega a ningún acuerdo tampoco son beneficiosos para la relación, aunque éstos se acercan un poco más a producir una solución. El conflicto ha de permitir que las diferencias se negocien y que se alcancen acuerdos que sean lo más satisfactorios para los integrantes de la relación. Si eso ocurre de esta manera, la relación se verá fortalecida, pues la negociación y los acuerdos resultantes cimientan los vínculos.

—Quería hablar con él sobre lo que ha estado molestándome después de la desagradable discusión del otro día, pero hemos estado llevándonos tan bien que no quise echar a perder el momento que estábamos viviendo —me dijo, excusándose.

—Me parece muy bien —le digo con fingida seriedad, algo en lo que definitivamente no creo—. Uno no debe echar a perder las relaciones de pareja hablando de cosas desagradables, sino que es mejor dejarlo pasar. Ya sabes, el tiempo todo lo borra.

—¡Caramba! Te pareces a mi hermana, son las mismas cosas que ella suele recomendarme dice con reproche.

—¿Qué tal va el matrimonio de tu hermana?

—No muy bien. Sin conflictos, pero ella se queja de que él no la toma en cuenta y de que es un abusador.

—No parece alguien que pueda dar consejos muy eficaces —le digo, mirándola detenidamente.

—Así parece. ¡Ah! Entiendo tu punto, pero ¿y si te hubiese dicho que era feliz y le iba muy bien? —me dice con picardía.

—No hay muchas probabilidades de que quien cree lo que ella preconiza tenga una buena relación afectiva. Pero volviendo al punto...

—Yo sé que no gano nada con postergar la conversación sobre nuestros problemas, ya lo he hecho demasiadas veces y no me ha dado resultado. Como tú dices, soy una de esas personas "que pretenden obtener resultados distintos aplicando siempre las mismas soluciones". Pero Adolfo no es muy dado a hablar, él cree que a mí me gusta atorarme en los problemas, que no quiero dejarlos pasar.

Como Adolfo, muchas personas creen que el tiempo cura las heridas, pero como cualquier herida, las del afecto también necesitan cuidado, antisepsia y cura, no sólo esperar a ver qué pasa con ellas con el transcurrir del tiempo. El temor a empeorar las cosas que ya están mal hace que muchas personas eviten la conversación y el diálogo sobre sus dificultades. La creencia de que la conversación es el conflicto hace que muchos de los problemas de la relación queden almacenados, y se pudran lentamente en el interior de las personas.

La solución de un conflicto afectivo pasa inevitablemente por su reconocimiento, después hay que asumir la responsabilidad sobre él y luego repararlo con la comunicación, el dialogo abierto y la negociación. De esa manera las soluciones que cada uno plantea darán lugar a una solución común a ambos.

## Creencia 5: el amor es incondicional

Renato y Antonia habían estado separados por casi seis meses. Ella se marchó a casa de sus padres cansada, según ella decía, de la inmadurez de Renato.

—Vive pegado a la falda de su mamá, tiene que ir a verla todos los días —me decía, muy disgustada en una sesión—. Además, es incapaz de resolver nada en la casa, parece un niño, depende de mí para todo. El otro día tiró accidentalmente un destornillador por el balcón mientras arreglaba una ventana y le dañó el techo al auto de uno de los vecinos. Pues ¿qué crees que pasó? Fue incapaz de encarar al vecino, tuve que ir yo a calmarlo y a decirle que nosotros íbamos a responsabilizarnos de cualquier gasto. Estoy cansada de su actitud infantil, tienes que verlo cuando hace algo inadecuado, parece servil ante los demás.

Finalmente Renato y Antonia se sentaron a negociar sus diferencias. Antonia le dijo que lo amaba y que quería regresar con él, pero que no quería continuar con una relación como la que venían teniendo, y que ella regresaría sólo si él hacía algunos cambios.

—¡Condiciones! ¡Me quiere poner condiciones! ¿Qué te parece? —me preguntó Renato en una sesión de psicoterapia a la que acudió solo.

—No lo sé realmente. ¿Qué te parece a ti?

—¿Qué quieres que me parezca? Si va a andar poniendo condiciones que se vaya al demonio, el amor es amor y no tiene condiciones.

—¿Cómo dices? –le pregunto con extrañeza.

—Digo que el amor es incondicional y que si tiene que andar poniendo condiciones es porque no me quiere como soy, y si no me quiere como soy es porque no me quiere a mí sino al que ella quiere construir.

—Ya va, por favor –le pido, suplicando–. Vas demasiado rápido para mí. ¿Quieres aclararme eso del amor incondicional?

—El verdadero amor es incondicional. Cuando se ama no se andan poniendo condiciones. Amar es aceptar.

—¿De dónde sacaste esas creencias tan peculiares?

—¿Cómo que de dónde las saqué? Es así –responde con vehemencia–. Yo la amo sin condiciones.

—¿Tú crees que la amas sin condiciones? –le pregunto suspicaz.

—¡Pues sí! –me dice tajante y mirándome con desafío.

—Imagina que Antonia te dice, como cierta paciente mía hizo, que ha tenido muy pocas experiencias sexuales en la vida para crearse un criterio y no sabe si su sexualidad es buena, mala o regular. No sabe si el sexo que tiene contigo es lo mejor que puede esperar o si existe algo de lo que se ha estado perdiendo. Entonces decide, como hizo mi paciente, que quiere conocer sexualmente a alguien más, no a muchos, dos o tres personas más. ¿Cómo te parece esto?

—Pues no me parece, no creo que sea necesario. ¿Por qué habría ella de querer eso?

—Eso ya te lo dije. Para saber si se está perdiendo algo.

—Bueno, eso no me gustaría. ¿Por qué tiene que engañarme con otros? Si hace eso es porque no me ama.

—No te va a engañar, ella te dice lo que va a hacer y te habla de su necesidad.

—Bueno, no me importa cómo lo pongas, eso es infidelidad y yo no voy a aceptarlo. Y punto.

—Y si decide marcharse a hacer un posgrado en el exterior, digamos por unos seis meses. Sí, llegas a casa hoy y ella te dice que se va a hacer un posgrado al exterior.

—Parece que disfrutas con eso –me dice con visible malestar, luego piensa un rato y responde–. Le diría que no estoy de acuerdo, que ella tiene una relación conmigo y que no puede andar decidiendo cosas como ésa sin consultarme. Somos una pareja y esas cosas se deciden entre los dos. Si va a decidir ella sola, entonces que se quede sola.

—¡Caramba! Parece que tú también tienes tus condiciones. ¿Será que no la amas?

—Te encanta andar poniendo trampitas —me increpa con disgusto—. Claro que la amo... y bueno, quizá ella tiene cosas que pedirme sin las que no puede vivir en paz y yo he sido algo tajante.

—Quizá hayas sido algo tajante —le concedo.

"Mi amor por ti es incondicional" es una romántica aseveración que mucha gente hace sin detenerse a pensar en su veracidad. Se oye bien y agrada a los oídos de la mayoría de las personas. Casi todos hemos oído alguna vez a alguien decir que el verdadero amor es incondicional, pero todos esperamos que se cumplan ciertas condiciones, a veces sin pedirlas y otras exigiéndolas sin tener una conciencia clara de que se están poniendo condiciones.

A una paciente que me decía que amaba incondicionalmente a su esposo, le pregunté en una ocasión:

—¿Qué ocurriría si descubrieses que tu esposo trafica con drogas o que se gana la vida prostituyendo a menores de edad?

—Pero bueno, a ti te gusta llevar las cosas a los extremos.

—En la vida existen los extremos. Sólo tienes que leer la prensa para darte cuenta de que son más frecuentes de lo que nos parecen —le digo con firmeza.

—Sí, la verdad... si descubro que hace alguna de esas cosas es que me he equivocado de persona, porque no tiene los valores que a mí me convienen y que aprecio, y creo que lo dejaría.

—Entonces, tiene condiciones tu amor.

—Pues, visto así, parece que sí —me responde con voz apagada, como con tristeza.

—¿Te entristece que tu amor tenga condiciones?

—En realidad no me parecía que tuviese que ser así.

—¿Crees que las condiciones son malas?

—Siempre había creído que quien amaba no ponía condiciones.

El que ama pone condiciones. Cuando hablamos de los patrones de selección nos referimos a las condiciones que alguien debe cumplir para que podamos tener con él una relación feliz. Quien nos ama también ha de ponernos condiciones y construimos una relación mediante el acto de negociación de las condiciones del uno y del otro. No es la condición lo inadecuado, sino lo que resulta inadecuado, en ocasiones, es la rigidez en la negociación. Obviamente hay cosas en las que es difícil o inadecuado ceder. Hay cosas que resultan inaceptables para ciertas personas, como para la paciente del ejemplo precedente aceptar que su pareja trabajase traficando con seres humanos o con sustancias dañinas. Sin embargo, en la mayoría de las parejas, las condiciones a negociar suelen ser menos dramáticas. Se trata de negociar comportamientos con los familiares de cada uno, la fidelidad, las salidas con otras personas, la actitud ante el trabajo, la forma de criar a los hijos, etcétera.

La condición es la expresión de una expectativa que se tiene sobre la pareja o sobre la relación y ante la cual resulta difícil ceder. Detrás de las condiciones están aspectos de nuestra personalidad que resultan muy valiosos para nosotros, aspectos que definen la personalidad misma. La condición es una expresión de nuestras creencias de identidad, las más estimadas, defendidas, necesarias y difíciles de cambiar. "Yo soy un hombre honesto... y, por lo tanto, jamás me mezclaría con una persona que viviese de estafar a los demás", "yo soy una mujer fiel y muy religiosa... y por ello no podría aceptar a un hombre mujeriego". A veces las condiciones pueden ser el reflejo de un intento por aumentar el poder o el dominio sobre la pareja, pero generalmente son la colocación (a veces muy inadecuada) de un límite tras el cual se entra en el terreno de lo inaceptable, del sufrimiento, de la fragmentación de la propia identidad. Las condiciones demarcan el terreno de lo permisible, de lo aceptable, mantienen el vínculo dentro de un área de comodidad para quien las pone, han de ser escuchadas porque rechazarlas pondrá a la pareja en una situación de tensión que no puede prolongarse eternamente y que terminará con un estallido emocional.

Esta creencia, "el amor es incondicional", se relaciona con varias otras que la refuerzan por medio de emociones como el miedo y la culpa: "Si pongo condiciones me rechazará", "las condiciones matan la espontaneidad y echan a perder las relaciones", "si pone condiciones es porque me quiere cambiar, no me ama", "el que ama acepta al otro tal cual es", etcétera, que también han de ser revisadas por ser otra de las causas de muchos desencuentros y sufrimiento en las relaciones de pareja.

## Creencia 6: si me amas no debes querer cambiarme

El tema del cambio es también de mucha polémica y víctima de gran cantidad de creencias, las cuales abarcan un amplio espectro que va desde la afirmación de que "nadie cambia a nadie" hasta "si quiere cambiarme es que no me ama, sino quiere convertirme en otra persona". La difusión tergiversada de varios conceptos de la psicología dinámica ha colaborado parcialmente a propagar algunas de estas creencias. El énfasis que Freud y algunos de sus discípulos colocaron sobre la infancia y las relaciones tempranas con los padres ha llevado a creer erróneamente que los cambios después de pasada la infancia son arduos y difíciles. Fue también un psicoanalista quien más destacó que esto no era cierto, se trata de Eric Erickson (Fages, 1976/1979), quien observó que había momentos especiales en el ciclo de la vida humana en los que se desarrollan determinadas cualidades, que implican una serie de cambios que se llevan a cabo hasta las más avanzadas edades de la vida. La vida, del nacimiento a la muerte, es una sucesión de cambios y transformaciones en las que están activamente involucrados aquellos con quienes mantenemos nuestras relaciones significativas. Por otra parte, también el folclor popular rebosa de refranes que apuntan a que el cambio es imposible. "Árbol que nace torcido jamás su tronco endereza" o "muchacho barrigón ni aunque lo fajen de chiquito" señalan que la gente no suele cambiar sus costumbres.

Si observamos detenidamente el devenir humano, nos daremos cuenta rápidamente de que nos movemos en forma compleja entre dos polos: por un lado, buscamos estabilidad y creamos rutinas y, por el otro, estamos en una incesante búsqueda de novedad y cambio. Todos cumplimos tan ordenadamente nuestro papel y en el momento oportuno, que es muy fácil pensar que nuestros hábitos y costumbres son una suerte de ley natural. Desempeñamos a diario rutinariamente nuestras funciones laborales, sociales y familiares y esperamos que los demás hagan lo mismo, pero también disfrutamos de cambiar nuestra forma de vestir o alimentarnos, deseamos conocer gente diferente y realizar otras actividades en nuestros momentos de ocio, casi no aceptamos que nada quede como está: donde hay una montaña creamos un agujero, donde hay un pantano hacemos un relleno y sobre él una ciudad con 20 millones de habitantes, talamos un bosque y dejamos en su lugar una llanura y luego reforestamos otra llanura. Oscilamos febrilmente entre el cambio y la permanencia.

En cuanto a nuestra capacidad para cambiar a nuestros semejantes puedo decir, sin el menor temor a exagerar, que todos cambiamos a los demás. No es frecuente que los cambiemos como y cuando lo deseamos, pero los cambiamos. Cada interacción con otra persona hace que nos modifiquemos para poder vincularnos con ellos, por muy transitoria que sea la relación que se establezca. Naturalmente, las relaciones largas y con un fuerte contenido emocional generarán cambios más grandes y más permanentes. Creo que a nadie le es ajena la experiencia de encontrarse de pronto utilizando frases o gestos que pertenecen a personas con las que se comparte una estrecha amistad o una relación de pareja. Cuando conocemos a alguien y lo aceptamos, nuestra personalidad se amolda a esa persona mediante los mecanismos de la empatía y crea una representación de ésta que se va nutriendo con los sucesivos contactos. Para cada persona que aceptamos en nuestro entorno creamos un espacio en nuestra personalidad, estos espacios nos la enriquecen, la hacen más variada, más madura y con más respuestas ante las diversas situaciones que nos antepone el ambiente. En síntesis, la presencia de los otros en nuestras vidas nos mejora y nos incrementa.

—Me desagrada que me pida cosas nuevas en el sexo –me decía Eva, con disgusto–. Desde hace un tiempo Paúl no parece conformarse con nada.

—¿Conformarse? –pregunto, como si la palabra me resultase extraña– ¿Conformarse con qué?

—Sé que suena como si estuviese exigiéndole que fuese conformista y que quizá eso no se oiga bien... pero, ¡caramba!, él me conoció así... ya habíamos hecho el amor antes de casarnos, ¿no?... Entonces ¿por qué ahora quiere cambiarme?

—No lo sé. ¿Se te ha ocurrido preguntarle a él?

—¡Claro que sí! –me dice con seriedad y añade triunfante–. Yo ya aprendí la lección de la comunicación. Pero él siempre dice que las cosas cambian, que sus necesidades cambian y que es bueno variar, que la rutina... y todos esos lugares comunes que dicen los hombres cuando se cansan de una. Mira, todos los hombres son iguales. Si ya se cansó de mí, que me lo diga y ya.

—Caramba, qué velocidad para deducir, casi no puedo seguirte –le digo, fingiendo cansancio–. ¿Qué te hace pensar que ya se cansó de ti?

—Si me amase me aceptaría como soy y no andaría proponiéndome que hiciese tantos cambios. ¿No ves que quiere transformarme en otra persona?, ¿quién sabe qué compañerita de trabajo se los inspiró? –dice con amarga ironía–. Pues que se quede con ésa y listo.

—¿Tú lo amas?

—Por supuesto que lo amo.

—¿Y no te gustaría que cambiase nada?

—Pues no, siempre me ha gustado como es, con sus defectos y sus virtudes –me dice muy segura.

—No siempre te ha gustado así –le aseguro firmemente.

—¿Y tú qué sabes? –me desafía.

—Si mi memoria no me falla, creo recordar que le pediste que dejara de fumar.

—Sí, pero eso fue por su salud...

—Y también insististe en que bajase de peso.

—Pero eso también es bueno para él...

—E insististe en que entrara en el gimnasio.

—Nada de eso es malo para él

—¿Y crees que variar tus hábitos sexuales va a hacerte daño?

—¿Té estas poniendo de su lado? –replica muy molesta.

—¿Es que hay más de un lado aquí? –le pregunto con sorpresa–. Creí que eran una relación de pareja que me consultaba para resolver sus dificultades, no me dio la impresión de que hubiese una batalla que ganar.

—Es verdad, no la hay, pero parece que tú crees que yo tengo la culpa.

—Yo no reparto culpas –digo tajante–. En este momento quiero aclarar algunas cosas y hago preguntas... y por cierto, tú evadiste una de ellas.

—¿Puedes repetírmela? –dice riendo nerviosamente.

—¿Crees que variar tus hábitos sexuales va a perjudicarte?

—No, en realidad creo que no. Pero no entiendo por qué me lo pide –dice con lentitud.

—Quizá tenga fantasías nuevas y se le haya ocurrido que la persona más deseable para satisfacerlas seas tú, o tal vez esté harto de ti. Pero me parece que la manera más segura de averiguarlo es preguntárselo a él.

"Quiéreme tal como soy", "no trates de cambiarme" son frases con que la persona parece defender su identidad; y ciertamente, en ocasiones la identidad ha de ser defendida, pues algunas personas pretenden realizar cambios en otras de manera impositiva, sin respetar sus deseos, sus expectativas y sus necesidades. "Tú tienes que ser más paciente con mis hermanos" o "deberías colaborar más con los proyectos de la comunidad" son ejemplos de este tipo de conducta. Pero también es cierto que en otras ocasiones "no trates de cambiarme" defiende ciertas estructuras rígidas de la persona que se resiste a madurar y a evolucionar; en esos casos la relación se deteriora, pues no consiente que las diferencias individuales de cada miembro de la relación se incorporen en el otro de forma madura enriqueciéndolo y haciéndolo crecer, no le hace fácil transitar por esa parte del proceso en el cual cada uno se enriquece con la experiencia del otro para luego incorporar las experiencias que se generan por el hecho de estar juntos.

# Capítulo 4

# Creencias en el momento de la redefinición de la pareja

*Cuando dos personas están bajo la influencia de la más violenta, la más insana, la más ilusoria
y la más fugaz de las pasiones, se les pide que juren que seguirán continuamente
en esa condición excitada, anormal y agotadora hasta que la muerte los separe.*

George Bernard Shaw

Las relaciones de pareja, como toda obra o actividad humana, tienden a terminar luego de un tiempo. En mi experiencia atendiendo este magnífico y complejo tipo de vínculos he visto cómo después de un periodo, que parece oscilar entre los cuatro y cinco años, la relación comienza a descomponerse progresivamente hasta terminar en su disolución, si antes no se hace algo para evitarlo. Las estadísticas de divorcios en varios países del mundo occidental superan ya el 50%, lo cual significa que cada año se divorcian una cantidad de parejas que supera la mitad de las que contraen matrimonio en ese año. Un porcentaje importante de los matrimonios y uniones informales no superan los cinco años de relación. ¿Qué esta ocurriendo con las relaciones de pareja?, ¿no se supone que la gente contrae matrimonio con la intención de que sea para siempre? Parece que la duración no es un elemento intrínseco a las relaciones afectivas. La permanencia no parecer ser algo que ocurra en forma espontánea.

Muchas son las opiniones sobre la creciente tendencia a romper las relaciones afectivas. Se ha observado que la estabilidad de los vínculos de pareja se encuentra asociada a la edad de sus integrantes, en general la mayor tendencia a la ruptura ocurre entre las personas más jóvenes, sobre todo en adolescentes. La adolescencia es una edad de ensayos. Durante la adolescencia ocurre, mediante diversas relaciones transitorias, un importante entrenamiento en las destrezas necesarias para el establecimiento de relaciones más maduras y definitivas, y por eso los vínculos en ese periodo de la vida suelen ser inestables. La situación económica también ejerce su influencia; la inestabilidad laboral y la desmejora en los niveles de vida deterioran más los vínculos afectivos que los bajos niveles de ingreso. La reducción de los obstáculos legales, la mayor aceptación social del divorciado y la pérdida de importancia de la oposición religiosa también favorecen las separaciones. Los hijos de padres divorciados tienden a separarse con más facilidad, tal vez por imitación del comportamiento de los padres o, como señalan algunos, yo entre ellos, por considerar la separación como una solución menos traumática que permanecer atado a alguien con quien no se sienten satisfechos. Existe una tendencia menor a que las uniones infelices se perpetúen, ya que las personas parecen estar más conscientes de sus expectativas afectivas, sexuales, sociales y económicas, y si éstas no son satisfechas la separación está más a la mano como alternativa.

Por otro lado, se han planteado razones de índole socioantropológica. Se asegura que el interés de una persona por su pareja y el amor que siente por ella tienen un ciclo de vida de apenas unos cuatro a cinco años, y adjudican este hecho a la presión evolutiva que obligó a un grupo de primates a desarrollar un cerebro grande e inteligente como medio para mantener la supervivencia de su especie. Al igual que el tigre desarrolló colmillos y garras para sobrevivir, los humanos desarrollamos un cerebro inteligente. Naturalmente semejante cerebro tenía que ser grande en comparación con el resto del cuerpo; por lo tanto, el ser humano tenía que terminar de desarrollar su cerebro fuera del útero materno por dos razones: en primer lugar, porque un humano con el cerebro completamente desarrollado es muy difícil de parir y, en segundo, porque la inteligencia que éste va a desplegar depende de que su cerebro sea modulado por su medio social, la cultura imperante en él y los avances realizados por sus predecesores, de modo que ha de terminar de desarrollarse en contacto con las enseñanzas del medio cultural y social de sus mayores.

Mientras un reptil nace completamente maduro y la mayoría de los mamíferos alcanzan su desarrollo a las pocas semanas, el humano nace muy poco desarrollado, indefenso y debe ser cuidado muy cercanamente, a causa de su inmadurez, hasta cerca de los cuatro años, cuando ya puede caminar, correr y hacer uso de un sistema nervioso y motor bastante bien desarrollado; como especie contamos, como otros mamíferos, con el instinto maternal para garantizar que la madre vele por su pequeño. Pero si alguien ha de cuidar al pequeño humano en forma tan cercana, otros deben encargarse de la supervivencia de éste y de su cuidador por cerca de cuatro años; por lo tanto, un periodo de celo para mantener la unión de los padres resultaba insuficiente por lo breve, en los inicios de la odisea humana sobre el planeta, y la naturaleza inventó esa emoción maravillosa que hemos llamado amor y se encargó de que pudiéramos sentirla muchas veces y de que fuese adecuadamente duradera para mantener a dos seres unidos hasta la madurez neurológica de su progenie, hasta que sus descendientes tuviesen un grado de independencia que les diese unas probabilidades razonables de sobrevivir con un cuidado mínimo, es decir, alrededor de cuatro a cinco años. Luego de ese momento una madre puede cuidar a su hijo, ya más autónomo, y dedicarse a labores como la de la recolección, que permite la supervivencia de ambos aun en ausencia del padre. A partir de ese momento, el vínculo de pareja ya no es imprescindible en términos de supervivencia evolutiva. Pero nosotros hemos desarrollado sociedades complejas en las que es necesario que a la madurez física le sumemos una madurez emocional y económica para poder sobrevivir, y esto alarga el periodo de dependencia de los hijos, y nos hace necesario aumentar el tiempo de permanencia de las relaciones. Esta necesidad la hemos facilitado con los sistemas sociales, religiosos y legales, pero también por medio de la decisión de estar cerca de alguien en quien confiar, protegerse de la soledad y apoyarse en momentos de crisis, y, si podemos hacerlo amando, mucho mejor. Por ello hemos buscado, y algunos encontrado, la forma de alargar la duración del amor.

La supervivencia de la emoción amorosa, que en una pareja en forma espontánea suele tener una duración corta, puede ser mantenida y alargada con una serie de cuidados prácticos y con evitar unas situaciones que describiré a lo largo del presente capítulo. Es lo que llamo la *redefinición de la relación afectiva*.

El filósofo español Eugenio Trias decía: "En esta vida hay que morir varias veces para después renacer. Y las crisis, aunque atemorizan, nos sirven para cancelar una época e iniciar otra".

Así, una relación afectiva debe en un momento determinado abandonar alguna de las premisas por medio de las cuales se ha conducido, para redefinir su estructura intrínseca y poder seguir sobreviviendo. Las normas, relaciones de poder e influencia, formas de vinculación, estructuras económicas y roles, han de ser cambiados en las etapas por las que pasan la relación y sus integrantes, para ser actualizados y hacer que el vínculo sea funcional respecto de las exigencias del momento que le toca vivir. Los vínculos que se resisten a evolucionar tienden a disolverse. Al principio, en las etapas iniciales de la relación, las presiones del entorno suelen ejercer mayor fuerza sobre la pareja, y son más inequívocas en su influencia, generando los cambios necesarios para redefinir los roles. Son etapas de gran inestabilidad en las que la pareja se está consolidando, los cambios de domicilio o de trabajo son más frecuentes, eventos como el nacimiento de los hijos o los cambios en el esquema productivo remodelan la relación casi sin que sus integrantes se den cuenta. Se pasa de ser estudiante a empleado o se emprenden cambios hacia la formación de negocios o empresas propias. La más difícil redefinición se hace posteriormente, en momentos en que la relación luce más estable y cuando los cambios propiciados por el entorno son menores.

## La separación y sus causas

Como mencioné en el capítulo anterior, existen quienes atribuyen la duración de la pareja al triunfo de un grupo de fuerzas que tienden a mantener unidos a sus miembros, a las que llamaron *fuerzas de cohesión*, sobre otro grupo que tiende a separarlos: las *fuerzas de disociación* (Thibault, 1971/1972). La ruptura del vínculo la atribuyen a una situación de predominio de las fuerzas de disociación sobre las de cohesión. Ya he mencionado que considero que esta explicación resulta excesivamente simplista y da una idea inadecuada del funcionamiento de las relaciones afectivas, reduciéndolas a una mera operación aritmética de suma o resta de magnitudes sobre unos vectores de fuerza. Que un par de personas decidan unirse, que permanezcan juntos o que se separen son decisiones en las cuales se entretejen, en compleja diversidad, las emociones, las expectativas, las historias personales de ambos, sus maneras de construir la realidad, sus creencias y prejuicios sobre el mundo, sobre los otros y acerca de sí mismos. La separación ocurre, en líneas generales, luego de un tiempo en el cual uno de los integrantes de la pareja, o ambos, se percatan de que la relación no está cumpliendo alguna de sus expectativas, las cuales se fueron armando con el curso de su vida bajo la influencia de estas emociones, creencias y formas de ver el mundo.

Podríamos preguntarnos: ¿qué hace que una pareja que ha venido funcionando adecuadamente se encuentre de pronto con que en el seno de ella existen expectativas no satisfechas en tal cantidad o de tal importancia que lleve a sus miembros a separarse? Existen muchas respuestas a esta pregunta. En algunas ocasiones ocurre que tales expectativas o necesidades jamás estuvieron colmadas, sino que eran vacíos dolorosos desde los mismos inicios de la relación, que no habían sido identificados o que, habiéndolo sido, no fueron comunicados al compañero y, por lo tanto, nunca fueron resueltos o que, habiendo sido comunicadas estas necesidades, no obtuvieron la atención debida porque ninguno sabía cómo resolverlas, o porque el otro decidió, por alguna razón, no darles satisfacción. Pero en la mayoría de las circunstancias el problema no procede del inicio del vínculo, sino que las personas van cambiando de manera diferente a medida que el tiempo transcurre. Evolucionan y lo hacen de formas tan distintas que llega el momento en que no se reconocen. Se han hecho incompatibles. Entendiendo esto, parece entonces que evolucionar podría ser algo perjudicial para las relaciones de pareja, y yo tendría que aclarar que no lo es. Evolucionar es algo inevitable. Todos cambiamos todos los días, cada evento que nos sucede, cada interrelación con otra persona nos transforma, nos enriquece. Lo deseable es que las personas evolucionen en forma congruente, simultánea, que sus cambios los conduzcan por los mismos caminos y en la misma dirección. Esto puede parecer un objetivo demasiado idealizado, como algo imposible o muy difícil de conseguir, dada la diversidad del ser humano y la infinita cantidad de cambios posibles que es capaz de realizar en el curso de su vida. El secreto de esta evolución compartida es la comunicación.

Comunicar proviene del verbo latino *communicare*, que significa hacer partícipe, poner en común. Una pareja en la que la comunicación es abundante y fluida, en la que las experiencias son materia común (es decir, que se transmiten al otro con interés y en forma oportuna), tiende no solamente a crecer en la misma dirección, sino también lo hace en forma más rápida. Contar algo es muy diferente de haberlo vivido, pero cuando una persona con la que estamos conectados por medio de emociones intensas, como el amor o la amistad, nos hace partícipe de sus experiencias en una situación determinada, tendemos a involucrarnos en su vivencia emocional con intensos mecanismos de identificación. Mediante la empatía nos ponemos simbólicamente en sus zapatos y este tipo de influencia tiende a generar enérgicas transformaciones. El requisito fundamental es que la comunicación de la experiencia no sea simplemente anecdótica, sino que esté matizada con la explicación del impacto emocional que representó para quien la vivió. De esta manera, las experiencias vitales del compañero ejercen una influencia transformadora y constructora de realidades que incide en ambos miembros de la pareja, haciendo que sus cambios sean congruentes y consoliden la experiencia del *nosotros*. Si esto no ocurre los miembros de la pareja estarán más distantes a cada experiencia, más extraños el uno al otro, más solos.

Existen muchas razones por las que esta evolución no logra hacerse en forma compartida y simultánea, las más importantes se describen en las próximas páginas. Éstas se hallan inspiradas en el libro de Odette

Thibault *La pareja* (1971/1972), de quien tomo y amplío la estructura de organización y con quien tengo numerosos acuerdos y muchas discrepancias que quedarán expuestos en los próximos 10 apartados.

## 1. La falta de compatibilidad física o psicológica

Resulta evidente que no toda persona puede establecer una relación de pareja con cualquier otra. Las personas tienen que ser compatibles entre sí. No se trata de que los miembros de la pareja se parezcan, en muchas ocasiones las personas con rasgos de personalidad similares suelen hacer parejas desastrosas; tampoco de que sean completamente distintos "para evitar la rutina", como muchas personas recomiendan. Lo importante es que sus características de personalidad, sus hábitos y expectativas de vida compaginen. Las diferencias extremas o excesivas dificultan a las personas poder entenderse, ya que tendrían experiencias de vida y formas de construir la realidad con pocos puntos en común. De igual manera, las personas muy similares pueden encontrar que el vínculo es poco interesante, que no les enriquece. La armonía surge de una adecuada cantidad de diferencias de personalidad que resulten atractivas a la otra persona y que, mediante la comunicación, formen un patrimonio común de la pareja. Por eso insisto tanto en la importancia de hacer una acertada elección, como ya fue expuesto en su momento.

Ángelo es un hombre de empresa preocupado por la prosperidad y el desarrollo económico desde muy joven. Ha alcanzado una prominente posición en una empresa trasnacional, trabaja mucho y disfruta de ello. Samanta, su esposa, "decidió" dedicarse a la casa y a los niños, a petición de Ángelo, abandonando su trabajo como administradora.

—No debí dejar de trabajar, la mayor parte del tiempo me la paso sola, en el gimnasio o haciendo cursitos que no me interesan para nada —me decía Samanta, con amargura, en una de las primeras sesiones—. Es cierto que cuando lo conocí me parecía perfecto, un hombre ambicioso, trabajador y preocupado por hacer una bonita familia, tal como mamá me había recomendado —me dice con un dejo de ironía—. Pero ahora ya ni lo veo, casi me dan ganas de emplearme como secretaria en su compañía, así al menos pasaría algo de tiempo con él. No sé qué pasó, éramos el uno para el otro, nos gustaban las mismas cosas, la misma comida, los mismos restaurantes, pasar el fin de semana bailando, ver las mismas películas. ¿Sabes?, al salir del cine no era necesario comentar la película, nos mirábamos la cara y ya sabíamos lo que nos había parecido. Creo que él terminó aburriéndose de eso y se sumergió en el trabajo, dice que es la única área de su vida donde aún hay retos, donde todavía se emociona. ¿Te das cuenta de lo que eso significa? Yo ya no lo emociono.

Por otra parte, también escucho testimonios como los de Román, un hombre de mediana edad, proveniente de una familia de muy escasos recursos económicos, que a fuerza de grandes sacrificios logró hacerse de una carrera universitaria con la que ha cosechado grandes éxitos. En una ocasión Román me comentaba:

—Cuando estaba en la universidad me preocupé mucho por mi formación, no solamente en lo concerniente a mi carrera, sino también en el aspecto cultural y espiritual. Sabía que mis carencias no sólo se reducían al área académica, más bien ése era el ámbito en que estaba mejor, gracias al esfuerzo de mi madre. Pero había algo que ella no podía darme, y eso me lo proporcioné por mis medios. Estudié música. Quería cultura musical y algo más, creo que puedo decir, sin pecar de presumido, que toco la viola bastante bien. También estuve en un grupo de teatro y estudié las obras de Ionesco, Camus y Bretch, además de los clásicos. Hice cursos de crítica plástica y estudié escultura por dos años; además, practicaba meditación y yoga con regularidad, incursioné en el tai chi y, bueno, con eso tienes una idea. Cuando me casé con Rosa pensé que ella era la persona ideal para compartir toda mi vida, pero me equivoqué.

—¿Cuál fue la equivocación? —le pregunto.

—En realidad no estoy seguro. Creo que me precipité y tomé la decisión antes de conocerla bien. Hacíamos tan buena química en lo sexual, pero luego ella resultó no tener mayor interés en mis cosas. Le gustaba la música, pero no la que disfrutaba yo. Las películas que yo quería ver le parecían aburridas y lentas, creo que prefería el cine de acción antes que el de autor.

Las incompatibilidades no solamente están vinculadas con los aspectos de la personalidad o con los intereses y expectativas de los miembros de la pareja. Una buena cantidad de las relaciones que terminan separándose lo hacen por dificultades en el terreno de la compatibilidad sexual. El desacuerdo sexual está involucrado en las tres cuartas partes de las separaciones afectivas, es decir, cuando no es la causa principal es al menos uno de los factores de mayor influencia. La impotencia masculina y la dificultad para alcanzar el orgasmo en las mujeres aparecen en el curso de casi la mitad de las relaciones. Y la mayoría de las veces estas dificultades no tienen una causa orgánica que las justifique, tienen su origen en conflictos psicológicos individuales o en aquellos que surgen durante el vínculo afectivo. En realidad no es tan sencillo separar los conflictos psicológicos de los físicos que producen incompatibilidades entre los miembros de la relación, un tipo de dificultad conduce a la otra y lo que termina viéndose en el contexto terapéutico es una mezcla compleja en la que el resentimiento por conflictos no resueltos es una constante.

La compatibilidad no es algo que se alcance en forma inmediata, ni la emocional ni la sexual, sino que ambas se deben ir alcanzando en forma simultánea y progresiva, como parte de un todo más grande, pasando por un periodo de adaptación que suele ser difícil y lento y en el que la sinceridad, la comunicación y la confirmación de las expectativas y las emociones del otro deben permitir el descubrimiento mutuo de las necesidades, los gustos, los temores y los hábitos que caracterizan el placer del compañero. Se trata de poner en común las individualidades complejas y permitir su modificación en un grado que no implique una despersonalización, y esto no suele hacerse en forma intuitiva y espontánea.

Muchas parejas callan por una diversidad de temores e impiden que la evolución se haga en forma simultánea.

—Tengo muchos problemas con Marcos, no sé cómo decirle que no disfruto el sexo con él —me comentaba Gina, muy preocupada, en una de sus sesiones. Tú sabes cómo es decir eso a un hombre.

—No, en realidad puedo asegurarte que no lo sé —le respondí con una sonrisa.

—¡Oh! Bueno, perdona. Me refiero a que si te lo dijeran a ti, no te gustaría, podrías ofenderte o algo así.

—Creo que el problema no está en cómo reaccionaría yo, sino en el temor que tienes a la forma como crees que reaccionaría Marcos. ¿No es así?

—Sí, eso es.

—¿Cómo crees que reaccionaría?

—Me parece que podría dolerle, que creería que pienso que es poco hombre, se sentiría mal y podría retraerse, a lo mejor deja de querer tener sexo para no sentirse poco valorado.

—Déjame entender esto. Las relaciones sexuales con tu esposo no son satisfactorias para ti y para evitar que él se sienta poco valorado y esto le haga querer dejar de tener sexo contigo, optas por no decirle nada de tu insatisfacción, y continúas con la relación como si todo estuviese bien.

—Sí, definitivamente así es.

—¿Tratas de decirme que tienes sexo insatisfactorio para no dejar de tener sexo? —le pregunto como si estuviese asombrado.

—Se oye terrible, pero debo admitir que así es —me confirma.

—Las alternativas parecen ser sexo insatisfactorio o no tener sexo. Ninguna de las dos parece una buena opción. ¿Qué te hace decidirte por una de ellas?, ¿qué hace que tener sexo insatisfactorio sea la menos mala?

—Que tengo la esperanza de que alguna vez mejore.

—¿Crees que puede mejorar?

—Sí, todo puede mejorar cuando dos personas se quieren.

—No de la manera en que yo lo veo.

—Y ¿cómo lo ves tú?

—Yo veo un hombre que tiene sexo con su esposa, que está insatisfecha sexualmente pero él no lo sabe, de manera que él cree estar haciendo las cosas bien y piensa que no hay nada que mejorar. La esposa no es feliz con su sexualidad, pero tiene tanto miedo que no le enseña a él la manera de satisfacerla. Más aún, ni siquiera le hace pensar que haya algo que él tuviese que aprender a ese respecto.

—Es cierto. Creo que ha sido un error no haberlo hablado; al fin y al cabo, el sexo es un asunto de pareja. Además, estoy haciendo lo contrario de lo que promulgo: no me estoy comunicando. Pero vas a tener que ayudarme a encontrar la manera adecuada de decírselo.

Gina sabía que una buena relación sexual depende de que los integrantes de la pareja puedan comunicarse con sinceridad los múltiples factores emocionales y eróticos que tienen que compartir. Sin embargo, el temor a dañar la relación la hacía callar sus insatisfacciones, solución que había empezado a enfermar su relación.

La sexualidad es por lo general uno de los aspectos de la relación de pareja del cual se habla menos y, por lo tanto, el que acumula más desinformación, malentendidos y temores. En el aspecto de las relaciones abundan más creencias disfuncionales. Y ahí el laberinto es más intrincado.

Lucas y Rosaura son un matrimonio joven a quien la comunicación en el terreno sexual les resulta bastante difícil. El tema se comenzó a tratar en las sesiones de psicoterapia de pareja y luego pudieron conversar de ello a solas. Éste es un extracto de una de las primeras sesiones en que abordamos esta temática entre los tres.

—Lucas siempre quiere ir directo a la penetración, no le gusta jugar y que nos besemos o nos acariciemos antes. Le he dicho lo importante que para mí son las caricias, pero él siempre va directo a meter la mano entre mis piernas —dice Rosaura, dirigiéndose a mí.

—En realidad no sé muy bien qué es eso a lo que llamas caricias. Yo creí que te gustaba cuando te acariciaba ahí –interrumpe Lucas.

—Ahí, ¿dónde? –le pregunto.

—Bueno, usted sabe, en sus genitales.

—Sí, me gusta –le responde Rosaura–, pero no de inmediato. Prefiero que antes nos besemos y nos acariciemos por otras partes, por todo el cuerpo.

—Yo pensé que te gustaba cómo lo hacíamos. Pero si necesitas tanta estimulación, por mí no hay problema –le responde con una actitud de molestia.

—¿Te ocurre algo? –le pregunto.

—No, no me pasa nada.

—¿Estás seguro? –insisto–, puede ser un error de percepción mío, pero me da la impresión de que estás algo molesto.

—Pues sí, es cierto, me siento mal –replica él, ásperamente.

—¿Mal?, ¿qué emoción sientes?

—Me da coraje –me responde Lucas, esquivando mi mirada–. Yo pensé que le gustaba, que era estimulante para ella. Pero si necesita tanto preámbulo...

—Pero sí eres estimulante y me gustas...

—Si lo fuera no necesitarías tanto calentamiento –le corta él bruscamente.

—No seas tonto, lo que ocurre...

—Disculpa que te interrumpa Rosaura, pero me gustaría que Lucas nos explicara cómo piensa él que funciona la estimulación –continúo, ahora mirando a Lucas–; creo entender que para ti el calentamiento es necesario cuando una persona no se siente atraída y estimulada por su pareja. ¿Es así?

—Sí, así es, yo no necesito que me anden calentando, ella me gusta y yo siempre estoy dispuesto para ella, sin tanto rodeo, y eso es todo –luego guardó silencio, cruzó los brazos y miró desafiante a Rosaura.

—Lucas, ¿puedo contarte una anécdota familiar? –le pregunto.

—Sí, por supuesto –me responde interesado.

—En mi familia somos muy aficionados al chocolate. Todos tenemos formas diferentes de disfrutarlo, pero nos gusta mucho a todos. Mi esposa coloca un pequeño trozo en la boca y lo saborea lentamente mientras se disuelve, yo suelo colocar pedazos grandes y dejar que se disuelvan, formando una pasta que saboreo y voy tragando lentamente, mientras que nuestro hijo mete en su boca pedazos grandes, los mastica y los traga rápidamente. Mi esposa nos dice entonces que no lo comamos de esa manera, que lo disfrutemos. Parece creer que comer chocolate de una forma diferente a como ella lo hace no permite que éste pueda ser disfrutado. Yo le digo que todos lo disfrutamos de una forma distinta. Ella es una mujer que no se deja convencer con facilidad, de manera que inventé una explicación. Le dije que quizá sus papilas gustativas son más sensibles que las mías, por lo cual con un trozo pequeño ella es capaz de disfrutar mientras que yo, con un pedazo de esas proporciones, no llegaría ni a sentirlo, pues mis papilas quizá necesitan un estímulo más masivo, y las de nuestro hijo son tan extremadamente sensibles que le permiten disfrutarlo aun si lo traga casi de inmediato. ¿Qué te parece? —le pregunto.

—No sé... No entiendo mucho de papilas gustativas, pero diría que tiene mucha lógica —dice con atención.

—Bueno, ella no parece satisfecha con esta explicación, pero aun así somos más afortunados que ustedes.

—¿Cómo?, ¿qué tiene que ver una cosa con la otra? —me pregunta Lucas, extrañado.

—Sí que tiene que ver —me apoya Rosaura—. Por favor dile —me dice mirándome, suplicante.

—También nosotros tenemos maneras muy diferentes de disfrutar las mismas cosas —le digo muy serio—, pero no tenemos que encontrar una manera común de hacerlo. Mi manera de comer chocolate no afecta mayormente el disfrute de los demás. Nadie come chocolate sin disfrutarlo porque yo lo coma demasiado rápido o demasiado lento para el gusto de los otros. Y lo que es mejor todavía —digo con aire de gran satisfacción—: no me acusan de no amarlos por no poder disfrutar las cosas a su manera.

Lucas mira a Rosaura, sonríe y luego me pregunta:

—¿Por qué somos tan diferentes en eso...?

—¿En eso? —pregunto, fingiendo no haber atendido.

—En eso del sexo —añade Lucas, sonriendo.

—No son diferentes. Me parece que lo que ocurre es que aún no se han tomado el trabajo de crearse su estilo (de ambos, no de cada uno) de hacer el amor.

Les expliqué que los hombres y las mujeres nos parecemos, más de lo que la gente sostiene, en muchas cosas; y diferimos, además de en lo obvio, en otras cosas que nadie tiene en cuenta. La forma como alcanzamos el orgasmo es una de ellas. De manera rápida y práctica podemos decir que el hombre parece, por lo general, estar más rápidamente dispuesto para la penetración que la mujer. Ella necesita más estimulación para llegar a las proximidades del orgasmo. Por lo tanto, si el preludio es demasiado corto suele suceder que el hombre alcance el orgasmo y la mujer no, o que la penetración le resulte dolorosa debido a que la falta de excitación en la mujer puede hacer que no haya lubricado lo suficiente (que la vagina no esté lo suficientemente húmeda) antes de que el hombre intente penetrarla. La insuficiente estimulación parece ser una de las razones principales de la falta de orgasmos en las mujeres. Otras ocasiones en que puede haber dolor en la penetración es cuando la mujer se encuentra demasiado tensa ante el acto sexual.

Si la estimulación antes del orgasmo ha sido suficiente no suele haber grandes dificultades para que, con la penetración, ambos alcancen el placer, por lo general no en forma simultánea, como muchos pretenden obsesivamente, pero sí que ambos lo alcancen, lo que para mí es en realidad lo importante. Es conveniente hacer notar que en algunas ocasiones la mujer suele tener dificultades para alcanzar el orgasmo a causa de ciertas diferencias anatómicas individuales. A veces el clítoris, el órgano del placer femenino, se encuentra situado de tal manera que no es estimulado por el pubis del hombre durante la penetración, o puede ocurrir que el capuchón de piel que lo recubre sea demasiado abundante y dificulte de igual manera la estimulación por parte del pubis de su compañero. En tales casos, basta con que el clítoris sea estimulado con los dedos de la mano de alguno de los miembros de la pareja para que el orgasmo aparezca.

Luego del orgasmo, la sensibilidad del hombre disminuye rápidamente mientras que la de la mujer lo hace de manera lenta y progresiva. Un buen amante no es el que después del orgasmo se separa jadeante y enciende un cigarrillo, desperdiciando un momento en que la sensibilidad de su pareja aún la hace susceptible de sentir placer, un placer suave y apacible. Además, a mi juicio, este instante, luego del orgasmo, es el mejor momento para la intimidad, ya que antes del orgasmo ambos se encontraban demasiado pendientes del placer futuro para ocuparse el uno del otro; durante la penetración, si las cosas marchan bien, la sensibilidad es tan masiva que nos centra excesivamente en nosotros mismos, dejándonos apenas suficiente conciencia del otro para interesarnos en que alcance también el placer. Luego del orgasmo, ya alcanzada la satisfacción, pueden continuar abrazados disfrutando la proximidad, el amor y lo divertido de estar juntos.

Por último, el hombre suele tener un retardo en su disposición para un nuevo acto sexual, mientras que muchas mujeres pueden estar en condiciones casi de inmediato.

Como pueden ver, la compatibilidad sexual no es algo que una pareja suele tener desde el inicio de su relación, y los primeros encuentros sexuales no acostumbran a ser los mejores. El acoplamiento viene con el tiempo y con la práctica, requiere un trabajo por parte de ambos, tolerancia, comprensión y disposición para hacer las cosas en forma concertada, como casi todo en una relación de pareja.

## 2. La incomunicación

En el capítulo 3 expliqué la importancia que tiene desarrollar un estilo saludable de comunicación. Y como es fácil de inferir, la ausencia de éste es una de las causas de que la relación no funcione en forma adecuada y tienda a la separación. Las razones por las que la comunicación se interrumpe son muchas, pero es conveniente recordar que siempre detrás de cada una de ellas se esconde una emoción, y por lo general se trata del miedo o de la vergüenza. Miedo a decir algo que ponga las cosas peor o vergüenza de ser interpretado de una manera errónea, de hacer el ridículo o de parecer tonto o ignorante. Callar deteriora las cosas lentamente, pero parece producir menos ansiedad y aprehensión que afrontar las dificultades en forma inmediata. Por supuesto las consecuencias son desastrosas.

## 3. La rabia y el deseo de control

En toda relación interpersonal surgen emociones de muy diversa índole que sus integrantes no desean admitir. En las relaciones de pareja y en las demás relaciones afectivas suele aparecer la ira con bastante frecuencia, pero por lo general los integrantes de la relación tienen cierta renuencia a admitir la presencia de esta emoción, pues suponen (otra creencia más) que "los vínculos afectivos siempre han de estar definidos por el amor". Lo cierto es que en toda relación surgen diferencias, las cuales, por mejor resueltas que estén, generan frustración. Esto es aún más cierto para aquellas relaciones más cercanas y de mayor intensidad emocional. Si los miembros de la pareja no son capaces de expresar en forma constructiva su ira ésta podrá volverse contra la relación y terminar por destruirla. La tendencia más común cuando alguien siente coraje hacia su pareja es ocultarla, dejar que pase y luego continuar viviendo como si nada sucediera, con la esperanza de que no se repita la situación que la originó. Pero, invariablemente, esta situación se repite, pues el compañero no está al tanto de haber hecho algo que molestara a su pareja. La ira puede ocultarse un número limitado de veces, pero en forma inevitable termina siendo expresada, por lo general de la peor manera, ya que se ha venido acumulando en las distintas oportunidades en que se hizo presente en uno o en los dos integrantes de la relación. Lo más común es que esto ocurra en forma explosiva y la ira se muestre en forma de violencia.

He tenido la experiencia de constatar que la mayoría de las personas piensan que la ira es mala, una "emoción negativa" o "destructiva". En realidad las emociones no pueden ser consideradas buenas o malas. En una ocasión trabajé con un paciente de 53 años, cuyo problema consistía en una exagerada polarización de las repuestas de ira y pasividad. En algunas ocasiones se encontraba muy desmotivado y apático, mientras que en otras se ponía en extremo irritable y violento. Tenía lo que psiquiátricamente llamamos un *trastorno explosivo intermitente*.

—En esos momentos –me decía– me pongo muy agresivo, suelo ir a algunos bares y mostrarme desagradable con las otras personas, hasta el punto de que, en más de una ocasión, he generado riñas en las que termino a golpes y botellazos con los demás. Hace un año fue mi peor experiencia: un tipo se me atravesó en una forma que considere abusiva con su auto, entonces lo insulté y él me respondió con otro insulto y ¿qué crees que hice? Pues lo perseguí por media ciudad hasta que lo bloqueé con mi auto. Él se bajó con una pistola y yo, que también estaba armado y dominado por la ira, bajé de mi auto y le disparé; no le acerté pero él a mí sí, me dio un tiro en la rodilla y se marchó.

No cabe duda de que lo narrado por este paciente parece en extremo destructivo y podríamos caer en la tentación de catalogar la ira como una emoción negativa. Sin embargo, él puede mostrarnos otra faceta de la misma emoción. Tras un año de tratamiento, la polarización de la ira y la pasividad había sido controlada. Los episodios de irritabilidad habían desaparecido con los miembros de la familia y con los empleados de la fábrica que dirigía, así como los enfrentamientos en los bares y el consumo exagerado de alcohol, y no habían sucedido nuevamente episodios de pérdida del control de la ira. Estaba dedicándose a una actividad artística en sus ratos libres y había establecido un modelo adecuado para comunicar sus emociones a las personas significativas, incluida la ira.

Esta parte de la historia se desarrolló en una casa que la pareja tenía en la paya. Se encontraban solos él y su esposa, en uno de lo que él denominaba *reencuentros amorosos*. Por la noche, unos ladrones forzaron la puerta trasera y entraron a robar, y ellos se despertaron con el ruido que los asaltantes hicieron al revisar su habitación. Mi paciente se encontró con dos extraños en su habitación, uno de los cuales les encañonaba con una escopeta de fabricación casera. Sintió miedo por él y por su esposa, tomó control de sí mismo y serenamente les indicó dónde podían hallar el dinero y las llaves del auto. Sin embargo, estos sujetos, luego de tomar el dinero que se les ofreció, quisieron llevarse las joyas. Uno de los asaltantes pidió a la esposa que se quitase el anillo de matrimonio, pero éste no salía con facilidad del dedo de la señora y el asaltante sacó un cuchillo diciendo que había que cortar el dedo. En ese momento mi paciente saltó sobre el asaltante. El ladrón disparó su escopeta, pero falló el tiro. Mi paciente lo tomó por el cuello con gran violencia y lo golpeó contra la pared varias veces, con lo que lo dejó inconsciente y muy mal herido, mientras el otro huía. La ira y la agresión no siempre son respuestas tan desadaptadas.

La agresividad y la ira no son palabras sinónimas. La ira es una emoción y la agresividad es una conducta que expresa a la primera, en algunas ocasiones. En la relación de pareja la ira es una emoción que aparece con frecuencia y en forma legítima, pero que no ha de ser expresada mediante la agresividad. La forma adecuada de expresarla en la mayoría de las situaciones que ocurren en la relación de pareja, es la colocación de límites, como expliqué en el capítulo 3.

Las personas que se sienten inseguras tienden a transformar su miedo en ira y a expresar ésta en forma agresiva, como ocurrió con el paciente del ejemplo anterior. Dentro de las relaciones de pareja es común que quien se siente inseguro de sí mismo desconfíe de su pareja, ya sea de su fidelidad o de su capacidad para realizar ciertas cosas o enfrentar determinadas situaciones. Su miedo puede tornarse en ira y ésta expresarse como distintos tipos de agresión, que pueden ir en un amplio espectro desde la violencia física y verbal hasta los intentos exagerados de control y domino.

La violencia física de uno de los integrantes sobre el otro destruye la relación afectiva, de modo que es posible que el vínculo permanezca y las personas sigan juntas, pero en una relación en la cual la única razón para estar juntos es el miedo o el deseo de venganza. La dominación y el control hacen que quien está siendo objeto de él pierda su confianza en sí mismo, se sienta dependiente y frustrado, y en estas condiciones es absolutamente imposible que pueda tenerse una unión constructiva.

## 4. Las elecciones inadecuadas

Una relación armoniosa comienza por una buena elección. En el capítulo 2 abundo en los detalles que llevan a hacer una elección adecuada y las razones por las que, en la mayoría de las ocasiones, las personas fracasan en una tarea tan importante. La gran mayoría de los problemas que se presentan en una relación de pareja pueden ser corregidos con mayor o menor facilidad, dependiendo del trabajo y el interés de los integrantes de la relación de pareja, pero las dificultades ocasionadas por una elección inapropiada son difíciles y fluctuantes. La mayoría de las veces la persona que realiza una elección desacertada lo hace porque su autoestima se encuentra deteriorada y de modo inconsciente estima no merecer lo que aspira; de esta manera, cuando, por medio del trabajo terapéutico, la autoestima de esta persona comienza a mejorar, su elección se hace insostenible y la relación tiende a ser inestable. Simplemente no puede conformarse con su elección.

Sin embargo, siempre existe la posibilidad de que la persona elegida pueda cambiar lo suficiente para colmar las expectativas de su compañero. "Lo que mal comienza mal ha de terminar", reza un viejo dicho. "Si no se hace algo al respecto", podría yo añadir. Evaluar las expectativas de ambos y la capacidad y disposición a realizar cambios que no impliquen sacrificios es una parte importante del trabajo terapéutico.

No quiero que se piense que trato de decir que las relaciones fracasan cuando se escoge como pareja a una mala persona. Puede que esto sea cierto, pero no creo contar con un criterio para clasificar a la gente en grupos de buenos y malos. Además, si pudiese hacerlo, no significaría que las personas buenas serían las adecuadas, pues la mejor persona del mundo puede ser la más inadecuada para otra buena persona. Lo adecuado de una elección viene dado por la compatibilidad que puedan tener las dos personas entre sí y por la disposición con que se aboquen a trabajar para construir una relación afectiva.

## 5. La falta de límites en la familia

Se ha dicho, con razón, que los principales enemigos de una relación de pareja son los padres de ambos y los hijos que tengan, ya sean propios o de uniones anteriores. No cabe duda de que los hijos son encantadores, una cajita de sorpresas. Difícilmente se acuesta un padre sin haber recibido el regalo de una nueva destreza, la maravilla de una pequeña hazaña de su retoño. Es tan emocionante que es casi imposible no hablar de ellos, no convertirlos en el centro de la vida de la pareja, olvidándose de sí mismos y del vínculo que comparten. Dramáticamente a veces, imperceptiblemente otras, los padres cambian sus costumbres, modifican sus hábitos de vida, dejando que la conversación abandone los temas significativos de la relación para centrarse en los hijos. El tiempo que antes compartían en actividades de la pareja, como cenar juntos, conversar a la luz de un café, salir al cine o irse a bailar, es ahora abandonado y sustituido por otras actividades propias de una familia: se reúnen con otras parejas que también tienen niños y hablan sobre las maravillas que sus hijos realizan, van al parque, a los cumpleaños de otros niños y a ver películas infantiles en el cine. Sin darse cuenta, la pareja va desapareciendo y se convierten en padres a tiempo completo y con horas extras. Si no son capaces de percatarse de lo que les ocurre, corren el riesgo de quedar atrapados en exclusiva en la relación con los hijos, distanciándose, sin advertirlo, de su pareja. En una situación como ésa, los hijos cobran un valor exagerado como medio para mantener la unidad de la familia que ha perdido su centro (la relación amorosa de los padres), y los niños comienzan a ser poseídos y sobreprotegidos por los padres, dificultando la individualidad de los pequeños. La pérdida del vínculo de pareja es la causa primordial del conocido síndrome del nido vacío, que ocurre cuando el hijo ya crecido decide irse de casa de los padres a realizar su vida, y entonces éstos se encuentran tristemente con que su compañero es un desconocido, con el que no saben siquiera de qué conversar.

Por otro lado se encuentran los padres de ambos miembros de la relación. Con alguna frecuencia se trata de personas con dificultad para permitir la independencia de los hijos, no aceptan que éstos han crecido y pretenden seguir cuidándolos y dirigiendo sus vidas, entorpeciendo con sus intentos de protección la consolidación de su vínculo afectivo. La salud de una relación de pareja depende en gran medida de la forma como determinen los límites que los diferencian de los demás miembros que pueblan su entorno. El límite no es, como podría pensarse, una pared que aísla a las personas del resto de sus semejantes (aunque podría llegar a serlo si no se coloca adecuadamente); el límite es una superficie de contacto semejante a la piel, la cual determina la frontera entre la persona y el entorno, nos separa y nos protege del afuera; sin piel, el contacto con los demás sería doloroso y nocivo, pero también la piel es una superficie a través de la cual nos ponemos en contacto con el mundo. De la misma manera los límites nos protegen y nos contactan con nuestros semejantes de forma segura.

Una de las funciones más importantes y difíciles de cada relación de pareja es establecer los límites que los diferencian y los contactan saludablemente con los otros. No es conveniente permitir la interferencia de hijos, familiares y amigos en los asuntos de la pareja. Los problemas que no puedan resolver entre los dos, mediante una comunicación honesta, son dificultades para ser consultadas con un especialista y no para ser sometidas a los consejos bienintencionados de sus relativos, quienes generalmente han fracasado en solucionar dificultades semejantes, o quizá las han resuelto por medios que nada tienen que ver con las expectativas de quienes les solicitan consejo. Los hijos no deben ser involucrados en las dificultades de sus padres, pues éstos tienen menos experiencia que aquéllos (o ninguna, dependiendo de la edad que tengan) en las situaciones que se les exponen; sin embargo, la mayoría de las veces, van a tratar de hacer algo para resolverlas y al no lograrlo es común que se vean sometidos a la desagradable sensación de la frustración, sensación que, mientras más pequeños sean, menos van a saber integrar y manejar.

Las relaciones interpersonales acostumbran venir en empaques pequeños, de dos personas por vínculo, y dentro de cada empaque han de discutirse las dificultades y encontrarse las soluciones. Si mamá tiene una dificultad con papá, entre ellos pueden surgir las respuestas; si un hijo tiene una dificultad con su madre, poco podrá hacer la buena intención del padre para resolver el asunto, pues madre e hijo han de resolver sus contratiempos. Si la pareja tiene éxito en colocar y mantener los límites que garanticen su intimidad, tendrá andada una buena parte del camino hacia un vínculo estable y duradero.

## 6. Los celos infundados y la infidelidad

Ésta es otra causa frecuente de deterioro en las relaciones afectivas. Los celos denotan una triple desconfianza: desconfianza sobre el compañero, sobre algunas personas que se vinculan con él y sobre sí mismo. Tal vez quede mucho por añadir a lo que comenté en el capítulo anterior sobre los celos, pero por razones de espacio sólo agregaré que el potencial destructivo de los celos infundados actúa sobre ambos miembros de la pareja: el que es objeto de los celos y quien es víctima de ellos. La persona que es objeto de los celos, es decir, de quien se desconfía, se frustra tratando de demostrar, infructuosamente, que es digno de confianza. Se carga de rabia, pues considera que los celos de su pareja son irracionales, y en muchas ocasiones decide dejar que el otro piense lo que le dé la gana, rompiendo el contacto y mermando la comunicación. Algunas personas, en medio de su ira, deciden dar a su pareja una buena razón para desconfiar y cometen una infidelidad. Como me decía una de mis pacientes: "¿Que por qué le fui infiel? Porque no confiaba en mí. ¿No quería desconfiar? Bueno, ahora que lo haga con razón. Ya me tenía harta". Por otro lado, el que desconfía sufre, pues no logra darse cuenta de lo irracional de sus sospechas, todo lo que ocurre lo interpreta de tal manera que parece confirmar sus temores. La angustia que le provoca lo lleva a aumentar sus intentos de control sobre el otro, a sentir coraje y a distanciarse emocionalmente. Cada incremento en sus acciones para controlar a su pareja hace que ésta se aleje para mantener su independencia y su identidad. Y cada distanciamiento va seguido por un incremento en los mecanismos de control, de manera que se entra en un círculo vicioso que generalmente termina en forma dramática.

En líneas generales, el término *infidelidad* hace referencia a un vínculo de alguna naturaleza que establece uno de los miembros de una pareja con otra persona ajena a la relación. Los criterios para considerar qué es infidelidad y qué no dependen de cada persona y deben ser definidos por la pareja en algún momento de la etapa de selección y adhesión. Hay quienes consideran que su pareja le es infiel sólo si tiene sexo con otra persona, para otros si su pareja sale con alguien a escondidas, e incluso algunas personas definen la infidelidad como el simple hecho de pensar o gustar de alguien más. En la mayoría de los casos lo que se considera infidelidad es tener una relación sexual con otra persona o establecer una relación afectiva paralela con amor y/o sexo.

En una entrevista televisada una vez me preguntaron las razones por las que una persona aceptaba ser amante de otra. Depende de quién sea esa persona. Algunas lo hacen por amor, se enamoraron de alguien que está comprometido emocionalmente o casado con otra persona. Otras, y es bueno señalar que esto es más común en mujeres, desarrollan una tendencia reiterativa a enamorarse o "enredarse" con personas casadas, colocándose en muchas ocasiones en la posición de la amante; esta reiteración obedece muchas veces a una baja autoestima que las hace buscar una persona con las cualidades que desean para ellas, pero con un impedimento que no les permita tenerla para ellas. Por otra parte, las relaciones con personas comprometidas es un excelente antídoto contra el abandono.

—No puede abandonarme —me decía una joven paciente que sostenía una relación con un compañero de trabajo que estaba casado con otra persona— ya que no lo tengo. Tampoco puede engañarme, pues yo sé que está con su esposa.

Pero no siempre es el miedo al abandono lo que lleva a una persona a vincularse con un hombre o una mujer comprometidos o casados, sino en ocasiones es todo lo contrario. Como me demostró Marlín, una paciente de mediana edad, divorciada, quien, después de su separación, había mantenido un romance lleno de altibajos con un hombre casado.

—No entiendo qué me pasa, después de tantos contratiempos y malestares tengo ganas de volver con Julio. Debo estar medio loca.

—¿Qué piensas que te ocurre en realidad? –le pregunto.

—Lo que pienso es que me da miedo quedarme sola –me dice con cierta duda.

—¿Realmente crees eso? –le pregunto–. Me da la impresión de que has estado bastante sola.

—Es cierto; cuando me operaron no estuvo conmigo, ni tampoco cuando mi madre tuvo el accidente. Ya he pensado mucho en eso, pero de esa manera si me deja no sufro, ya que no espero nada de él. Me da miedo el abandono, el rechazo.

—Sigo sin tenerlo claro –le digo acuciosamente–. Tengo la impresión de que has sido bastante abandonada y rechazada.

—¡Mira, Miguel! –me dice con determinación–, prefiero eso a estar atrapada en una relación de la que no puedo salir, como me ocurrió con Claudio (su ex esposo). Me pasé cuatro años tratando de irme, sin atreverme. Me tranquiliza saber que Julio no puede atraparme –dice con alivio.

Como Marlin, muchas personas aceptan relaciones con otras que no pueden comprometerse, no por miedo al compromiso, sino por temor a no poder salir de una relación insatisfactoria o dolorosa. Los sujetos quedan atrapados en estos vínculos debido a sus sentimientos de culpa. Ya he escuchado afirmaciones como: "no puedo dejarlo; después de todo, no es mala persona, no me hace feliz pero no se ha portado mal".

Las causas de la infidelidad son múltiples: existen razones individuales, socioculturales y razones atribuibles al desenvolvimiento de la relación. Algunas personas simplemente no conciben que puedan ser fieles, en las culturas machistas muchos hombres piensan que su masculinidad les exige mantener relaciones simultáneas con varias mujeres y las mujeres de estas culturas piensan exactamente lo mismo. Una pareja a la que atendí en algún momento presentó un conflicto porque el hombre había tenido relaciones sexuales con una amiga de la esposa. La esposa me comentó algo más o menos como lo que sigue:

—Bueno, en realidad ella lo buscó y él ¿qué podía hacer? No podía quedar como un marica. Por eso no me gusta que salga con grupos en los que haya otras mujeres cuando yo no estoy, porque si alguna lo calienta él tiene que responder y si yo estoy con él ninguna se va a atrever.

Otras personas son infieles como forma de compensar las insatisfacciones de tipo sexual o afectivo que surgen en el ámbito de la relación y que no son capaces de resolver. Otras muchas, la mayoría, recurren a otras relaciones como forma de vengarse por el resentimiento que les ha surgido en relación con su pareja a causa del mal manejo de los conflictos cotidianos. Podemos concluir, en forma simplificada, que la principal base de la fidelidad es la satisfacción de las emociones y la plenitud de las expectativas. También la novedad es importante, aunque menos de lo que la gente piensa, y en una forma bastante diferente. No se trata de que sea necesario cambiar de compañero sexual para vivir la novedad; lo importante es que las experiencias con la persona elegida sean variadas y creativas.

En realidad el ser humano no parece ser monógamo. Existen muchas culturas en las cuales la poligamia es una forma de vida que no cuesta ningún esfuerzo. Además, la gran cantidad de personas que, en las culturas donde impera la monogamia, se separan para unirse a otra persona, e incluso el enorme índice de infidelidad existente en ellas, parecen señalar que no somos una especie monógama. Pero la naturaleza del ser humano es el cambio: cambiar su medio ambiente y cambiar su propia naturaleza, y eso es lo que hacemos en general. Al igual que hemos cambiado nuestra expectativa de vida, también la de las relaciones que iniciamos.

Se asegura que los hombres tienden a ser más infieles que las mujeres. Quizá por razones socioculturales eso haya sido así. El hombre ha sido y es menos perseguido y castigado socialmente por ser infiel, sin embargo, la infidelidad de la mujer es ahora mucho más frecuente. Aunque hay quien asegura que la mujer no es más fiel sino solamente más discreta, existen estudios que señalan un aumento enorme de la infidelidad femenina en las últimas décadas.

Las causas de la infidelidad son, como dije, múltiples y cada cual es infiel por sus propias razones. La insatisfacción, el hastío, y la falta de emoción y de novedad son razones comunes a ambos sexos. Las mujeres que han tenido menos experiencias afectivas y sexuales en un momento determinado comienzan a tener la necesidad de saber si su relación es realmente buena o no y se encuentran con que no poseen un punto de referencia. Pues bien, la búsqueda de este punto de referencia es también un móvil para la infidelidad que es más común en las mujeres, aunque no es ajeno a los hombres. En los hombres predomina la presión social y de grupo, ante la cual tiene que mantener la imagen de masculinidad a través de mostrarse seductor, disponible a cualquier demanda del sexo opuesto, a riesgo de ser considerado torpe o, en el peor de los casos, homosexual. En muchas ocasiones, la infidelidad es una manera de terminar con una relación matrimonial gastada e insatisfactoria.

Las personas permanecen unidas por el amor, pero cuando éste se acaba la relación suele mantenerse por razones económicas, familiares o sociales. Muchos son los matrimonios que permanecen unidos porque sus integrantes no quieren perder sus comodidades materiales dividiéndolas en dos, o porque no quieren enfrentar a sus familiares, o perder amigos, en fin, por una serie de miedos y de culpas. No es infrecuente que quien sugiere la separación se vea a sí mismo como un villano de película que está echando a perder una maravillosa historia de amor o destrozando una buena familia. En otros casos el miedo a la soledad impide que la persona insatisfecha dé por terminada la relación. La presencia de un tercero suele dar valor para emprender una separación, ya sea porque elimina el miedo a la soledad (una relación se acaba pero la otra ya comenzó), o porque esta compañía les dé el valor para enfrentar las dificultades económicas y la crítica de las personas cercanas. Muchas personas están más dispuestas a correr el riesgo de una separación cuando creen haber encontrado a alguien especial. Si esta persona especial no está en el panorama, muchas veces es necesario inventársela, y es así como muchos hombres y mujeres encuentran a otra persona a quien idealizan y en quien se apoyan para salir de su relación agonizante. Lo más común en estos casos es que, una vez que la separación ha tenido lugar, la idealización desaparece y estas personas se encuentran sorpresiva y dolorosamente decepcionadas de quien pensaron que habría de ser la persona para pasar el resto de su vida. Ahí comienza el camino de digerir y metabolizar estas experiencias para estar en condiciones de hacer mejores elecciones en el futuro.

Pero ¿qué puede hacerse para asegurar la fidelidad? Pienso que básicamente mantener una relación en la cual la emoción y la sorpresa tengan un lugar importante, y una comunicación que permita un bajo nivel de resentimientos en la pareja. Esto último se consigue aprendiendo a manejar las reacciones a los sentimientos de ira y miedo que surgen con frecuencia en la relación, mediante la negociación y el acuerdo. Como planteó Wilhelm Reich (1930/1967): "Las personas se sienten impulsadas a repetir las experiencias logradas; la actitud monogámica persiste mientras dure la armonía, y entonces es natural. La principal base para la fidelidad es la satisfacción".

## 7. Las rutinas disfuncionales

Pienso que el ser humano es un ser de hábitos. Creo que estos le proporcionan seguridad y puntos de referencia estables en un mundo donde no abundan las seguridades y las certezas. El ser humano busca y construye rutinas, pero también necesita la diversidad y la innovación para evolucionar. Como se desprende de los trabajos realizados por el premio Nóbel de química, Ilya Prigogine, el ser humano tiende en forma homeostática a recuperar sus estados de equilibrio cuando éstos son rotos por alguna influencia ambiental, pero también, como todo sistema autoorganizado, tiende espontáneamente a atentar contra ellos cuando éstos se hacen excesivamente estables; de esta manera puede llegar a nuevos y más evolucionados estados de equilibrio. De la misma forma, la relación de pareja necesita renovarse y evolucionar, pero no a expensas de cambiar algunas rutinas básicas, como podrían ser los amigos con los que acostumbran salir o la manera en que prefieren tener sexo. La pareja necesita evolucionar cambiando a patrones más complejos de interrelación, modificando las normas de convivencia, variando las estructuras de poder y las formas de comunicación, encontrando estilos de expresión emocional más complejos y desplazándose a formas más espirituales de vincularse. Como dijese Gabriel García Márquez: "Los seres humanos no nacen para siempre el día en que sus madres los alumbran, sino que la vida los obliga a parirse a sí mismos una y otra vez".

La imposibilidad de crecer de esta manera, que sólo puede lograrse fácilmente en forma interdependiente, dentro de un vínculo de pareja en el cual pueda haber diálogo y negociación y en el cual se acepte al otro como un elemento imprescindible para la evolución personal, hace que los vínculos se estanquen y se desgasten. En situaciones como éstas, las personas sienten que sus vidas pierden el sentido y la relación se extingue, carente de significado. La tendencia a separarse es entonces fuerte, pues el amor en estas condiciones no puede persistir, y en el intento de encontrar "la razón" de la pérdida del interés en permanecer juntos, la gente cae fácilmente en la creencia cliché de que la rutina mata las relaciones.

## 8. La pérdida de la admiración

El paciente es farmaceuta, se está separando porque su esposa no desea continuar la relación y está "portándose bien" para evitar la separación, no habla de los problemas ni quiere poner límites, aunque siente que hay muchas cosas en la relación que le molestan.

—No quiero poner las cosas peor —me decía con voz apagada y con la mirada en el suelo—. Ya todo está bastante mal, por lo menos así no hay discusiones.

—Tampoco mejoran las cosas —le señalo—, parece que tienen una tensa calma.

—Creo que ella no se va a atrever a dar el paso de irse si no le doy una excusa.

—¿Sabes lo que es el caduceo?

—No.

—Es el símbolo de nuestras profesiones, el báculo de Hermes con las dos serpientes entrelazadas.

—¡Ah! El esculapio —me dice, con indiferencia.

—Sí, le llamamos esculapio porque fue Esculapio quien lo convirtió en el símbolo de la medicina. Cuenta el mito que Hermes se encontraba caminando por un campo cuando vio dos serpientes enzarzadas en una pelea, entonces, para separarlas interpuso su báculo entre ellas y las serpientes treparon por él y se quedaron viéndose fijamente. Vigilándose, ninguna quería ser la que diera el primer paso.

—Creo que así estamos ella y yo en este momento. Vivimos juntos, hablamos poco y compartimos menos. Pero ninguno quiere dar el paso de irse.

—Ni de abordar el problema para resolverlo —señalo.

—Yo he intentado hablar con ella —continúa—, pero no es muy específica, toca el tema en forma tangencial y muy vaga, es evasiva, y cuando trato de ser más insistente se molesta y se retira. A veces pienso que soy yo el que debería irse.

—¿Crees que *deberías* irte tú?

—No, pero a veces me dan ganas.

—¿Qué ocurriría si das ese paso?

—¿Cuál?

—El de irte.

—No lo sé, me da miedo arrepentirme, echarlo todo a perder.

—Pareciera que ya las cosas están echadas a perder.

—Sí, pero si me voy puede que ya no haya arreglo. Quizá ya no sea posible regresar.

—Para regresar a algún lado es necesario irse primero.

—Toda esta pasividad me está aplastando, de verdad que a veces me dan ganas de mandarlo todo al diablo.

—Parece que en este problema eres dado a las actitudes extremas: o te quedas en una situación que difícilmente toleras, sin atreverte a tomar las medidas que podrían mejorar la situación, o te vas y lo dejas todo.

La actitud sumisa y evasiva no le servía de mucho a mi paciente, más bien, al contrario: parecía hacer que su esposa estuviese más distanciada y menos dispuesta a reconsiderar su decisión. Posteriormente ella me comentó que lo veía débil, frágil y que le producía compasión más que amor. Ella había perdido la admiración por su compañero. La admiración es un elemento muy importante de las relaciones de pareja y habitualmente poco tomado en cuenta. Yo me atrevería a decir que la admiración es la base del amor y del deseo sexual. La admiración puede estar centrada en diversos aspectos de la persona, en el aspecto físico, en la caridad y la bondad, en la inteligencia, en una personalidad carismática, en las relaciones interpersonales o en su posición académica o social. Si una persona despierta la admiración de otra, le será fácil granjearse su respeto y su atención, la predispone favorablemente. Como decía santa Catalina de Siena: "El amor más fuerte y más puro no es el que sube desde la impresión, sino el que desciende desde la admiración".

La admiración facilita el surgimiento del sentimiento amoroso y también del deseo. También es fácil darse cuenta de que cuando la admiración desaparece, la relación afectiva se distancia, el amor se va convirtiendo en una especie de tolerante compañerismo que a veces desemboca en la conmiseración.

La admiración resulta ser un factor muy importante para que las mujeres, cualquiera que sea su clase social o estrato socioeconómico, establezcan nexos afectivos con los hombres. También para los hombres se está haciendo cada vez más importante admirar a su compañera, sobre todo en la clase media profesional. En los estratos más altos y más bajos de la escala social no parece ser, aún, tan trascendental; en estas posiciones, la confianza en la mujer es un factor más primordial que la admiración.

## 9. Los problemas económicos

Ésta es otra de las múltiples tensiones a las que la existencia actual somete a las relaciones de pareja. A pesar de que los ideales del romanticismo han propuesto que el amor ha de bastarse a sí mismo para mantener juntas a las personas que hayan decidido unir sus vidas impulsadas por este sentimiento, resulta indudable que las dificultades monetarias crean ambientes en los cuales el amor se ve amenazado seriamente. Las dificultades económicas pueden generar escenarios de preocupación que se tornen casi obsesivos y que sumen a las personas en actitudes introspectivas que deterioran la comunicación. Naturalmente no en todas las parejas ocurre lo mismo, pues algunas personas son capaces de mantener el diálogo y el optimismo, y generan entre ambos soluciones creativas para resolver sus dificultades, lo cual, lejos de deteriorar el vínculo, tiene el efecto de consolidarlo y fortalecerlo. Según algunos estudios realizados recientemente, parece más perturbador para las personas, y para quienes comparten la vida con ellas, la inestabilidad económica que los bajos niveles de ingresos. No tener una clara idea de los recursos con los que se va a poder contar en el futuro cercano genera incertidumbre y miedo al no permitir la planificación, mientras que quien cuenta con ingresos limitados pero estables puede estructurar su realidad y adaptarla de alguna manera a la cuantía de los recursos de los que dispone.

Por otra parte, no todas las dificultades económicas por las que atraviesa una pareja están relacionadas con los bajos recursos o con la inestabilidad en los ingresos. He encontrado parejas cuya dificultad estriba en no poder llegar a un acuerdo sobre cómo manejar los recursos de que disponen (realmente cuantiosos en algunas ocasiones). Uno de mis pacientes se quejaba de que su esposa no llevaba un control adecuado de los gastos familiares.

—Todo con ella es un descontrol —me decía, entre preocupado y molesto.

—¿Todo? —le pregunto inquisitivamente.

—No, no todo en realidad. Lo que no parece funcionar es lo tocante al control de los gastos.

—Pero ¿te parece que despilfarro el dinero? —le pregunta ella, desafiante.

—No, no he querido decir eso...

—Entonces ¿qué has querido decir? —le interrumpe molesta.

—No vamos a enterarnos si continúas interrumpiéndole —le digo.

—Es verdad, pero me tiene molesta con su manía del dinero; yo siempre he sido comedida con los gastos y cuidadosa de la calidad de lo que compro.

—Eso es cierto —continúa él—, pero no tienes noción del control del dinero. Jamás anotas lo que gastas en tu chequera, hace meses que te estoy pidiendo que me des un estimado de los gastos corrientes de la familia y sigo esperando.

—¿Ves? —me dice mirándome, con cara de estar demostrando algo—; él quiere convertirme en un contador, no le basta con que haga un buen uso de nuestros recursos, sino quiere un reporte semanal minucioso. ¡Pues yo tengo mucho que hacer en la casa para ocuparme de eso!

Es importante llegar a un acuerdo, satisfactorio para ambos, sobre la manera de controlar los gastos o de invertir sus recursos económicos. Eso, naturalmente, requiere una buena comunicación y una capacidad de negociación similar a la que se necesita para los demás temas álgidos de la relación afectiva.

Cuando ambos trabajan y obtienen ingresos, surge otro tipo de problemas: el de quién gana más. Ésta es una dificultad que tiene sus diferencias, dependiendo de si el que obtiene más ingresos es el miembro masculino o el femenino de una relación. Si el hombre gana más que la mujer no suele haber grandes dificultades, pues históricamente ha sido el hombre el proveedor de recursos materiales para la familia y está cómodamente acostumbrado a este papel, aun cuando todavía algunos hombres se sienten disminuidos e incómodos por no poder mantener a su mujer en la casa mientras ellos trabajan, ya sea porque ella reclama su independencia y su derecho a trabajar, o porque los recursos insuficientes obliguen a que la esposa aporte a la economía familiar. Se encuentran muchas más dificultades cuando es la mujer la que aporta más al patrimonio familiar. Suele suceder que su pareja masculina se siente en desventaja, descalificado, empequeñecido y avergonzado; también la mujer puede sentirse abusada y perder la admiración por un hombre que no cumple de forma adecuada su papel de dotador de recursos. Nuevamente es la capacidad de comunicarse y de negociar la que puede auxiliar a una pareja en esta situación.

## 10. Las falsas creencias

Puede parecer extraño, luego de todo lo que se ha expuesto en este libro sobre las creencias, que se las ubique de últimas entre los factores que propician la separación afectiva. La verdad es que cada uno de los puntos expuestos muestra creencias que deterioran y destruyen las relaciones, creencias sobre la productividad material, sobre la fidelidad, sobre el rol de los distintos miembros de la familia, sobre cómo ha de manejarse el poder, etcétera. Pero en este segmento quiero ocuparme, por su importancia, de algunas creencias específicas que tienen una

importancia especial por ser muy frecuentes y particularmente perjudiciales. Además de las creencias que cada persona tiene sobre sí
misma y sobre su pareja, de las que hablé al explicar la creencias de
identidad en el capítulo 1, hay algunas creencias universales sobre la
relación que deben ser atendidas con más detenimiento.

Para muchas personas, la relación es un medio de alcanzar una
vida feliz o el vehículo para construir una familia; sin embargo, para
otros la relación es un fin en sí misma. Ésa es una creencia muy
profundamente arraigada en el inconsciente de la mayoría de la gente,
tan profundamente que casi todas las personas negarán que en realidad crean que han llegado al final de algo cuando han logrado seducir
a alguien o se han casado con quien pretendían. "Realmente aquí comienza todo", me dicen; no obstante, su comportamiento parece indicar lo contrario. Progresivamente dejan desaparecer la seducción, las
formas de comunicarse cambian de forma dramática, el estilo de pedirse las cosas se vuelve del todo diferente. Las novelas románticas, las
series televisivas, las canciones, los cuentos infantiles, etcétera, muestran los esfuerzos de personas que se aman para luchar contra las múltiples adversidades que los separan o para conseguir al fin alcanzar los
favores de la persona amada. Todo termina cuando la relación comienza. Son realmente raros los relatos de las relaciones de pareja
que se enfrentan con dificultades propias de la convivencia y muestran
cómo sus protagonistas las resuelven. De manera que es muy común
escuchar a la gente relatar cómo al terminar el noviazgo y llegar la
convivencia la relación fue distanciándose. Son muchos los pacientes
que me relatan episodios como los que siguen: "Ya no me seduce,
ahora sólo me pregunta si quiero hacer el amor por la noche. Como
quien acuerda una cita con el odontólogo" o "dejamos de hablar de
nosotros poco después de casarnos; yo recuerdo que antes pasábamos
largas horas en un café conversando de nosotros y de nuestros planes,
pero eso se acabó". De esto se desprende que la seducción y la comunicación frecuente y curiosa han de mantenerse a lo largo de toda la
vida de pareja.

Otra creencia especialmente dañina, aunque cada vez más infrecuente, es la de que la relación es un permiso para la sexualidad. Algunas personas postergan sus encuentros sexuales hasta después del
matrimonio o luego del establecimiento de la relación de pareja, cuando sienten más seguridad en la trascendencia y en la duración de la
relación o en la legalidad social y moral de que la inviste el matrimonio. Apartándome de las consideraciones morales que contaminan el
tema de las relaciones prematrimoniales, quiero plantear que, en mi

opinión, es conveniente que las personas exploren su sexualidad y establezcan criterios claros acerca de sus preferencias en este terreno antes de pretender establecer una relación a largo plazo. Al principio de este capítulo expliqué cómo las incompatibilidades en el área de la sexualidad entorpecen y deterioran las relaciones afectivas. Pues bien, en ciertas ocasiones las personas que no se conceden el permiso de explorar su sexualidad pueden precipitarse a hacer elecciones de pareja y a consolidar relaciones afectivas (generalmente por medio del matrimonio legal o eclesiástico) con personas a las que conocen poco en ese aspecto y, en ocasiones, en muchos otros aspectos. La consecuencia en muchos de estos casos es una frustrante incompatibilidad sexual. La relación afectiva no ha de ser un permiso legal para realizar el acto sexual, sino un compromiso concertado entre personas que se han elegido mutuamente con base en criterios bien definidos y experiencias sólidas.

La visión de la relación como un derecho de propiedad sobre la pareja es también más común de lo que generalmente se acepta. Tanto los hombres como las mujeres pretenden tener influencia directa sobre los hábitos, las decisiones, los gustos y preferencias de su pareja por el hecho de haber consolidado un vínculo por la vía legal o religiosa. Alegando diversos argumentos, pretenden asumir una normativa que no ha sido dialogada y concertada por ambos. Se trata no solamente de exigir la exclusividad sexual, sino también del intento de ejercer control sobre los amigos, la actividad laboral, los encuentros con los padres, la utilización del tiempo libre o el tipo de pasatiempos que el compañero realiza. Por lo general, cuanto más insegura es una persona más posesiva se vuelve hacia su pareja y más considera que el matrimonio le da el derecho a tomar decisiones por ella o a coartar determinadas actividades que ésta prefiere efectuar. Mejor que controlar es resolver las dificultades que le generan la inseguridad, y esto se logra, con muchísimas probabilidades de éxito, con la asistencia de un buen psicoterapeuta. Quiero insistir en la importancia que tiene la negociación de todos estos aspectos para que pueda construirse un vínculo armonioso, estable y satisfactorio para los dos, no una relación que, con el control, mitigue las inseguridades de uno de los miembros, sino una que dé satisfacción a las expectativas de ambos.

Las razones por las que dos personas deciden unirse para recorrer juntos una parte o el resto de sus vidas son muy variadas, van desde la conveniencia económica hasta la existencia de un amor profundo, desde complacer a los padres hasta la búsqueda de un buen progenitor para los hijos de un matrimonio anterior. Una de las razones que generan más dificultades es establecer un vínculo de pareja como forma de reparación de una "falta" cometida; el ejemplo más representativo es el de las parejas que se casan porque la mujer ha quedado embarazada. Si la razón para casarse o para irse a vivir juntos es el hijo que viene en camino y sólo ésa, el futuro que le espera a esa relación es poco promisorio. La mayoría de las veces es un accidente al que añaden otro. Es posible que el embarazo le ocurra a unas personas que tienen otras razones para estar juntas y que sea un factor más que consolide la relación, pero cuando sucede a personas que no se hubiesen unido si el embarazo no hubiera ocurrido, lo más probable es que se encuentren atrapados desde el principio en una trampa de donde es difícil salir. Es preferible que se planteen otras alternativas más honestas, como comprometerse a cuidar a su hijo como si fuesen una pareja de divorciados, en la cual ambos asumen con responsabilidad la parte que han escogido en la crianza del niño.

## La redefinición: mecanismo para la supervivencia

Entiendo por redefinir una relación el proceso de renegociar las condiciones por las que el vínculo se sustenta, tanto las condiciones materiales como las emocionales. Las personas cambian a través del tiempo, sus necesidades cambian con ellas al igual que sus metas y expectativas de vida, las cosas que les agradan, la manera de expresar su afectos, etcétera. La relación de pareja es un viaje intenso y dinámico, la persona con la que comenzamos ese viaje se transforma con el recorrido y no será la misma al cabo de un tiempo. Habrá, pues, que seleccionarla de nuevo a cada instante. Lo importante es que la pareja evolucione en forma uniforme, cada uno para sí mismo y para el otro.

En las etapas iniciales de una relación afectiva, los sucesos externos y sus presiones hacen que los integrantes de la relación redefinan, sin percatarse de ello, el vínculo que integran. Los cambios de trabajo, las mudanzas, el nacimiento de los hijos y otros sucesos del entorno los obligan a cambiar los roles que desempeñan y a renegociar, explícitamente o no, las actividades y funciones que acompañan a los nuevos roles. Algunas personas rígidas y resistentes a los cambios pueden tener nexos que no sobrevivan este periodo. Cuando una mayor estabilidad alcanza a la pareja, la redefinición se hace más complicada, ha de hacerse por medio de una atención constante a los cambios de sus necesidades y una conciencia de la evolución propia y del compañero.

# La evolución

En su más extenso aspecto, la evolución es estrictamente cambio, por lo cual está implicada en todo: evolucionan las galaxias, las especies, las sociedades, las lenguas, las culturas y los sistemas políticos. A pesar de que los biólogos plantean que la evolución no afecta a los individuos aisladamente y que ésta es llevada a cabo solamente con la información genética, es bien claro que se están refiriendo a los cambios que afectan globalmente al ser humano como especie. Sin embargo, es evidente para cualquier buen observador que en el transcurso de la vida de una persona, mediante las experiencias por las que se ve forzado a pasar a causa del entorno en que se desenvuelve y de las decisiones que toma en la vida, esta persona también cambia. Se transforma, a veces tan dramáticamente, que al cabo de un tiempo podríamos tener la impresión de estar frente a otra persona.

En una ocasión sostenía una apasionada conversación con unos colegas acerca de la naturaleza humana. Todo había comenzado como una disertación sobre si el ser humano es monogámico o poligámico.

—Los gorilas son poligámicos, un macho tiene con él varias hembras —decía uno de mis colegas.

—Sin embargo, la estructura social de los chimpancés es diferente —decía un segundo.

De pronto alguien acotó, con mucha razón:

—Los seres humanos no somos gorilas ni chimpancés.

—Pero descendemos de ellos y nos parecemos en muchos aspectos —dijo el primero—. No sólo en lo físico, sino también en aspectos del comportamiento: los primates tienen estructuras sociales, viven en familia, cuidan a sus descendientes. Cosas que son propias de la naturaleza humana provienen de ellos. Con respecto a la monogamia, lo que ocurre es que socialmente nos hemos impuesto esa conducta por conveniencia, porque al hacernos sedentarios acumulamos bienes, y fue importante legarlos al morir a alguien con quien tuviésemos algún grado de parentesco.

Esta conversación se prolongó por mucho rato, pero lo más interesante de ella en el tema que estamos tratando es que mis colegas, como muchas otras personas, daban por sentado que había algo denominado naturaleza humana, que es natural en el hombre y que esto es ancestral y arcaico. En otras ocasiones otras personas me han hablado de tribus primitivas para referirse a lo que es natural del ser humano. Parece que se vincula lo primitivo con lo propio de la naturaleza humana; sin embargo, no parece muy propio de nuestra naturaleza permanecer en un estado tecnológico y social similar al que teníamos en el Paleolítico superior. De hecho, quienes así lo hacen son la excepción no la norma. Yo creo que lo natural al ser humano es precisamente el cambio. El ser humano tiende a transformar todo lo que se relaciona con él: hemos transformado dramáticamente y sin mesura el medio ambiente en que vivimos, hemos cambiado nuestra expectativa de vida, erradicamos enfermedades naturales y creamos algunas que no existían, producimos razas nuevas de algunos animales y precipitamos otras a su extinción, inventamos estructuras sociales y luego las desmontamos para instaurar otras. El ser humano todo lo transforma y se transforma a sí mismo. Permanentemente estamos siendo objeto de una constante reinvención por parte de nosotros. La evolución es cambio y el ser humano es un sistema en evolución permanente, cada suceso vital en el que participamos hace de nosotros personas un poco distintas de las que éramos antes de que aquél aconteciese, y la suma de los cambios que se suceden en periodos más largos realiza transformaciones realmente notables en nosotros. Es cierto que buscamos nuestra cuota de permanencia mediante rutinas, hábitos y rituales y que tratamos de mantener, a pesar de estos cambios (muchas veces con éxito), algunos rasgos, una especie de esencia coherente que llamamos personalidad, pero cambiamos o, si se prefiere, maduramos, o crecemos, o evolucionamos.

No sólo evolucionamos en lo personal, sino también estos cambios se transfieren a nuestras relaciones interpersonales, sean del tipo que sean, si tenemos la habilidad de comunicarnos acertadamente con las personas con que compartimos los periodos de nuestra vida en que ocurren estos cambios. En las relaciones de pareja, cuando la comunicación es buena y abundante, cuando la expresión de las emociones es apropiada, cuando se es capaz de pedir, de poner límites, de negociar y de realizar acuerdos, ocurre un intercambio de información que madura a ambos integrantes de la relación, todo el caudal de experiencias de uno acrecienta el del otro en una suerte de impulso que genera crecimiento para los dos. La generosidad mejor entendida dentro de una relación de amor es dar al otro todo aquello de que disponemos como experiencia para que él construya a su manera su propia evolución, es tomar del otro lo que nos sirve de lo que nos da y hacer de eso la mejor construcción que podamos para ser mejores.

No existen muchas reglas buenas para hacer una saludable relación de pareja; la creatividad, la comunicación y la atención a las necesidades del otro son de las más importantes cualidades con que se pueda contar para lograrlo. De todas maneras me gustaría plantear una serie de recomendaciones que suelo hacer a mis pacientes para orientarlos en el bello arte de construir una pareja feliz.

*a.* En primer lugar, manténgase atento a las necesidades, inclinaciones, gustos y expectativas de su pareja, no en forma obsesiva sino con curiosidad y agrado.

*b.* Encuentre las similitudes entre ambos y busque compartir aficiones, expectativas, objetivos y visiones de la vida. Acepte crecer y enriquecerse con las diferencias que existan entre ambos, y respete aquellas que no desee incorporar en su experiencia. Construya una vida de pareja que sea una experiencia de trabajo en equipo.

*c.* Proporcione a su pareja libertad para el crecimiento personal y solicítele lo mismo para no correr el riesgo de extinguirse el uno al otro.

*d.* Exprese a su pareja las emociones que ésta le genere, sin importar cuál sea, pero hágalo con consideración y respeto, no en forma de reclamo o reproche para prevenir que las inevitables discrepancias se tornen en resentimientos.

*e.* Preste atención a su pareja y evite ignorarle aun en los momentos de malestar.

*f.* Prefiera pedir lo que desea a reclamar lo que no le han dado.

*g.* Reconozca sus errores y ofrezca disculpas sin avergonzarse de ello.

*h.* Disfrute del placer del sexo y procure contribuir con su pareja para que alcance el placer que desee. Piense en el encuentro sexual como una forma de comunicación y contacto, y no como una forma de premiar o castigar al compañero.

*i.* Sorprenda a su pareja con detalles que sepa que la van a agradar, como forma de demostrarle que le tiene presente.

*j.* Evalúe regularmente la relación para redefinir lo relacionado con sus preferencias, metas de vida y reglas de convivencia; exponga y discuta sus quejas y malestares.

*k.* No deje sin resolver los conflictos que surjan entre los dos, sino propicie la negociación y busque acuerdos.

# Creencias erróneas más comunes en esta etapa de la relación

## Creencia 1: hay que esforzarse para que la relación marche bien

Atribuyen a la madre Teresa de Calcuta haber dicho: "el amor, para que sea auténtico, debe costarnos". Esta creencia, que se encuentra profundamente enraizada en la mente de muchísimas personas, implica la existencia de varios tipos de amor: al menos uno verdadero y otro que no lo es. Y asegura que acceder al verdadero implica un esfuerzo. Muchas parejas llegan a mi consulta con dificultades en su relación, pensando que no han resuelto sus problemas porque no se han esforzado lo suficiente, con lo cual parecen haber sumado un sentimiento de culpa al problema preexistente. No parece que las relaciones de pareja se beneficien del esfuerzo de sus integrantes por entenderse, por comunicarse, por mantenerse unidos o por ninguna otra cosa. Una relación de pareja debe funcionar como una maquinaria bien entonada. Al igual que en un motor de precisión, en la pareja el esfuerzo implica desgaste, de manera que si estar juntos y amarse es algo que se hace con el esfuerzo de uno o de ambos es porque alguna cosa se está haciendo mal.

—Yo siempre he preferido quedarme y luchar por la relación –me decía apesadumbrado un joven paciente.

—¿A qué llamas luchar? –le pregunté.

—Bueno, tú sabes, cuando las cosas en las relaciones no marchan bien hace falta que uno se esfuerce un poco para resolverlas.

—No, en realidad no sé eso –le señalo con seriedad–. Lo he escuchado muchas veces a muchas personas, pero no sé a qué te refieres.

Se queda pensando y luego responde:

—Me he quedado ahí, esperando que ella tome una decisión, la he dejado que tenga sus crisis de malhumor, he respetado su silencio y sus rechazos a mis intentos de ser cariñoso... Bueno, todo eso.

—¿De modo que llamas luchar a tolerar, a resistir? –le pregunté para aclarar.

—Así parece –me dice amargamente–. Estoy portándome bien.

—Parece que estás complaciente. Complaces las expectativas que tú crees que ella tiene con relación a ti.

—Sí, es cierto.

—¿Sabes?, nuestros padres nos enseñan eso, nos hacen creer que complacer es una manera de obtener el amor de los demás. Nos hacen pensar que si somos obedientes, si nos portamos bien, si nos comemos toda la comida y sacamos buenas notas nos van a querer más. Y luego vamos toda la vida pensando que es así y que todos nos querrán sólo con complacer las expectativas que tienen sobre nosotros. Pero nuestros padres nos mintieron, en realidad ellos nos quieren aunque no comamos toda la comida, aunque no seamos obedientes, pueden disgustarse por ello, pero nos quieren de todas maneras, y si se da el caso de que no nos quieren, entonces no hay nada que podamos hacer, no nos querrán ni aunque cumplamos todas sus expectativas.

—Me suena conocido; además, jamás le pregunté a Marta qué espera de mí en este momento —reflexiona él.

—¿Por qué no lo has hecho?, ¿temes que te lo diga?

—Sí, tengo miedo a que me diga que lo que quiere es que me marche. Yo quiero que la relación mejore, que podamos seguir, yo estoy dispuesto a esforzarme para que sea así, pero ella está empeñada en abandonar sin hacer nada más.

No creo que el esfuerzo sea algo que debemos exhibir en las relaciones afectivas. La palabra *esfuerzo* se refiere a actividades que las personas aplican a una situación que quieren cambiar, es una energía adicional opuesta al curso de los acontecimientos y que sólo toleran hacer por un tiempo limitado, de tal manera que si el mantenimiento de la relación requiere que sus miembros se esfuercen para ello, es sólo cuestión de tiempo que terminen agotados y con la relación perdida. Una relación requiere trabajo, no esfuerzo: el trabajo constante, animado y complacido de ambos integrantes. El trabajo no agota, sino que, cuando no está contaminado por el esfuerzo, es una actividad placentera, emocionante y creativa. Y eso es todo lo que se necesita para mantener una relación de pareja funcionando.

## Creencia 2: algo está mal en mí: no he podido perdonarle

Si algo hemos de reprocharle al movimiento *new age* es la ligereza con que ha abordado algunos temas de gran importancia para el crecimiento y la estabilidad de la vida emocional del ser humano, y la manera como los ha trivializado. No cabe duda de que también ha puesto sobre el tapete la importancia de la salud del cuerpo por medio de la vida sana, de la adecuada nutrición y del ejercicio, y la importancia del equilibrio emocional, de la espiritualidad, el optimismo y de la comunicación para la armonía interpersonal e intrapersonal. Sin embargo, ha arrojado mucha confusión sobre importantes tópicos y conceptos psicológicos. Uno de ellos es el tema del perdón.

El concepto mas comúnmente extendido del perdón proviene de la religión: es común a judíos, cristianos y musulmanes y está demasiado asociado a la idea del pecado para que pueda gustarme la connotación imperante acerca de él. No quiero iniciar una discusión filosófica o teológica, ninguna de éstas es mi área, estoy por lo general poco de acuerdo con todo lo que he leído respecto al perdón en estas disciplinas y no me siento cómodo incursionando en ellas. De lo que sí conozco y que compete a la perspectiva que aborda este libro es de cómo la mente humana asume el perdón, el perdonar y lo imperdonable, y la repercusión psicológica y emocional de perdonar o no.

Perdonar es una actividad humana fundamental. Mediante el perdón devolvemos a quien nos ha herido una parte o la totalidad de una emoción que anteriormente albergábamos hacia él. Debo señalar que para mí no es lo mismo perdonar que olvidar y tampoco creo que el perdón sea una actividad voluntaria, como excusar. Las personas no suelen olvidar las afrentas, sino que la carga emocional vinculada al recuerdo de ellas se transforma con el tiempo y una ofensa o daño que en un momento generó coraje puede, con el tiempo o con ciertas actitudes por parte del ofensor, mitigar la intensidad de la emoción y hasta transformarla en otra emoción que facilite el vínculo entre ambos. Por otro lado, a mi juicio, el perdón no es el producto de una decisión personal. El perdón, en este sentido, se parece mucho a las emociones: no tenemos gran control sobre él. Al igual que una persona no puede decidir a quién va a amar o a quién va a odiar o a quiénes no, tampoco decide a quién va a perdonar. Los actos de algunas personas despiertan en las demás emociones como amor, miedo, ira, alegría, odio o tristeza y, de la misma manera, sus actos pueden despertar o no el deseo de perdonar. Linda, una de mis pacientes, en una consulta me planteó una situación muy ilustrativa al respecto:

—Me siento bastante mal con algo que ocurrió el fin de semana –se lamentaba–. Estaba discutiendo con Hernán por la posición en que quedaba una lámpara que instalaba en el comedor. Yo le dije que estaba descentrada y él descendió de la escalera para ver por sí mismo. Entonces me disgusté y empecé a gritarle que no creía en lo que yo le decía, que él pensaba que yo era idiota o algo por el estilo. "Yo sé cuándo algo está en el centro y cuándo no", le grité y me fui muy molesta. Él me siguió, preguntándome lo que me pasaba. Le dije que me enervaba que siempre me menospreciara, como cuando andaba con la ramera ésa con la que me traicionó y pensaba que la tonta de su mujer no se daría cuenta nunca.

—Parece que te duele aún lo ocurrido –le señalo calmadamente.

—Yo sé que aún me duele, pero lo peor es que algo anda mal conmigo. Yo hice todo lo posible por perdonarle y no pude. ¿Te das cuenta? No soy capaz de perdonar –me dice apesadumbrada.

—¿Qué estás sintiendo en este momento? –le pregunto.

—Me siento muy mal por no poder perdonarle. Todos podemos cometer errores y yo estoy siendo intransigente.

—Sí, entiendo, pero no has respondido mi pregunta. ¿Qué estás sintiendo ahora?

—Ya te dije que me siento mal. ¡Oh! Sí, ya sé, mal a ti no te dice nada.

Asiento con la cabeza y le sonrío. Ella piensa un rato y luego continúa:

—Creo que me siento culpable.

—La cosa se pone peor: al coraje le sumas la culpa y pareces enredarte más.

—Pero ¿cómo hago para perdonarle de verdad? –me pregunta, muy angustiada.

—Tal vez no se trata de qué has de hacer tú, sino de lo que él haga –le sugiero.

—¿Cómo es eso? –me pregunta muy sorprendida.

Entiendo la sorpresa de Linda tras mi última intervención; al fin y al cabo, en la más popular de las oraciones cristianas, pedimos a Dios que perdone nuestras ofensas como nosotros perdonamos a quien nos ofende. Parece entonces que perdonar es algo sencillo, para lo que sólo basta la buena fe. Y de pronto alguien le insinúa que para que ella pueda perdonar a otra persona esta otra ha de hacer méritos para que pueda ser perdonada. Bien, hasta Dios solicita el arrepentimiento de los pecadores para otorgarles el perdón.

La influencia de la religión y de la peculiar espiritualidad de la nueva era han difundido creencias tales como que quien no perdona al que lo lastima se convierte en esclavo de su propia ira. Han hecho creer que perdonar es una muestra de bondad, de elevación o una manera de sanar el alma. ¿Y quién no quiere ser bondadoso o elevado?, ¿quién no desea sanar su alma? Perdonar no nos hace más sabios o elevados, saber hacernos perdonar por los otros quizá nos acerque más a ese efecto. Lo importante es tener presente que no perdonamos por la simple decisión de hacerlo. El perdón se otorga en forma natural y espontánea cuando el ofensor logra obtenerlo. He podido constatar que si el ofensor es capaz de reconocer que lo que ha hecho ha sido inadecuado, si solicita el perdón, da una explicación coherente de sus actos, ofrece una garantía de que no volverá a ocurrir y es capaz de hacer un acto de reparación, en un gran número de ocasiones obtendrá el perdón que desea.

Existen, sin embargo, situaciones en que la ofensa o el daño son de tal naturaleza o magnitud que la persona no podrá perdonarlos. En tales situaciones, no es cierto que quien no ha podido perdonar quedará esclavo de sus emociones o enfermo del alma. Su vida sigue y sus emociones se atenúan con el tiempo y la distancia del agresor, la ira se torna más leve y deja de estar presente en la medida en que la persona vive otras situaciones distintas y cotidianas, y sólo reaparecerá en forma menguada al recordar las situaciones de agresión o vivir alguna circunstancia que se la evoque.

## Creencia 3: la rutina destruye las relaciones

Si alguna creencia se ha hecho popular es ésta. Casi todo el mundo ha hablado alguna vez de lo dañino de la rutina para las relaciones de pareja. Se cree firmemente que es inevitable que la rutina aparezca y que ésta termine destruyendo la relación o, si no, que termine con la pasión, dejando una relación estéril y poco emocionante. "Con el tiempo la rutina hace que la relación se vuelva una especie de compañerismo", me decía una paciente en una ocasión. "Después de tanto tiempo juntos ya no nos queda nada de qué hablar, nuestra relación es una rutina, ya ni nos miramos."

Yo difiero de esta opinión, creo que en realidad el ser humano es un ente de rutinas, de hábitos. Como dice el dicho:"el hombre es un animal de costumbres". Las rutinas generan seguridad, estructuran la vida de los seres humanos y permiten que el proceso de toma de decisiones se desplace hacia cosas de importancia más vital. Pocos se dan cuenta de la cantidad de rutinas que han adquirido en el transcurso de su vida y de lo poco que éstas los incomodan. Desde que nos levantamos de la cama en las mañanas comienzan nuestras rutinas a funcionar, nos bajamos de la cama casi siempre a la misma hora, por el mismo lado y con el mismo pie, nos cepillamos los dientes con la misma mano y haciendo los mismos movimientos que siempre hacemos, nos duchamos en el mismo lugar y cada parte del cuerpo en el mismo orden. En general es muy raro escuchar a alguien decir cosas como "estoy cansado de pararme de la cama" o "esta rutina de todos los días me tiene harto, ya no quiero ducharme más" o, "quiero romper con la rutina, no volveré a cepillar mis dientes". Por años acudimos al mismo trabajo a hacer una labor similar, comemos más o menos las mismas cosas a las mismas horas y en los mismos lugares, está determinado que una persona no tiene una variedad superior a 10 platos de comida que alterna sucesivamente con el transcurso de los años. Nos apegamos a un grupo reducido de prendas de ropa, aun cuando en el guardarropa tengamos muchas otras, no debe resultar extraño a la mayoría de la gente que al hacer una limpieza de sus armarios encuentren ropas que no se acordaban que tenían y que no quieren tirar, sino que comienzan entonces a usarlas. En fin, tenemos múltiples hábitos y rutinas de vida que parecen no molestarnos en absoluto, al contrario, nos sentimos amenazados y nos violentamos cuando alguien atenta contra ellas. También tenemos amigos que nos duran años, algunos nos acompañan desde la infancia y no nos molesta visitarlos o compartir con ellos ¿Por qué habría de ser diferente con las relaciones de pareja?, ¿qué hace que la rutina desgaste estos vínculos?

No me parece que la rutina tenga mucho que ver en ello. En las relaciones de pareja se generan emociones intensas de toda índole, desde la pasión más fuerte hasta la ira, el miedo o la tristeza. En general la comunicación no es uno de los fuertes en la mayoría de las relaciones afectivas y una de las cosas más difíciles de comunicar son las emociones. Gran parte de las parejas no tienen mucha dificultad para comunicarse los sentimientos amorosos, la pasión o la ternura; pero son muy renuentes a hablar de sus tristezas o de los miedos que surgen relacionados con el vínculo, y son muchísimo menos capaces de comunicarse la ira. La relación de pareja es uno de los vínculos en que se genera más ira. Luego de la pareja, las personas a las que más ira tenemos en el curso de nuestras vidas son nuestros padres, nuestros hijos y nuestros hermanos. En estas relaciones, las emociones son potentes, nuestras expectativas son más grandes y nuestra entrega y vulnerabilidad es mayor, de manera que una ofensa o una decepción suele tener un impacto mayor si proviene de una de estas personas. "Podía esperarlo de cualquiera, pero no de mi hermano" escuchamos decir y nos parece razonable. Entonces, el impacto de ello es mayor porque nos toma desprevenidos, sin protección y produce coraje como consecuencia. Pero la ira nos ha sido vendida como una mala emoción, "negativa", como dicen algunos psicólogos, no es considerada una emoción noble y por ello la ocultamos. Pocos pueden admitir tener ira a sus padres, aun cuando en muchos sondeos estadísticos se ha recogido la evidencia de que una gran cantidad de las personas ha llegado a desear la muerte de sus padres en alguna ocasión. Rara vez la ira es permanente o duradera, sino que en estas relaciones se trata generalmente de accesos momentáneos que luego se desvanecen, pero que al no ser expresados se acumulan, esperando el momento del estallido. La ira es criticada y censurada desde la infancia, y por esta razón genera culpa. De modo que cuando alguien siente ira hacia un ser querido al que debería amar no lo menciona, sino que se siente inadecuado y pretende evitar y negar la emoción. Esta ira, múltiples veces reprimida, genera resentimiento, el cual enfría y destruye las relaciones a fuerza de incomunicación y lejanía, y es el causante de la inmensa mayoría de las infidelidades en las relaciones afectivas. Tras cada relación extraconyugal se puede escuchar el eco amargo de la ira, "se lo merece por no tener conmigo el sexo suficiente", "se lo ganó por no querer compartir las cosas que para mí son importantes", "bueno, eso le pasa porque sólo se interesa en sí mismo" o "tú no querías conversar conmigo, pues alguien disfruta haciéndolo"; estas frases naturalmente no se le dicen a la pareja, pero están en la mente de quien busca la relación con un tercero.

Elena y Bartolomé vienen a mi consulta, en medio de una grave crisis en su matrimonio. Hace dos días ella le confesó que había tenido relaciones sexuales con un compañero de trabajo. Él se sentía muy ofendido, pero, como la amaba, decía estar dispuesto a perdonarla. Ella llegó con síntomas de depresión y una enorme sensación de culpa.

—Me siento muy mal —me decía Elena—: parezco loca, pero lo odio porque hice esto, no quiero echarle a él la culpa, pero siento que esto pasó porque no se ocupaba de mí. Siempre me dejaba sola para todas las cosas. Yo tuve que cambiar mucho desde que estamos juntos. Sé que le gusta mucho el deporte, pero nunca me invitó a sus juegos de beisbol; yo siempre fui sedentaria y me inscribí en su gimnasio para compartir algo con él y ¿sabe lo que hizo?: se cambió de horario para ir con su primo.

—Elena, yo pienso que todo lo que ocurre en una relación de pareja es responsabilidad de los dos. No me gusta hablar de culpas y no creo que lo que pasó sea culpa tuya o de él, pero estoy seguro de que ambos tienen su cuota de responsabilidad. Si cada uno toma conciencia de la suya entonces entre ambos tendrán la posibilidad de reparar lo que ocurrió.

—Bueno, creo que pasó lo que ocurre siempre: un compañero de mi trabajo me trató bien, me hizo sentir importante, le gustaba pasar tiempo conmigo, escucharme, disfrutaba ayudándome. Me sentía tan diferente que cuando veía la indiferencia de Bartolomé me daba coraje, me decía a mí misma que un día iba a pasar y que se lo merecía, llegué a pensar que si se lo decía no iba a importarle.

La situación vivida por Gerardo, otro de mis pacientes, no era muy diferente de lo anterior. Gerardo me decía:

—Siempre quise que ella se interesara en algo intelectual, que estudiara. Quería verla triunfar en algo. Ella me acusaba de querer cambiarla, sólo quería cuidar a nuestros hijos y tener la casa ordenada. Si yo leía un libro no había manera de compartirlo con ella, no le gustaba leer.

—¿Siempre fue ella así?

—Sí, creo que desde que la conocí es igual.

—Entonces ella tiene razón y estás tratando de cambiarla –le señalo.

—Pero no para su mal.

—¿Cómo puedes saberlo?

—Sólo sé que me cansé de las mismas cosas, ella no compartía nada conmigo, no era estimulante y la rutina hizo que dejáramos de salir, de hablarnos y de tener sexo.

—¿Por qué llegaste a tener una relación con ella si te parece tan diferente de ti?

—Creo que tenía la esperanza de cambiarla, de que aprendiera de mí, me gustaría haberla transformado, hacerla madurar.

—¿Tienes vocación docente o enseñarle era una forma de controlarla? –le pregunto, mirándole muy seriamente.

—Nunca lo vi así. Creo que a todo hombre le gusta moldear a su mujer, que lo admire a uno por lo que puede enseñarle.

—No sabemos si a todo hombre le gusta eso.

—¡Está bien! A mí me hubiese gustado.

—¿No crees que enseñar de esa manera, como si el otro fuese de cera que puedes modelar sin su consentimiento, es en cierta forma hacer un uso inadecuado del poder?

—Es posible, pero ella no se dejó. Es de carácter fuerte, terca.

—¿Y eso te molestó?

—Sí, me dio mucho coraje, creía que se negaba por molestarme.

—¿Cómo influyó tu coraje en la infidelidad?

—Cuando estaba con la otra y ella me llamaba por el celular apagaba el teléfono y pensaba: "Fastídiate; si fueras distinta, ahora podría estar contigo".

## Creencia 4: si somos sinceros, todo marchará sobre ruedas (el sincericidio)

Hay verdades amargas, dice la gente; verdades dolorosas y destructivas. Lo más amargo y destructivo de tales verdades no suele residir en ellas, sino en la forma de decirlas, en el momento en que lo hacemos o las razones que nos motivan a ello. La verdad es una sembradora de confianzas en las relaciones interpersonales. La honestidad preserva las relaciones de pareja cimentando sus certidumbres. Pero debemos advertir que la honestidad es más que contárselo todo mutuamente. La honestidad debe transmitirse también a las intenciones de la confesión o de la confidencia. Alguien puede decir a su pareja que ha estado deseando a otras personas y esto, aunque duro, puede ser muy honesto. Pero en muchas ocasiones este tipo de confesiones persiguen manipular a la pareja para que haga algo al respecto, algo que el otro desea que haga; o tal vez se realizan con la intención de mitigar la culpa, para lo cual basta con confesar sin intentar resolver la situación, mientras se deja sembrado de inquietud al compañero, que no sabe qué hacer para evitar un desenlace no deseado.

Hace unos años vinieron a mi consulta Edgardo, para la época un conocido periodista de opinión de un diario capitalino, un hombre de mediana edad, atractivo y carismático, y su esposa Salma, una profesional del derecho de bastante renombre. Se definían a sí mismos como una pareja abierta y progresista. Entendían por ello que no se sentían con derecho de propiedad sobre el cuerpo de su compañero, no había lugar a los celos, ya que ninguno esperaba la fidelidad del otro; habían acordado que si alguno tenía una aventura debía contárselo al otro sin conflicto alguno y ambos aprenderían de este tipo de sucesos. Eran, como ellos decían, una pareja de vanguardia. Esta decisión los hacía sentir muy evolucionados cuando lo comentaban a algunos amigos más tradicionales; sin embargo, su comportamiento era bastante distinto de lo que predicaban. Edgardo había tenido por años frecuentes aventuras extramaritales que guardaba en el más estricto de los secretos y Salma se mantenía fiel, pero muy atemorizada, ya que no estaba muy convencida de querer ser "progresista", aunque no decía nada por temor a ser vista como una persona común. Pasaron varios años antes de que una de las aventuras de Edgardo cobrara más proporciones de lo habitual y, sin que Salma tuviese la menor idea, estuvo a punto de ser abandonada. Edgardo se sintió muy culpable y, no solamente por ese episodio, la culpa cobró un carácter retroactivo. Todos esos años de engaños co-menzaron a pesarle en la conciencia y decidió hacer una confesión. Una noche, mientras estaban en la barra de un restaurante tomando unos tragos y esperando que se desocupara una mesa para cenar, él le contó todo y con gran lujo de detalles. Ella lo escuchó con serenidad imperturbable mientras se desmoronaba por dentro. Fingió comprensión y se tragó la ira. Una semana más tarde lo engañó con un colega, por venganza, y sus relaciones sexuales, antes muy buenas y satisfactorias, se hicieron poco placenteras. Ella no sentía interés y terminó por rechazarlo.

—No entiendo lo que pasó —me decía Edgardo en una sesión a la que acudió solo—, está visto que no se debe ser sincero. La sinceridad lo echó todo a perder. Cometí un sincericidio.

—¿De verdad crees que la sinceridad fue la que echó todo a perder? —le pregunté.

—Parece evidente, ¿no? Mientras yo había callado, todo marchaba mejor. Ahora ni en el sexo estamos bien, no entiendo por qué el sexo tuvo que deteriorarse.

—Me parece un poco simple como reflexión —le digo, como pensando en voz alta.

—¿Tienes una reflexión mejor? —pregunta Edgardo, molesto.

—Tengo varias, pero no sé qué tanto puedan ser consideradas mejores.

—A ver.

—Quiero que te hagas esta imagen en tu mente: dos personas sentadas en la barra de un bar bebiendo licor, una de ellas le cuenta a la otra sus aventuras sexuales, el ruido de vasos, el humo de los cigarros y el barman preguntando si les sirve otro trago, ¿qué son?

—Parecen dos amigotes —me dice riendo nerviosamente— dos camaradas.

—Así me lo pareció a mí cuando me lo contaste. ¿Y sabes algo que un camarada no le hace a otro?

—¿Qué?

—Llevárselo a la cama. Eso no se le hace a un camarada.

—Crees que convertí la relación en una relación de camaradas.

—No lo sé, eso debes averiguarlo con ella. Pero dime, ¿qué pretendías cuando te confesaste?, ¿qué querías lograr?

—Me sentía muy culpable, quería descargarme, quería que me perdonara y cambiar, tener una relación más tranquila.

—¿Pensaste cómo desearía ella enterarse de algo así?

—No, no se me ocurrió, sólo quería echarlo todo hacia fuera, cambiar a una vida más tranquila. No pensé mucho en ella en realidad —dice tristemente.

Esta relación sufrió un duro golpe del que a Edgardo le resultó difícil recuperarse. La sinceridad obedecía a la necesidad de él de descargarse de su culpa y de cambiar su relación; no pensó en las necesidades de su pareja, quien, como luego manifestó, hubiese querido enterarse antes, en otro lugar y de otra manera. Por su parte, Salma admitió, en una sesión a la que había asistido con Edgardo, que ella no estaba de acuerdo con el matrimonio abierto, pero que había aceptado por temor a que él no la admirase y que pudiera dejarla. Jamás había tenido intenciones de tener otros hombres y no creyó que él fuese a querer estar con otras mujeres.

La honestidad y la sinceridad son valores cuya presencia es importante en cualquier relación interpersonal y, naturalmente, también en las de pareja. Sin embargo, éstas son virtudes que han de ser bien administradas, ya que hasta la más noble de las intenciones puede herir a quienes no queremos dañar cuando son puestas en práctica de un modo inoportuno. Con toda razón dicen que el camino al infierno está empedrado de buenas intenciones. En mi trabajo psicoterapéutico he podido constatar sobradamente que la verdad es a menudo dolorosa, muchas veces las personas no están preparadas para ella. Muy frecuentemente las verdades son tan tristes y perturbadoras que la gente se miente a sí misma y deja de ver lo que a todos resulta evidente. Cada persona, quiéralo o no, tiene una responsabilidad con sus semejantes y ha de decidir la forma en que dice lo que ha de comunicar. Como mencioné con anterioridad, una de las características de la comunicación es que ésta es irreversible: una vez que hemos dicho algo ya no podemos retirarlo, ni cambiar la forma o el momento que seleccionamos.

## Creencia 5: después de todo este tiempo juntos nos conocemos muy bien

A veces las personas creen que por el hecho de haber vivido juntos muchos años han llegado a conocerse bien el uno al otro. Conocer a una persona no es el producto del tiempo pasado junto a ella; es más bien el producto de la comunicación que con ella se ha sostenido. Esto lo aprendieron luego de 34 años de casados Óscar y Anita. Conocí a esta pareja como producto de una consulta de supervisión. Un especialista en psicoterapia de grupos, que fue inicialmente uno de mis mejores profesores y luego, con el tiempo, extraordinario amigo y colaborador, me pidió apoyo en el tratamiento de una pareja con serios problemas de comunicación que estaban a punto de divorciarse. Acordó con ellos que por un tiempo yo participaría en las sesiones para aportar una visión más fresca, otro punto de vista. Cuando acudí a mi primera sesión con ellos, lo primero que me llamó la atención fue que se trataba de una pareja de avanzada edad. Óscar tenía entonces 77 años y Anita 73. El ambiente era tenso, con tendencia a hacerse hostil, evitaban mirarse e intentaban, infructuosamente gracias a la pericia de mi profesor, comunicarse por medio de él. Resultaba particularmente difícil ubicarlos en sus emociones, racionalizaban, se reclamaban y se atacaban con mucha facilidad. Esa sesión fue particularmente difícil. Anita se quejaba de que Óscar ya no era el de antes y Óscar la acusaba a ella de que no lo tomaba en cuenta. Ella parecía decidida a divorciarse.

—Él ha cambiado mucho, doctor —me decía Anita con mirada severa y aspecto cansado, haciendo gala de su gran frustración—. Tenemos 47 años de casados y todo lo bueno que tenía lo ha ido perdiendo a través del tiempo.

—Ella siempre está con esa cantaleta, doctor —intervino Óscar—. Yo no tengo la impresión de haber cambiado en nada; al contrario, yo soy un maniático de hacer todo igual. Pero a mí sí me parece que ella es diferente, cada vez está más amargada y cada día más indiferente. Nada de lo que hago o digo le importa; es más, ni siquiera lo nota, soy transparente para ella, invisible...

—Yo no puedo ver lo que no existe, ni darme cuenta de lo que no haces —interrumpe ella muy molesta, hablándole directamente por primera vez—. Mire, doctor —me dice—, cuando nos conocimos él era un hombre romántico, atento y galante y yo echo eso de menos...

—Pero ¿cómo se puede ser galante con una persona que ni lo mira a uno? —interrumpe él, mirándonos alternativamente a mi colega y a mí—, que alguien me diga.

—Déjame terminar de hablar, que cuando tú hablas nadie te interrumpe —corta Anita, furiosa, casi levantándose de la silla.

—Niños, niños me están avergonzando delante de las visitas —dice mi colega con una sonrisa—, parece que nuevamente les resulta más importante escucharse a sí mismos que enterarse de lo que le ocurre al otro.

La sesión transcurrió en un ambiente similar al descrito y al final decidimos hacer un acuerdo: Óscar se comprometió a ser más romántico y atento, y Anita accedió a estar más interesada en lo que él hacía. No teníamos grandes esperanzas de que esto cambiara las cosas, pero era un buen punto de partida, al menos se había encontrado algo para hacer antes de dar el paso del divorcio, que para Anita era la única solución viable.

Volví a incorporarme a las sesiones dos semanas más tarde. Las cosas estaban aún peor. Cuando entraron al consultorio, la tensión entre ellos casi podía tocarse.

—¿Qué ha ocurrido? —les pregunté.

—¿Qué va a ocurrir? —saltó Anita precipitadamente y con una actitud de evidente disgusto—. Ocurrió lo de siempre: nada, él no hace nada, es una tontería imaginarse que él va a hacer algo. Ya se lo dije, doctor, lo mejor va a ser que nos separemos.

—Muy bien, si eso es lo que quieres, por mí no hay problema —saltó Óscar, molesto, luego de un rato en que había estado conteniéndose—, prefiero divorciarme que pasar el resto de mi vida al lado de alguien que no toma en cuenta nada de lo que hago.

—Pero por el amor de Dios, sí tú eres el rey de los indolentes —dice ella gritando—. ¿Qué se supone que debo ver? Dime, ¿en qué tengo que fijarme?

—No te fijes en nada. Si lo que quieres es divorciarte, no necesitas excusas. Vete de una vez, tal vez sea lo mejor para los dos. Si me acostumbré a vivir con una loca, puedo más fácilmente acostumbrarme a vivir sin ella.

Las cosas se pusieron tan difíciles en ese encuentro que tuvimos que pedir a Óscar que saliera del consultorio y nos dejara conversar con Anita.

—Y bien, Anita —la interpelé—, ¿qué ha hecho Óscar?

—Lo que les dije, no ha hecho nada de nada —explica disgustada.

—¡Por favor! —le digo incrédulo—. Algo debió ser diferente. Quizá se levantó con otra pierna o comenzó a peinarse de otra manera —digo con ironía.

—Pues sí, ahora que lo pienso estuvo todos estos días con la manía de querer hacer el amor a cada rato, pero lo mandé al diablo todas las veces. Viejito cochino.

—Usted me dijo que quería que él volviese a ser romántico. ¿No es así?

—Sí, así podríamos resumirlo —asintió.

—Podría decirme, Anita, ¿qué quiere decir con eso de "romántico"?

—Bien, me refiero a que sea galante, cariñoso, romántico, usted sabe.

—No, en realidad no sé. Mi idea del romanticismo es tener una moto bien poderosa, ir a buscar a mi pareja a su casa y llevarla a toda potencia a la más ruidosa de las discotecas —le digo, fingiendo seriedad.

—No, no. Nada de eso. Quiero que me dé sorpresas. Antes me invitaba al cine o al teatro, me invitaba a cenar o preparaba él una cena especial con velas, vino, música y todo eso. ¿Sabe? Me escribía unos poemas preciosos. Pero eso fue hace ya muchos años.

Al rato le pedimos a Anita que saliera y nos dejara hablar con Óscar a solas.

—¿Qué cosa has hecho en relación con el pacto que acordamos? –le pregunté.

—Pues traté de ser romántico y para eso intenté hacerla sentir hermosa y deseada. Quise seducirla, pero ni cuenta se dio.

Luego de hablar un tiempo con Óscar, los juntamos de nuevo y yo, mirando directamente a Anita, le dije.

—¿Sabes, Anita? Yo no entendí muy bien lo que me explicaste de la seducción, debe ser la brecha generacional o algo así. Me gustaría que me lo explicaras mejor.

Y ella me lo explicó más y mejor, esta vez delante de Óscar. Habló de cenas, cines y largas conversaciones en cafés, de regalos sorpresa, flores y poemas. Escuché un sollozo y volteé para ver a Óscar, que tenía la cabeza entre las manos y lloraba conteniendo las lágrimas. Se calmó mientras Anita le abrazaba y luego, mientras se secaba las lágrimas con un pañuelo, nos explicó que aún seguía escribiendo poemas, aunque no los mostraba a nadie por vergüenza (de nuevo esta emoción haciendo de las suyas). "Creí que eran tonterías, nada adecuadas para que un viejo las siguiese haciendo."

Más de 30 años juntos y para ambos la palabra *romanticismo* resultaba tener connotaciones desconocidas por el otro. No importa cuánto tiempo pasen juntos, nada sustituye a una buena comunicación.

Luego de unas cuantas sesiones más cordiales y muy gratas me desincorporé y Óscar y Anita continuaron su trabajo psicoterapéutico con mi profesor, ya no hablaron de divorcio y terminaron limando sus numerosas asperezas con trabajo, buena voluntad y un poco de paciencia. Óscar me envió una copia de lo que él consideraba que eran sus mejores poemas, y la llamada de Anita nunca falta el día de mi cumpleaños.

## Creencia 6: hay que sacrificarse por los hijos

Lo mejor que puede pasar a nuestros hijos es crecer en medio de una relación de pareja sana, estable y feliz en la que se sientan amados, protegidos, importantes y depositarios de la confianza de sus padres.

Pero también es primordial que sean espectadores del amor entre sus progenitores. Los niños aprenden la mayoría de las destrezas y actitudes sociales predominantemente por imitación y entre ellas está dar y recibir afecto. Los seres humanos aprendemos mediante varias estrategias, la menos eficaz de todas es la que más énfasis recibe en los sistemas educativos, en los cuales una persona, que supone que posee un conocimiento, trata de que otros sepan lo que él sabe diciéndoselo durante horas y horas; este sistema requiere la repetición para ser medianamente eficaz. Otra forma de aprendizaje muy útil durante toda la vida, en particular para aprender aquellas cosas en las que la mayoría posee poca o ninguna experiencia, es la del ensayo y el error, de la que también hacemos buen uso durante la infancia.

En los años de nuestra niñez aprendemos las cosas más difíciles por un medio más eficaz que la repetición: la imitación. Aprendemos a hablar, a caminar, a leer y escribir, también las complejas normas de funcionamiento social y otras habilidades con las que estamos tan familiarizados que ya hemos perdido la noción de su dificultad. Tomamos como modelos para imitar a las personas que tenemos más cerca y que más nos impresionan emocionalmente; en el inicio de nuestras vidas son nuestros padres o quienes hacen las veces de ellos quienes más nos influyen. La infancia es la etapa en que aprendemos más cosas y con más facilidad, pues en ese tiempo sabemos menos y la información no tiene otra información contra la cual validarse o a la cual imponerse. Nuestros padres son para nosotros modelo de hombre, de mujer y de adultos, y el vínculo que sostienen es modelo de relación. Por lo general ésa es la relación de pareja que vemos más de cerca y por más tiempo, aparte de las nuestras. Algunas personas se precian de dar buenos consejos a sus hijos, pero olvidan que los niños aprenden más por lo que nos ven hacer que por lo que les decimos que hagan. Si fuésemos a enseñarles a caminar a nuestros hijos de menos de un año, explicándoles cómo hacerlo, tendríamos que decirles, por ejemplo, que deben pararse sobre sus dos pies y luego levantar el talón del pie derecho, doblar ligeramente la rodilla y elevar la planta del pie unos 2 centímetros del suelo y adelantarlo cerca de 10 centímetros, y al posarlo sobre el suelo comenzar a levantar el talón del otro pie; les explicaríamos también que las manos y los brazos tienen que hacer su avance y retroceso en un sentido opuesto al de los pies, y luego les explicaríamos el movimiento de los hombros y las caderas. Si lo hiciésemos de este modo tendríamos muchas posibilidades de que siguieran gateando hasta la adolescencia. El niño aprende a caminar simplemente porque ve que sus padres lo hacen y los imita. Así nuestros hijos aprenden también a ser adultos, a comunicarse, a resolver sus conflictos o a no hacerlo, a dar y recibir amor, entre otras cosas. Entonces, lo mejor que puede pasarle a un niño es crecer en el seno de una relación en la cual para aprender vea a sus padres comunicándose, negociando, mostrándose su amor, equivocándose y perdonándose, con humanidad y ternura. Si, por el contrario, han de pasar su infancia entre dos personas que no se hablan, que no se tocan, que no parecen saber que el otro existe o, peor aún, si han de verlos gritándose con resentimiento, humillándose o hasta golpeándose, no tengo ninguna duda en asegurar que un buen divorcio es mejor que un matrimonio malo.

Un ejemplo de esto lo proporcionan Ramón y Zulay, una pareja de divorciados con un hijo cada uno, que contrae matrimonio y forman una nueva familia. La hija de Ramón vive con su madre. Ramón y Zulay viven con Armandito, el hijo de ella y de su anterior esposo. Dejemos que Ramón nos explique cómo se constituyó esta extraña familia.

—Al principio —me decía— cuando llegaba Armando (el padre de Armandito) los fines de semana a buscar a su hijo, me molestaba. Él se quedaba en el auto esperando a que Zulay le llevase el niño. Pero en una ocasión él llegó a buscar a su hijo y no lo teníamos listo, creo que Zulay estaba bañándolo. Pensé que estaría sentado en su auto, como yo mismo había estado muchas veces frente a la casa de mi ex esposa, y decidí bajar e invitarlo a la casa. Nos tomamos un trago y hablamos mientras preparaban al niño, es un tipo agradable, ¿sabes? A partir de ese momento fue un invitado regular a nuestra casa, naturalmente se hallaba con nosotros en los cumpleaños de su hijo y estaba enterado de todo lo que ocurría con él. Cuando el niño tenía problemas en el colegio, hacíamos juntas para ayudarlo y nos reuníamos los tres con el muchacho para buscar la mejor manera de solucionar las dificultades. El chico decía que tenía dos padres y una madre.

Esto es lo que yo llamo un buen divorcio. Sé que no es lo que ocurre en la mayoría de las situaciones, pero sé igualmente que si ellos pudieron lograr una convivencia semejante, otros también pueden hacerlo.

En muchas ocasiones los padres sobredimensionan el impacto que el divorcio puede causar a los hijos y se escudan tras la excusa del trauma emocional que puede ocasionarles, para no asumir una realidad que les resulta difícil manejar, cuando muchas veces la relación que exhiben les causa más daño que cualquier separación. El divorcio es traumático para los niños, esto es un hecho que no puedo ni deseo negar; sin embargo, la mayoría de los niños vive situaciones bastante traumáticas durante su infancia que pasan desapercibidas para los padres. Los niños cambian de colegio y pierden a sus amigos, cambian de maestras y rompen bruscamente el contacto con una persona que se volvió significativa para él, sus amigos vecinos se mudan y no los vuelven a ver más. Todas estas separaciones son traumáticas para el niño y la mayoría de los padres reparan poco en la importancia que tienen. No pretendo decir que la separación de los padres tiene la misma repercusión que las mencionadas, pero la separación de los padres le ocurre a un niño que se ha visto expuesto y ha tenido que aprender a superar varias separaciones en el curso de su corta existencia.

## Otras creencias de importancia en esta etapa

Las creencias que generan dificultades en esta etapa tan importante para la persistencia de la relación de pareja son muchas más y no me es posible, por razones de espacio, enunciarlas todas. Para no saturar la paciencia de mis lectores quisiera, muy brevemente, mencionar otras cuatro que han de ser tenidas en especial consideración. La primera de ellas es el tan repetido intento de reconquistar el amor perdido de la ex pareja mostrando el sufrimiento que genera su ausencia. El sufrimiento es la medida del amor, parecen pensar muchos. Y puede que así sea, pero lo que no es cierto es que mostrar este sufrimiento a la persona amada aumente su genuino deseo de estar con quien sufre. "Me dejó, debo reconquistarla o reconquistarlo; si me ve sufrir, volverá", piensan equivocadamente. Puede que regrese, pero no motivado por el amor y sí, tal vez, por la culpa, sentimiento que no ha demostrado ser muy eficaz para el mantenimiento de una relación afectiva en el largo plazo. De manera que quien sostiene esta creencia parece haber olvidado la estrategia que realmente le ha funcionado: la seducción, tal como ha sido expuesta en el capítulo 1.

Otra creencia disfuncional muy popular es que "el tiempo mata la pasión". No es el tiempo ni la rutina lo que hace desaparecer el amor y la pasión; si fuese así, estaríamos sentenciados a ver desaparecer una tras otra nuestras relaciones afectivas. El amor y la pasión evolucionan con el tiempo y adquieren características diferentes en cada etapa y en cada pareja. Puede ser que los momentos de pasión se hagan menos frecuentes, ya que la vida de las personas está llena de necesidades relacionadas con el trabajo, la familia o el entorno social, pero la intensidad y satisfacción de los momentos de pasión depende de la comunicación y de la capacidad para expresar adecuadamente las emociones. La pasión y el amor mueren habitualmente por el resentimiento que generan las situaciones de malestar e ira que no se han resuelto en forma adecuada.

La separación es un fracaso. ¿Reconocen ésta? Bueno, quizá no sea necesario insistir mucho en ella. Ya muchas personas son capaces de entender, a pesar del dolor que produce toda separación, que el único fracaso de una relación que culmina es salir de ella sin haber aprendido nada. Quien intenta evitar el dolor y la tristeza de una relación que se acaba, ocupándose con el trabajo o aturdiéndose en juergas y placeres, corre el gran riesgo de no cerrar la gestalt del vínculo que culmina e iniciar una nueva relación en forma distorsionada y con muchas probabilidades de elegir de la misma manera y cometer los mismos errores que en la anterior. Eso sí sería realmente un fracaso.

Por último, quiero mencionar que la estrategia comúnmente utilizada de "separémonos por un tiempo a ver si las cosas marchan mejor", que se ha convertido en una creencia popular, propicia el equívoco de que el tiempo y la distancia arreglan las cosas. Si una persona tiene un comercio con un socio y las finanzas no andan bien, dudo que alguno de ellos crea realmente que la solución sea que ambos tomen vacaciones, cierren la tienda y esperen que a su regreso, un mes más tarde, las finanzas hayan mejorado. Lo mismo sucede con una relación interpersonal: la distancia sólo sirve para acostumbrarse a estar solo y, quizá, sufrir menos si sobreviene la separación. Las dificultades se resuelven con el diálogo, ideando soluciones creativas entre los dos y negociando honestamente los términos en que éstas van a ser aplicadas, y esto se hace permaneciendo juntos. Por mi parte, pienso que una de las pocas situaciones en que es recomendable la separación temporal es cuando la situación en la relación se ha tornado violenta y explosiva, y se requiere un periodo de trabajo psicoterapéutico individual antes de intentar la conversación y la solución de las dificultades.

Es mucho lo que aún puede abundarse sobre el asunto de las creencias y la forma como éstas afectan nuestra existencia. Son muchísimas más las creencias que comúnmente se sostienen y que entorpecen de manera cotidiana el adecuado fluir de nuestros vínculos. Espero haber hecho una acertada exposición de las anteriores y que los lectores puedan, en consecuencia, reconocer en su vida el efecto de estas creencias y de otras que no han sido mencionadas aquí. Creo que ha llegado el momento de dar una idea de cómo resolver el problema que éstas representan.

# Capítulo 5

# El trabajo psicoterapéutico con las creencias disfuncionales

*La mente puede afirmar algo y pretender que lo ha demostrado.*
*Yo pruebo mis creencias en mi cuerpo, en mi conciencia intuitiva,*
*y cuando llego a una respuesta ahí, entonces acepto.*

D. H. Lawrence

Las personas se casan o establecen una relación de pareja con la intención de incrementar el tiempo que pasan juntos, de compartir su vida y muchas más actividades que las cotidianas; sin embargo, a medida que el tiempo transcurre, la vida de la pareja se llena de ocupaciones y de obligaciones que hacen que lograr esta aspiración sea muy difícil. El trabajo, los hijos, las responsabilidades familiares y del hogar van ocupando su tiempo, su existencia. De pronto estas personas se encuentran con la realidad de que no comparten vivencias de pareja. Salen con los hijos o con algunos amigos que, por supuesto, han de tener hijos para que puedan jugar con los suyos. Realizan actividades en grupo, es decir, efectúan actividades familiares o con amigos, pero dejan de comportarse como una pareja y, como en realidad el ser humano es lo que hace, poco a poco dejan de ser pareja.

Cuando un par de personas acuden por primera vez a una terapia de pareja, lo primero que sucede en la sesión, sin que ellos se den cuenta, es que están juntos, sin hijos, amigos o padres. Están trabajando y pensando en temas que son de ambos. Comienzan así a resurgir las vivencias de pareja. El hecho de acordar asistir a terapia es en sí una actividad terapéutica. Están sentados tratando de encontrar soluciones a los problemas que les aquejan, hablando de cosas significativas, juntos y orientados a un mismo objetivo. El ser humano se define a sí mismo en función de las cosas que realiza en el mundo. Somos lo que hacemos. Una persona no es arquitecto porque una universidad calificada así lo certifique, sino que lo es porque, además de haber adquirido las destrezas necesarias, las pone en práctica, se enfrenta a los problemas que éstas conllevan y los resuelve. De la misma manera una pareja sólo lo es cuando se comporta como tal. En realidad en el núcleo de muchas familias ha dejado de haber parejas, y sólo hay padres y personas que pagan las cuentas juntos. Un terapeuta de parejas ayuda a sus pacientes a encontrar la manera de seguir siendo pareja en medio de una familia y una sociedad que presionan para que realicen sus otros roles. Les apoya para que retomen las actividades propias de la relación y que, de esta manera, sean de verdad lo que pretenden ser. Esto comienza a ocurrir en la medida en que los miembros de la relación empiecen a salir, a compartir tiempo juntos y solos: irse, por ejemplo, a un café, pasear por un parque, sentarse en una plaza a conversar sobre su vínculo, a manifestarse sus expectativas, sus metas y cómo ven a su pareja ubicada dentro de éstas. Se hacen pareja a medida que comiencen a contarse sus malestares y sus necesidades, a conversar sobre los temas propios de la relación, como lo que ha significado para cada uno de ellos ser la pareja del otro a través de todo el tiempo que llevan juntos, las cosas que les gustan del otro y las que no, los cambios que desearían que sucedieran en su relación, las emociones que afloran en ellos en las distintas circunstancias, las aspiraciones que tienen sobre la relación en el futuro, entre otros.

Al principio de un proceso terapéutico, los pacientes dependen del terapeuta en cierta medida, pues acuden a terapia por no tener o no saber cómo utilizar sus recursos. Los recursos nuevos comienzan siendo externos, luego han de interiorizarse y el paciente adquiere autonomía. El terapeuta debe encargarse de guiar a sus pacientes hacia la autonomía, ayudarlos a que adquieran control sobre sus recursos. La finalidad del tratamiento no es resolver los problemas de los pacientes, sino lograr que éstos aprendan a resolver creativamente a su manera y a su medida sus propias necesidades. Es un camino de la incompetencia a la independencia.

## El inicio del tratamiento

Ante todo es necesario partir del principio de que las creencias de las personas pueden ser cambiadas. Existen estrategias que permiten que el sistema de creencias de una persona o un grupo de personas (incluso la pareja) pueda ser renovado. Los sistemas de creencias de los individuos les generan las dificultades y les impiden resolverlas, al igual que otros sistemas de creencias les proporcionan sus recursos y les permiten crecer, madurar y prosperar. Todos tenemos creencias que nos impulsan y creencias que nos limitan, y estas últimas son el objetivo de nuestro trabajo.

Rudi Dallos (1996), un estudioso de las creencias en el ámbito familiar, opina: "Las personas tienen una forma bastante inútil, cuando no manifiestamente dañina, de verse a sí mismas, a sus amigos, sus relaciones personales y su vida en general".

Las personas han adquirido estas formas de verse en el curso de su vida mediante las interacciones con las demás personas, basan en ellas su estabilidad y su seguridad y, a pesar de las consecuencias, se resisten a cambiarlas, pues este cambio atenta contra su identidad y contra la visión que tienen del mundo.

La gente tiende, como es bien sabido, a permanecer como está, a conformarse demasiado fácilmente con lo que tiene y con lo que es. Alguien podría alegar que la mayoría de las personas tienen ambiciones y ansias de superarse. Pero esto ocurre, predominantemente, debido a expectativas sociales que casi todos nos vemos impelidos a satisfacer. Por lo general, un individuo cuyas estrategias vitales hayan tenido cierto éxito no suele cambiarlas. Una persona ha de haber alcanzado un grado bastante alto de insatisfacción antes de plantearse cualquier cambio. Los seres humanos nos movemos a lo largo de nuestra vida entre dos parámetros, a modo de paredes movedizas que nos comprimen. Una de ellas es el miedo a la pérdida de la estabilidad y de la seguridad, la cual es la tan mencionada *resistencia al cambio*. La otra pared la constituyen las insatisfacciones que nos generan ciertas situaciones vitales, en las que vemos amenazadas las condiciones mínimas ideales para nuestra existencia. Si el temor es mucho y la insatisfacción poca, habrá escasas probabilidades de que se emprenda cambio alguno. Si, por el contrario, la insatisfacción es mucha y el temor poco, se emprenderán series de cambios sucesivos de ajuste que crearán una fluctuación hasta llegar a una situación estable. A medida que la insatisfacción crece o que el miedo disminuye, la persona llega a su umbral de cambio. Naturalmente existe una innumerable cantidad de variables individuales que afectan la estabilidad y la tendencia al cambio de cada individuo, de modo que lo anteriormente expuesto ha de ser asumido como una aseveración general para facilitar la comprensión de los procesos de cambio, y no como una regla inalterable del comportamiento de los seres humanos.

Betty es una mujer de cerca de 40 años, con un matrimonio poco afortunado. Su esposo, con quien tiene tres hijos de 6, 9 y 15 años, se muestra apático y distante con ella, discuten con frecuencia y en las discusiones él se muestra arbitrario y agresivo verbalmente. Ella confiesa sentirse muy insatisfecha de su situación, de la que por vergüenza no habla con su madre ni con ninguna de sus amigas. Me asegura que ha intentado todo lo que cree que podría mejorar su relación, sin que esto dé ningún resultado.

—Me iría ahora mismo si pudiera —me dice con las lágrimas deslizándose por las mejillas, durante una de nuestras primeras sesiones.

—¿Crees que ésa es la mejor opción? —le pregunto, sondeando su capacidad para generar otras posibilidades.

—Ya he hecho más de lo que me parece suficiente. Sé que tienes que buscarle un final feliz a esta historia, pero de verdad no hay nada más que desee hacer.

—Y entonces, ¿qué te impide separarte?

—Conozco bien a Juan: si nos separamos, va a hacer lo menos que pueda por mí y los muchachos. Con mi trabajo no puedo mantener los estudios de los tres; además, ellos necesitan un padre para crecer dentro de una familia. Y, por otra parte, ¿crees que voy a rehacer mi vida?, ¿qué posibilidades crees que tiene una mujer divorciada con tres hijos?

Betty había llegado a la conclusión de que lo único que podía hacer era prepararse para soportar un matrimonio en el cual no era feliz; esto le parecía preferible a quedarse sola y afrontar la inseguridad económica. Su miedo superaba la insatisfacción que generaba su relación. Un grupo de creencias mantenía este temor: "Los hijos de padres divorciados siempre tienen problemas", "una mujer divorciada no es tomada en serio por los hombres de bien", "nadie va a querer unir su vida a la de una mujer con tres hijos". Esta situación de insatisfacción subumbral hubiera podido mantenerse por muy largo tiempo, quizá toda una vida; sin embargo, un par de meses más tarde ocurrió algo que cambió el balance de la situación. Juan, en medio de una pelea, la golpeó y le dejo un ojo amoratado, varios hematomas en los brazos y una contractura muscular en el cuello. Este suceso generó otro grupo de creencias, como: "la violencia doméstica es de gente sin cultura", "es mejor morirse que soportar un marido que te golpee", "una vez que te pegan ya no paran de hacerlo". Dos semanas más tarde, Betty obligó a un muy arrepentido Juan a dejar la casa; lejos de sus temores, Juan cumplió con sus responsabilidades económicas. Algo había cambiado en Betty: estaba actuando ahora en forma más decidida y autosuficiente. La insatisfacción había superado el miedo, y con firmeza ella aseguró a Juan que nunca volvería con él a menos que accediera a acudir con ella a psicoterapia de pareja; él accedió y, tras seis meses de trabajo, la relación funcionaba sobre unas bases muy diferentes y con unos integrantes muy cambiados.

Manuel vivía una situación similar, pero en sus circunstancias no fue un incremento del malestar lo que lo llevó a su umbral de cambio.

Él se enamoró de una compañera de trabajo algo mayor que él. Comenzaron una relación paralela y eso hizo que su miedo a la soledad, a no lograr construir una familia, disminuyese y, a partir de este hecho, decidió su separación.

Cambiar las creencias significa renunciar a la idea de "yo soy". Todos tenemos creencias de autodefinición o de identidad, solemos calificarnos con ellas: "yo soy introvertido", "soy impulsivo" o "soy inteligente" o "manipulable". En realidad "yo soy" es una mala costumbre lingüística proveniente de la influencia anglosajona en nuestro lenguaje. Las lenguas anglosajonas poseen un solo verbo para nuestros "ser" y "estar": el verbo *to be*. De manera que para ellos, por ejemplo, estar ansioso (*to be anxious*) y ser ansioso (*to be anxious*) no tiene diferencia alguna, aunque la connotación es muy diferente. Cuando decimos que una persona está ansiosa, entendemos que puede dejar de estarlo, como quien está cansado: se trata de un estado transitorio. Sin embargo, si decimos que alguien es ansioso, pareciera que aludimos a una cualidad del ser, como ser blanco o ser bajo de estatura, son atributos inmutables, no cambian. En realidad la mayoría de las creencias de identidad se refieren a cosas que hacemos y no a algo que somos. Yo suelo decir a mis pacientes, cuando ellos construyen alguna autodefinición como las mencionadas, que lo que ellos son me cabe en una mano. Son hombres o mujeres; negros, blancos o chinos; altos, de estatura media o bajos; con un grupo sanguíneo y un factor Rh. En síntesis, con un genoma particular. Lo inmutable es una cualidad del ser, lo demás es comportamiento modelado que puede ser cambiado. En lugar de decir "soy tímido", es más exacto decir "en ocasiones me comporto con timidez".

Una de mis pacientes aseguraba que ella *era* poco afectuosa. Yo le pregunté:

—¿En realidad es cierto que no le haces cariño a nadie?

—No. Con mis sobrinos soy muy cariñosa —respondió ella.

—¡Vaya! Eres como la mascota de un amigo mío —le digo con ironía.

—¿Cómo es eso? —pregunta riendo.

—Tengo un buen amigo que tiene una mascota un tanto extraña. De lunes a viernes es su perro y los fines de semana es el elefante del circo.

—Eso no puede ser —me dice con una carcajada—, ¿qué estás tratando de decirme?

—Eso mismo, ¿cómo puede ser que seas cariñosa y no cariñosa al mismo tiempo?

—Bueno, con ellos me agrada, no tengo miedo con ellos.

—Y entonces *decides* hacerles cariño. Mientras que con otros, como tu novio, por ejemplo, te da miedo y *decides* no hacerlo.

—Sí, creo que es más exactamente así —acepta.

De esta manera ella está en mejores condiciones de asumir que si se comporta afectuosamente o no lo hace se debe a una elección que realiza consciente o inconscientemente y, por lo tanto, está en mejores condiciones de asumir que puede elegir otra manera de hacer las cosas.

Es necesario destacar que el cambio de creencias no es, necesariamente, un proceso doloroso y largo. Si bien se trata de cambiar creencias que han estado consolidándose por mucho tiempo, toda una vida en muchas ocasiones, también existen estrategias y técnicas que hacen que el proceso de cambio sea dinámico, a veces corto y en ocasiones divertido.

Una dificultad importante es que la mayoría de las creencias son inconscientes. Las personas no tienen una idea clara de cuáles son o de cómo afectan su visión de la vida y los comportamientos que asumen. No basta con preguntar a los miembros de una pareja qué piensan de las relaciones afectivas, o de los hombres y las mujeres, para que revelen sus creencias. Adicionalmente a esto, las creencias responden estrechamente a los contextos, es decir, cambian dependiendo de las diferentes situaciones en que se encuentre la pareja. Por esto es importante que gran parte del proceso terapéutico sea asumido como una situación de investigación, en la cual el terapeuta y la pareja exploran, mediante las interacciones establecidas entre ellos, la naturaleza y las pautas por las que se rigen sus vínculos. Las diferencias que existen entre las distintas parejas hacen que cada trabajo terapéutico tenga también mucho de ensayo, lo cual no significa que el terapeuta se encuentre experimentando irresponsablemente con la pareja o las personas con quienes está trabajando. Guardando las distancias, tiene cierta similitud con el conductor de un vehículo que no sabe a dónde va. Conoce las reglas de tránsito y posee los conocimientos y destrezas para conducir adecuadamente, en ocasiones este conductor estará acompañado por una persona, y muchas veces por dos, que sí saben a dónde desean ir pero no tienen una idea exacta de cuál es la ruta o de qué han de hacer para llegar; esto han de averiguarlo todos a medida que el vehículo va avanzando.

Al principio del trabajo, el terapeuta incentiva a los pacientes a relatar lo que para ellos son sus dificultades, las teorías que han desarrollado acerca de su origen y lo que han hecho para resolverlas. Mientras tanto, el especialista ha de observar cuidadosamente las pautas de interacción entre los miembros de la pareja y la de cada uno de ellos con el terapeuta.

En diversas teorías psicológicas, se ha planteado muchas veces que el terapeuta ha de ser neutral para reducir al mínimo cualquier influencia personal desfavorable que éste pueda ejercer sobre el paciente, ya que sus observaciones, formulaciones e intervenciones van a estar afectadas por factores personales que se encuentran al margen de la conciencia. En palabras de Freud (1912/1981), padre del psicoanálisis, "El terapeuta debería ser opaco con sus pacientes y, como un espejo, no debería mostrarles otra cosa que lo que se le muestra a él".

La neutralidad es un mito, imposible de llevar a cabo en la realidad. El solo hecho de ser observador y participante impide tal pretensión. La influencia del observador sobre la realidad que éste presencia ha sido bien documentada desde los trabajos de Werner Heisenberg (Prigogine, 1997; Bohm, 1980/1992) que lo llevaron a plantear el principio de incertidumbre. En el capítulo 1 cité al físico Paul Davies (1984/1985), que en su libro *Superfuerza* refiere las experiencias de un grupo de físicos que, deseando medir la inclinación del spin (o eje) de los electrones, en relación con unos campos electromagnéticos utilizados como puntos de referencia seleccionados al azar, descubren que los electrones se alinean siempre paralelamente al punto de referencia seleccionado. Aun cuando seleccionaron varias referencias distintas, el electrón cambió alternativamente su ángulo de spin para situarse paralelamente al campo elegido por el experimentador. "De algún modo, el libre albedrío del experimentador se inmiscuye en el micromundo. El extraño servilismo que obliga a todas las partículas dotadas de spin a adoptar el ángulo fijado por el experimentador parece sugerir un dominio de la mente sobre la materia" (Davies, 1984/1985).

O como dijera Eric Kandel (1979), quien en 2000 obtuvo el premio Nobel de medicina por sus descubrimientos acerca de las señales de transducción de los nervios: "...Incluso durante simples experiencias sociales como cuando dos personas hablan, el mecanismo de las neuronas del cerebro de una persona es capaz de ejercer un efecto directo y duradero sobre las conexiones sinápticas modificables del cerebro de la otra".

Este tipo de descubrimientos cuestiona la noción de neutralidad terapéutica que el psicoanálisis plantea que debe ser alcanzada por los terapeutas psicoanalíticos (Greenson, 1967/1976; Racker, 1977; Lagache, 1988; Coderch, 1987). La neutralidad parece una utopía que no puede ser conseguida, ya que el observador y el observado (terapeuta y paciente) se encuentran construyendo, deconstruyendo y reconstruyendo activamente una realidad, en el gran marco de múltiples realidades que se construyen y se validan consensualmente unas a otras. Incluso en el área del psicoanálisis la neutralidad terapéutica es activamente discutida por algunos autores como Renik (1993, 1995, 1996), Makari (1997) y Cooper (1996). En este particular, tengo una opinión similar a la de Oscar Wilde: "Sólo podemos dar una opinión imparcial sobre las cosas que no nos interesan, sin duda por eso las opiniones imparciales carecen de valor".

El proceso psicoterapéutico es intersubjetivo. En el curso del proceso terapéutico nuestra atención tenderá, como en cualquier otra circunstancia de la vida, a ser selectiva. Sabemos también que evaluaremos y entenderemos las circunstancias del paciente o pacientes mediante nuestros sistemas individuales y sociales de creencias, lo cual no es evitable por ninguna persona, por más especializado e intensivo que sea su entrenamiento. La tendencia a comprometerse con sus semejantes es un rasgo de los seres humanos; por tanto, no somos neutrales y el terapeuta que no se conmueve con el sufrimiento de sus pacientes poco ha de poder ayudarles. La imposibilidad de ser neutral y objetivo no es un problema, sino un rasgo de los seres humanos y, al no constituir un problema, tampoco podrá ser resuelta, ya que sólo los problemas tienen soluciones. Recordemos a Watzlawick, Weakland y Fisch (1974/1976), cuando en su libro *Cambio* escribieran acerca de las causas por las que los problemas no se resuelven; mencionaron entre ellas la tendencia que tenemos en ocasiones a intentar resolver algo que, en realidad, no es un problema. Pues bien, si la imposibilidad de ser neutrales y objetivos es un rasgo de las personas, ¿por qué no aceptarlo como tal y utilizarlo para el provecho del proceso terapéutico? Los terapeutas humanistas y sistémicos recibimos un entrenamiento que nos facilita tratar los problemas de los pacientes comprendiéndolos más que juzgándolos. Entendemos que la realidad de cada uno de ellos y la nuestra son un constructo personal que se valida socialmente y que ninguno de estos constructos es más válido y verdadero que los demás. Cuanto más de estas realidades conozcamos, más enriqueceremos y ampliaremos nuestro sistema de constructos. Cuanto más sepamos de los constructos de los demás, más flexible será nuestra interpretación de la realidad y más amplio nuestro repertorio de opciones de comportamiento, y precisamente ampliar y enriquecer sus opciones lo hacemos por ayudar a nuestros pacientes. No nos preocupa la inevitable subjetividad, sino que ésta nos enriquece.

Creo que es adecuado hacer de la terapia de pareja una negociación de significados personales e interpersonales, una revisión crítica de las construcciones con que la pareja ha hecho su realidad, con las cuales ha organizado su experiencia y elegido sus acciones. Mediante el lenguaje como recurso básico tratamos de ayudar a la persona o a la pareja a deconstruir las creencias restrictivas y los significados con los que están emocionalmente ligados y a reconstruir un grupo de significados y creencias más diverso y funcional, que les permita vivir en un mundo más amplio. Como bien dijera Robert Neimeyer (1995): "Así la psicoterapia puede verse como una especie de colaboración en la construcción y reconstrucción del significado, una sociedad íntima pero temporal, en un proceso evolutivo que continuará mucho tiempo después de que acabe la terapia formal".

Al principio del proceso, el terapeuta busca tener una idea clara de cuáles son las pautas de interacción problemáticas, las que causan el malestar y cuáles las creencias básicas que están tras estas pautas. Esto se logra primordialmente con el relato que hacen los pacientes de sus problemas, de la interacción de los pacientes con el terapeuta y de las interacciones que tienen los miembros de la pareja en presencia del terapeuta.

Un terapeuta bien entrenado, en las primeras dos o tres sesiones debe, por medio de una actitud de escucha atenta y de una serie de preguntas bien orientadas, tener una idea clara de la naturaleza y el origen de las dificultades de sus pacientes, de la motivación para el cambio y las aptitudes que poseen para entender y colaborar con el proceso terapéutico, y de las condiciones de vida de éstos. Luego ha de dar al paciente su versión sintética de lo que ha entendido, clarificando el problema, mostrando cómo lo que viven los pacientes repercute en sus emociones y, basado en sus experiencias previas, hablarles de las posibilidades reales de mejoría, con el fin de reforzar su motivación para el trabajo terapéutico. En estas sesiones es importante averiguar qué es lo que los pacientes esperan del terapeuta y del proceso que éste va a facilitar, para ajustar las expectativas que ellos puedan tener. En ocasiones los pacientes esperan cosas bastante irreales y hasta inverosímiles de la psicoterapia. "Yo sé que los psiquiatras pueden saber lo que la gente piensa al verles la cara y estudiar sus movimientos, y que sugestionan a las personas para que hagan cosas. Le voy a traer a mi marido para que deje a la mujer con la que está saliendo", me decía una paciente en una primera consulta. Las personas no siempre son tan explícitas con sus expectativas como esta señora, por lo que es importante averiguarlas para evitar sentimientos de frustración que perjudiquen el desarrollo del vínculo terapéutico. Preguntas como ¿qué espera que haga yo por usted? o ¿cómo se imagina usted que funciona el trabajo que vamos a emprender? suelen ser de utilidad para que afloren las expectativas que las personas tienen de la psicoterapia.

Otra de las cosas que han de resolverse, preferiblemente en la primera sesión, es el contrato terapéutico, el cual no es escrito, pero tampoco tácito. Las reglas del juego han de quedar muy claras en este momento, han de acordarse el horario, la frecuencia y la duración de los encuentros, los honorarios profesionales, los roles de cada participante en el proceso y los deberes y derechos de cada uno. También es recomendable que el terapeuta, mediante preguntas y comentarios acerca de lo que los pacientes le relatan, genere en ellos estados emocionales, como miedo, ira, tristeza, hilaridad, etcétera, con la finalidad de registrar en su mente los cambios físicos que ocurren en ellos cuando afloran esas emociones. Pocas veces las personas tienen la asertividad de mostrar o manifestar abiertamente sus sentimientos, por lo general reprimen algunas de ellas, más comúnmente la ira y el miedo, aunque otras personas tampoco se permiten mostrar su tristeza y, a veces, ni siquiera la alegría. Pero las emociones siempre se expresan de alguna manera, en ocasiones como cambios en el tono muscular, en la expresión facial, en el tono de la voz, en la soltura de los movimientos de las manos, en el rubor del rostro o en la forma de respirar. El terapeuta ha de tomar registro de los cambios físicos que suelen asociarse a cada estado emocional y de la intensidad de éstos, para reconocer en lo sucesivo los estados emocionales a que estos cambios corresponden, a pesar de la resistencia inconsciente o consciente de los pacientes a mostrarlos en el resto del proceso terapéutico, también para que le sirva como indicador de la evolución del paciente mediante la psicoterapia. En general se espera que las personas sean más capaces de expresar sus emociones constructivamente a medida que avanzan en el trabajo.

En las sesiones siguientes, el terapeuta ha de recoger e integrar la información que le den sus pacientes y elaborar con ella las hipótesis de trabajo con que se van a promover los cambios necesarios. Estas hipótesis son siempre provisionales y dinámicas, pues han de ser ajustadas o cambiadas a medida que surgen nuevos datos provenientes de la investigación de la historia de los pacientes o de los resultados de las intervenciones. La importancia de la hipótesis de trabajo es enorme en vista de la profusión de información desorganizada y caótica que los pacientes ofrecen al terapeuta al inicio del proceso. Las hipótesis estructuran esta información y permiten al terapeuta tener una dirección hacia la cual dirigir sus intervenciones para tratar de corroborarlas o de descartarlas. Es importante entender que una hipótesis no es un reflejo de la realidad, ni puede ser catalogada de verdadera o falsa, sino es sólo un modelo explicativo provisional y desechable, cuya única finalidad consiste en ser útil para explicar los hallazgos provenientes de la investigación que se realiza en las dificultades de los pacientes. El terapeuta que se enamora de sus hipótesis corre el riesgo de quedar atrapado en ellas y perder el rumbo del proceso. Es muy importante también conocer cuáles hipótesis han desarrollado los pacientes acerca de sus problemas, no porque éstas tengan más posibilidades de ser ciertas, sino porque pueden enriquecer la visión del terapeuta. Ahora bien, se preguntarán: ¿con cuáles hipótesis vamos a trabajar, con las del paciente o con las del terapeuta? Con ninguna de las dos. No podemos partir del principio de que alguien está más cerca de lo cierto que el otro, el terapeuta posee la experiencia y la formación para entender e intervenir en los problemas de sus pacientes, pero, por otro lado, nadie sabe más de sus problemas que el paciente. Por lo tanto, se trabajará con las hipótesis que ambos consideren más adecuadas; se trata de un trabajo en equipo y, como tal, los postulados han de ser una elaboración en conjunto que satisfaga a todos. Cuando el paciente o la pareja se acostumbran a negociar sus visiones de la realidad con la del terapeuta para alcanzar una realidad consensuada, están, además, entrenándose en una actividad que es importante para mantener su relación afectiva y sus otras relaciones interpersonales.

La psicoterapia de pareja, como cualquier otro proceso psicoterapéutico, requiere el sano establecimiento de una relación terapéutica de confianza. Es lógico pensar que el terapeuta puede sentir más empatía hacia algunas personas o parejas que hacia otras, pueden existir diferencias de criterios o ideológicas marcadas, o incluso haber una franca predisposición hacia algunas de ellas. En caso de que las diferencias sean muy difíciles de sortear o los sentimientos extremadamente aversivos, el terapeuta deberá enviar a la pareja a otro especialista de su confianza, con quien tengan posibilidades de llevar a cabo un trabajo adecuado. Insistir en permanecer con un paciente con quien no se siente cómodo podría llevar a un proceso arduo, en el que las posibilidades de éxito son escasas y el paciente puede terminar con una mala experiencia que altere sus procesos futuros, o que lo lleve a rechazar la ayuda terapéutica. Sin embargo, en algunas ocasiones un terapeuta puede superar sus sentimientos de hostilidad con gran provecho para la elaboración de sus sistemas de constructos; en este caso es imperativo que se encuentre, a su vez, adecuadamente supervisado por un terapeuta de experiencia.

Quien trabaja con parejas puede también sentirse más identificado con uno de los miembros de la relación que con el otro. Es importante que el terapeuta no pierda de vista el hecho de que su paciente es, en primer plano, la relación y luego los integrantes individuales de ésta. La misión terapéutica no es servir de árbitro entre dos personas en conflicto, sino ayudar a detectar o a desarrollar recursos para entenderse y resolver los problemas constructivamente. El terapeuta suele tener prejuicios, ideas sobre el bien y el mal, opiniones sobre los roles de cada sexo en la relación, por ejemplo, pero no ha de perder de vista que su misión no es hacer una relación a la medida de sus opiniones, sino encauzar a sus pacientes hacia el desarrollo de un modelo de relación que les resulte satisfactorio a ellos y que encuentren una forma de incluirlo funcionalmente en el entrono social en que viven.

Muchos terapeutas se obstinan en arreglar a toda costa los conflictos de sus pacientes, desean tener éxito y pueden no percibir u oponerse a tendencias de los miembros de la relación que los llevan a una separación. Entre las funciones del terapeuta se encuentra conseguir que cada miembro de la relación sea capaz de diseñar estrategias que les permitan tener buenas relaciones de pareja; con quién han de tener estas relaciones es un asunto que sólo compete a cada uno de ellos; puede ser que decidan tener este vínculo con quien en ese memento es su compañero o que consideren que la relación está tan deteriorada que prefieran empezar de nuevo con otra persona. Existen dos criterios de éxito para la terapia de pareja que en realidad son parte de uno solo: en primer lugar, que la pareja aprenda a resolver sus dificultades y que continúe en mejores condiciones, o que se consiga una buena separación en la cual cada uno quede capacitado para tener mejores vínculos en el futuro y que su relación como ex parejas sea óptima. Al final, todo resulta en un proceso que los lleve a tener las mejores relaciones de que sean capaces, entre ellos o con otros.

Todo terapeuta tiene que cuidarse de no quedar inmerso y atrapado en el sistema de creencias de la pareja con que trabaja. En ocasiones el sistema de creencias de la pareja puede ser sumamente afín o complementario al del terapeuta y éste corre el riesgo de terminar anegado en las creencias de ellos, incorporado como un padre protector o un sujeto bien intencionado al que tienden a complacer mejorando ficticiamente para no herir su autoestima profesional.

Hemos de tener en cuenta que cuando una persona acude a una consulta profesional ha hecho todo cuanto está en sus manos para solventar sus dificultades y no lo ha conseguido. Es conveniente, entonces, averiguar cuáles han sido las estrategias con las que nuestros pacientes han tratado de dar solución a sus problemas. Esto no sólo nos permite saber cuáles estrategias no debemos proponer para no caer en lugares comunes y repeticiones inútiles, sino también nos da una idea de cuáles son las creencias de los pacientes respecto de la solución de las dificultades. También es posible saber lo que ellos entienden como dificultades y las discrepancias entre los miembros de la pareja acerca del origen de éstas y de la forma de resolverlas.

A las creencias se atribuye no sólo la vida que la persona lleva y de realidad que ha construido hasta llegar a nuestra consulta, sino también lo que cada uno ha de vivir. Las creencias le sirven para estructurar sus experiencias y proyectarse hacia el futuro, a la vez que no suelen ser cambiadas, pues la persona no está consciente de su existencia ni de su influencia; esto significa que la persona continuará repitiendo sus experiencias, a menos que, junto con ella, hagamos algo al respecto.

Entonces, vamos a desafiar directa o indirectamente lo que las personas deciden creer sobre sí mismas, sobre la naturaleza de los problemas que las aquejan y sobre la forma de solucionarlos, para llegar a una visión compartida. No se trata de dictaminar si una persona está o no equivocada, ni existe la noción de error en este enfoque. Se les enseña a darse cuenta de las consecuencias que tienen en su existencia las creencias que sostienen acerca de su vida y del sufrimiento que éstas causan, y a partir de ello estimulamos la construcción de creencias alternativas con consecuencias más deseables.

Finalmente he de decirles que el proceso terapéutico tiene en ocasiones extrañas maneras de comenzar, como se muestra en el siguiente fragmento de una primera sesión.

—Tenemos problemas desde hace mucho tiempo –comienza ella con el ceño fruncido y con la voz temblorosa, como conteniendo la rabia; su vista pasa de mi cara al ventanal cerrado que está detrás de mi sillón, evitando mirarlo a él–. Sé que hemos tenido que venir antes, pero... bueno, usted sabe cómo son estas cosas, uno no se decide hasta que ya no aguanta más. Me gustaría tener una relación que funcionase como al principio, pero desde hace cerca de seis años esto va de mal en peor. Él nunca fue muy cariñoso, pero era algo tolerable. Ahora puedo decirle que rara vez me toca y no me habla a menos que sea acerca de la casa o de los niños. Cada vez llega más tarde a la casa y creo que anda con una mujercita de su trabajo. Bueno, que se marche con ella de una buena vez y así no me amarga más la vida. Yo no tengo miedo a estar sola...

—Yo no ando con nadie –le interrumpe él en forma brusca, sentándose tensamente en el borde del diván y mirándola con los dientes apretados y gesticulando de manera enérgica con ambas manos–. Ésas son manías tuyas, andas paranoica...

—No me interrumpas –le corta ella, imitando su expresión de dientes apretados y agarrándose de los brazos del diván como si fuese a lanzarse sobre él–. Primero no querías hablar y... ahora me dejas a mí hasta que termine.

—Bueno, dale, di lo que te dé la gana –dice apoyando la espalda en el respaldo, más relajado y mirando el espacio vacío entre ella y la puerta del consultorio.

Ella también se relaja y sigue:

—...Sé que anda con otra porque no hacemos el amor desde hace más de dos meses y él nunca aguantaba más de tres días. Casi todos los días llega borracho, oliendo a pachulí, no sé quién es la loca esa que se atreva a estar con él, pero ni gusto tiene...

—No estoy dispuesto a dejar que digas estupideces sin defenderme...

—Déjela que termine –le pido, tomando el control.

—Gracias doctor, pero ya no quiero hablar, esto no tiene remedio –dice con resignada molestia, mirando nuevamente hacia el ventanal.

—Venimos a verlo por insistencia de ella, doctor –me dice él en tono conciliador–. No es que yo no quiera arreglar las cosas, pero en realidad dudo que haya mucho que hacer. De ocho años que tenemos casados, seis han sido una tortura. Ella no hace más que celarme y reclamar por todo. Es cierto que últimamente he estado llegando tarde a la casa y en ocasiones he bebido, pero, la verdad, estar con ella me parece tan poco agradable que no quiero ni llegar a la casa al salir del trabajo. No me provoca hacer el amor con ella porque siempre anda amargada; no tengo otra, pero le juro que me agradaría.

—¿Ya tienen un abogado? –les pregunto, mirándolos alternativamente con mucha seriedad–. ¿Han hablado de cómo van a dividir los bienes que tienen en común?

—¿Cómo dice? –pregunta ella sorprendida.

—¿Que si ya están preparando la separación? –insisto con firmeza.

—Bueno, no... –interviene él, no menos sorprendido–. Pensamos que usted podría hacer algo por nosotros.

—¿Qué cree usted que puede hacerse? –le pregunto mirándolo muy fijo a los ojos y, luego de una pequeña pausa, continúo–. Parece que usted le ha perdido la confianza –digo cambiando la mirada hacia ella–. No hay expresiones de amor o ternura, la comunicación es pésima —continúo, mirándolo a él–, usted ha perdido el deseo sexual, no son capaces de negociar ni de ponerse de acuerdo... y bueno... —me quedo viéndolos con los ojos muy abiertos y volteando hacia arriba la palma de mi mano izquierda y dejándola caer cerrada sobre mi pierna, como preguntando ¿qué puedo yo hacer?

—Caramba, no todo es tan malo, hay cosas en que nos llevamos bien –dice él, mirando nervioso a su esposa en busca de aprobación.

—Es cierto –le apoya ella en tono aprehensivo–, algunos sábados vamos al cine y luego a cenar solos y conversamos, ahí no discutimos... nos llevamos bien.

—Así es –asevera él mientras ella lo mira–. ¿Y las vacaciones...? –pregunta–. Tomamos vacaciones todos los años... y hablamos... y nos divertimos... A veces somos felices.

—Es cierto –le apoya ella de nuevo–, el año pasado en Punta Cana la pasamos muy bien, como en los mejores tiempos. Fue hermoso.

—Bueno, quizá no todo esté perdido –les digo con un buen suspiro de alivio–. Parece que aún hay cosas en las que pueden ponerse de acuerdo y apoyarse mutuamente. Esta relación ha de ser valiosa para ambos si la defienden de esa manera.

Ellos se miran sorprendidos, luego a mí con asombro y después se ríen nerviosamente, intercambiando miradas de haber comprendido mi truco. Acabo de mostrarles la fuerza con que pueden defender su vínculo y de ganarme su confianza en un solo movimiento. El trabajo acaba de comenzar.

# El lenguaje: medio de investigación y de cambio

No quiero que piensen que veo al ser humano como un individuo aislado y atrapado en un mundo de significados construidos por él. Mediante el lenguaje la persona se conecta con el colectivo, sus construcciones y significados provienen de la cultura y de la sociedad en que está inmerso, llegan a él por medio de la familia, y con él se difunden a su descendencia y a aquellos con quienes interactúa. Los significados y las creencias que tiene son validados socialmente. Nuestras creencias no nos aíslan, sino sirven para darnos pautas que nos ayuden a vincularnos con los grupos en los que nos desenvolvemos.

El lenguaje es un medio de gran importancia con el que exploramos el mundo de significados de los pacientes y les ayudamos a introducir los cambios que necesitan para mejorar. Por lo tanto, en el proceso de cambio lo que más se hace es escuchar y hablar, y, como la comunicación es un proceso que en su mayor parte es no verbal, también observar lo que la persona nos dice a través de sus gestos y sus posturas.

Cuando las personas hablan de sí mismas y de sus problemas nos revelan sin proponérselo sus sistemas de creencias y el origen de éstos, así como lo que creen de los demás, de sus vínculos y del mundo. Las personas nos van diciendo cómo se definen a sí mismas: "soy un hombre de pocas palabras" quizá revele a alguien con dificultades para comunicarse; "yo no soy profesional y ella sí; no es que yo piense que el hombre debe mantener la casa, pero siento que ella espera más de mí...", puede mostrarnos a alguien que se siente inferior y que espera más de sí mismo. Es importante escuchar todas las palabras de una aseveración, relacionarlas con el contexto y corroborar las impresiones que éstas nos generan con los pacientes, pues las personas también expresan la forma como ven a sus parejas mediante frases como "es como un niño" o "sólo se interesa en las telenovelas".

En una sesión, Gladis hizo una referencia a sus habilidades culinarias:

—Mario se molestó durante la cena. Gritó como loco.

—¿Qué le molestó? —le pregunté

—Cualquier cosa; como siempre andaba de malhumor, se quejó de la comida que le cociné. Bueno, tampoco en eso soy buena —me dijo apretando la mandíbula.

—¿A qué te refieres con "tampoco en eso"?

—No soy una persona muy hábil, creo que tengo problemas con mis destrezas motoras. Mi mamá dice que tengo manos de mantequilla: todo se me cae.

—¿En qué otras cosas crees que no eres buena?

Exploramos todas las áreas de la vida en que Gladis se consideraba deficiente a partir de su invitación. La frase *tampoco en eso soy buena* facilitó el inicio de ese trabajo.

Los términos con que una persona o los miembros de la pareja se expresan resultan muy reveladores, pues mediante ellos puede comenzar a inferirse todo su sistema de creencias. Veamos esto mejor en un fragmento de una sesión con Gabriela y Elías.

—Él (Elías) es muy distante: nunca me abraza si no se lo pido; no es que desee que él esté todo el día pendiente de mí, pero a veces paso a su lado y ni me mira. Últimamente ni siquiera me busca para hacer el amor.

—Ya estás volviendo con lo mismo —dice Elías, respirando profundo y haciendo un barrido visual por el techo, como hace cuando desea mostrar fastidio—; siempre que hacemos el amor es porque yo lo busco, a veces me gusta también que seas tú quien tome la iniciativa —corta mirándola fijamente.

—Bueno, eso es otra cosa —dice Gabriela mirando el suelo—. Pero ¿qué te cuesta acercarte y darme un beso o un abrazo sin que yo tenga que andártelo recordando? Si no lo haces es porque no me quieres.

—Gabriela, ¿crees que es el hombre quien tiene que tomar la iniciativa sexual? —le pregunto, retomando una línea de la que ella se apartó bruscamente.

—No, realmente no, aunque la verdad es que a veces tengo ganas y espero que él se acerque y lo proponga.

—¿Siempre lo propone cuando lo deseas?

—No —dice, arqueando las cejas y ladeando la cara.

—Claro que no —interrumpe Elías, molesto—, no puedo leerle la mente.

—Y entonces ¿qué haces tú? —continúo sin apartar la vista de Gabriela, excluyendo intencionalmente a Elías.

—Si no lo hace me molesto. Quizá en el fondo sí me parezca natural que el hombre busque a la mujer —admite.

—¿Crees que Elías no te quiere? —le pregunto, retomando su aseveración anterior.

—No, en realidad sé que sí me quiere.

—Pero dijiste algo como que si no te besa y te abraza espontáneamente, es que no te quiere —le recuerdo.

—Sí, lo sé. Bueno, eso lo digo para ver si de esa manera comienza a hacerlo —admite.

—Ah, es una manipulación —digo para aclarar.

—Algo así —acepta, sonriéndome.

En este fragmento existen varias creencias. Una de ellas, "los hombres deben tomar la iniciativa sexual", se halla entre las más difundidas. Aunque en un principio Gabriela no está enteramente consciente de albergar tal creencia, mediante la intervención terapéutica la identifica y la admite. Otra creencia es: "si una persona no manifiesta cariño espontáneamente, es porque no siente amor". Gabriela tampoco cree que él no la ame, lo cual no impide que ella tenga esa creencia en su sistema de creencias y que ésta afecte su relación con la incongruencia que genera. Es posible que piense que él es una excepción o que en realidad esté mintiéndole acerca de sus sentimientos. Por otra parte, Gabriela la usa para manipular a Elías, lo cual no sólo significa que ella tiene incorporada esta creencia, sino también ella cree que él la tiene dentro de su sistema de creencias, y por eso la utiliza. Si Gabriela creyese que ésta no es una creencia de Elías, al intentar manipularlo utilizaría cualquier otra que estimase efectiva.

Elías se comprometió a ser más cariñoso para complacer a Gabriela. Comenzó a ser afectuoso y a estar más pendiente de ella, pero entonces Gabriela se tornó distante y desinteresada, por lo cual decidí realizar una sesión a solas con ella.

—No sé qué me pasa —me decía—, es verdad que Elías ha hecho un cambio, pero lo veo algo tonto y más bien me disgusta.

—¿Te parece tonto cuando es cariñoso? —le pregunto, mostrándome sorprendido.

—Tú dirás que estoy loca, pero es así, me parece blandengue.

—¿Blandengue? —pregunto con evidente sorpresa.

—Sí, me recuerda a mi hermano menor: era muy inmaduro y vulnerable y mi papá decía que era tonto y lo maltrataba; entonces teníamos que intervenir mi hermana y yo para defenderlo; además, había que defenderlo hasta de sus compañeros del colegio.

Gabriela se quejaba de que Elías no era cariñoso con ella y, cuando él deseaba complacerla y comenzaba a ser más atento y a estar más pendiente de ella, ésta respondía volviéndose indiferente y molestándose porque entonces lo encontraba débil. Descubrimos así que ella asociaba en el hombre ciertas actitudes suaves con la debilidad y eso la hacía molestarse y alejarse emocionalmente.

Siguiendo con el tema del lenguaje, es bien sabido que ciertas formas de expresión han sido desarrolladas para evitar el contacto con algunas emociones que pueden resultar desagradables. La mayoría de las personas suelen evitar hablar en primera persona o sustituyen el pronombre personal *yo* por los pronombres indefinidos *uno* o *cualquiera*. "Es que con tu actitud uno no sabe a que atenerse", "le pegué, pero es que cuando te hablan así es difícil contenerse", entre otros. Esta forma de expresión corresponde a un intento inconsciente de atenuar la responsabilidad que se tiene sobre ciertos hechos muy cargados emocionalmente y que resultan difíciles de manejar. Naturalmente, el impacto verbal de frases como "con esa actitud distante no sé a qué atenerme" o "le pegué porqué cuando él me habla así me es difícil contenerme", es más directo y hace que la responsabilidad esté claramente definida. Puede resultar perturbador, pero al estar la responsabilidad mejor delimitada también resulta más fácil entender sobre quién recae la posibilidad del cambio.

Otra forma de evitar la contundencia de ciertos aspectos de la comunicación es la utilización del *eso* y el *así*. "Cuando él me pide eso así me hace sentir avergonzada", me decía una señora refiriéndose a la manera como su esposo le invitaba a tener sexo. Al pan, pan y al vino, vino, como dice el dicho. Una comunicación más clara al respecto ayudó a esta persona a darse cuenta de que no sólo era vergüenza lo que sentía cuando su esposo le pedía *eso así*. También le daba coraje y entonces se negaba al sexo. Esa comunicación más clara y directa nos hizo enterarnos, en el trabajo conjunto, de que el esposo tenía miedo a no responder adecuadamente en el sexo, pues ya no se consideraba un hombre joven. Al solicitar el sexo de esta manera, él obtenía que ella se negara y de esta forma él evitaba la sexualidad sin tener responsabilidad en ello, ya que la negativa provenía de su esposa y entonces él la responsabilizaba del poco sexo que tenían.

Como ven, con el lenguaje la gente se expresa y se esconde, aclara y fabrica trampas en las que encierran su existencia. También con el lenguaje el terapeuta indaga la manera como han construido su realidad, se entera de las artimañas inconscientes y las muestra a sus pacientes. Mediante el lenguaje se deconstruye la realidad y se promueve la construcción de una nueva y mejor.

## Las interacciones

Las interacciones que se tratan en la situación terapéutica no sólo son aquellas que tienen lugar entre uno y otro miembro de la pareja, sino también son importantes los vínculos que mantienen con sus hijos y con los miembros de las familias de origen, con algunos amigos y personas que tienen sobre ellos gran influencia y, por supuesto, la relación que mantienen con su terapeuta.

En el proceso terapéutico se revisan cuidadosamente los tipos de interrelación que tienen lugar entre los miembros de la pareja, tratando de identificar las relaciones de poder, cómo fluctúa éste y en qué circunstancias lo ejerce cada uno de ellos. Es importante notar quién es el primero en hablar, quién suele interrumpir para corregir o completar al otro, y en qué momento o con cuál tema lo hace; también cómo se sientan en la sesión, quién acerca su silla a la del compañero, o quién y cuándo la aleja, quién y cuándo busca la alianza con el terapeuta, quién reclama la atención o exige que se le dé la razón. La naturaleza de los límites es también objeto de atención: si son límites rígidos, confusos, laxos o tal vez tan débiles que es difícil detectarlos. Reparamos en si aceptan con facilidad las sugerencias del terapeuta de que entablen contacto físico, o tal vez lo tienen sin necesidad de la indicación de éste, lo que ocurre cuando el terapeuta parece apoyar a uno de ellos o si critica el vínculo. Estas observaciones permiten no sólo evidenciar la estructura de la relación, sino también tener un excelente indicador del cambio que surge a medida que avanza el proceso terapéutico y facilita evaluar la eficacia de las intervenciones.

Mediante la observación de los conflictos de la pareja podemos darnos cuenta con facilidad de que existen patrones, secuencias de conducta a modo de guiones de obras de teatro que se repiten, más o menos rígidamente, en cada conflicto, con ciertas variaciones según el tipo de problema que se presente. Es decir, suele haber guiones para las discusiones económicas, otros para las relacionadas con los hijos, otros cuando el tema es la sexualidad, etcétera. Para determinar estos patrones es necesario que el terapeuta promueva en varias oportunidades la discusión de los temas conflictivos en la consulta, y luego ha de tener también sesiones con los miembros de la pareja por separado. Realizamos preguntas acerca de las secuencias de comportamiento que ocurren durante el tratamiento de los problemas en diferentes contextos. ¿Qué ocurre antes de que suceda el comportamiento que constituye el problema?, ¿cómo surge la secuencia de comportamientos?, ¿qué hace cada uno y cómo cree que ésta genera la respuesta del otro? y, por último, ¿cuáles son las consecuencias que se generan luego del suceso conflictivo en cada caso y cómo éstas han venido evolucionando con el tiempo? También es conveniente indagar en los patrones de las familias de origen de cada miembro de la pareja, ya que los patrones de ellos suelen provenir de la casa de los padres. Para determinar esto, basta con preguntar a cada uno de ellos cómo definirían a sus respectivas familias o preguntar al otro lo que primero recordaba que su pareja le había contado de su núcleo familiar, y dedicarse a escucharlos atentamente.

Oímos historias semejantes a la de Fernando y Juliana. Él decía que Juliana le había contado que el padre de ella era un tipo callado, enfrascado en su trabajo, que ignoraba a la madre y a sus hijos, no le gustaba estar en la casa y, cuando tenía tiempo para compartir, no sabía cómo hacerlo, ni de qué temas hablar. La madre estaba siempre molesta, no era feliz en su matrimonio y reclamaba por todo a los hijos, pues no podía hablar con el padre. Y Juliana recordaba que Fernando le había dicho que su madre era una mujer buena pero con muy fuerte carácter, que se había dedicado a criar bien a sus hijos y había desatendido al padre, quien, por su parte, era un hombre triste, solitario y poco sociable. Fue una verdadera sorpresa para ellos cuando les pregunté en qué se parecían sus vidas a esta narración. Luego de siete años de matrimonio, Juliana relataba que se encontraba encerrada en una relación con un hombre mudo, que se refugiaba en el trabajo para no contactar con ella y con sus hijos, y Fernando pensaba que su matrimonio con ella lo anulaba, que lo hacía parecer débil, que ella se había dedicado a sus hijos y que tenía con ellos una relación estrecha de la cual lo excluían constantemente. En estas narraciones acerca de las familias encontramos la pista de algunas creencias de la relación y la fuente en que se nutren sus guiones de comportamiento.

Las personas construyen mediante sus historias los sistemas de creencias, mapas de lo que es posible y de lo que no lo es. Con base en la información que acumulan a partir de su experiencia, trazan la trayectoria de lo permisible y a ésta se ciñen para crear un futuro. Estos sistemas de creencias se complementan para ampliarse o restringirse aún más cuando se unen con los de otra persona para crear uno familiar.

Además de la información sobre la secuencia de comportamiento que desencadenan los problemas, los pacientes pueden formular sus teorías acerca del origen de los conflictos; éstas suelen ser útiles, dado que ellos han estado lidiando por largo tiempo con estos problemas. Sin embargo, tales explicaciones también pueden ser justificaciones para evitar las críticas o deshacerse de sentimientos de culpa relacionados con los conflictos, y han de ser consideradas y utilizadas con gran precaución.

En otras ocasiones los pacientes piensan, pese a que ya ha debido aclararse en la primera sesión, que el terapeuta va a determinar quién está en lo cierto, quién tiene la razón o quién dice la verdad, y pueden sentirse decepcionados si éste no lo hace. Yo suelo contar, en situaciones como ésta, el cuento de una aldea en la que el juez murió de viejo y por razones de distancia habían de esperar tres meses a que el gobierno enviase otro que lo sustituyese. En la aldea se presentó el problema de que había situaciones que requerían la intervención de un juez y no podían postergarse por tanto tiempo, por lo que los ciudadanos decidieron someterse voluntariamente a la autoridad de alguien a quien encontrasen confiable para desempeñar estas funciones. El consenso recayó en un viejo sabio que vivía en la más completa pobreza, y dedicaba la mayor parte de sus días a la meditación. Al serle propuesto que tomase el lugar del juez, en un principio pretendió negarse, pero terminó por aceptar cuando los angustiados solicitantes le explicaron lo desamparados que se sentían sin alguien a quien confiar las decisiones importantes para la comunidad. Al día siguiente fueron a buscar al viejo, pues había un problema para determinar la posesión de unas tierras. El viejo sabio acudió al juzgado y, en presencia de un escribiente, se dispuso a oír a las partes en disputa. El primero era un hombre que alegaba que las tierras le pertenecían, pues habían sido de su padre muerto y éste se las cedió en herencia. El viejo dijo: "tienes razón, las tierras son tuyas". Entonces, el otro hombre replicó que él había trabajado esas tierras por espacio de dos años y que estaba esperando en ese momento una cosecha: "las tierras pertenecen a quien las hace producir con amor", explicó, a lo que el viejo dijo: "tienes razón, las tierras son tuyas". Y se dispuso a marcharse. "¡Por Dios!", dijo entonces el escribiente, "las tierras no pueden pertenecer a los dos, uno de ellos ha de tener la razón". A lo que el sabio respondió: "tienes razón, uno de ellos ha de tener la razón". Y se marchó. Pues bien, al igual que ocurrió con el viejo, lo más posible es que, en la situación terapéutica, encontremos que todos tienen la razón, la cual pertenece al argumento, de modo que quien mejor maneje los argumentos tendrá la razón. Además, nuestros pacientes no necesitan tener la razón, ni estar en lo cierto, lo que les hace falta es encontrar la manera de tener una relación que funcione, necesitan poder entenderse y para ello han de escucharse plantear sus puntos de vista, entender que ninguno es más válido que el otro y que, en la mayoría de los casos, estos puntos de vista no les servirán para formar un buen vínculo. Por ello han de ponerse de acuerdo y generar una nueva manera de ver y enfrentar las cosas, una manera que sea de ambos; una genuina obra en conjunto. Una buena relación se construye no con razones sino con soluciones.

Es frecuente que alguno de los miembros de la pareja, o ambos, intenten que el terapeuta los apoye, es decir, que tome partido por uno de ellos, que sea su aliado. Ésta es otra expectativa que debemos desalentar sistemáticamente en lo que sea detectada. Podemos asegurar que si aspiran ganar la alianza del terapeuta es porque han intentado, y quizá conseguido, aliarse con otros miembros de la familia o, posiblemente, con algunos amigos. Me gusta decir a mis pacientes en estas situaciones que "quien tiene un aliado tiene una guerra". La única situación en que los aliados son útiles es una confrontación y la pareja necesita negociación y acuerdo, no confrontaciones en las cuales ganar o perder.

Cuando una persona acude a un familiar o amigo a relatarle los problemas que tiene con su pareja, suele hacerlo de una forma sesgada, omitiendo detalles y exagerando el significado de otros; lo común es que la persona a quien se involucra en el conflicto asuma una de dos posturas: o defiende a su amigo o familiar, o intenta justificar la conducta de la pareja de éste, lo cual es tomar partido por uno de los dos bandos. Rara vez el tercero asume la postura neutral de "ése es un problema de pareja y han de resolverlo ustedes". Además, no es extraño que al acudir a un tercero busquemos a alguien que, consciente o inconscientemente, sepamos que es adverso a nuestro compañero. Si el lector tiene la impresión de que las dificultades se le han ido de las manos y necesitan la orientación de alguien, busque un profesional entrenado para ayudar a solventar estas dificultades, es la única tercera persona con quien hay más posibilidades de mejorar el problema que de empeorarlo.

Me he encontrado en diversas ocasiones que los pacientes se sienten culpabilizados por el proceso terapéutico. Una tercera persona que hace preguntas sobre las cosas que suceden en una relación suele ser interpretado a veces como inculpador, como me ocurrió con Luisa, una joven adolescente que tenía muchas dificultades con su novio.

—Mi novio se peleó conmigo de nuevo y me echó de su casa. Terminamos.

—Dos veces en un mes es un nuevo récord. ¿Cómo te las arreglaste? –le pregunto.

—¡Ah! ¿También de eso tengo yo la culpa?

—No lo sé, mi trabajo no es repartir culpas –le dije–, pero sí determinar responsabilidades. Sé que en una relación nada pasa que sea responsabilidad solamente de uno de sus miembros. Es como cuando tienes que hacer una exposición en el colegio con otras personas: si una de ellas no trabaja y la exposición sale mal, todos reciben una mala nota. Los que trabajaron tienen la responsabilidad de vigilar y exigir a los demás que hagan su parte. Si averiguamos cuál es tu responsabilidad en esto, estamos también determinando cuántas y cuáles son tus opciones de corregirlo. Tu responsabilidad es también tu capacidad de cambio.

Es muy importante estar atento a los sentimientos de decepción que pueden generarse en nuestros pacientes, como consecuencia de una falta de claridad, que les haga albergar expectativas irreales sobre el proceso terapéutico, pues esto puede dañar el vínculo y puede ser difícil repararlo.

También es importante tener en mente que los seres humanos no reaccionamos de forma objetiva ante los actos de nuestros semejantes. Lo hacemos ante la idea que tenemos de ellos, de sus intenciones y de sus sentimientos hacia nosotros. Demasiado a menudo las personas hacen conjeturas acerca de las intenciones de los demás, por lo que es conveniente que el terapeuta logre averiguar cuáles son los significados que cada uno de los miembros de la pareja atribuye a las acciones del otro. Una persona realiza una acción dada y una segunda persona, que se encuentra afectada de alguna manera por estas acciones, tiende a atribuirle intenciones de acuerdo con la idea que ésta tiene de las emociones y de las motivaciones de la primera hacia ella y hacia la relación que mantienen. El siguiente fragmento de una sesión con Teresa y Guillermo ilustra bastante bien estas situaciones. Ellos son una pareja joven en la que hay conflictos intensos debido a los intentos de Teresa por terminar su posgrado, trabajar y hacerse menos dependiente de Guillermo. Él, que se había mostrado poco colaborador al inicio del posgrado de Teresa, había pasado a sabotear abiertamente los estudios de su pareja. Atribuía los intentos de independencia de ella como una preparación para abandonarlo, ya que él no era un tipo estudiado, aunque había tenido algo de éxito económico en los negocios de la familia.

—Siempre tengo problemas con ella, me parece que no me quiere lo suficiente. Creo que si tuviera bastante dinero, se marcharía y me dejaría —me dice preocupado.

—¿Qué te hace pensar que es así? —le pregunté.

—Ella siempre está hablado de producir, de hacerse más independiente. Si ahora es así, el día que haya terminado su tesis y esté trabajando, me dejará.

—Yo no he pensado en eso —interrumpió ella—, sólo estoy pensando en sentirme útil y ayudarte con los gastos.

Guillermo guardó silencio evitando la mirada de Teresa.

—¿Es por eso que no la apoyas en sus intentos de trabajar y hacerse independiente? —pregunto, retomando la dirección del proceso.

—Yo sí la apoyo —respondió tímidamente.

—Ella parece pensar que no.

—Bueno, lo que sucede es que ella quiere que lo haga todo por ella. ¿No quiere ser autónoma e independiente? Bueno, que se joda y se busque sus oportunidades, como he hecho yo.

Ella lo miró con coraje, tomó aire para hablar y de pronto rompió a llorar desconsoladamente... Él también lloró.

Las parejas pueden tener muchas dificultades por las formas tan diferentes como pueden interpretar un mismo suceso y por los malentendidos respecto a cómo cada uno piensa que entienden las cosas los demás. Ambos han de aprender a comunicar su interpretación de las cosas que les ocurren, en particular de las que están vinculadas con los malestares, y aprender a corroborar con el otro los significados e intenciones que atribuyen a su comportamiento.

Existen algunas creencias sobre sí mismos y sobre los demás que son definitorias; son creencias de identidad, las creencias acerca de cómo somos y de cómo son los demás. Me gusta, en algún momento de mi trabajo con parejas, sondear en sesiones individuales cómo creen que son, qué piensan de su pareja y cómo creen que ésta los ve. ¿Qué me puedes decir de ti?, ¿y de tu pareja?, ¿qué me diría ella (o él) si le pregunto cómo eres tú? Suelo escuchar cosas como: "Soy trabajadora, muy dedicada a mis hijos y a mi esposo, inteligente y leal; él, por su parte, es un hombre bueno, no le gusta hablar mucho ni es cariñoso, creo que es porque tampoco recibió mucho afecto, nunca conoció a su padre y su madre tuvo que criar a cinco hijos más; en cuanto a cómo cree que soy yo, me parece que él me ve como una persona hacendosa y buena madre, no creo que vea mucho más en mí". Al preguntarle a su esposo, él respondió: "Soy un tipo perseverante y terco, no tengo mucha paciencia, ni soy muy cariñoso que se diga, pero es necesaria la disciplina y alguien tiene que encargarse de ello; mi esposa es muy cariñosa, a mí me gusta que sea así, aunque nunca se lo he dicho, también es inteligente, creo que hubiese podido estudiar si no hubiésemos tenido hijos tan pronto; es muy curiosa, siempre anda viendo programas de la vida animal en lugar de telenovelas como todas las mujeres, eso me hace sentir orgulloso; también está un poco frustrada y no creo que le guste mucho su vida; creo que ella me ve como un tipo simple, común, poco inteligente; me parece que después de todos estos años está decepcionada de mí, no creo que quiera dejarme, pues está resignada a su vida".

Como esa pareja, la mayoría tiene ideas de sí mismos, de la pareja y de cómo son vistos por ella que no se corresponden muy cercanamente entre sí y es importante que conozcan la visión del otro. También tienen esbozos de explicación que utilizan para entenderse y entender a su compañero que es útil compartir. A esa pareja, en una sesión conjunta, le sugerí que se dijeran lo que me habían contado en sus sesiones individuales. En este caso, como en los demás, la sorpresa es la norma. "No creo que yo sea poco cariñoso por la falta de padre —nos dijo él—, y en cuanto a las ocupaciones de mi madre con todos nosotros, mi hermana mayor lo compensó con creces, fue muy afectuosa conmigo, casi una segunda madre, y mi tía, la hermana menor de mi madre, que vivía con nosotros, también; en realidad creo que tuve madres de sobra –dijo riendo. Lo que pasa es que mi esposa es muy blanda con los muchachos y alguien debe poner carácter, eso le toca al padre, ¿no?" Y ella decía: "Yo no me siento frustrada, creo que me escudé en los muchachos para no estudiar; mucha gente ha ido a la universidad criando hijos, pero a mí me pareció que no sería buena farmaceuta, pues la universidad es muy exigente. Sí creo que fui cómoda". Es notable cómo las creencias que cada uno tiene de sí, de su familia de origen y del compañero revelan guiones de comportamiento que, sin darse cuenta, invaden la existencia de la nueva pareja.

Cada persona, mediante sus sistemas de creencias, estructura una realidad en función de sus recursos y de sus necesidades; lo mismo ocurre cuando se constituye una relación de pareja. Sin embargo, dentro de cada estructura social existe una realidad consensual a la que la realidad individual o la de la pareja han de ajustarse; esta realidad social limita las posibilidades de la relación. La estructura social impone su sistema económico, su organización de clases, su ideología, su concepción acerca de las minorías, sus tendencias religiosas y su concepto de las diferencias entre hombres y mujeres, etcétera. Una pareja debe lograr exitosamente insertar su sistema de creencias en la estructura de creencias de la sociedad en que se desenvuelve. Para evaluar la forma como la pareja ha afrontado esta situación hay que pedirles que nos digan cómo se definen ellos como pareja, qué parejas con características parecidas conocen, qué tipo de pareja aspiran a ser, cuáles son las debilidades que tienen como relación y cuáles sus virtudes. Se puede solicitar que elijan algunas parejas conocidas en las que confíen y pedirles a ellas que les digan cómo los ven como pareja.

## El mito de sí mismo y el mito de pareja

El cerebro humano es capaz de generar conciencia, lo cual es una de sus funciones, por eso las personas tienen conciencia de sí mismos, conciencia de pertenecer a grupos de referencia como la familia y conciencia del contenido de sus pensamientos. En varios sectores del hemisferio izquierdo del cerebro se genera la conciencia narrativa, que se encarga de integrar nuestras experiencias para crear una historia de nosotros, de lo que somos y de lo que aparentamos ser, es una parte del yo, de la propia identidad. Estas historias suelen ser evolutivas, es decir, se modifican con el tiempo y la incorporación de nuevas experiencias y con la presión de la necesidad. Muchas veces estas historias son muy rígidas y persisten, aun cuando son manifiestamente inútiles o dañinas. Las personas no suelen revelar con facilidad esas historias de identidad, sino que muchas veces poseen historias alternativas en las que se muestran en forma ideal, como hubiesen deseado ser o como creen que los otros esperarían que ellos fuesen; éste es el *mito de sí mismos*. Tales historias alternativas revelan también sus creencias acerca de sí mismos y de los demás, por ejemplo: una persona que fue un niño miedoso y un adolescente retraído, puede decir como parte del mito de sí mismo que fue un niño problemático y un adolescente rebelde, si piensa que con esto va a ser más apreciado y admirado. Con el mito de sí mismos, las personas dicen que creen vergonzoso ser como son o lo que fueron y que es motivo de orgullo lo que han dicho ser. Es posible también que estimulen estas últimas conductas en sus hijos y que castiguen enérgicamente las primeras.

La investigación sobre las creencias de las personas choca con ciertos escollos que el terapeuta tiene que resolver; entre los más importantes está desentrañar la confusión que ocasionan los mitos de sí mismos y los mitos de pareja, los cuales surgen con la finalidad de protegerse de explicaciones dolorosas o lesivas para la autoestima. También son utilizados para contrarrestar algunas creencias impuestas por los padres, como ocurría con un joven paciente en cuya infancia había sido tímido, socialmente excluido de los grupos en su colegio y su padre le criticaba por su torpeza en los deportes. De adolescente había tenido poco éxito con las chicas y sus relaciones sexuales fueron muy tardías. Cuando llegó a la juventud había estructurado un mito personal de niño problema, expulsado del colegio y de adolescente consumidor de drogas, pendenciero y mujeriego, que le servía para dar soporte a una autoestima empobrecida por las críticas de sus padres y el rechazo de sus compañeros. Algunas parejas construyen mitos semejantes de la vida en común, de la clase de pareja que son o de la forma como han resuelto sus dificultades, por ejemplo: pueden ignorar los conflictos que afrontan construyendo una historia de pareja ejemplar. Comúnmente esos mitos resultan inconsistentes, y hasta contradictorios, cuando se tiene la oportunidad de ver a la pareja desenvolverse en las sesiones con el transcurso del tiempo o cuando son corroborados con otras personas; pocas veces estas creencias cuentan con la validación del entorno social de los pacientes. No se debe caer en la tentación de pensar que estas personas están equivocadas o que son patológicas; lo importante es entender la necesidad del mito, encontrando las creencias que dañan la autovaloración, y ayudar a la pareja a construir creencias más funcionales. Éste es un asunto delicado, pues existe el riesgo de que se vea afectado por los prejuicios del terapeuta y por su propia visión de la realidad.

## Los otros: el entorno familiar de la pareja

*Tener una familia es como tener una pista de* bowling *instalada en tu cerebro.*

MARTIN MULL

Por suerte o por desgracia, es muy raro que una pareja se encuentre sola, aislada de los demás. Toda pareja mantiene múltiples vínculos con otros en su entorno, con distintos grados de compromiso, vínculos de los que reciben y sobre los que ejercen diversos niveles de influencia. Estos vínculos rodean a la pareja a modo de los círculos concéntricos que deja una piedra al caer en un estanque, y en ellos se encuentran ubicados, dependiendo de la influencia que ejercen sobre la pareja, los hijos, padres, hermanos, tíos, abuelos y otros familiares; amigos, profesores, colegas, jefes, vecinos, líderes comunitarios o religiosos, presentadores de programas de opinión en televisión y un sinnúmero de personas, dependiendo del grado de sociabilidad de los miembros de la pareja. La cercanía e influencia de alguno de estos individuos puede ser deseable para ambos miembros de la relación, pero pueden no estar igualmente de acuerdo o satisfechos con la influencia que ejercen o pretenden ejercer otros. Estas discrepancias pueden ser fuente de muchos de los problemas que se presentan en una relación y suelen ser muy difíciles de resolver, pues los componentes emocionales que ligan a cada uno de los miembros con las personas que pueblan estos círculos concéntricos de influencia suelen ser diferentes. Por ejemplo, la madre de uno de los miembros de la relación tiene sobre él un ascendente muy distinto del que tiene sobre el compañero, pues no sólo tiene un vínculo consanguíneo con el primero que no tiene con el otro, sino también hay una larga historia (toda una vida) de interacción que no es compartida con su pareja.

Ilustremos esta idea con un fragmento de una sesión con Aída. Ella es una mujer de 40 y tantos años, bella y culta, de fina sensibilidad, casada desde hace más de 10 años con Gustavo, un intelectual de gustos refinados, algo introvertido y con una relación de gran apego por su madre, quien se dedicó a criarlo y a apoyarlo en su carrera desde que ella enviudara, cuando él tenía 11 años. La madre de Gustavo solía almorzar con ellos y sus tres hijos todos los días y durante la comida ella hacía comentarios y daba consejos sobre la relación de pareja, la manera en que ellos criaban a sus hijos, los trabajos de ambos, etcétera. Esta situación molestaba a Aída sobremanera, ya que se sentía criticada e invadida.

—Su madre siempre está metiéndose en todo lo que hacemos —me decía Aída—; la verdad es que ya no la soporto más y, por otra parte, me asquea que Gustavo sea tan "mamero". ¡Caramba! Tiene 45 años, ¿hasta cuándo voy a tener que soportar esto?

—Como decía mi abuelo, "cuando ya no aguanto más es que hace tiempo que he debido hacer algo" —le digo para inducirla a asumir la responsabilidad de pasar a la acción— ¿Qué has hecho al respecto?

—Bueno, ya le he dicho a Gustavo mil veces que hable con ella y que le diga que no haga comentarios sobre nosotros. También me gustaría que no viniera a la casa tan frecuentemente. No es que no quiera verla más, pero todos los días es demasiado.

—Entiendo que lo que has hecho es decirle a Gustavo que haga algo al respecto —sintetizo con cierta ironía.

—Bueno, ella es su madre, se supone que es él quien debe hacer algo —me responde desconcertada— ¿o no?

—Gustavo vivió solo con ella desde que tenía 11 años, ya tiene más de 40, lo más probable es que ella haya sido como es durante toda la vida de Gustavo, son más de 40 años habituado a ese comportamiento. ¿Crees que a él le molesta?, ¿o que se da cuenta siquiera?

—Pues parece que no —reflexiona.

—Si cada vez que mi mejor amigo y yo acordamos encontrarnos él llegase una hora tarde y a mí eso me molestara mucho, ¿qué tendría yo que hacer?, ¿ir donde su hijo y decirle que hable con su padre, pues ya no lo soporto más?

—¿Eso significa que crees que soy yo quien tiene que hablar con ella? —me pregunta desaprobadoramente.

—Sólo si lo deseas, pero creo que tienes una relación con Gustavo y otra con tu suegra. También creo que los problemas en una relación tienen que ser resueltos dentro de la relación, mediante un diálogo entre los integrantes de ésta. Si no quieres que ella se meta en tu relación con tu esposo o en tu relación con tus hijos, ¿por qué quieres que tu esposo se meta en tu relación con tu suegra?

—Ya veo, creo que he estado tratando de que él hable con ella porque a mí me da miedo, y además me disgustaba porque él no me resolvía el problema por la vía fácil. Pero nada es fácil en este mundo, ¿no?

—Creo que lo fácil o difícil de los problemas depende más de cómo los abordamos que de los problemas en sí mismos —le digo para finalizar.

Conviene que el terapeuta sepa quiénes son todas las figuras significativas del sistema de la pareja con la cual trabaja y cuál es la importancia relativa y la posición que ocupa cada una de ellas para cada miembro de la pareja. Los miembros de la pareja tienen creencias en relación con estas personas, con sus intenciones y con la influencia e importancia que tienen para su compañero. También tienen creencias acerca de cómo cada una de estas personas los ve y lo que piensan de ellos. "Tu madre aún cree que eres una niña", "tu padre ha de pensar que somos millonarios", "tu hermano te envidia", entre otras. Todas estas creencias definen la dinámica de las relaciones que tendrán los miembros de la pareja con las personas con quienes se relacionan, definirán los problemas que tendrán y las soluciones que intentarán poner en práctica. Además, es muy posible que los miembros de la pareja no estén de acuerdo con el planteamiento de los conflictos o con las soluciones que el otro desee realizar.

El terapeuta tiene que prestar atención a las creencias que sus pacientes tienen de sí, del otro y de la gente de su entorno, ya que a partir de ellas se inicia el proceso de identificación y la definición de los límites que existirán entre ellos. Por ejemplo, es posible que alguien considere que su esposa y el padre de ésta son "cultos" y él no, entonces, cuando todos estén reunidos actuará de manera tal que termine sintiéndose diferente y excluido. La conducta resultante puede ser muy variable de acuerdo con otras creencias que sostenga sobre sí mismo y puede ir desde la admiración y escucha atenta para aprender de lo que ellos hablan, hasta la inhibición y el resentimiento hacia ambos.

Las creencias influyen sobre las alianzas que surgen entre los miembros de la relación y entre cada uno de ellos y las personas de su entorno. Ana María piensa que su esposo es taimado y lento de entendimiento, también cree que Sofía, la hija de ambos, que tiene nueve años, salió en eso al padre. Esta creencia hace que ella tenga una actitud determinada hacia cada uno de ellos y que haga frecuentes comentarios, como "eres igualita a tu padre" o "a ustedes hay que decirles las cosas 20 veces para que entiendan". Esto genera en ellos sentimientos de desagrado hacia Ana María, por lo que frecuentemente se alían contra ella. "Es una malhumorada", le dice Sofía a su padre, y éste asiente con una sonrisa. También es frecuente que él desautorice a la madre cuando ella pretende sancionar a la niña y la acuse de ser demasiado estricta con ella. En el fondo de todas estas actitudes hay una serie de emociones de las que no se suele hablar. Ana María está decepcionada y siente cierto depreccio hacia su esposo, a veces está arrepentida de su decisión de casarse con él y esto le produce enojo hacia su esposo, la cual, en ocasiones, es proyectada a la hija, que se le parece. Él, por su parte, siente resentimiento hacia su mujer y sabotea la relación de ésta con la niña, como forma de castigarla.

Es de extraordinaria importancia para la salud de la pareja que ambos entiendan la importancia de establecer límites firmes y bien definidos alrededor de sí mismos y en torno a cada uno de los vínculos que establecen. En general es recomendable que las dificultades que existan en cada relación se resuelvan en el seno de ésta. Si la madre tiene una dificultad en su relación con uno de los hijos, debe conversar con él para solucionarla y, de ser posible, no ha de involucrar a ninguna otra persona en la solución. La presencia de terceros desemboca frecuentemente en alianzas indeseadas y perjudiciales. Veamos esto con un ejemplo: Nicolás es un joven poco sociable e inmaduro, con 33 años y unos padres sobreprotectores, en cuya casa había vivido hasta que, contra la voluntad de éstos, se mudó para vivir en casa de su novia. Dos meses más tarde, Nicolás y Nelly tuvieron su primera desavenencia de pareja, la cual se convirtió en una amarga discusión y, cuando no pudieron ponerse de acuerdo, Nicolás hizo una pequeña maleta y se marchó nuevamente a casa de sus padres, donde fue recibido con los brazos abiertos. Le contó a su madre su versión parcializada de los hechos y ella se alió con él contra esa "mala persona con la que se había ido". Muy posiblemente la madre sobreprotectora pensaba que su "niño" no era aún capaz de hacer una elección aceptable. Pasaron un par de días en estrecha coalición hablando mal de Nelly, hasta que ocurrió lo esperado: Nely llamó a Nicolás. Se citaron. Se encontraron para conversar y, con las emociones decantadas, llegaron a un entendimiento. Entonces, Nicolás tomó su maletita y regresó con Nelly, en medio de los comentarios de su madre: "tu sabrás lo que haces, yo no digo nada, pero vas a ver cómo no funciona y tendrás que irte de nuevo...", "...definitivamente el hombre es el único animal que mete la pata dos veces en el mismo hueco...", "...tú eres un tonto, esa mujer te tiene manipulado".

Curiosamente, todo manipulador, cuando ya no puede manipular a alguien como antes lo hacía, piensa que lo que ocurre se debe a que otro lo está manipulando mejor, pero no llega a creer que la persona se está haciendo independiente o madura. Unos meses más tarde, como había vaticinado su madre, Nicolás, disgustado con Nelly, regresa a la casa paterna de nuevo. Las historias se repiten, él relata lo ocurrido lleno de coraje y con mucho sesgo, la madre recolecta evidencias que corroboran lo inadecuada que ella sostiene que Nelly es para su "niño" y, cuando ellos se reconcilian de nuevo, la madre, con amargura, sentencia: "tú serás un tonto toda la vida, pero yo no, a mi casa no traigas más a esa tipa". Por supuesto, Nicolás tuvo que decir a Nelly que tenía prohibida la entrada en casa de sus padres y Nelly se indignó, "si tu madre toma esa posición sin siquiera hablar conmigo, entonces yo tampoco la quiero en mi casa". A partir de ese momento, cada visita de Nicolás a casa de sus padres generaba un roce con Nelly y, una vez en casa de ellos, tenía que soportar los comentarios de su madre acerca de él, de su novia y de la relación que mantenían. Como es de esperar, esa relación con unos límites tan distorsionados no duró mucho.

En algunas ocasiones las personas no tienen claro dónde comienza una relación y dónde termina otra, y se confunden al tratar de poner los límites, como en el caso de Luz, que había decidido divorciarse. Su matrimonio de 15 años estaba deteriorado luego de una larga cadena de infidelidades por parte de su esposo. Se encontraba decepcionada porque él se había negado a romper su relación con una amante a la que frecuentaba desde hacía casi un año. Luz le comunicó a su madre que pensaba separarse. Sus padres viven en el extranjero. Una semana más tarde recibió una llamada telefónica de su padre, quien le pedía que pensara en sus hijos y que aguantara. "Todo matrimonio tiene sus dificultades. Tú eres muy idealista, casarse no es la vía a la felicidad, esa felicidad es sólo una quimera; lo importante es la paciencia y la constancia para que los hijos puedan vivir en una relación en paz", le dijo.

—Estoy muy molesta con él —se quejaba Luz en la sesión que siguió a esta llamada de su padre—; fue muy manipulador, me recordó que estaba enfermo y que no quería que un disgusto le echara a perder los últimos años de su vida. ¿Qué quiere? Que espere a que se muera para poder vivir mi vida a mi manera. No pude reaccionar y me quedé callada, pero tengo ganas de ir a verlo y decirle que no quiero que me presione y que me deje vivir mi vida. Pero siempre fue tan distante y hace unos meses hablé con él para que mejoráramos nuestra relación, y ahora que se interesa por mí no voy a decirle que no se meta en mis asuntos.

—¿Crees que su intervención indica que se está interesando en ti? —le pregunté.

—En realidad me pareció bastante egoísta, pero creo que se interesa en mejorar nuestra relación.

—Yo diría que se interesa en mantener tu relación con tu esposo.

—Yo sé que ya llegamos a la conclusión de que los problemas de cada relación debían ser resueltos dentro de esa relación sin que se involucraran terceros. Pero ¿cómo puede mi papá tener una mejor relación conmigo si no le permito opinar de lo que me pasa?, ¿de qué vamos a hablar entonces?

—De tu relación con él, de lo que para él representó haber sido tu padre, de cuáles cosas le han gustado de ti y cuáles no, de qué quiere cambiar de la relación que mantienen actualmente, de cómo le gustaría que su relación contigo evolucionara de ahora en adelante, es decir, de ustedes. Eso para comenzar, luego seguro que algo más puede ocurrírseles.

—Sí, está bien para comenzar –dice riéndose.

Interesarse en alguien no implica dirigir su vida para que ésta sea mejor. Es quizá algo más cercano a respetarlo lo suficiente para asumir que es capaz de decidir qué cosa es mejor para él. Todos estamos en el mundo tratando de construir lo que para nosotros es la mejor manera de vivir, de crecer y de ser felices. Cada uno tiene un camino y una meta diferente. Encontrar nuestro camino y decidir nuestras metas es una tarea laboriosa y difícil, y, por lo general, la vida se nos termina sin haberla concluido. Al ser así, difícilmente podremos tener la sabiduría y el tiempo para conocer las metas y los caminos de otros. Hemos de ser honestos y aceptar que por más que apreciemos y amemos a otras personas no podemos decirles cómo vivir su vida para que sean más felices. Un psicoterapeuta dedica su tiempo y su conocimiento a ayudar a otras personas a que aprendan a experimentar con su realidad, a construir metas y a explorarse a sí mismos en busca de sus propias maneras de llegar a ellas.

## Las estrategias de intervención

Quizá la parte más compleja del proceso sea integrar toda la información que los pacientes ofrecen, de manera consciente o inconsciente, y agruparla en un todo coherente que permita elaborar adecuadas estrategias de intervención. Las dificultades por las que atraviesa una persona o una pareja pueden recordarnos a las que fueron afrontadas y hasta resueltas por otras; sin embargo, cada persona es diferente y lo que para unos constituye una solución, para otros puede representar el agravamiento del problema. Aunque existe un gran número de estrategias propuestas por muchos autores de diversas corrientes, quiero dejar bien claro que estas estrategias han de ser desarrolladas y modificadas en el contexto terapéutico de las personas con las que se va a trabajar. Las estrategias no son universales y el psicoterapeuta ha de tener la habilidad para elegir y a veces inventar (siguiendo ciertos lineamientos) métodos de intervención que ayuden a sus pacientes a alcanzar las metas que ellos desean alcanzar.

No pretendo, ni puedo en este espacio, ser intensivo en el tema de las estrategias de intervención. Voy a limitarme a exponer con brevedad algunas de las estrategias que han resultado más eficaces, específicamente en el trabajo de las creencias en las relaciones de pareja, de manera que quien lea esta disertación tenga una idea clara y muy general de cómo funciona el trabajo de la psicoterapia de pareja. No encontrarán un inventario detallado de estrategias, ni fórmulas infalibles para resolver problemas afectivos, pero sí algunas propuestas útiles para ser empleadas en el trabajo psicoterapéutico, que pueden mostrar cómo se construye una intervención y que pretende ayudar a los potenciales pacientes de este tipo de psicoterapia a que pierdan el miedo a dejarse ayudar, mediante el conocimiento de la peculiar y atenta interacción que ocurre entre las parejas y el profesional que los va a ayudar.

## Estrategias básicas

### 1. Verificar que el problema es un problema

No es infrecuente en la práctica clínica encontrar que los pacientes se quedan atascados en situaciones que parecen insolubles y refractarias a sus intentos de solución. En primer lugar es recomendable confirmar que en realidad estamos delante de un problema. Watzlawick (1974/ 1976) hace una extraordinaria explicación de las razones por las cuales las personas son incapaces de resolver algunos de los problemas que se les presentan. Una de ellas es que pretenden resolver situaciones que no tienen solución, pues no pueden ser consideradas problemas. Él ilustraba lo que llamó *el síndrome de la utopía* con el ejemplo del alcoholismo y los intentos de erradicarlo que llevaron a las autoridades de Estados Unidos a restringir la producción e importación de licor para eliminar este problema. El resultado es muy conocido por la mayoría: la importación y producción ilegal de productos de mala calidad que aumentaron los problemas de salud pública, la creación de cuerpos de policía adicionales para combatir las mafias de contrabandistas, la corrupción de estos cuerpos de policía, entre otras; una cadena de problemas en la cual la solución aplicada a uno creaba otro, en una sucesión viciosa. En realidad el alcoholismo no es un problema, sino una enfermedad que obedece a factores complejos que incluyen la herencia de determinados rasgos, los patrones familiares de consumo, la influencia de los medios de comunicación social, la imposición de modelos, los símbolos de estatus y diversas estructuras de creencias relacionadas con lo que una persona que toma alcohol es o puede llegar a ser. El alcoholismo ha de ser entonces estudiado como cualquier otra enfermedad. Si le propusiésemos a alguien prohibir el cultivo de caña de azúcar y la elaboración de productos alimentarios derivados de los carbohidratos para erradicar la diabetes, probablemente desconfiaría de nuestra salud mental.

En el trabajo con las dificultades de las parejas podemos ver situaciones análogas a ésta. Muchos sujetos se empeñan en solucionar situaciones que no tienen solución porque, en realidad, no son problemas. Un ejemplo muy común es el de aquellas personas que se sienten decepcionadas porque al cabo de un tiempo la relación, apasionada al principio, ha perdido en parte su fogosidad.

—Las cosas han cambiado mucho entre nosotros —me decía Santiago en una de sus primeras sesiones—. Cuando comenzamos tenía deseos de verla a cada momento, cada cosa que hacía sin ella me parecía incompleta, si estaba en una reunión con mis amigos me decía, "a René le encantaría estar aquí", si veía una película sin ella me sentía incompleto, a la experiencia le faltaba algo. Hacíamos el amor todos los días, alguno de ellos en varias oportunidades. Cuando ella no estaba me gustaba escribirle cartas o poemas..., en fin, era hermoso.

—¿Y cuánto tiempo aspiras a que dure una situación como la que me describes? —le pregunto.

—Bueno, si el amor es verdadero debe ser permanentemente así. Pero no sé qué me pasa, luego eso se va; no es que no quiera verla o estar con ella, pero ya no es lo mismo.

Santiago tenía la creencia de que existía un amor verdadero, por consiguiente, aunque él no lo mencione, ha de haber uno que no lo sea. Él aspiraba al verdadero amor, el cual, según le dictaba su creencia, era uno en el que había un interés extremo en compartir todo con la persona amada y una exclusión de las demás. Le extasiaba la sensación de confluencia en la que se borraban los límites entre ambos, que es propia de la primera fase del amor, pero que no es el amor completo como proceso. El amor como proceso parece tener diversas etapas, en las cuales la pasión es sólo uno de los elementos y ésta es más o menos intensa, dependiendo de la etapa en que se encuentre la relación. Santiago quería hacer perdurar la pasión y el interés a unos niveles de magnitud que sólo parecen propios de la etapa de selección y adhesión. No es que asegure que la pasión tiene un momento en la vida de la relación y luego tenga forzosamente que desaparecer. La pasión es muy fuerte en la etapa inicial de la relación afectiva, podría decir que por necesidad. En ese momento de la relación, el vínculo no es aún suficientemente fuerte, las estrategias de comunicación no se han establecido con firmeza, la expresión emocional se encuentra en un periodo de tanteo, y los miembros de la relación se exploran para evaluar si es posible el vínculo. En ese momento es necesaria una emoción que mantenga un grado de apego que ayude a ambos a vencer el miedo al rechazo y a superar la incierta y trabajosa etapa inicial de la relación, y ese papel lo tiene la pasión intensa. Luego la relación comienza a consolidarse a partir de otros elementos y la pasión no desaparece sino disminuye, porque se hacen más fuertes e importantes el intercambio de vivencias y de puntos de vista, así como la exploración de otras emociones y otros aspectos del compañero. De esta forma, Santiago se impedía a sí mismo el tránsito a etapas de más arraigo de la relación. El problema no era que la pasión disminuía −pues eso es un componente normal de la evolución de la relación−, sino el intento de Santiago de preservar la relación en un estado de inmadurez. Sería equivalente a que una madre nos consulte con el grave problema de que su hijito no para de crecer.

De igual manera nos encontramos con parejas que acuden a consulta porque en la relación ocurren desacuerdos frecuentemente. Sara me planteaba su problema en la forma siguiente:

—Sé que tenemos problemas graves porque no es normal que después de tanto tiempo continuemos teniendo tantas diferencias.

—¿A qué te refieres exactamente? −indago.

—Hay muchas cosas en las que no podemos ponernos de acuerdo −me dice preocupada.

—¿Como cuáles?

—A mí me gusta reunirme con mis amigas de vez en cuando, a veces en casa de alguna de ellas y otras en algún café. Sus esposos suelen acompañarlas, pero a Gabriel no le gusta.

—Pero muchas veces te acompaño −le señala él.

—Sí, pero yo sé que lo haces por obligación, en realidad no lo disfrutas − le recrimina.

—Bueno, en realidad a veces me gustaría estar haciendo otras cosas, pero voy porque me gusta estar contigo. Además, a veces sostengo alguna buena conversación con alguno de ellos.

—Sara, ¿piensas que una pareja debe estar de acuerdo en todo? —le pregunto.

—¡Una buena pareja sí! Se van acostumbrando el uno al otro, se compenetran, ¿entiendes? —me dice, algo irritada.

—Dos cuerpos y una sola alma —digo mirando a la distancia, como reflexionando.

—Dicho así se oye bastante cursi —replica Sara.

—¿Cómo lo dirías tú?

—No sé, me parece raro. Creo que prefiero asimilar esto primero.

Parece tonto aseverar que cada persona es diferente de las demás. Cualquiera sabe eso, me dirían y es verdad: cualquiera sabe eso cognitiva y racionalmente, pero las cosas lucen distintas en una escala emocional. Una persona bien intencionada puede hacer cosas muy ilógicas por sentir que ha logrado conformar el ideal romántico de la pareja. Las diferencias están siempre presentes y se pueden negociar para permitirnos incorporarlas en nuestro mundo de vivencias, o podemos aprender a coexistir con éstas cuando no nos atrae la idea de convertirnos a ellas. Estas diferencias son la base del proceso de enriquecimiento y maduración a la que cada miembro de la pareja se ve sometido por el simple y maravilloso hecho de haber unido su vida a la de otro ser humano. No son un problema, sino una bendición, y ocuparse de ellas es una parte natural del proceso de vincularse.

Entonces, una de las primeras cosas que conviene hacer en un proceso psicoterapéutico es asegurarse de que la pareja no se encuentre enfrascada en dar solución a algo que no es un problema. Esto daría lugar a un esfuerzo que no arrojaría más resultado que un amargo sentimiento de decepción y, quizá, la idea errada de que las cosas no se resuelven porque él mismo o el compañero no cooperan, o tienen algún tipo de enfermedad o de problema profundo.

## 2. Reconocer los desplazamientos de los problemas

Es realmente común que el trabajo terapéutico termine centrándose en temas y situaciones muy diversos de aquellos que el paciente nos trae en la primera sesión como motivo de consulta. El camino hacia la solución de los problemas está frecuentemente sembrado de obstáculos. La persona con dificultades emocionales pone en juego todos sus recursos para solventar sus conflictos, y cuando no lo logra despliega una serie de mecanismos de defensa que tienen por objeto protegerle de la angustia y del sufrimiento que le ocasionan sus problemas.

Cuando una persona llega al consultorio de un psicoterapeuta sobre-
poniéndose al temor de ser considerada loca, incompetente, débil o
cualquier otra cosa, lo hace porque luego de haber desplegado todos
los recursos a su disposición, no ha podido resolver sus dificultades. Entonces nos encontramos ante alguien que tiene uno o varios problemas
que no ha sabido solucionar y que está protegida por una serie de mecanismos de defensa que van a definir muy especialmente la labor terapéutica. Cuando una persona sufre una caída y tiene, por ejemplo, una
luxación en un hombro (es decir, el hueso del brazo se ha salido de su
lugar), el movimiento del brazo resulta muy doloroso y los músculos
involucrados en estos movimientos se contraen para inmovilizar el brazo
y evitar el dolor. Podríamos comparar esta contracción refleja de los
músculos con un mecanismo de defensa, una serie de mecanismos que
se ponen en marcha para evitar el dolor y limitar el daño, pero que
impiden el adecuado funcionamiento del brazo. Para colocar el brazo
en su sitio nuevamente, es necesario hacer con él un movimiento de rotación que resulta doloroso y los músculos se van a oponer a ese movimiento, dificultando la labor del médico, aun cuando, luego de colocar el brazo en su lugar, el dolor comience a ceder rápidamente. De
la misma manera, los mecanismos de defensa del sujeto se van a oponer a los intentos del terapeuta de hacerlo reconocer sus dificultades y
de comenzar a trabajar con ellas, en un intento por limitar el dolor
emocional.

Ocasionalmente una persona puede, en forma inconsciente, des-
plazar el malestar que le genera un conflicto determinado hacia un
conflicto aparente, que también produce malestar, pero en menor cuantía, y que es emocionalmente menos amenazador y más manejable. Si
el terapeuta no es capaz de detectar el desplazamiento del problema,
podrá pasar largo tiempo dedicado a acompañar a su paciente en la
búsqueda de la solución de un problema que no es la dificultad central
y habrá quedado atrapado en la trampa de la resistencia, ocupado en
un trabajo poco productivo con un conflicto señuelo.

Mateo acudió a mi consulta con claros síntomas de depresión, aparentemente agobiado por el malestar que le producía su estancamiento
profesional. Era un hombre de mediana edad, con ademanes nerviosos, habitualmente muy activo y autoexigente, a quien le parecía que
para su edad no había alcanzado el éxito y el reconocimiento laboral
que le correspondía; pese a sus esfuerzos, su desarrollo profesional no
terminaba de ir a un ritmo que le satisficiese. Cuando lo vi por primera
vez se encontraba desmotivado, sin capacidad para disfrutar de los
placeres habituales de su vida, con alteración del sueño y del apetito,

y aquejado por impulsos e ideas tanto autoagresivas como descalifica-
doras.

—Haga lo que haga nunca van a valorar mi trabajo —me decía—.
Creo que soy bueno haciendo lo que hago, pero no tengo talento para
lograr que lo valoren; creo que soy muy malo promoviéndome —y
frecuentemente completaba—: Me lo merezco por torpe, es una maldición. Trabajo y trabajo duro, pero no tengo éxito".

Un hombre de poco más de 40 años que ha llegado a ser director
administrativo regional de una importante empresa trasnacional y que
tiene a su cargo las operaciones de cuatro países no parecía ser precisamente alguien rezagado en su desarrollo profesional. Era evidente que me encontraba ante alguien con un alto ideal de sí mismo y con
un nivel de autoexigencia fuera de lo común, pero su depresión era
desproporcionada con la causa aparente y esto era evidente hasta para
Mateo.

—Ya sé que no tiene sentido —me decía—; todos me dicen que voy
bien y que en menos de tres años puedo tener un buen cargo en la casa
matriz, pero no puedo conformarme.

—Parece que no logras avanzar preocupándote y decayendo de esa
manera —le señalo con calma.

—Eso ya lo sé, pero no puedo hacer nada al respecto. Me siento
como me siento.

A medida que avanzaba el trabajo terapéutico fueron apareciendo
otros temas dolorosos que Mateo parecía querer evitar.

—Sí, tengo dos hijos y nuestra relación es un poco distante, pero
son casi adolescentes y tú sabes cómo son todos los adolescentes.

—Sí —le respondí—. Sé muy bien cómo son "todos" los adolescentes: diferentes. Todos son distintos entre sí, algunos muy distantes, otros
excesivamente rebeldes, otros cercanos y afectuosos. Son como sus padres, todos diferentes.

—En realidad nunca he tenido mucho tiempo para ellos y creo que
ahora son tan distantes conmigo como lo he sido siempre con ellos,
pero eso ya no tiene remedio ni tiene que ver mucho con el problema
que me ha deprimido.

—¿Y tu esposa, Mateo?, ¿cómo está la relación con tu esposa?

—Bien, nosotros nos llevamos muy bien, no tenemos peleas nunca.
Ella es muy comprensiva —me dice sin convicción.

—Con tus horarios de trabajo no parece que tengan mucho tiempo
de interactuar, ni para discutir, ni para…

—Bueno, ya te estás yendo por las ramas de nuevo —me corta—, el
problema no está ahí.

—El problema que causa tu depresión parece estar en muchas partes a la vez —le digo con firmeza.

Una gran tristeza relacionada con la distancia de sus hijos y de su esposa quedó dolorosamente al descubierto a medida que el trabajo avanzaba. Mateo tenía la atormentada certeza de haber perdido la infancia de sus hijos y de haber malgastado los mejores años de la relación afectiva con su esposa.

—Hay cosas que no pueden recuperarse, he pasado trabajando los mejores años de mi vida, he condenado a mis hijos a crecer con un padre que no les ha dejado nada más que una existencia holgada y mi mujer ha pasado sus mejores años cuidando sola de nuestros hijos —me dijo llorando.

—Como dices, hay cosas que no pueden recuperarse —admito—. Y en las sesiones pasadas me has hecho una lista bastante detallada de ellas, un inventario completo, podríamos decir. No quiero pensar de qué tamaño habría sido éste si nos hubiésemos conocido en un par de años, porque me imagino que ahora vas a hacer algo para que no continúe creciendo, ¿no es así?

—Pero ¿qué se puede hacer? —pregunta desconcertado.

—No sé lo que puede hacerse, quiero saber lo que vas a hacer tú.

—Eso es lo que no sé. ¿Qué se hace en estos casos?

—Preguntar menos e inventar más —le digo, desalentando su intento de hacerme responsable de encontrar opciones para él.

—Quizá no sea tarde para todo, me imagino que aún habrá algunas cosas que un padre pueda hacer con sus hijos de 12 y 14 años. Y estoy seguro de poder encontrar algo que hacer con mi esposa, si tengo un poco de tiempo para ello —me dijo con optimismo.

Sin embargo, las cosas le fueron más difíciles de lo que pensó en ese momento. Las conversaciones con sus hijos le resultaban pesadas, no lograba encontrar temas en común y generalmente terminaba sermoneándolos y fastidiándolos. Con la esposa no le fue mucho mejor. Comenzaron a salir con la premisa expresa de no hablar de los hijos, de las responsabilidades del hogar ni del trabajo de él. Se iban al cine, a tomarse un café o a cenar, y el tiempo se les hacía largo y la conversación se desviaba invariablemente a los temas impersonales. No lograban establecer una comunicación íntima.

—No sirvo para eso —me dijo con amargura, comenzando una sesión—. No sé ser padre y por lo visto tampoco sé ser esposo. En realidad la culpa es de mis padres, jamás tuve un modelo de nada en la casa, mi padre y mi madre casi ni se hablaban y éramos tantos hermanos que tampoco tuvieron mucho tiempo para ser unos padres ejemplares con ninguno de nosotros. Papá pasaba todo el día trabajando y mamá atareada interminablemente con las cosas de la casa.

—Perfecto, ya encontraste a unos culpables. Ahora todo está resuelto —digo en tono sarcástico.

—No ironices con eso —me dice muy serio y convencido—. La verdad es que no he tenido modelos, al menos no de padre o de esposo, pero sí tuve muy buenos modelos de trabajadores y, al fin y al cabo, parece que eso es lo que sé hacer mejor.

—Sé que te gustan los deportes, has jugado futbol y beisbol cuando eras más joven y ahora juegas tenis y golf en tus raros ratos libres.

—Sí, es verdad, pero, ¿y eso qué tiene que ver?

—Que, según entiendo, lo más redondo con lo que jugó tu papá fue un ladrillo. Tampoco para el deporte has tenido modelo y, sin embargo, lo haces y, por lo que sé, lo haces bien.

—Bueno, ésta la ganaste —dijo sonriendo—. Creo que aunque sea más difícil sin modelo, también puedo aprender a ser mejor padre y esposo.

—¿Más difícil? Eso puedo objetarlo, pero no voy a hacerlo, al menos no por ahora.

El trabajo terapéutico aún le reservaba momentos difíciles a Mateo. Su depresión había respondido al tratamiento con antidepresivos, por lo que su estado anímico se encontraba mejor; sin embargo, aún persistían los pensamientos descalificadores y tenía episodios en los que se criticaba duramente y se insultaba con saña. Parecía que su personalidad se había fragmentado y dos componentes de ella se habían opuesto uno al otro. En psicoterapia gestalt, este fenómeno se llama *polarización*. Las neurosis (y la depresión entre ellas) pueden ser entendidas en términos de lo que Fritz Perls (1969/1982, 1973/1992; Castanedo, 1997) llamó *top dog* y *under dog* (el perro de arriba y el perro de abajo), una escisión de la personalidad en la que el individuo fracasa en resolver el conflicto planteado entre dos componentes diametralmente opuestos de su personalidad. Estas polaridades se hallan constituidas por actitudes introyectadas como prejuicios y creencias que le fueron impuestas al individuo durante su primera infancia y que fueron aceptadas sin crítica por él. Uno de los componentes de la personalidad estaría representado por una conciencia muy severa (el perro de arriba), resultado de un entorno que originalmente impuso sus preceptos al individuo bajo las amenazas del castigo, retirada de afecto, entre otros. El individuo interioriza estos modelos en la forma de una conciencia que asume la función de vigilar que la persona piense y se comporte como "debe". En contraste con la naturaleza autoritaria de este componente de la personalidad, el "perro de abajo" representa actitudes y creencias que hacen referencia al desamparo, incompetencia y falta de adecuación del individuo. Así, en forma inconsciente, el sujeto fracciona su personalidad entre lo que debería hacer y lo que hace, entre el agresor y la víctima. El uno arremete y el otro manipula con su incapacidad. La agresión del "perro de arriba" contra la otra polaridad se manifiesta en la propia persona en forma de pérdida de energía, incapacidad para disfrutar, autocríticas destructivas o autoagresiones francas, pensamientos obsesivos, ansiedad y desinterés en los aspectos cotidianos de la vida.

—No sé por qué pierdes tu tiempo conmigo, teniendo tantos otros pacientes que podrían aprovechar mejor tu trabajo —se lamenta Mateo.

—¿Estás jugando al pobrecito? —le pregunto descuidadamente.

—No, es la verdad. No tengo remedio, no voy a cambiar. Al final de todo, me voy a quedar sin nada. Mis hijos se van a ir sin tener nada que agradecerme y mi esposa también va a dejarme, cuando al fin se dé cuenta de la clase de perdedor que soy.

—Definitivamente sí estás jugando al pobrecito… y al *sadiquito* —le digo, mirándolo muy serio–. Una parte de ti dice: "eres una mierda, no sirves para nada", y la otra afirma: "tienes razón; por favor, no me exijas tanto". Una parte está muy enojada y la otra da lástima —lo miro muy fijamente y le pregunto–. ¿Contra quién estás tan enojado?

—Estoy enojado conmigo mismo —me responde resueltamente.

—Una persona sólo se enoja consigo cuando no logra sacar el coraje que le tiene a otra persona. ¿A quién le tienes tanta rabia? —insisto.

—A mí mismo —grita con la cara roja–, ya te lo dije. Yo soy la mierda que no sirve para nada.

—Quiero que grites esa frase: "Eres una mierda, no sirves para nada".

Comienza a gritar y le pido que lo repita de nuevo más fuerte y nuevamente más fuerte. Luego de gritar cinco o seis veces se calla de pronto y me dice en un susurro:

—Me parezco a mi padre.

—¿Eso decía tu padre?, ¿te decía que no servías para nada? —le pregunto en el mismo tono de voz.

—Sí, el muy hijo de…. Nunca estaba en la casa y además no dejaba de criticar todo lo que yo hacía. Nada le parecía suficientemente bueno.

Una enorme ira hacia su padre se abrió paso al exterior en las sesiones siguientes. Una vieja ira que no había sido expresada y que, de tanto estar reprimida, se volvió contra Mateo. Cuando esta ira, mediante el trabajo terapéutico, pudo ser dirigida en forma constructiva contra quien realmente era su destinatario, todo comenzó a cambiar. Se silenció progresivamente la parte castigadora y crítica de la personalidad y la manipuladora. Sólo entonces logró Mateo centrarse con éxito en el trabajo que requería su relación con sus hijos y con su esposa.

Las maneras como la angustia esconde las partes dolorosas son muchas, pero, de todas ellas, los desplazamientos son los que confunden más el trabajo terapéutico. Es preciso que el terapeuta mantenga su curiosidad y su atención bien abierta, y ante las incongruencias y las reacciones desproporcionadas sea capaz de preguntarse ¿qué más hay aquí?, ¿qué se esconde tras estas inconsistencias? Cada situación confusa ha de investigarse, cada hipótesis que ésta genere ha de ser abandonada sólo cuando se esté seguro de que se llegó a un callejón sin salida.

## 3. Detectar las creencias disfuncionales

Cuando una persona se asoma al exterior de sí misma tratando de entender sin prejuicios lo que hay fuera de ella, se encuentra con un escenario muy simple: el mundo está poblado de objetos y de personas que interactúan entre sí; pero fuera de la mente de la persona, ninguno de estos objetos o interacciones tienen ningún significado en sí mismos. Se cuenta que un viejo sabio que profesaba el budismo chan le preguntó a uno de sus discípulos cuál era el sonido que hacía un árbol al caer en un bosque solitario. Y el alumno, avanzado en el arte profundo de ser mediante la experiencia, respondió con un perfecto silencio. Tal respuesta complacería sin duda a los partidarios del constructivismo, quienes sostienen que no existe experiencia fuera del cerebro humano. Colores, formas, sonidos, olores, etc., son experiencias y, como tales, residen en el cerebro del que las tiene. Cuando la luz rebota sobre la superficie de un objeto, éste la refleja con una longitud determinada por las características de su superficie. Si luego esta luz es captada por las células especializadas para la visión en el ojo de un ser vivo, el estímulo que estas ondas producen en aquéllas se transforma en una señal electroquímica que va a llegar al lóbulo occipital del cerebro. Una vez allí, en el área de la visión, el cerebro confiere a este estímulo unas características que hemos llamado *formas* y *colores*.

No sabemos si el color existe realmente en el mundo exterior, ni si en caso de existir lucirá como lo vemos, pero lo más probable parece que el color pertenezca tanto al pétalo de una rosa como el dolor pertenece a sus espinas. Nadie aseguraría que el dolor se encuentra en la espina y ésta lo transmite al dedo cuando lo pincha. Hoy las evidencias parecen apuntar a que aquello que experimentamos mediante nuestros sentidos son una serie de particularidades asignadas por algunas áreas altamente especializadas de nuestro cerebro. El cerebro humano, la estructura más compleja que existe en el universo conocido, tiene entre sus ocupaciones asignar significados al entorno en que vivimos y a sus sucesos, para permitirnos tener un grado de comprensión de nuestro ambiente, a fin de que podamos, por medio de lo que nos ocurre, tener alguna idea de lo que el futuro puede depararnos. La generalización de estos significados atribuidos es la fuente de las creencias; por ello, las creencias están enraizadas en nuestra forma de pensar, en la manera como vivimos. Las creencias están en todas partes y en todas las personas y, como dije, no son malas o perjudiciales en sí mismas, sino que se hacen disfuncionales cuando son limitantes, cuando estrechan nuestra comprensión del mundo. Entonces, las creencias están presentes en cada idea, en cada opinión, en cada interpretación que hacemos sobre el mundo en que vivimos y las circunstancias que nos envuelven, de modo que no es difícil reconocer una creencia. Lo importante en el trabajo terapéutico es saber cuáles creencias de los miembros de la pareja les impiden tener una relación saludable y satisfactoria.

Las únicas reglas válidas para detectar una creencia disfuncional son escuchar atentamente lo que los pacientes dicen y tener la costumbre de desafiar las aseveraciones que ellos hacen sobre su vínculo, sobre su rol en la relación de pareja, sobre la forma de vincularse, entre otros. Cuanta más certeza y convicción tenga una persona en una opinión dada, más fácil será que ésta se transforme en un dogma rígido, que estreche su visión del mundo y su construcción de la realidad, limitando sus opciones en la vida y su campo de acción.

La pregunta que desafíe la perspectiva de los pacientes ampliándola, la metáfora que lo lleve a replantearse la validez de sus construcciones, la prescripción que le ponga en contacto con formas creativas de tratar los mismos problemas, la técnica de intervención que le permita estar consciente y ser responsable de la expresión de sus emociones reprimidas, toda mediación que le demuestre la inmensa influencia que tiene sobre la elaboración de su realidad es un recurso válido para el proceso terapéutico.

Cuando un paciente me dice "tenía coraje con ella, pero no le dije nada, todo estaba tan tranquilo que no quise echar a perder ese momento de paz", comienzo a plantearme muchas preguntas, algunas de las cuales termino haciéndoselas a él. ¿Era realmente ése un momento de paz, con tanto coraje?, ¿qué le hace pensar que la paz se mantiene callando sus emociones?, ¿por qué decir a la pareja que ha hecho algo que le causó ira ha de echar a perder la paz?, ¿por qué la paz es más importante que la salud de la relación?, etcétera. Las personas generalmente responden a estas preguntas con gran desconcierto y perplejidad, dejando al descubierto sus creencias más arraigadas. Por lo general, la respuesta es poco satisfactoria hasta para el paciente, quien no está habituado a cuestionarse convicciones tan profundamente arraigadas, y con sorpresa descubre que no tiene respuestas válidas para ella y que su convicción no está sustentada en argumento alguno.

## 4. Incluir la duda

Una de las características más constantes de las creencias que albergan las personas es su enorme certeza. Por lo general no tenemos conciencia de que lo que pensamos sean creencias, y estamos seguros de que el mundo es así o de que ésa es la verdad. Cuando alguien dice que "no es fácil ser un buen padre" no tiene la clara noción de estar enunciando un parecer o una creencia sobre la crianza de los hijos, y esta persona habla de lo que para ella es la realidad. Cuando alguien, está consciente de que tiene una creencia ésta pierde fuerza y contundencia. De esta manera, cuando se consigue que los pacientes tengan dudas sobre aquello que creen, inician el camino para que el mundo de significados atribuidos a una situación determinada se amplíe y su experiencia se enriquezca.

Marta es una mujer de 32 años, algo pasada de peso, de voz y ademanes suaves, dada a la autocrítica, con facilidad para reírse de sí misma y con una conversación agradable e ingeniosa. Además, es una persona que se valora poco, se cree poco atractiva y menos deseable, lo cual la hace comportarse en forma introvertida en situaciones de interacción social. Tiene un amigo, Roberto, que vive en una distante ciudad costera.

—Nos comunicamos por e-mail y chateamos con frecuencia —me explica—. Es un tipo atractivo y muy agradable, nos entendemos bien y nos divertimos mucho; el año pasado lo visité durante las vacaciones, me quedé en su casa, pasamos juntos una semana, hicimos turismo, salimos en las noches y todo eso. Yo quería tener sexo con él, pero no me atrevía a sugerírselo, tenía mucho miedo a que eso deteriorara nuestra amistad. Pero la noche antes de regresar sucedió... no sé cómo... no sé si empezó él o lo hice yo... y bueno, eso fue —termina, algo avergonzada.

—¿Cómo te sentiste con ello? —le pregunto.

—Muy bien, fue maravilloso, pero a él no le gustó.

—¿Cómo sabes eso?, ¿él te lo dijo?

—No en realidad, pero no hace falta. Jamás hablamos de ello, dormimos un par de horas, nos levantamos hablando de cualquier cosa, él me llevo al aeropuerto y nunca me tocó el tema.

—¿No lo comentaron por medio del chat? —le pregunto extrañado.

—No, nunca me dijo nada... y, para ser franca, yo tampoco volví a hablar de ello. No hacía falta, no le gustó, a los hombres les gustan las mujeres delgadas.

—Me parece que no conoces a suficientes hombres para hacer esa aseveración —le digo secamente.

—Si le hubiese gustado, lo habría dicho... ¡Bueno!, al menos por cortesía.

—¿Como lo hiciste tú? —le pregunto con ironía.

—No, yo no lo hice. Pero él es hombre... —me dice, y de pronto, rompe a reír.

—¡Vaya! Asomó la machista —le digo, acompañándola en la risa.

—Bueno, yo no le dije nada. Tú sabes que yo suelo ser introvertida en ese tema, pero él tampoco lo hizo. Tú puedes decir que no todos tienen igual gusto, pero, por lo general, las gordas no son las más deseadas.

—Eso naturalmente concuerda con lo que has decidido creer de los hombres, de las relaciones de pareja y de ti misma. Ocurre un suceso, postulas una hipótesis y decides creer que ésa es la realidad o la verdad, o como quieras llamarla.

—Mira, un hombre pasa una semana con una mujer en su casa y ni se le acerca hasta el último día, luego tiene sexo con ella y después se hace el loco y no quiere hablar de ello. ¿Qué otra cosa se puede pensar?

—Mira, yo puedo inventar una hipótesis tan bonita como la tuya. A ver —pienso un poco y continúo—, Roberto es un hombre que ha tenido algunos encuentros sexuales poco satisfactorios, resulta que a veces eyacula algo antes de lo que le gustaría, claro que no dice nada porque le avergüenza, pero él tiene la certeza de que decepciona sexualmente a las mujeres. Entonces, llega Marta a pasar unas vacaciones. Quiere acostarse con ella, pero no se atreve a hacer ningún avance por el problemita que tú y yo sabemos —digo mirándola con

complicidad. Ella sigue atenta mi relato–. La última noche –continúo–
todo pasa sin que él tenga claro quién comenzó, luego ella se va sin
hacer ningún comentario al respecto, y para más dudas no toca el
tema ni en las conversaciones por chat. Piensa que Marta no quiere
hablar de ello, resulta evidente que no le gustó, tal vez eyaculó antes
de que ella llegase al orgasmo y, tú sabes, a las mujeres no les gustan
los eyaculadores precoces.

—¿Tú crees que eso es lo que pasó? –me pregunta muy asombrada.

—No lo sé –le digo sonriendo con picardía–. Yo sólo quería inventar una hipótesis tan bonita como la tuya.

Marta comenzó a dudar de que su explicación fuese la única posible, y se encontró a sí misma con mucha curiosidad de averiguar lo
que había ocurrido. También estuvo dispuesta a entender la forma
como construía su realidad asignándole significados a los eventos de su
entorno y aprendió que tener una sola explicación para un hecho en
que nos encontramos involucrados es siempre demasiado poco.

## 5. Reducir al absurdo

Una de las estrategias más eficaces contra las creencias disfuncionales
es mostrar a quienes las detentan lo irrazonables que éstas son. De esta
manera las personas admiten con más facilidad replantearse sus convicciones sobre las situaciones particulares que les causan dificultades.
Como mencioné con anterioridad, las creencias no suelen ser cuestionadas o puestas en duda, pues comienzan a implantarse en un periodo
de la vida en el cual el razonamiento está estructurándose, y provienen de personas a las que, en ese momento, no cuestionamos, porque
las consideramos infalibles. De esta manera, una creencia se convierte
en un hecho cierto, en una aseveración sobre lo que la vida es, e influye en la manera como pensamos que ésta ha de vivirse. Cuando una
persona toma conciencia de lo absurdo de alguna de sus convicciones,
entra en un estado de shock, se siente desconcertada y casi inmediatamente después siente vergüenza por lo absurdo de la convicción sostenida. La mayoría de las veces estas creencias son prejuicios y clichés
que, luego de ser entendidos, ya no pueden ser sostenidos, pues no producen el ingenuo sentimiento de seguridad que los hace incuestionables.
Es posible que sin la creencia el paciente se encuentre desamparado
por un tiempo, mientras reestructura su visión del mundo e idea una

nueva realidad más funcional, en la cual las creencias sobre sus circunstancias sean concebidas sólo como lo que son: creencias.

Catalina es una hermosa mujer de 36 años, delgada y del color negro de los habitantes de la región costera del país, de una de cuyas poblaciones proviene. Su problema es que no tiene pareja. Ha tenido unos cuantos romances, pero no ha logrado establecer una pareja duradera.

—No va a resultar fácil —aseveró en una oportunidad, mientras trabajábamos sobre el tema.

—Si así lo prefieres... —le digo dejando la frase en el aire.

—No se trata de lo que prefiero, tú sabes cómo son las cosas. A las negras nadie las quiere. Como dicen por ahí, "los hombres las prefieren rubias".

Y aquí Catalina nos revela una de sus creencias. Había crecido sin padre, al cuidado de la madre y de un hermano de ésta que, cuando era niña, le decía que tenía que estudiar mucho para ser independiente, porque era fea y no habría ningún hombre que fuese a cuidar de ella.

—Entonces, ¿para qué molestarse en seguir trabajando en esa dirección? —le digo, como siguiendo la orientación que ella impone—. Cambiemos el rumbo y busquemos la manera de que te resignes a estar sola.

—No quiero hacer eso —me dice con determinación.

—Entonces, tendrás que aceptar a alguien que no te quiera y hacer tu vida con esa persona.

—Tampoco quiero eso.

—¿Te gustan las mujeres? —le pregunto con mucha seriedad, aunque sé que no es así.

—No, claro que no —me dice irritada—. ¿Por qué me preguntas eso?

—Mira, yo sólo trato de entenderte —digo con fingida inocencia—. Si a las negras nadie las quiere y los hombres las prefieren rubias, ¿qué puede esperarte a ti? Si alguien se interesa en ti no ha de ser un hombre, y si alguien alguna vez te dice que te ama no podrás creerle; tendrá, sin duda, que estar mintiendo.

—Bueno, puesto así es una locura —me dice desconcertada.

—Tú lo has puesto así.

—Bueno, me refería a que no a todos los hombres les gustan las mujeres negras...

—... Y a ti no te gustan todos los hombres... y creo que no te gustaría gustarle a todos los hombres.

—Sí, eso es cierto –acepta riendo–. Necesito encontrar a alguien que me guste y a quien yo le guste.

—¡Uff! –exclamé con fingido alivio–. Ahora está mucho más fácil.

## 6. Usar un lenguaje adecuado

El psicoterapeuta es un profesional de la palabra. La cura es una reconstrucción de la realidad existencial de los pacientes que se hace predominantemente por medio del lenguaje. Por lo tanto, quien se dedica al oficio de la psicoterapia ha de ser una persona capaz de comunicarse en forma eficaz. Esto no sólo significa que ha de hablar de manera correcta, sino también tiene que saber cuándo y cómo hablar "incorrectamente". El uso de modismos, las jergas de los adolescentes, las formas de expresión propias de las distintas clases sociales e incluso las groserías han de ser utilizadas de modo terapéutico. El psicoterapeuta tiene que evitar, en lo posible, las expresiones gratuitas, la comunicación ha de estar centrada en el objetivo del encuentro terapéutico. Pocos han sido los profesionales que, como Milton H. Erickson (Erickson, Rossi y Rossi, 1976; Grinder y Bandler, 1993; Procter, 2001), entendieron la importancia del lenguaje como vehículo creador de la realidad, y pocos también los que lo manejaron con tanta destreza y eficacia.

No hay espacio en estas páginas para profundizar en un tema tan extenso, pero quiero dejar una idea de la complejidad, la belleza y la magia del uso del lenguaje. Sabemos, por ejemplo, que nuestro cerebro, a pesar de comprender perfectamente los enunciados negativos, no responde a instrucciones negativas. Por ejemplo, si le pidiese al lector que no pensase en mariposas, lo primero que haría su cerebro sería reproducir la imagen de una de ellas. En una situación cotidiana en la cual el lector se encuentre sentado en la mesa de una sala de fiestas, de espaldas a la puerta, conversando con una persona amiga sentada frente a usted, si ésta de pronto le dice: "no voltees, pero en este momento está entrando…", le va a costar mucho trabajo resistirse a la tentación de voltear. Quizá por esto Erickson (Rosen, 1982/1991) solía ganarse la confianza de sus pacientes con la instrucción "no confíes en mí".

También sabemos que nuestro cerebro piensa predominantemente con imágenes. Cuando a alguien que no conozco le cuento algo acerca de mi familia o de mi casa, esta persona suele hacer una representación visual de mi esposa, de mi hijo y el lugar donde vivimos. En el consultorio, mientras trabajamos, hacemos que nuestros pacientes se creen imágenes mentales de lo que les hablamos y ellos reaccionan emocionalmente a lo que les decimos. Existen distintas maneras de decir las mismas cosas y generar en ellos imágenes y emociones diferentes. En una ocasión, un colega y yo hicimos una experiencia con un grupo de pacientes a quienes les preguntamos qué imagen les venía a la mente y qué impresión les causaba las frases "la pareja feliz no es insensible" y "la pareja insensible no es feliz". Todos coincidieron en señalar que con la primera se imaginaron a dos personas dichosas que compartían la vida con satisfacción y que esa imagen les proporcionó sentimientos de agrado, mientras que con la segunda frase se forjaban la idea de una relación gastada de personas que eran desdichadas juntas, y esta imagen les generó rechazo y malestar. Creo que no cabe duda de que estas reacciones tan diferentes fueron respuestas a dos frases que, desde el punto de vista del contenido, dicen exactamente lo mismo. De esta manera, el psicoterapeuta desarrolla formas de decir las mismas cosas favoreciendo la creación de imágenes y emociones que le ayuden a orientar el camino por el que acompaña a sus pacientes.

El psicoterapeuta cuidadoso elige su lenguaje desde la primera frase que intercambia con el paciente. Yo suelo iniciar el trabajo en la primera sesión con la pregunta "¿En qué puedo ayudarlo?" Con ello dejo claro que entiendo que su visita obedece a que necesita ayuda de algún tipo y que yo, de hecho, puedo ayudarlo de alguna manera. Genero así una disposición de ánimo que le inclina a resolver su dificultad con mi asistencia. Es distinto de preguntar: "¿Puedo ayudarle en algo?" Esta pregunta, a diferencia de la anterior, admite un *no* como respuesta y con ella es más fácil que surja la duda acerca de la posibilidad de ser ayudado. No es ésta una estrategia infalible; en ocasiones el paciente responde algo como "no sé si pueda ayudarme", lo cual no es un fracaso definitivo de la estrategia, pues siempre puede responderse con alguna variante de "sólo si usted me lo permite".

En el mismo orden de ideas, hacemos preguntas e intervenciones que guíen a nuestros pacientes en direcciones determinadas. Prescripciones como "descríbame cómo va a ser su vida cuando haya resuelto su problema" tienen un efecto muy diferente de "¿cómo va a ser su vida si el problema se resuelve?". Aunque ambas parecen similares, en la segunda cabe la posibilidad de que "el problema no se resuelva" y no deja claro en quién reside el poder de resolver la dificultad; pareciera que ésta tiene que resolverse por sí sola y, si hay algo que las dificultades no suelen hacer, es resolverse a sí mismas.

A muchos pacientes les resulta extraña la manera de expresarse de sus terapeutas y esto obedece al particular uso del lenguaje que ha de hacerse en la situación psicoterapéutica. Lo anteriormente expuesto no significa que el especialista tiene que usar un lenguaje técnico y críptico, todo lo contrario, dentro de la estructura que expliqué caben y deben usarse palabras que sean de fácil comprensión para cada paciente; pero si se utilizan sus mismas expresiones, las intervenciones resultan aún mucho más eficaces. Cada paciente tiene una manera de expresarse que le es propia. John Grinder y Richard Bandler, en su libro *De sapos a príncipes* (1980/1993), explicaban que la personas utilizan, al hablar, distintos verbos o adjetivos para narrar, calificar y describir su experiencia, de acuerdo con si su sistema de represtación predominante es visual, kinestésico o auditivo. Por ejemplo, ante una propuesta que no les parece honesta, aquellos cuyo sistema de representación dominante sea el visual van a referirse a ella con frases de contenido visual, como "no lo veo claro" o "me da una mala impresión"; los kinestésicos utilizarán expresiones asociadas a la experiencia corporal u olfativa: "tengo una mala vibración" o "eso me huele feo"; y los auditivos utilizarán expresiones como "no me suena bien" o "no me hace clic". Inicialmente es recomendable expresarse en el sistema de representación predominante del paciente, y luego utilizar expresiones de los otros, para ampliar la gama de experiencia del mundo de éste.

Cada persona utiliza expresiones que provienen de su entorno social y cultural, de su profesión o de los grupos de referencia a los que pertenece. Un arquitecto se sentirá mejor comprendido y dispuesto a colaborar si le proponemos participar en un proyecto para reestructurar su relación de pareja, al igual que un ingeniero lo hará de mejor gana en el proceso de construir un vínculo estructuralmente sólido, y un músico entenderá mucho mejor lo que es hacer una relación armónica. En fin, el psicoterapeuta ha de ser un hábil comunicador, alguien que entienda la importancia que tiene el lenguaje en la construcción de la realidad (Chomsky, 1965, 1968; Baez, 1975; Echeverría, 1996).

## Estrategias de transformación

Existen muchas estrategias psicoterapéuticas para producir cambios estables en las personas y la mayoría de ellas son también útiles en el trabajo específico con parejas en dificultades. Muchos especialistas de numerosas corrientes han diseñado métodos creativos y muy eficaces para ayudar a sus pacientes, así como muchos libros se han escrito sobre procedimientos generadores de cambio. El cambio, como lo entiendo, ha de ser estable (es decir, no reversible), pero no permanente. Lo realmente importante no es que las personas cambien para resolver sus dificultades, sino que aprendan a cambiar. El mundo es un espacio de transformación dinámica, la vida es un proceso de cambio permanente, nada permanece estable a nuestro alrededor y nosotros tenemos que aprender a cambiar de igual manera. No es exitoso quien espera que el mundo y las personas que lo habitan cambien para él ser feliz; es exitoso quien comprende que su cambio personal produce transformaciones en los demás y en las cosas que lo rodean. Si usted cambia los vínculos que sostiene con los demás, aquéllos cambian también, y al variar los vínculos las personas con quienes los sostiene tienden a transformarse para ajustarse a las nuevas condiciones de la relación.

Por otra parte, el término *cambio*, en mi visión de la psicoterapia, no se refiere a la mera sustitución de una actitud por otra. No se trata de hacer que desaparezca la conducta, la emoción o el pensamiento A para poner en su lugar el B. El cambio útil es aquel que suma, no el que resta, el que hace más amplia a la personalidad, no el que la hace otra. La persona, mediante el proceso terapéutico, cambia y se hace más versátil, más variada en sus opciones. Si un comportamiento no es adecuado en un contexto determinado y crea problemas, seguramente será el más indicado en otra oportunidad. De manera que el paciente, con la ayuda de su psicoterapeuta, aprenderá a aumentar sus recursos para ser exitoso en las situaciones en que presenta problemas, y aquellas actitudes problemáticas pasarán a su fondo de reserva, esperando la situación en que sean realmente útiles.

Quiero hacer un recorrido rápido por las estrategias de intervención que mi práctica me llevó a considerar más efectivas en el contexto de pareja, y particularmente en el trabajo con las creencias disfuncionales, dejando claro que existen muchísimas más, y que la efectividad de un método psicoterapéutico depende más de la persona en quien se aplica que de la estrategia en sí misma. Para ser más amplio en la revisión seré menos profundo en la exposición, de manera que, en vez de explicar largamente la estrategia, voy a limitarme a ilustrar cómo funciona en la práctica, con algunos ejemplos, dejando que la curiosidad natural del lector lo guíe a revisar los textos de los especialistas que las idearon. Sólo voy a ser un poco más extenso en la explicación de aquellas estrategias poco conocidas o que sean de mi cosecha personal.

# 1. Técnicas humanistas

*La psicología humanista* tuvo su origen en los años cincuenta del pasado siglo, tras la segunda Guerra Mundial, muy fuertemente influida por el existencialismo europeo, postulado y difundido predominantemente por los filósofos Sören Kierkegaard, Martin Heidegger, Ludwig Binswanger, Jean Paul Sartre y Martin Büber; y por la fenomenología de Franz Brentano y Edmund Husserl (Ginger y Ginger, 1987/1993; Castanedo, 1997). Esta corriente psicológica fue elaborada por algunos psicólogos provenientes de la escuela psicoanalítica, inicialmente muy criticados y descalificados, y luego convertidos en celebridades que, publicando sus trabajos en folletos que ninguna editorial se animaba a reproducir, iniciaron una tremenda transformación en el área de la psicología. Abraham Maslow, Carl Rogers, Gordon Allport y Rollo May, entre otros, crearon lo que en su momento se denominó la *tercera fuerza* (Frick, 1971/1973). La psicología humanista nació como una corriente psicológica que se oponía al psicoanálisis y al conductismo, a los cuales acusaba de haber reducido al hombre a un mero subproducto orgánico determinado por la bioquímica celular y por las relaciones de su infancia temprana, y de haberle despojado de su libre albedrío, de su responsabilidad y de la capacidad para influir en su destino. En oposición a esto, la psicología humanista es holista: plantea que el hombre es una totalidad en la que se interrelacionan factores físicos, emocionales, ideológicos y espirituales. Lejos de ver al ser humano como una entidad fragmentada, víctima de sus instintos e irremediablemente determinado por su genética y las presiones de los padres, cree que el ser humano está dotado de todas las potencialidades necesarias para su completo desarrollo y que está orientado de forma teleológica a su maduración y evolución personal.

La *psicoterapia centrada en el cliente*, el *análisis transaccional*, la *logoterapia* y la *psicoterapia existencial* fueron algunas de las escuelas psicoterapéuticas que inicialmente formaron parte de la psicología humanista y contribuyeron a cambiar radicalmente la forma en que se concebía el proceso psicoterapéutico. La *psicoterapia gestalt*, un modelo concebido por otro psicoanalista disidente, Fritz Perls, quien personalmente nunca militó en esta tendencia del pensamiento psicológico, se ha convertido en la más representativa y popular de las escuelas del movimiento humanista. De la psicoterapia gestalt provienen la mayoría de las técnicas que mencionaré en este apartado. Claudio Naranjo (1989/1990) divide estas técnicas en tres categorías: técnicas supresivas, técnicas expresivas y técnicas de integración. En los apartados siguientes voy a referirme y a ilustrar sólo algunas de ellas.

### Repeticiones y exageraciones: la dinámica de las técnicas expresivas

Estas repeticiones y exageraciones son técnicas expresivas (Naranjo, 1989/1990) ampliamente utilizadas en el trabajo gestáltico que consisten, las primeras, en solicitar al paciente que repita un gesto, una postura corporal, un movimiento o una exclamación, y las segundas en que no sólo los repita, sino también los exagere con la intención de que el paciente entre en contacto con alguna emoción reprimida o con una creencia oculta.

—Me intranquiliza mucho la forma como está bebiendo últimamente, creo que se está excediendo —me dice Yolanda preocupada, refiriéndose a su esposo Paulo.

—Ni más ni menos que antes —replica Paulo, aparentemente fastidiado— y siempre fue bastante poco —añade.

—Dios mío. "Poco", dices. ¿Ve doctor? —continúa, mirándome angustiada, mientras aprieta su mano izquierda con la mano derecha, repetidamente y con fuerza— no quiere aceptar su problema; si no lo acepta, ¿cómo va a mejorar? Al menos tienes que admitir que tomar todos los días no está bien, embriagarte tres veces a la semana no es sano.

—¿Tres veces a la semana? —dice él, meneando la cabeza negativamente—; yo no me embriago, puedo tomar media botella de whisky sin que me maree siquiera.

—Eso debe requerir práctica —comento con interés.

—Bueno, doctor, bebo desde muchacho y en realidad cada vez me afecta menos —dice indiferente—. Me gusta tomar, pero eso es sano, relaja, no me afecta. Yo me voy a retirar, con su permiso —dice levantándose—. En realidad no creo que yo tenga nada que hacer aquí; sólo me interesaba conocerlo y darle información para que la ayude a ella, es realmente muy angustiosa y eso nos afecta a todos en la casa. Creo que debería darle alguna pastilla tranquilizante o algo por el estilo —se detiene y me mira mientras abre la puerta.

—Preferiría que se quedase, pero no quiero que se sienta forzado —le digo—. Quizá sea bueno que profundicemos un poco en lo que hemos estado hablando.

—Profundice en el problema de mi esposa. Yo sé resolver lo mío —sale y cierra la puerta, con molestia contenida.

—No hay nada que hacer —señala Yolanda, mientras continúa apretando su mano izquierda—, se está matando.

—Yolanda, ¿qué hacen tus manos? —le pregunto.

—Las retuerzo así cuando estoy nerviosa —dice, dejándolas quietas en su regazo—, como mamá hace.

—No, no te detengas. Por favor repite el movimiento —le pido.

—Le digo que es de nerviosismo —dice mientras repite sus movimientos.

—Hazlo más rápido y más fuerte.

—Pero...

—Por favor —le pido interrumpiéndola.

Me obedece y se aprieta la mano con más fuerza, pero mucho más lentamente. Su cara comienza a tensarse. De pronto está apretando los dientes y se mira las manos con ira.

—Es un movimiento como de estrangular —revela mirándome fijamente.

—¿Estrangular a quién? —le pregunto con suavidad.

—El maldito hijo de puta, siempre tan seguro de sí mismo, siempre tan normal. Y yo siempre soy la que estoy jodida. Yo tengo problemas. El desgraciado alcohólico es el normal de la familia y los demás los enfermos. Ojalá reviente y se muera de una vez y nos deje tranquilos —llora y las manos están quietas y serenas sobre sus rodillas.

Repetir y exagerar el movimiento hizo que una emoción reprimida que se expresaba mediante la conducta de apretarse las manos surgiera a la conciencia. La rabia negada y la agresión que ésta incitaba se mostraron para ser susceptibles de ser trabajadas en el proceso terapéutico.

### Propiciar la responsabilidad mediante la comunicación: la función de las técnicas supresivas

Existe una serie de técnicas supresivas (Naranjo, 1989/1990) que tienen como finalidad conducir al paciente a asumir la responsabilidad de su existencia, al mejorar la manera como expresa los hechos que realiza y las emociones y pensamientos que alberga. Para ello se anima al paciente a suprimir una serie de expresiones verbales con que se pretende hacer recaer fuera de él la carga de lo que le acontece.

Preferimos que los pacientes hablen con quien tienen dificultades a que hablen acerca de ellos, aunque deba hacerse mediante la estrategia de la silla vacía. No es importante la anécdota, sino la emoción y los impulsos que se mueven con la comunicación directa persona a persona. Por otra parte, cuando alguien habla acerca de lo que le ocurre tiende a hacer juicios, a intentar explicaciones intelectualizando y alejándose de los sentimientos que esto le produce. Esto es lo que en gestalt se conoce como el *juego científico*.

Se anima a los pacientes a evitar los clichés, como "me siento bien", para que mencionen la emoción que sienten. "Estoy contento" o "me siento tranquilo, calmado" son frases mucho más expresivas y ayudan a las personas a explorarse en busca de sus emociones. Se evitan las explicaciones diagnósticas y los juegos filosóficos.

Los "debeísmos" o juegos religiosos son también rechazados en el modelo de comunicación gestáltico, pues sirven predominantemente para manipular, incitando en los demás la aparición de emociones como la lástima y la culpa. "Yo debo" o "tengo que" son cambiados por "quiero" o "prefiero". Las personas toman más decisiones de las que en realidad aceptan tomar y una gran cantidad de veces pretenden responsabilizar a los otros, o a las circunstancias, por las decisiones que toman. Un paciente me decía en una ocasión;

—Quiero acompañar a mi novia a la playa, pero no puedo porque tengo que estudiar para el examen del lunes.

—¿Sabes?, creo que todos deben hacer lo que en realidad desean. Vete a la playa con ella —le digo para desafiar su "debeísmo".

—Pero me van a aplazar el lunes —me dice entre preocupado y sorprendido por mi sugerencia.

—¿Y qué importa?, ya aprobarás otro día; ahora ve y haz lo que deseas.

—Pero yo quiero pasar este examen. No quiero bajar mi promedio —me dice seriamente.

—¡Ah! —exclamo como si terminase de entenderle—. Entonces, *quieres* ir a la playa y *quieres* aprobar el examen y *quieres* mantener tu promedio de notas, y *decidiste*, entre todo lo que quieres, lo que te importa más.

—Pues sí. Ahora que lo planteas… sí, es así en realidad —concede.

—Casi logras que te compadezca —le digo sonriendo—. Tal vez la próxima vez.

Otras expresiones como "uno", "cualquiera" y "tú", que sirven para proyectar la responsabilidad hacia fuera, son develadas y cambiadas.

—Uno sabe cuando su mujer está molesta sin necesidad de que ella diga nada —dice el paciente.

—Ese tal *uno* es bien perceptivo, me gustaría conocerle —le digo con ironía.

—Bueno, lo que quiero decir es que yo sé cuándo ella está disgustada.

—¡Ah!, bueno, ¿y cómo sabes eso?

En otras ocasiones el paciente hace recaer la responsabilidad de la acción sobre el terapeuta directamente.

—Ella me ignora cuando le hablo y fíjate: es normal que si te hacen eso una y otra vez te molestes.

—No es a mí a quien le están haciendo eso —le señalo, fingiendo perplejidad.

—No. No, yo sé, es a mí a quien ella... bueno, tú sabes.

—No, yo no sé. Voy a terminar creyendo que tratas de confundirme. ¿Puedes ser más claro por favor? —le digo, ayudándolo a expresarse con responsabilidad.


## La integración de los elementos disgregados de la personalidad

La personalidad es un constructo dinámico que se va estructurando durante toda la vida del sujeto y nunca está cerrado como sistema, sino que está en contacto con el ambiente, modificándolo y siendo modificado por éste. Cada persona con la que establecemos algún contacto transforma en cierta medida nuestra personalidad, y cada experiencia vital la incrementa, la amplia. La personalidad es diversa, llena de matices y contradicciones, y permite que cada sujeto pueda ser enormemente plástico y variable. Aunque existen unos rasgos con los que predominantemente nos identificamos (aquellos que actuamos con más frecuencia y a los que llamamos *yo soy*), existen otros que nos asombran cuando, en situaciones fuera de lo común, hacen su aparición. La personalidad puede ser comparada con un balón de futbol o, mejor, con una de esas esferas de espejos de miles de pequeñas facetas con que iluminan las discotecas. Cada faceta es un aspecto que tiene su opuesto en la parte contraria, y aunque por lo general mostramos una parte de ella y ocultamos otra, todas existen y están ahí, dispuestas a aparecer cuando en situaciones diversas giramos nuestras esferas. No somos iguales con todas las personas, no es exactamente el mismo lado de la esfera el que exhibimos a nuestros amigos, a nuestra pareja o al jefe en el trabajo, no es el mismo lado el que dejamos ver a nuestros padres y el que mostramos a alguien a quien recién conocemos. Las variaciones pueden ser pequeñas, pero hacemos ligeras rotaciones al lado social de nuestra esfera. Y en situaciones de crisis comúnmente hacemos grandes rotaciones y mostramos partes que creemos no poseer y nos dejan perplejos o nos avergüenzan, y hasta nos asustan.

No nacemos con una personalidad completa, porque ésta no se completa nunca. Nacemos con ciertas tendencias a las que se ha puesto el nombre de *temperamento,* al cual se suman, en el curso de la vida, muchos rasgos, preferencias y directrices de comportamiento que dependen de los sucesos por los que pasamos y la forma como éstos repercuten en nosotros. A estos rasgos les llamamos *carácter.* El temperamento y el carácter componen la personalidad, esa esfera que nos da nuestro estilo característico, nuestra forma de ser. Las personalidades sanas son diversas en posibilidades de respuesta; ante las distintas situaciones a las que se ven enfrentadas en la vida cotidiana, responden de múltiples maneras, de acuerdo con las características de la situación y con la evaluación subjetiva que hacen de ella. Cuando se es niño, las alternativas son reducidas y se limitan a tendencias polares. Un niño alterna bruscamente el afecto con la indiferencia, la alegría con la ira, la actividad con la pasividad. A medida que el niño interactúa con su ambiente, estos polos se separan y dejan en el medio una gama, una especie de continuo a modo del espectro cromático, que se hace cada vez más rico en matices y posibilidades de acción frente a cada situación específica. Es como una serie de abanicos que inicialmente se encuentran plegados y, a medida que aumenta la exposición a las situaciones del medio, se van abriendo con la experiencia adquirida. Cada abanico está inicialmente integrado por pares antitéticos, como el par de la actividad y la pasividad, el valor y la cobardía, la impulsividad y la lentitud, entre otros. No existen pares fijos, que universalmente se presenten juntos, sino que lo polar o antitético tiene que ver con los puntos de vista de cada persona. Algunas personas tendrán unidos en pares la impulsividad y la reflexión, otros la impulsividad y la pasividad, y otros más la impulsividad y la serenidad. En algunas ocasiones los conflictos psicológicos que surgen durante el desarrollo del sujeto impiden que el abanico se despliegue, en otras alguna dificultad surgida bruscamente puede ocasionar que un espectro desplegado previamente y que ha funcionado en forma adecuada por años se recoja y genere un comportamiento rígido, inadecuado y con pocos matices.

La integración de estos componentes de la personalidad que se han polarizado o que nunca se fusionaron se hace mediante una estrategia que es una de las piedras angulares de la psicoterapia gestalt, uno de los más conocidos y exitosos recursos de integración: la llamada *silla vacía*. Ésta es un espacio físico (silla, sillón, cojín, etcétera) en el consultorio terapéutico, destinado a acoger las partes disgregadas, las partes opuestas de la personalidad de los pacientes, que actúan como fuerzas antagónicas en una situación específica de la vida de éste. También puede ser ocupado por la representación interna que la persona tiene de aquellos seres reales con quienes interactúa en su vida cotidiana. Con la silla vacía se lleva a cabo un diálogo entre las partes de la personalidad, surgen negociaciones y se concilian e integran los aspectos dispersos y antagónicos. Los pacientes colocan en la silla frente a sí a la parte con quien van a interactuar y se cambian de asiento, actuando todas las partes a modo de una representación teatral cargada de matices emocionales.

Ruth es una mujer de 31 años, física de profesión, dedicada a la investigación, divorciada y sin hijos.

—Tengo mala suerte con mis parejas. Nuevamente estoy sola, he fracasado otra vez. En general comienzo muy bien, soy afectuosa y simpática, de modo que los hombres se interesan muy bien en mí, pero llega un momento en que se marchan. Creo que los hombres le huyen al compromiso.

—¿Crees que *todos* los hombres le huyen al compromiso? –le pregunto enfatizando la generalización.

—Bueno, puede ser que no todos… pero los que me tocan a mí… ésos sí.

—¿Cómo los que te tocan a ti?, ¿cómo te tocan? –le pregunto, pues noto que está colocando la responsabilidad fuera de ella.

—Quiero decir, los que yo escojo –corrige.

—Ruth, quiero que me respondas con cuidado –le pido–. ¿Crees que Marcelo (su última pareja) es una persona que no deseaba comprometerse contigo?

—Honestamente hablando no parecía que fuese así. Siempre estaba presente y muy interesado, pero en un momento comenzó a hacerme sentir agobiada. Sí, me sentí acosada… como presionada.

—¿Presionada a qué?

—A decidirme… a tomar la decisión… sí eso es –se le escucha muy insegura y confundida–, a comprometerme –termina con un hilo de voz.

—Bueno, ¿quién es en esta historia el que no quiere comprometerse? –pregunto, confundido.

—Es que yo quiero… pero necesito tiempo… no tan rápido, necesito pensarlo bien… ésa no es una decisión para tomar a la ligera, ¿lo ves?

—¿Qué ves tú? –le pregunto, mirándola fijamente.

—Veo una mujer que quiere una relación seria y estable y que cuando ésta se halla cerca se espanta y pierde el control, como si una parte de mí quisiera y la otra se asustara mucho con la sola posibilidad de engancharse a largo plazo. Estoy como Sybil, creo que tengo varias personalidades –termina, riendo nerviosamente.

—Estás mejor que ella, tú tienes conciencia de lo que te pasa.

—Pero ¿tengo de verdad varias personalidades?

—No –le aclaro–; como todo el mundo, tienes una que está hecha de muchísimas partes; en este caso parece que hay dos partes que no se entienden bien: son muy distintas y ambas quieren mandar a la vez en lo mismo. ¿Cómo las quieres llamar?

—La enamorada y la cobarde. ¿Te parece bien? –dice, luego de pensar un rato.

—Si te parece bien a ti…

—Sí, está bien.

—¿Cuál crees que predomina en ti en este instante? –le pregunto, preparando el trabajo con la silla vacía.

—La enamorada, sin duda.

—Imagina que en ese sillón frente a ti está sentada la parte cobarde, ¿cómo es?

—Es como yo… un poco decaída e insegura, pero se parece a mí.

—Revisa en tu interior y encuentra lo que quieres decirle –le pido.

—Quiero pedirle que se largue y me deje hacer mi vida.

—Entonces pídeselo –le sugiero, señalando el sillón vacío–. Ella está sentada ahí.

—Bueno, sí… a ver… Lárgate de mi vida, déjame en paz, quiero hacer mis cosas… y me impides realizarme en mi vida.

—Cambia de silla y responde –le pido con firmeza–: asume el papel de la cobarde.

Ruth se sienta en el otro sillón y se queda pensando un rato.

—Bueno, sí, me voy –dice con dudas y con voz muy baja e insegura.

—Repite eso con más convicción.

—Me voy, te dejo tranqui… no sé, no puedo… no me sale.

—Entonces dile lo que te salga.

—Bueno, no me quiero ir… si me voy vas a meter la pata… sí, eso es –dice mirándome a mí–; ella siempre anda apurada, todo quiere hacerlo de prisa y termina metiendo la pata por apresurada. Sí, como en su matrimonio. Se volvió loca por el bruto de Óscar y perdió siete años de su vida en una relación de infierno.

—Entonces parece que tienes una función.

—Sí —dice enfáticamente y con mucha fuerza desde el papel de la cobarde—, estoy protegiendo a la muy cretina.

—No me pareces muy cobarde —señalo como una observación.

—No lo soy. Soy cautelosa… no pienso irme; además, ella no es en realidad la enamorada… yo también quiero amar… ella es la precipitada.

La cobarde ha dejado lugar a una nueva faceta de la personalidad menos polar: la cautelosa. La enamorada mostró otra parte impaciente e impulsiva: la precipitada. La aparición de estas partes híbridas es el comienzo de la integración de los aspectos polarizados. La polarización desaparece a medida que surgen los aspectos intermedios perdidos del espectro.

—Cámbiate de silla —le pido nuevamente.

—Bien, siendo así no te marches —dice tímidamente, ya desde el otro sillón—, pero no me amarres tanto, no me hagas ser desagradable con la gente, permíteme relacionarme y cuando veas que me voy de bruces señálamelo.

—Cambia de nuevo —le pido sonriendo, satisfecho hacia mis adentros. Comenzó la negociación.

—Bien, estoy dispuesta a ser más comedida; al fin y al cabo, yo también quiero tener un hombre bueno al lado por toda la vida, pero si me da la impresión de que te estás poniendo loca te voy a detener. Quiero ir a la otra silla —me dice, pidiendo permiso.

—Adelante —acepto.

—Está bien —dice desde la posición de la enamorada o de la precipitada.

—¿Quién eres tú? —pregunto para aclarar.

—La enamora… no la precipitada. Aunque no me siento tan precipitada… bueno la verdad es que ya no lo sé.

—Eso está bien. Continúa —le pido.

—Yo quiero pedirte que no reacciones haciéndote desagradable, sino sólo hazme consciente de lo que estoy haciendo.

—¿Quieres cambiarte de silla? —le pregunto en voz baja.

—No —me dice reflexiva—. Sé que aceptó.

## El trabajo con los sueños, un medio difícil de encasillar

Una de las más antiguas manifestaciones de interés sobre la vida anímica del ser humano es, sin lugar a dudas, la curiosidad acerca de los sueños y su significado. En un principio, los sueños fueron objeto de reflexión y reverente estudio por el valor profético y curativo que se les atribuyó.

Muchas corrientes psicológicas han dedicado una gran atención a los sueños y su interpretación. Pero Sigmund Freud (1900-1981) fue el primero en tomarse el trabajo de analizarlos amparado en una teoría científica coherente que a la vez diera cuenta de su significado y obtuviera de ellos una utilidad práctica. Mediante el análisis de los sueños, Freud logró determinar que éstos tenían un significado que se relacionaba con algunos sucesos de importancia en el desarrollo de la realidad psicológica del individuo, y comenzó a utilizar esta información como un medio psicoterapéutico dentro de su tratamiento psicoanalítico. Los sueños le revelaban una información sobre los contenidos del inconsciente de sus pacientes.

Carl Gustav Jung, uno de los más destacados y conocidos discípulos de Freud, desarrolló su propia y personal teoría psicológica, a partir de sus investigaciones preliminares con su maestro y ampliada con conclusiones propias, que trajeron como consecuencia la ruptura entre ambos. Para Jung (1928/1982) los sueños poseían varias dimensiones: no sólo eran una realización inconsciente de los deseos del sujeto, como planteara Freud, sino también transmitían una información sobre el inconsciente colectivo, que es una parte del inconsciente que el individuo comparte con el resto de la humanidad. Otros sueños tenían, a juicio de Jung, un sentido profético. El médico suizo no creía que los sueños tuviesen un significado similar para todas las personas, sino que pensaba que éstos debían interpretarse de acuerdo con las diversas realidades de cada soñante. El modelo jungiano del trabajo de los sueños influyó enormemente en el pensamiento de Fritz Perls, el fundador de la psicoterapia gestalt. Tanto para Perls como para Freud y Jung, el sueño es un camino para acceder a la mente no consciente. Perls (1969/1982, 1973/1992) también se adaptó a una tesis de trabajo planteada por el psicoanalista Otto Rank (Mandolini, 1969), según la cual todos los elementos diferentes del sueño son fragmentos de la personalidad de quien sueña, que deben ser juntados con la finalidad de alcanzar el fin último de cada individuo: convertirse en una persona sana. Perls pensaba que estos elementos disgregados son proyecciones parciales de la personalidad y que su integración en un todo coherente conduce a la recuperación de la salud, la integración de la personalidad y el desarrollo del individuo.

En la concepción gestáltica, los sueños han de ser interpretados por quien los sueña con la asistencia del psicoterapeuta. Cada elemento del sueño representa un segmento de la personalidad del soñante. De manera que si alguien sueña, por ejemplo, que está en una desolada casa conversando con su abuela, cada uno de los elementos de este sueño representará una parte de sí mismo, que le transmite una valiosa información sobre los intentos de su inconsciente de encontrar soluciones a las dificultades, por las que el individuo atraviesa en su vida en vigilia, de modo consciente o inconsciente. La abuela real tiene para el paciente ciertas características, pude que él la perciba como una mujer cariñosa, retraída y vulnerable, en cuyo caso, ella representará a una parte de la personalidad del soñante que tiene esas características. La casa puede ser descrita como desolada, ruinosa y desvencijada, o sórdida, antigua y maciza, y representará en el sueño los segmentos de la personalidad con estas características. Cuando la persona sueña consigo misma, este personaje representa la parte más mostrada de su personalidad, eso de lo que decimos "yo soy".

En terapia gestalt no se hace una interpretación unilateral de los sueños, contándolos como una historia pasada. Se trata de revivirlos como si fuese un hecho que acontece en el presente, actuar cada componente, interpretarlos para que cada persona pueda involucrarse en su sueño y reintegrar al todo la parte de la personalidad que los segmentos representan.

Veamos esto en acción por medio del trabajo con Renata, una mujer de 40 años, soltera y sin hijos, que me relató el sueño que sigue:

—Cuéntame tu sueño en primera persona y en presente –le pedí.

—En este sueño tengo un sofá que he mandado tapizar con una amiga. Estaba… digo, estoy viendo mi sofá, que de hecho es tapizado en mi casa. De lejos se ve muy lindo, hermoso, tapizado con una tela que forma algo así como figuras geométricas, integrando retazos de varias telas diferentes. Se ve muy bien, pero cuando me acerco y toco los cuadritos, me doy cuenta de que se desprenden, no están cosidos entre sí... les falta unión. Esto me disgusta mucho. Tirados en el suelo, junto al sofá, hay unos botones de color ámbar que son míos, lo cual me disgusta aún más. Está conmigo otra amiga y dos personas que son los muchachos que estaban tapizando el sofá. Luego el sueño pasa a mi cuarto, donde unos sujetos derrumban una pared y ésta se cae sobre la cama; yo me disgusté porque no me habían dicho que iban a demoler la pared. Revisamos para ver si el colchón se había echado a perder. Detrás de la pared se ve el campo, un paisaje bonito, de libertad.

—¿Qué parte de este sueño te parece más relevante o te llama más la atención? —indago.

—Me da una curiosidad especial lo del tapizado del sofá y la cama sobre la que cayó la pared.

—Sé tú el sofá —le pido—. Cuéntame el sueño desde la perspectiva del sofá.

—Yo soy un sofá, estoy tapizado de cuadritos, me veo muy bien, estoy muy linda, pero a estas partes mías tan lindas les falta unión, cohesión, no están integradas con solidez, lo cual me desagrada y me da una sensación de coraje —se detiene de pronto y ríe nerviosamente.

—¿Qué ocurre? —le pregunto—, ¿te parece conocido esto?

—Sí, en este momento sucede con mi vida algo semejante: las cosas, luego del tiempo de psicoterapia, están colocadas en su lugar, pero creo que les falta solidez, no tienen cohesión. No me siento estable, ni estoy segura aún en este nuevo estado de equilibrio que he alcanzado. Estoy poniendo cada cosa donde corresponde: mi trabajo, la relación con mis padres, mis estudios, mi pareja. Me siento bien poniendo límites y haciendo lo que deseo, pero aún me parece que en cualquier momento cada pedazo se va a desprender y voy a estar donde estaba antes de estos cambios. Creo que todavía nos falta trabajar sobre esto.

—¿Qué sientes al respecto?

—Me siento mal… Sí, es una sensación desagradable.

—¿De qué forma te sientes mal? No sé qué significa "mal" —le presiono suavemente.

—Me da miedo. La sesión pasada creí que estabas por darme de alta y me sentí muy insegura. Hemos hecho un buen trabajo, pero me parece prematuro dejarlo hasta aquí. Me encuentro mejor, estoy creciendo, pero aún me faltan cosas por mejorar. Quisiera apurarme, pero me parece que eso no es posible, no quiero hacer las cosas con prisa y me da coraje no estar lista, y también la sensación de tener que apurarme.

—Ahora sé la cama —le pido.

—Hay una pared o algo que se desploma sobre mí, lo cual no esperaba, me toma de sorpresa y siento que me aplasta. Tengo todo este peso encima, me sofoca, me presiona y me desagrada. Quisiera sacudirme y tirar todo al suelo, pero no puedo, me pesa y me asusta hacer ruido, no quiero que imaginen que soy una cama endeble, para que no me tiren. Soy una cama sólida…

Se detiene. Piensa un momento y aclarándose la garganta continúa:

—Esto me recuerda algunas situaciones que están ocurriendo en mi trabajo; las cosas están mejor, pero no todo está tan bien como quisiera. Me gusta lo que hago, pero el trabajo es exigente. Algunas cosas están desplomándose literalmente sobre mí. Tengo la sensación de que mi trabajo me está oprimiendo, está oprimiendo partes de mí que están frágiles y que se relacionan con mi vida emocional; mi trabajo aplasta mi vida emocional… esto me llega mucho. No me queda tiempo para Tito, pero no me atrevo a reclamar, no ven bien a los que no manejan el estrés, los miran como si fuesen débiles y eso me hace comportarme como si fuera de hierro, como si todo lo pudiera… sí, me llega mucho.

—Sé la pared –le pido con curiosidad, centrándome en un elemento que ella no eligió inicialmente.

—Me estoy desmoronando, me caigo a pedazos… –se detiene bruscamente y llora.

—Creo que tienes algo ahí –le digo cuando levanta la cara y comienza a secarse las lágrimas.

—Sí, creo que sí. Hay una parte mía a la que le está pasando esto. Últimamente he sentido que mi aspecto intelectual se está resquebrajando. La forma racional como yo entendía el mundo, que era como una estructura protectora, como una pared sólida, justamente, esta estructura que me protegía se está derrumbando con lo que hacemos aquí y esto me da miedo. La mayoría de las veces lo que hago es actuar como amargada, con rabia, como en el sueño. Pero sé que esta pared tiene que caer para que pueda pasar a lo que veo detrás en el sueño. La libertad, lo bello, el campo. Poder correr por ahí sin paredes… quizá si estoy cerca de estar lista y de ser dada de alta –reflexiona mirándome sobre sus anteojos, mientras yo le sonrió– la pared está cayendo y, aunque tengo miedo, creo que pronto voy a estar lista para salir de mi encierro, para salir de mí misma.

En esta sesión trabajamos sólo algunos elementos de su sueño. Continuamos en las sesiones siguientes hasta que ella se sintió satisfecha y segura de haber comprendido el mensaje existencial que éste guardaba para ella. No es imprescindible trabajar todos los elementos del sueño y es recomendable comenzar con aquellos que el terapeuta y su paciente acuerden que parecen más impactantes.

## El diálogo entre las partes

De la misma manera que se emplea la silla vacía en el ejemplo anterior para colocar en ella los aspectos polarizados de la personalidad, puede utilizarse para propiciar el diálogo entre las representaciones internas que los pacientes tienen de las personas con las que comparten el diario vivir. Cada persona que forma parte de nuestra vida, como ya he dicho, genera una modificación en nuestra personalidad y lo hace propiciando en ésta la creación de un nuevo segmento. Este segmento contiene aspectos de identificación, aquellas cosas en que nos parecemos a la persona con que interactuamos; segmentos de rechazo, aquello que la persona tiene que nos desagrada de nosotros; y segmentos de admiración, aquellos rasgos de la otra persona que creemos no poseer y que, por lo tanto, envidiamos en ella. Este segmento de la personalidad que surge para vincularse con ese otro tiene en sí una réplica de cómo es éste para nosotros, o de cómo ha sido en algún momento de nuestra vida.

Las situaciones no resueltas en los vínculos con los demás distorsionan los nuevos vínculos que pretendemos establecer, de manera que es recomendable que se resuelvan las situaciones inconclusas. La mejor manera de hacerlo es, evidentemente, mediante la comunicación abierta y constructiva con los demás, pero esto a veces no es posible. Estas situaciones inconclusas involucran en ocasiones a personas que han muerto o que están demasiado lejos; otras veces involucran a personas a las que tenemos miedo o a quienes nos produce mucha culpa lo que queremos decir. En esos casos se interactúa por medio de la silla vacía con la representación interna que tenemos de ella. Al fin y al cabo con quien interesa mantenerse en paz es con esas representaciones que residen en la estructura de nuestra personalidad, pues éstas producen las perturbaciones que distorsionan los nuevos vínculos a los que aspiramos. Entonces, la negociación ocurre entre esos aspectos de la personalidad que representan a las personas con las que se relacionan y los aspectos predominantes de las personalidades de cada uno de los pacientes, la parte que ellos llaman "yo". El resultado es igualmente una integración que hace más armónica y completa a la personalidad. Frases como "coloca a tu esposa en la silla vacía y dile lo que sientes", facilitan una enorme diversidad de posibilidades terapéuticas.

## La adopción de la posición del otro

Ésta es una estrategia innegablemente inspirada en la psicoterapia gestalt, aunque no ha sido descrita por ninguno de los fundadores de la corriente. Ha sido empleada con bastante eficacia por diversos terapeutas humanistas dedicados al trabajo de las relaciones interpersonales. Es una técnica de gran impacto emocional y cognitivo y muy útil en psicoterapia de parejas. Frecuentemente en el trabajo con parejas los psicoterapeutas encuentran situaciones en que cada uno de los integrantes de éstas se aferra a sus creencias y a sus posiciones ante la vida, negándose a dar valor a las de su compañero. En esos casos es productivo pedirles que intercambien posiciones en sus respectivos asientos e instruirlos para actuar como si fuesen el otro. Se encuentran de pronto defendiendo la posición de su pareja frente a ésta, que ahora maneja sus antiguos puntos de vista. Esto les permite, la mayoría de las veces, colocarse empáticamente en el lugar del otro, ya que están obligados a encontrar argumentos para defender la posición de su pareja que ahora fingen sostener.

## Deje hablar a la emoción

Es frecuente que las emociones reprimidas se escondan tras síntomas o sensaciones físicas, o tras gestos corporales, por lo que resulta útil personificar y representar esas sensaciones y gestos, ponerles voz y dejarlos expresarse, como sucedió en el siguiente fragmento de una sesión.

—Bueno —comienza Gustavo con dificultad—, lo que ocurre es que Gloria se quiere separar, no quiere darle una oportunidad a una relación que siempre ha sido buena...

—Esta relación hace tiempo que marcha mal —interrumpió Gloria—, pero él no quiere entenderlo, parece que...

—A mí no me parece que ande tan mal, no veo cuál es el proble...

—El problema contigo es que sólo ves lo que quieres...

—Primero ninguno quiere hablar y ahora ambos lo hacen a la vez. Estoy empezando a ver por qué les resulta tan difícil entenderse —intervengo para mostrarles su comportamiento—. Al parecer están ustedes más interesados en escucharse a sí mismos que en oír al otro, o talvez no quieran que yo pueda escuchar la versión del otro.

Se miraron a la cara, avergonzados. Gloria es la primera en reponerse y vuelve a la carga.

—Es que ese cuento lo he escuchado tantas veces que ya sé lo que me va a decir. En 20 años aprende uno a conocerse, ¿sabe?

—Ya me doy cuenta. ¿Cuál es la parte de tu cuerpo que a él más le gusta? —pregunto, tratando de hacerla pensar que pretendo dejarla en evidencia—. No me lo digas, sólo piénsalo —y mirándolo a él le digo—; piénsalo tú también, Gustavo.

—Puedes decírmelo ahora, Gloria —continúo.

—Los senos, naturalmente, él es "tetofílico" —me dice con picardía.

Miro a Gustavo inquisitivamente y él me responde, avergonzado.

—Los senos de Gloria me encantan, pero en realidad no son lo que más me gusta...

—Sí, ya sé —le corta Gloria con ironía—, es la profundidad de mi mirada o las uñas de los pies.

—Déjalo hablar —le exijo.

—¡Bueno!, lo que más me gusta es esa separación que tiene en la entrepierna cuando está en ropa interior o en traje de baño; me resulta muy excitante.

—Está bien, eso nunca me lo dijo y en realidad no significa nada, no quiere decir que no lo conozca —replica ella.

—¿Cuál es el momento más agradable de estos 20 años de relación para él? —le pregunto de nuevo a Gloria.

—¿Tenemos que seguir jugando este juego tonto? —me mira molesta.

—Eres tú quien asegura haberlo conocido muy bien en estos 20 años —le recuerdo con serenidad.

—¡Bueno! Tampoco sé la respuesta a esa pregunta; entonces no lo conozco tanto como creía.

Miro a Gustavo y antes de que pueda articular palabra me dice con cierta tristeza.

—Yo no podría responderte a esas preguntas si me las hicieras a mí, así que ahórrate el trabajo. Será que lo que ella dice es cierto y he pasado todos estos años metido en mi trabajo, de tal manera que no sé nada acerca de ella y quizá no sepa nada acerca de mí tampoco.

—Es difícil saber algo de alguien a quien no se escucha, ya sea porque no se muestre interés o porque se le interrumpa frecuentemente —reflexiono en voz alta.

En ese momento, Gloria se encuentra sentada con las piernas y los brazos cruzados y la mirada perdida en una esquina de la habitación.

—¿Cómo te sientes? —le pregunto.

—Me siento mal —dice molesta— contigo diciendo un sermón.

—Tienes razón, parezco predicador –le concedo–. De todos modos quiero saber cómo te sientes.

—Ya te lo dije: mal.

—Mal no es un sentimiento –aclaro–. ¿Cómo te sientes?

—Bueno, siento que tendrías que estar diciéndonos cómo resolver nuestros problemas en lugar de hacer competencias de quién sabe más.

—Gloria, en estos momentos tú estas sintiendo una emoción y para mí es importante conocerla. ¿Quieres decirme cuál es la emoción que sientes en este momento?

—Tengo coraje, ¡diablos!, mucho coraje; te pareces a Gustavo... o a mi papá: siempre diciéndome lo que tengo que hacer.

—Yo no soy Gustavo, ni tu papá ni tampoco estoy diciéndote lo que tienes que hacer –aclaro con firmeza y luego continúo, suavizando el tono de mi voz–. Pero tu coraje es real, está ahí. ¿Dónde lo sientes?

—Aquí, en la garganta –me dice mientras se agarra el cuello con la mano–. Lo siento como una mano apretando fuerte.

—Gloria, dale voz a esa mano. ¿Qué dice?

Ella piensa por un rato antes de responder.

—Dice algo así como: "Cállate, siempre estás metiendo la pata" –comienza a llorar–. No lo soporto, mi padre siempre me hacía eso...

## 2. Técnicas de Milton H. Erickson

Las estrategias de este genial psicoterapeuta e hipnotista fueron expuestas en varias publicaciones hechas con la colaboración de Ernest Rossi (Erickson y Rossi, 1982, 1976), Jeffrey Zeig (1980/1998, 1989) y otros de sus discípulos, además de numerosos estudiosos de su obra, entre los que destacan William H. O'Hanlon (1987/1989, 1982/1990), Richard Bandler y John Grinder, (1975/1980, 1980/1982, 1988, 1993 y 1994) y Steve de Shazer (1991). Erickson fue un psicoterapeuta con gran intuición, mucho coraje y creatividad. Su influencia se encuentra ligada estrechamente al surgimiento de las más recientes y novedosas de las corrientes contemporáneas de la psicoterapia; influyó de manera directa e indirecta en el surgimiento de las terapias erikcsonianas, de la psicoterapia breve sistémica y de la programación neurolingüística, entre muchas otras.

## Confundir para ayudar

La técnica de la confusión (O'Hanlon, 1987/1989) es un claro ejemplo de cómo funcionaba para Erickson la sociedad entre los pacientes y su psicoterapeuta. El terapeuta no es un fabricante de cambios, sino sólo estimula su aparición. En ocasiones crear duda genera una corriente de solución. Una de sus más famosas técnicas consistía en desafiar las creencias ineficaces, en introducir deliberadamente confusión y dudas en las pautas rígidas de sus pacientes por medio de cuestionamientos, de analogías verbales y de metáforas ambiguas. Estaba basado en el supuesto de que el paciente se halla orientado naturalmente a la salud y a la evolución, de manera que cuando es enfrentado con el fracaso de una creencia o de un grupo de pautas de comportamiento, éste tiende espontáneamente a cambiarlas por otras más eficaces. Funciona como el choque eléctrico sobre un corazón fibrilando, en el cual un estímulo eléctrico intenso detiene de súbito el funcionamiento desordenado del corazón, obligándolo a comenzar de nuevo y, en la mayoría de los casos, con un ritmo más efectivo.

Lorenzo se queja de que su esposa le humilla delante de sus amigos y entonces, en respuesta, él la ofende y la descalifica, según él, merecidamente. Yo lo miro con reflexión, como si estuviese pensando una estrategia complicada que dé solución a su problema y le digo.

—No creo que sea sencillo que ella entienda que si la ofende es porque ella lo humilla; quizá si comienza a ensalzarla cada vez que ella lo lisonjea... aunque si ella no lo lisonjea espontáneamente no habrá oportunidad de ensalzarla cuando ella le lisonjee... tal vez sea mejor actuar al revés y ensalzarla cuando ella le humille y no ofender, pero ensalzar cuando ella lo lisonjee... lo que definitivamente no sería eficaz es no lisonjearla cuando ella le ensalce. Ella tendrá en algún momento que asociar que las ofensas responden a sus humillaciones y a las lisonjas siguen los ensalzamientos.

Me mira perplejo, hace rato que no me sigue en mi explicación y me responde distraídamente.

—Creo que será mejor que hable con ella y le pida que no me humille delante de los demás, le voy a explicar lo mal que me hace sentir; seguro me entenderá, no creo que ella quiera conscientemente hacerme sentir de esa manera, ¿no cree?

Ante una alternativa tan confusa, Lorenzo hizo un "cortocircuito" y abandonó a la vez su vieja estrategia y la que yo le proponía para crear una más sencilla y manejable, que me pareció, y terminó siendo, más eficaz. Enfrentado a tener que entender mi deliberadamente embrollada propuesta, prefirió desarrollar otra estrategia más manejable.

## La bola de cristal

Esta estrategia fue utilizada ampliamente por Erickson y sus discípulos (Shazer, 1991): está basada en la observación de que los seres humanos nos conectamos con nuestro futuro y nuestro pasado desde el momento presente. En el presente recordamos el pasado y planificamos el futuro. Cuando una persona hace un plan para alcanzar una meta y éste es bien estructurado y definido en sus detalles, la estrategia para llegar al objetivo tiende a surgir espontáneamente, como cuando usted tiene que conducir su auto a alguna parte: al proponerse llegar allá, su cerebro comienza automáticamente a estudiar las rutas posibles haciendo consideraciones, como la hora del día, el tráfico, etcétera. Al hacer que la pareja vislumbre sus metas y las consecuencias que éstas producirían en sus vidas por medio de preguntas como: ¿cómo serán su vida y sus relaciones cuando hayan logrado el cambio?, ¿qué cosas serán diferentes cuando hayan resuelto el problema?, se dispara la creación inconsciente de estrategias para obtener el cambio deseado, mediante la incorporación de presuposiciones que, en forma de sugestiones hipnóticas, aseguran que algo será distinto y que el cambio sucederá (como dije, estas preguntas no permiten la interpretación plena de alternativas que preguntas como "¿qué será diferente si el problema llega a desaparecer" suelen generar). La aseveración "lo que esperamos que ocurra influye sobre lo que hacemos" ilustra la importancia de esta técnica y su poder de orientar inconscientemente las pautas de conducta hacia unas que garanticen la obtención de lo planificado. Cuanto más detalles tiene esta mirada en la bola de cristal, más potente resulta su efecto; por eso, considero importante guiar a la pareja con preguntas como:

- ¿Qué es realmente lo que quieren lograr?, para que tengan claro sus objetivos.
- ¿De qué manera están dispuestos a lograrlo?, para que sean específicos y precisos en sus estrategias.
- ¿Cuándo desean lograrlo?, para que se ubiquen temporalmente.
- ¿Dónde esperan lograr eso?, para que se ubiquen espacialmente.
- ¿Para qué desean lograrlo?, para que aclaren la finalidad y necesidad de su deseo.

- ¿Por qué lo quieren?, es decir, la historia de la que procede la necesidad.
- ¿Qué están dispuestos a hacer y qué no para obtenerlo? Medios y estrategias que están dispuestos a utilizar, de acuerdo con sus éticas personales.
- ¿Cuáles son sus responsabilidades individuales en el logro y cuánto depende de otros? Consideraciones acerca de la posibilidad.
- ¿Qué puede impedírselo o dificultarlo? Exploración de los obstáculos.
- ¿Qué consecuencias puede generar si lo logran? Costo material y emocional para ellos y sus seres importantes.
- ¿Qué cosas serán difíciles o imposibles una vez hecho el logro?

### La técnica de la bola de nieve

El objetivo de un proceso de psicoterapia es que el paciente sea más autosuficiente para resolver sus dificultades, tanto las presentes como las futuras. Por lo tanto, el psicoterapeuta tiene que aprender a controlar su impulso de hacer más de lo que le corresponde. La psicoterapia es un arte delicado, no basta con contar con una serie de técnicas para arremeter contra los problemas, sino que en ocasiones es preciso esperar a que el paciente encuentre su momento y su manera de usar los recursos que ha ido incorporando mediante el proceso. El héroe de la historia nunca es el hábil psicoterapeuta, sino que el paciente es y ha de ser el único e indiscutible protagonista del proceso y nosotros sólo sus asistentes.

No buscamos los cambios teatrales y dramáticos, ni propiciamos las frases impresionantes, ni el desvelamiento de realidades inesperadas. La técnica de la bola de nieve muestra la eficacia de los pequeños cambios y su potencial de amplificarse hasta convertirse en una serie de transformaciones significativas con las que el paciente va cambiando su manera de hacer su realidad, hasta el punto en que le resulte cómoda.

O'Hanlon y Weiner-Davies (1989/1990) explican de una forma muy precisa la importancia de esta técnica y el papel del terapeuta que la utiliza:

La metáfora de la bola de nieve indica que, una vez que la bola rueda, el terapeuta solamente necesita apartarse del camino. Esto se contrapone con el modelo "Sísifo" de la terapia (siguiendo el mito griego de Sísifo) en el que el terapeuta ayuda al cliente o a la familia de éste a subir la roca del problema hasta la cima de la montaña, para descubrir que al principio de la sesión siguiente la roca está de nuevo al pie de la montaña. Algunos terapeutas incluso suben la roca hasta la cima de la montaña, mientras la familia observa desde abajo.

Rebeca es huérfana de padre desde los 10 años y su madre se dedicó a cuidar de ella y nunca volvió a tener pareja. Rebeca tiene ahora 35 años, es una persona introvertida y muy temerosa, acude a consulta porque no ha podido consolidar una relación de pareja en años (lo cual, a mi entender, es un problema de pareja), desconfía de la gente (en particular de los hombres) y nunca ha conseguido trabajo, a pesar de haberse graduado en la universidad con notas sobresalientes. Acudía a consulta con una chamarra de lana de tejido grueso, para protegerse del aire acondicionado. En una ocasión me decía con relación a ello:

—Creo que en realidad son manías de mi mamá; cuando era pequeña siempre andaba protegiéndome de las corrientes de aire para que no me resfriara. Nunca me dejó caminar descalza ni estar en la casa a medio vestir.

En otra oportunidad me hablaba de la vida con su madre:

—Me parece que mis miedos no son míos, sino miedos de mi mamá. Ella le temía a todo y a todos. Temía a la calle, a los peligros que representaba salir, temía a las enfermedades que tuvimos y a las que nunca nos dieron, temía a la gente, a todos, temía a los hombres y a lo que pudieran hacernos. Sólo parecía estar segura y tranquila si estábamos encerradas.

—Pero esos miedos son ahora tuyos, ahora puedes corroborar con el entorno si son adecuados o exagerados, puedes decidir si los mantienes contigo o los mandas de regreso con tu mamá.

—Sí, eso lo sé, pero no sé qué hacer.

—Yo tampoco sé qué hacer, pero puedo contarte una historia.

—Bien, adelante –dice con curiosidad.

—Había una vez un monarca muy inseguro y temeroso que tenía a su servicio un astrólogo en quien confiaba ciegamente. En una ocasión le pidió que le revisara su mapa astral y que le dijese sinceramente lo que el destino le deparaba. El astrólogo, apenado, le confesó que moriría antes de que pasase una semana. El rey pensó inmediatamente en los numerosos enemigos que tenía en la corte y decidió que, para protegerse de ellos, lo mejor era hacerse una casa de roca sólida. La mandó construir y en menos de una semana estuvo hecha, luego se metió en ella, mandó que tapiaran las puertas y ventanas y que un escuadrón de guardias armados custodiase día y noche los alrededores para que nadie se acercase. Ahora se sentía seguro. El rey vio con espanto que quedaba una rendija en una de las paredes y la tapó con un poco de tierra mojada. Al llegar el séptimo día, el rey había muerto asfixiado en su refugio.

—¡Madre santa, qué locura! Ése es realmente el destino de mi madre y puede llegar a ser el mío.

—Rebeca, ¿cuál es la cosa más pequeña que se te ocurre que podría ser un comienzo para tu cambio? —le pregunto.

—No lo sé, voy a pensarlo, quiero llevarme esa tarea para la casa, el cuentito me descuadró... —dice con una sonrisa.

La bola de nieve comenzó a rodar por la ladera de la montaña para Rebeca. A la próxima sesión llegó al consultorio con una camisa de mangas cortas y sin su acostumbrada chamarra.

—No pienso abrigarme, a menos que tenga frío; creo que mamá quería abrigarme de las miradas de los demás y ya no necesito eso; gracias a nuestro trabajo, sé cuidar de mí misma y mantener a los otros en su lugar. Además —me dice con picardía—, comencé a estar descalza y en ropa interior por la casa.

A partir de ese momento, mi trabajo con Rebeca se convirtió en mantener el rumbo y ser testigo de una serie de cambios que la llevaron a obtener un buen trabajo luego de dos intentos y una pareja estable luego de tres.

## Presuponer y reencuadrar

Presuponer es expresarse con oraciones que den por sentado que va a ocurrir lo que deseamos. Es un intento de introducir subrepticiamente una información en el inconsciente de los pacientes por medio del lenguaje. Se usan intervenciones como: ¿qué clase de cosas "sucederán" cuando usted se "comprometa" en una actitud calmada y razonable? Tal sugestión crea una meta final en la que el compromiso calmado y razonable tendrá lugar y en la que algunas cosas sucederán. Esta estrategia predispone por medio de sugestiones verbales de cualidad hipnótica a la aparición de una tendencia hacia ese fin.

Por otro lado, los reencuadres van dirigidos a lograr que cambie la concepción del paciente sobre determinadas situaciones o eventos de su vida, son intervenciones orientadas a cambiar el significado que los pacientes han asignado a una situación, evento o condición, como hice con una mujer joven, atrapada en un matrimonio sofocado y el cual creía que no podía disolver. Ella deseaba darse la oportunidad de reiniciar su vida con un compañero de trabajo del que se había enamorado pero pensaba que esto sería un pésimo ejemplo para su hijo de siete años. La intervención que logró reencuadrar toda la situación fue la siguiente:

—Tiene usted razón, los padres son un ejemplo para los hijos, puesto que el primer modelo de relación de pareja que pueden examinar de cerca y quizá por más tiempo es la de sus padres. Además, el modelaje es, sin duda, una de las formas de aprendizaje más eficaces. ¿Qué modelo quiere darle a su hijo para que siga cuando se encuentre ante una decisión importante de la que depende su felicidad?, ¿prefiere que aprenda a sacrificarse o que busque una solución en la cual todos puedan ser lo más felices posible?

Esta observación le permitió evaluar la situación desde otro ángulo, le dio un segundo enfoque que amplió su posibilidad de decidir, se convirtió en el principio de un trabajo en el que logró, al cabo de un tiempo, sustituir sus creencias iniciales "el divorcio destruye a los hijos" y "tengo que sacrificarme para que mi hijo crezca con su padre y su madre y no sufra" por otra más adaptativa, que podría ser enunciada más o menos así: "si mi hijo me ve sacrificarme, aprenderá a hacer lo mismo; voy a trabajar para ser feliz y que tenga algo bueno que modelar".

Este otro ejemplo de reencuadre muestra cómo en el trabajo con parejas es en ocasiones importante (no imprescindible) trabajar con el entorno de la pareja.

Habi tenía 18 años. Sus padres estaban en medio de un conflicto matrimonial con grandes dimensiones: su madre acababa de descubrir una aventura extraconyugal de su padre que tenía ya tres años de duración. Él es el hijo del medio, el "hijo problemático", como decía su madre. Habi se había sentido siempre ignorado por su padre. La madre le contó todo lo que ella sabía de lo sucedido y, ante esta situación de la pareja, el muchacho reaccionó con una gran violencia hacia su padre y se puso irrestrictamente del lado de su madre. La pareja se descomponía, tenían una contienda y buscaban aliados. El joven insultaba y gritaba a su padre e intervenía en todas las discusiones que éstos tenían, sacándolas del contexto de la pareja. Su madre lo permitía, pues de esta manera se sentía apoyada; el padre era avasallado y no se sentía con fuerza para imponer autoridad alguna. A medida que la psicoterapia de pareja avanzaba, la madre se sintió más segura y comenzó a discutir los problemas de la pareja sólo con el esposo, pero invariablemente Habi los sabotea interviniendo y destacando los errores del padre ante la madre y diciéndole: "¿Ves?, no cambiará nunca, es un farsante, todo es mentira, como siempre". No permitía que su madre defendiera su causa y sostuviese sus discusiones y cuestionaba la validez de todo lo que su padre hacía. Sospeché que Habi estaba utilizando la situación para pelear su propia guerra con el padre, sin revelar las razones que realmente le afectaban, y como me estaba dificultando el proceso con la pareja, les pedí en una sesión que le dijeran que necesitaba hablar con él para discutir algunas cosas de la relación de sus padres. En realidad no tenía intención de hacer tal cosa, sino únicamente quería garantizar que viniera solo a mi consulta. Cuando me encontré a solas con él le agradecí todo lo que había hecho por la relación de sus padres y lo mucho que me había facilitado el trabajo atacando al padre de esa manera tan agresiva, le pedí que lo continuase haciendo, pues yo me había dado cuenta de que su actitud estaba haciendo que ellos se unieran de nuevo y que la madre comenzase a defender al padre. "Tú —le dije— te has convertido en una especie de "enemigo" externo a la pareja que hace que ellos se unan". Como se encontraba estudiando primer año de ciencias políticas, le puse por ejemplo los países que en el interior están plenos de conflictos y que al surgir un enemigo exterior olvidan las divisiones internas y se unen con una fuerte identidad para hacerle frente. "En este momento desesperado —añadí—, tu actitud puede salvarlos como pareja".

No hace falta decir que, luego de este reencuadre, Habi cambió radicalmente de actitud. Les exigió a sus padres que no lo metieran en los problemas de ellos y que resolvieran sus diferencias como adultos que eran, lo cual hicieron mucho mejor, ya sin su interferencia. Posteriormente, Habi, por sugerencia mía, inició su proceso terapéutico con uno de mis colaboradores para resolver sus dificultades con su padre.

## 3. La psicoterapia centrada en los problemas

Dicha psicoterapia está basada en el paradigma relacional sistémico y tiene sus remotos orígenes a finales de los años sesenta, con la publicación del libro *Teoría general de los sistemas*, de Ludwig von Bertalanffy (1968/1987), quien ponía especial énfasis en la visión de que cada organismo es un sistema en interrelación estrecha con los demás y en un constante intercambio de información. El trabajo de von Bertalanffy comenzó a tener aplicación práctica en el área de la psicoterapia con pacientes psicóticos, mediante los trabajos de Gregory Bateson,

Don Jackson, Jay Haley y John Weakland (1956), quienes publicaron un artículo titulado "Hacia una teoría de la esquizofrenia", y luego algunos libros de Bateson (1972 y 1979) que iniciaron una larga investigación realizada en el Mental Research Institute (MRI) en Palo Alto, California, y que tuvo su gran difusión con la enorme cantidad de publicaciones de Paul Watzlawick (1967/1971, 1974/1976, 1976/1979 y 1977/1980).

Las novedosas estrategias desarrolladas en el MRI han causado gran polémica en el mundo de la psicoterapia, pero su eficacia jamás ha podido ser puesta en duda. Están fundadas en la observación de que, en la mayoría de las ocasiones, las tácticas utilizadas por los pacientes para resolver sus dificultades mantienen invariable el problema y que el problema es frecuentemente la solución.

## La prescripción paradójica

Esta prescripción es, sin duda, una de las más originales aportaciones de los integrantes del MRI (Watzlawick y otros, 1967/1971, 1974/1976, 1977/1980; Nardone y Watzlawick, 1990/1992; Andolfi, 1977/1993). Elegante y eficaz, requiere comprensión y manejo de la comunicación humana al más elevado nivel. En el capítulo 3 hablé de la creencia de que "los celos son la medida del amor" y mostré un fragmento de una sesión con Sergio y Amelia, una pareja que tenía frecuentes trifulcas muy agresivas, ocasionadas por las sugestivas miradas que él echaba a otras mujeres. Sergio había tenido un matrimonio anterior que terminó cuando su primera esposa le fue infiel, y a partir de entonces él no confiaba en las declaraciones de afecto que le hiciesen, sino confiaba más en el enojo de Amelia como indicador de interés y afecto. Había una creencia inconsciente que era más o menos así: "si se enoja porque miro a otras es porque aún le intereso, es decir, me ama". Bien, en esta situación Amelia trató por todos los medios a su alcance de hacerle cambiar, le pidió que no hiciese lo que hacía, le explicó lo desagradable que era para ella, le reclamó violentamente, lo insultó y lo golpeó, pero nada daba resultado; al contrario, todo esto parecía agravar la dificultad. Las soluciones intentadas empeoraban el problema. En realidad la solución intentada era una sola, con distintas variaciones: Amelia daba mucha importancia a lo que ocurría y trataba de hacer algo para que Sergio cambiara. Si las soluciones intentadas (los reclamos) son el problema, entonces el problema (la mirada a las otras mujeres) puede ser la solución, de modo que decidí prescribirle a Sergio que hiciese lo que hacía espontáneamente. Les señalé que pensaba que ésa era una estrategia de él para asegurarse de que ella le quería, que probablemente no le bastaba con la declaración directa por parte de ella y que necesitaba el conflicto para asegurarse de que, a pesar de todo, ella lo quería y permanecería junto a él (no me preocupé de que esta interpretación fuese realmente cierta, sino sólo necesitaba que fuese congruente para ellos). Luego les prescribí: a él, que mirase o hablase deliberadamente de otras mujeres cuando se sintiese inseguro del amor de Amelia y necesitase reafirmarse; y a ella le pedí que intentase hacer una buena pelea que fuese muy convincente para él. Las peleas se limitaron mucho, tanto en número como en intensidad, y luego desaparecieron, pues a él le daba risa mirar a otras mujeres y ella no podía lucir natural fingiendo una pelea.

Al prescribir un comportamiento que sólo podía ser espontáneo, el juego quedó desestructurado y, por lo tanto, fue imposible seguir jugándolo. Al dejar de estar tan ocupados con las miradas indiscretas y los reclamos, pudimos trabajar sobre la inseguridad y el sufrimiento de Sergio, sobre su intensa ira y la tristeza por su ego agredido. Tenía miedo a ser traicionado y abandonado nuevamente. Encontramos que las actitudes de Amelia propiciaban esos temores y nos dimos cuenta de que no siempre eran involuntarias. Sesiones más tarde, Sergio, refiriéndose a la mejoría que notaba en su actitud hacia la relación, expresó una creencia con la que me sentí muy a gusto: "Sabes, Miguel —me dijo—, no me había dado cuenta de lo importante que es hablar con sinceridad; ahora me parece que una relación puede durar 100 años en paz y bienestar si la comunicación es buena".

### Menos de lo mismo: otra forma de utilización de la paradoja

Una joven pareja presentaba serios problemas en su relación porque el esposo era un sujeto despilfarrador, con una especie de compulsión a gastar cuanto dinero tenía encima. La esposa controlaba cuidadosamente el dinero de la pareja, pero él se las ingeniaba para evadir los controles y quedarse con cantidades que gastaba sistemáticamente en ropa, adornos para la casa y en una gran cantidad de objetos superfluos e innecesarios, que luego almacenaba en un cuarto de la casa. Las peleas eran frecuentes y también las promesas de él de ser cuidadoso con los gastos. Convencí a la esposa para hacer las cosas en forma diferente: no haría más de lo mismo sino menos, no cuidaría más del dinero, sino que se encargaría de dejar a su esposo la administración de éste y ella debía gastar todo el dinero de que dispusiese en todas las cosas superfluas que se le ocurriesen. No fue sencillo hacerla aceptar tales términos, pero le señalé que ya ella había intentado todas las clases de control que se le podían ocurrir y con todas había obtenido el mismo resultado: nada. Había intentado todas las advertencias y razonamientos que se le ocurrieron, y hasta las amenazas de separación, sin éxito. Aceptó la tarea con resultados inquietantes: el mes siguiente no pudieron pagar sus compromisos económicos, pero ella se mantuvo firme en su negativa de administrar e incrementó los gastos con una gran cantidad de dinero invertido en peluquería, manicuristas, ropa de cama y objetos de tocador. El resultado fue que, luego de unas amargas recriminaciones a la inconsciencia de su esposa, él sugirió que se dividiesen los ingresos en cuatro partes: una para gastos comunes del hogar, otras dos para los gastos personales de ellos y una cuarta del total para ahorrar para el futuro.

—Si no le pongo límites nos arruina, doctor —me decía él con convicción—; es muy importante saber administrar los recursos de que disponemos, ya que hay muchas cosas que queremos hacer en el futuro.

### ¿Qué hacer con la resistencia?

Luchar contra la resistencia es siempre una pelea ardua y muy frecuentemente perdida de antemano. Los paradigmas humanistas y sistémicos en psicoterapia tienen una manera diferente de entender la resistencia de aquella que se hizo popular con los trabajos psicoanalíticos. No creemos que el paciente no desee curarse, sino que lo anhela consciente e inconscientemente. La resistencia no es a mejorar, sino generalmente una forma de protegerse de alguna situación dolorosa que ha de ser detectada en el proceso psicoterapéutico. Luchar contra ella genera angustia y hace que el paciente se aferre a ella con más fuerza. No buscamos derrotar a la resistencia, sino que la utilizamos como estrategia para la cura.

Planteamientos como: "¿por qué tiene que cambiar?", "ve despacio" o "nada puede ayudarlo" desconciertan respecto a los planes del psicoterapeuta y se apegan menos a su resistencia; de esta manera, los pacientes no perciben al terapeuta como alguien que amenaza su forma de vivir o que les presiona a enfrentar aquello de lo que se defienden.

Dalia es una joven de 24 años que acude a terapia porque sus padres temían una autoagresión, ya que les manifestó que había tenido deseos de suicidarse. Había estado previamente en consulta con dos especialistas y se había marchado molesta con ambos, criticando duramente sus intenciones de hacerle creer que era mejor de lo que realmente era. Luego de varias sesiones terapéuticas aceptó que su amenaza había sido un medio de llamar la atención, pues era enormemente introvertida, temerosa y estaba cargada de ira, la cual no tardó en volcar en mí, cosa que decidí aprovechar terapéuticamente. Le manifesté que su caso era más grave de lo que ella creía y que tenía pocas probabilidades de cambiar.

—En mi experiencia —dije, sin ser cierto— cuando se llega a amenazar con el suicidio para llamar la atención de los demás, es indicación de un fracaso rotundo de todas las estrategias de vinculación social. Es poco probable que logres comunicarte y tener conductas más abiertas y sociables, pero puedo ayudarte a vivir con eso —le ofrecí.

—No creo que mi problema sea tan grave —me dijo extrañada—; sólo soy un poco tímida y eso es todo, no es nada que no se pueda mejorar.

—Quizá sientas en ocasiones que puedes lograrlo —insistí—, pero será únicamente una sensación esporádica que sólo anuncia un retraimiento mayor. No te confíes, sino que debes verlo como un mal síntoma más que como una esperanza.

—Usted está loco y mi papá cree que usted puede ayudar en algo —dijo con un tono sarcástico.

Desde ese día se empeñó en demostrar que yo me equivocaba y lo hizo mejorando sus patrones de relación con sus padres, con sus profesores y amigos, y al cabo de unos meses teniendo su primer novio. Su comportamiento surgió espontáneamente como un desafío rebelde a mis aseveraciones de que lo mejor era resignarse a ser como era (contrariamente a lo que había criticado en sus terapeutas anteriores) y aprender a vivir con ello. La resistencia desapareció ya que no había nada a qué resistirse.

### El pacto a ciegas

Con quienes tienen dificultades para correr riesgos utilizo una estrategia sugestiva y provocadora: "La única manera de ayudarlo —les digo— es que usted realice una recomendación que, por experiencia, sé que no va a aceptar con facilidad y que, por razones técnicas que no quiero explicarle en este momento, debe usted aceptar a ciegas. Si usted acepta, se someterá a un plan altamente efectivo, que además sé que podrá realizar y que no reviste grandes riesgos ni es costoso. Puede usted irse a su casa y pensarlo; si decide que no, no tiene que regresar a consulta; pero si decide que sí, se someterá sin reclamos al plan". Por lo general acuden, pues no hacerlo significa reconocer que el problema no es lo suficientemente grande o que solucionarlo no es tan importante como lo manifestaron; además, se perderá de conocer una posible solución al problema. Luego, sea cual sea la prescripción, encontrará dado el primer paso: asumió el riesgo de aceptar a ciegas.

La pareja acude a consulta porque Gustavo fue descubierto por su esposa Luisa en una aventura extramarital. Esto causó grandes conflictos que desenterraron sucesos muy antiguos de infelicidad conyugal y los resentimientos de más de 25 años de matrimonio. Luisa desarrolló una serie de pensamientos obsesivos respecto de la amante de Gustavo, no podía quitársela de la mente y comenzó a acosarlo a él con preguntas sobre los momentos de intimidad de su relación extramarital y un sinnúmero de detalles acerca de los lugares, momentos y circunstancias en que habían estado ellos juntos y en la intimidad. Luisa no creía lo que su esposo le decía, pues había desarrollado, justificadamente, una desconfianza refractaria a los razonamientos y pruebas que se le daban; sólo creía lo que había construido en su fantasía. Sus preguntas e indagaciones iban dirigidas a confirmar sospechas, ilógicas la mayor parte de las veces. Suponía que su esposo, hombre de sexualidad bastante "apacible" y rutinaria, se comportaba como un semental insaciable con "la otra". Imaginaba que éste la veía todos los días, que le llevaba el desayuno, que era de gran ternura con ella y que no le negaba nada. Gustavo le contaba lo que en realidad había sucedido, pero ella no le creía y lo acusaba de estarle mintiendo y le decía que, mientras insistiese en mentir, nunca podría confiar en él de nuevo, "nada va a arreglarse entre nosotros hasta que no seas honesto" –le decía–. En esos momentos se producían disputas en las que él defendía su verdad y ella lo acusaba de mentirle. En ocasiones, Luisa llegó a alcanzar momentos de gran violencia y a agredir físicamente a su esposo, quien no respondía y resistía con estoicismo; toda muestra de afecto era considerada por ella como una farsa. Tenía ella una serie de convicciones cuya confirmación resultó más importante que obtener la verdad. Tenía sus ideas sobrevaloradas acerca de "la otra", pensaba que su esposo había tenido con ésta un comportamiento sexual que no tenía con ella desde hacía años. Esto lo encerró a él en una paradoja: si su sexualidad con su esposa era buena, la erección sostenida y él se veía entusiasmado, ella le decía que se debía a que no pensaba en ella sino en la otra mujer; por el contrario, si la relación no era buena y él no podía mantener la erección (lo cual se hacía más frecuente por la actitud de Luisa) se debía a que había pensado en la otra y la comparaba, y se desilusionaba al constatar la diferencia.

Pedí en una sesión a Gustavo, en ausencia de su esposa, que aceptase todo lo que ella le decía como cierto (para lo cual muchas veces tendría que mentir), que no insistiese más en defender su verdad, pues ella no estaba preparada para oír esa verdad. Le dije que corroborase todas las suposiciones de ella, que aceptase hacerse culpable de todas sus sospechas, aunque fuesen absurdas o imposibles, por haber ocurrido en momentos en que él se encontraba en casa con ella; si ella cambiaba su idea y se contradecía, él debía aceptar esta nueva suposición. Él se negó al principio, pues decía: "eso sería mentir y ella me ha dicho que si le miento de nuevo no me perdonará nunca". "Usted esta diciendo la verdad —le dije— y ella no le cree, le acusa de mentiroso y no lo está perdonando; al decir la verdad, está usted consiguiendo lo que quiere evitar; ¿qué puede perder por seguir otra estrategia?" Gustavo empezó a satisfacer las demandas de su esposa y comenzó a corroborar las sospechas de ésta, la violencia desapareció y ella, ofendida, se dio por satisfecha por un tiempo y la relación mejoró. Dejó de hacer reclamos y al tiempo (unos dos meses) comenzó sentir dudas sobre las cosas que él le corroboró y a darse cuenta de que algunas de ellas eran imposibles, por ejemplo: un día que él estuvo en casa viendo la final de una copa mundial de futbol y, por insistencia de ella, él aceptó que había estado con su amante en un hotel de una villa vacacional, a cuatro horas de la ciudad.

Entonces comenzó a hablar con él en una actitud razonable para aclarar las cosas, escuchándolo y aceptando que por su insistencia obsesiva le había obligado a mentir para salvar la relación, con lo cual su confianza en él aumentó y se consolidó, pues, según ella me afirmó, "él fue capaz de aceptar todas las culpas que yo había imaginado para que la relación se salvara y para que yo estuviese tranquila, eso es caballeroso; creo que de verdad algo de amor queda en la relación". Las discusiones entre ellos continuaron siendo frecuentes, pero también comenzaron a hacerse cada vez más presentes momentos de encuentro y de alegría.

## 4. La terapia orientada a las soluciones

Esta modalidad de psicoterapia fue desarrollada por el Centro de Terapia Familiar Breve de Milwaukee y difundida ampliamente por Steve de Shazer (1991), uno de sus más destacados representantes, y por Willam H. O'Hanlon (1987/1989, 1989/1990, 1993/1995). Sus estrategias están inspiradas en los trabajos de Milton H. Erickson, por lo cual no es extraño encontrar a los especialistas mencionados aplicando o escribiendo sobre las técnicas de las que hablé en secciones anteriores; no obstante, la terapia orientada a las soluciones ha hecho una gran aportación propia con el desarrollo de lo que O'Hanlon (1989) llamó *intervenciones en la pauta*. Los autores se percataron de que el síntoma presentado por el paciente aparece en medio de una sucesión o encadenamiento de conductas bastante rígidas que se repiten como un guión, una vez tras otra. Esta sucesión es la pauta. También observaron que, al modificar parte de la secuencia, la pauta se desestructura y el síntoma tiende a desaparecer. Las creencias inconscientes de las personas mantienen invariable la rígida estructura de la pauta. Este tipo de estrategia permite modificar las creencias sin intervenir en ellas, sino sólo perturbando la secuencia rígida de comportamientos que ellas propician.

## Intervenciones en la pauta

*Alterar la frecuencia de la pauta.* Trabajé en una ocasión con una pareja de personas de mediana edad, con grandes dificultades de comunicación, que sostenían la creencia de que después de 10 años de matrimonio el amor desaparecía y que ya no era posible llevarse bien sin sacrificar la propia manera de ser. Estas dos personas tenían violentas discusiones, al menos una vez por semana, y con ellos el trabajo psicoterapéutico había resultado infructuoso para lograr que cesaran las constantes agresiones y que pudieran negociar los límites de respeto que requerían del otro. Les pedí que aumentaran la cantidad de conflictos por semana y que disminuyeran la violencia en cada uno de ellos. La prescripción fue: "… se me ha ocurrido que en lugar de esa trifulca semanal que ustedes sostienen y que resulta tan violenta y destructiva para los dos, podrían tener varias peleas en las que repartieran la agresión, a fin de hacerla más manejable y menos demoledora. Si realmente quieren ver alguna mejoría, a partir de ahora van ustedes a pelearse al menos tres veces a la semana, en días alternos, y con un poco menos de violencia". No fue fácil obtener de ellos el compromiso de hacer lo que les pedía, pero se fueron a su casa con la intención de cumplir con su asignación. Sabía que era muy difícil que tuviesen éxito, pues les estaba pidiendo que hiciesen intencionalmente algo que antes sólo era espontáneo, como si le pidiese a alguien que se esforzara en dormirse o que se obligara a tener una erección mientras se mira desnudo en el espejo con las manos cruzadas en la espalda. Lo que ocurrió fue simplemente que al intentarlo no pudieron lograrlo y cuanto más trataron menos lo consiguieron, las peleas agresivas desaparecieron y, como ya habían comenzado a hacer algo juntos (lo que les había prescrito), les fue más fácil continuar en la misma dirección en el proceso terapéutico.

—Está visto que sí podemos entendernos sin llegar a pelear y sentirnos bien estando juntos —me decía el esposo unas cuantas sesiones más tarde. No sé cómo lo estamos consiguiendo, pero sé que es posible, nos sentimos mejor.

Uno de mis alumnos me preguntó en una ocasión qué hubiese pasado si hubieran conseguido seguir mi indicación. En ese caso se habría introducido cierto grado de control sobre la pauta y ésta hubiese podido ser modificada de igual manera. Les hubiese dicho que ellos podían modificar el patrón de las discusiones tal como lo mostraban las evidencias y que podían hacerlo en forma negociada hasta alcanzar un acuerdo. Lo importante era hacer desaparecer el síntoma para proseguir con el trabajo de reconstrucción de la relación de pareja.

*Cambiar la periodicidad de la pauta.* Niksa es una mujer de 40 años, casada desde hace 12. Cuando la veo por primera vez se encuentra en su segundo mes de embarazo. Me cuenta que estuvo más de 10 años en tratamiento en una clínica de fertilidad y que éste resultó infructuoso.

—Nunca supimos qué ocurría —me contó—, pero simplemente no quedaba embarazada; mi esposo tiene una cantidad de espermatozoides normal; el especialista nos decía que él no tenía problema alguno y yo tampoco, de modo que no entendía qué nos pasaba. Hace cuatro meses me dijo que ya había hecho conmigo todo lo que podía hacer y que nada había resultado. "Vamos a suspender el tratamiento por seis meses —me dijo— y luego pensaremos qué hacer", y al mes y medio de haberlo suspendido, ¡puff!, voy y quedo embarazada mágicamente.

Pero Niksa me consulta porque presenta una hiperémesis gravídica, una patología del embarazo que se caracteriza por náuseas y vómitos severos y persistentes durante el embarazo, los cuales pueden interferir con el aumento de peso necesario para mantener la gestación y causar deshidratación, la cual puede ser dañina para la madre y el niño. Su obstetra no encontró ninguna causa que explicase su enfermedad y decidió sugerirle que consultase a un psiquiatra. Cuando conversé un rato con ella durante la primera consulta, tuve la sensación de que, a pesar de los años pasados en tratamiento para quedar embarazada y de que ella parecía desear un hijo intensamente, existía un grado importante de rechazo al embarazo. No obstante, no podía dedicarme a corroborar mi impresión, pues los vómitos frecuentes ameritaban un tratamiento de emergencia con una aproximación de psicoterapia breve. Expliqué a Niksa la gravedad de lo que estaba ocurriendo y lo importante que era tomar una medida de emergencia, y luego le dije:

—No tengo tiempo de explicarte con detalle, de manera que voy a pedirte que hagas lo que te voy a indicar, aunque no entiendas cómo funciona. Después de resolver el problema, habrá tiempo para lo demás. No podemos permitir estos vómitos a lo largo del día, ni parece que el tratamiento de tu médico haya dado resultado, de modo que no te voy a pedir que dejes de vomitar, pues eso no es posible. Quiero que vomites sólo tres veces al día; vomita todo lo que quieras pero antes del desayuno, un poco antes del almuerzo y antes de cenar; de esa manera evitamos la deshidratación.

—Pero ¿cómo voy a lograrlo? —me preguntó consternada—; tendré que meterme los dedos en la garganta y provocármelo, si en esos momentos no tengo el impulso de vomitar.

—Haz lo que consideres necesario para seguir esta indicación —le pedí muy seriamente, poniendo en sus manos la responsabilidad.

En medio de una gran perplejidad, Niksa se comprometió a obedecer: debía provocarse el vómito introduciendo sus dedos en la faringe tres veces al día. De nuevo estaba prescribiendo una conducta que antes era espontánea, nuevamente quería introducir algún grado de control sobre el síntoma o hacer que éste colapsara. Cuando vi de nuevo a Niksa tres días más tarde me dijo:

—Te aseguro que lo intenté —me dijo— pero después de las dos primeras veces ya no vomité más, no sé qué ocurrió, quizá el tratamiento del obstetra hizo efecto al cabo de dos semanas, o tal vez algo que tú me dijiste; lo que sé es que, cuando a la mañana siguiente me metí los dedos a la boca, algo cambió... no sé... no es malo, ¿no?

—No, no es malo. Tampoco sé qué ocurrió, es posible que una mezcla de todo lo que mencionaste.

El trabajo psicoterapéutico con Niksa, ahora sin urgencias, reveló que tenía ella un enorme temor inconsciente a ser abandonada por su esposo, cuando al dedicarse a criar a su hijo se viese disminuida en su capacidad laboral. Eran muy competitivos y ella pensaba que su esposo estaba con ella porque la admiraba profesionalmente; además, encontré en su historia familiar a dos mujeres (nada menos que la madre y la abuela) que habían sido abandonadas por sus esposos luego de un embarazo. Su temor al abandono, su creencia de que el nexo más fuerte con su pareja era la admiración profesional y que los hijos separaban a los cónyuges pudieron ser resueltos con comodidad luego de que el síntoma fue eliminado con una estrategia de intervención en la pauta.

*Cambiar el lugar*. A una pareja joven le pedí que se quitasen toda la vestimenta que llevasen puesta y que se encerrasen en el clóset, entre la ropa y los zapatos, cada vez que fuesen a tener una de sus cada vez más numerosas peleas. Se habían dado cuenta de que sospechosamente sus discusiones ocurrían habitualmente en la cocina antes de la cena En medio de la discusión uno de ellos, el que primero se diese cuenta de que estaban discutiendo a gritos de nuevo, le recordaba que habían establecido en terapia el compromiso de cambiar el lugar donde se llevaban a cabo sus contiendas. Una vez encerrados en el clóset y desnudos terminaban riéndose de la absurda situación y conversando sobre sus diferencias, la mayoría de las veces acababan haciendo el amor, práctica que se había hecho cada vez menos frecuente entre ellos.

Muy a menudo las discusiones de las parejas o las situaciones de malestar quedan fijadas a algunos lugares, a determinados momentos del día o a ciertas circunstancias o acontecimientos. Cambiar el lugar donde ocurren o causar pequeñas alteraciones en las circunstancias que rodean estas situaciones permite que los integrantes de la relación tengan más control consciente sobre estos eventos y que puedan deshacerse de algunos síntomas molestos que les impiden entrar en contacto con las verdaderas emociones que subyacen en el conflicto, contacto que es indispensable para solucionar aquél.

*Añadir elementos nuevos*. Es bastante improductivo pedir a una persona con una conducta compulsiva que no la realice, que deje de tenerla. Por lo general, ella habrá tratado de controlarla infructuosamente por medio de la represión; por el contrario, yo le recomiendo que la realice, pero añadiendo segmentos nuevos en su secuencia.

Un ejemplo típico es el trabajo realizado con Mirella. Se trata de una mujer joven con un problema de sobrepeso que ocasionalmente se entregaba a "orgías culinarias". Según ella decía, eran las únicas orgías a las que podía entregarse al estar tan gorda. Mirella me había comentado que entre la gran cantidad de ropa que ya no podía ponerse, porque le quedaba estrecha, había un vestido "sexy", apretado y muy escotado. Yo le dije: "no tienes que dejar de comer; lo único que voy a pedirte es que cuando te sientes a la mesa a una de tus *orgías culinarias*, te pongas ese vestido, ya que ésta es la indumentaria adecuada para una orgía".

—Dios mío —me decía, después de haber perdido 11 kilos—, me aterraba sólo ponerme ese vestido y verme embutida dentro: parecía un chorizo, cuando me daba cuenta de que estaba comiendo sin control iba y me lo ponía y luego, al sentarme de nuevo en la mesa, me provocaba vomitar. Ésa fue la única manera como puede parar la comedera y hacer caso a las indicaciones de mi nutricionista.

¿Qué ocurrió después de deshacernos de la molesta tendencia a las "orgías culinarias"? Que en el trabajo encontramos lo que suele ocurrir en estas situaciones. La compulsión en la alimentación es una manera de gratificarse mediante una actividad placentera: comer, pero siempre hay oculto algo más. En muchas ocasiones, la compulsión alimentaria es una autoagresión o, como en el caso que nos ocupa, una forma de protección. Mirella era hija de una mujer que se había desvivido por protegerla de las "malas intenciones de los hombres", frecuentemente le advertía que no podía confiarse de ellos, "los hombres sólo buscan una cosa de las mujeres —le decía— y cuando la obtienen, te desechan". Esta creencia se hallaba profundamente arraigada en ella y la obesidad se había convertido para mi paciente en una forma de protegerse de estas malsanas intenciones masculinas y, por lo tanto, le había protegido también de tener una relación de pareja.

*Cambios en la secuencia.* Haga las cosas al revés cuando al derecho no funcionen. Ésta parece una indicación desenfadada, poco responsable y hasta poco profesional, pero en muchas situaciones da muy buenos resultados. Son numerosas las dificultades de la relación de pareja que no se resuelven, porque se encuentran atrapadas en secuencias de comportamiento que funcionan como el guión de una obra de teatro. Todo el mundo sabe cómo comienzan, qué hace cada uno de los actores en cada momento de la representación y, por supuesto, todos saben también cómo termina. Pero ¿qué ocurre en esta representación monótona y fastidiosa cuando uno de los actores decide poner el final antes del comienzo? Fito tenía una afición que su pareja no compartía: le gustaba dibujar tiras cómicas. Era un pasatiempo por el que no percibía ninguna ganancia, más allá de su satisfacción personal. La secuencia comenzaba cuando Fito se sentaba en la mesa a dibujar. Su esposa pasaba "casualmente" por ahí y moviendo la cabeza negativamente le reprendía por estar de nuevo perdiendo el tiempo. Entonces él le decía que podía pasar su tiempo libre como mejor le parecía y que él no se metía con ella cuando ella se ponía a leer sus libros. Y su esposa respondía que leer al menos incrementaba su cultura, y él le decía que cuál cultura podían incrementar las "novelitas rosas", a lo que ella respondía que era un bruto, que Bowles y Kundera no escribían novelas rosa. Y después de unos cuantos movimientos más, el altercado terminaba con la fórmula: "contigo no se puede hablar, de modo que hago lo que me da la gana y ya…"

Fito comenzó a voltear la "representación" acercándose a su esposa y diciéndole: "tengo ganas de sentarme a dibujar en paz; por favor, regáñame de una vez y terminemos esto pronto". "No, no voy a decirte nada, haz lo quieras —le respondió—; ¿no sé por qué te gusta tanto dibujar esas tonterías?" Entonces Fito le contó que cuando era niño sus padres vivían en una habitación en una pensión y que un amigo de su padre que trabajaba muy duramente toda la semana, los domingos, luego de leer la prensa, se sentaba con él y con destreza le dibujaba con gran exactitud las tiras cómicas del periódico. "Dios, cuánto disfrutaba yo esos ratos mágicos con el señor Antonio".

Este evento simple permitió no solamente que Fito fuera capaz de explicarse empáticamente y su esposa de comprenderlo, sino que constituyó el inicio para trabajar a gran profundidad los deseos de control de ella y la rebeldía de él ante las situaciones en que se sentía controlado.

## 5. Técnicas inspiradas en la teoría del caos

El caos ha de ser entendido de una manera diferente de la que la cultura nos ha enseñado: no es un estado de desorden, confusión, anarquía y desorganización, sino un grupo de conductas de algunos sistemas que son tan complejas que aparentan ser aleatorias, pero que en realidad tienen un orden subyacente y obedecen a ciertas reglas (Prigogine, 1993/1999; Redington y Reidbord 1992).

La teoría del caos (Gleick, 1987/1998; Brigs y Peat, 1989/1994) es un conjunto novedoso e inquietante de postulados, bien conocidos por los físicos y los matemáticos. Su creación involucra a mentes tan sobresalientes y diversas como las del meteorólogo Eduard Lorenz (1976), la del físico Mitchell Feigenbaum y la del matemático Benoit Mandelbrot (1982), entre muchos otros. El descubrimiento de que tras toda conducta aparentemente azarosa y desordenada existe un orden subyacente revolucionó muchas áreas de las ciencias. La teoría del caos estudia la naturaleza para entender este orden que parece regir el funcionamiento de todos los sistemas complejos, el ser humano y sus formas de interacción entre ellos. Ahora sabemos que la salud y la evolución se rigen por las leyes del caos y términos tan curiosos como atractores, fractales, bifurcaciones, dependencia sensitiva a las condiciones inicia-

les, entre otros, amenazan con volverse comunes en el área de la psicoterapia. A continuación expongo unos pocos ejemplos de las numerosas estrategias que han surgido de este enfoque.

## Abrumar el oscilador

Entiendo por oscilador una tendencia intrínseca del individuo a la repetición, en un incesante ir y venir, de una conducta en particular, por
falta de opciones de respuesta ante determinadas condiciones ambientales. Tal es el caso de las personas que sufren de trastorno maniaco de-
presivo, el cual, sin el tratamiento adecuado, oscila entre un estado
de euforia y uno de tristeza y sigue patrones bien definidos. Igualmente
ocurre en personas con trastornos psicóticos o con depresiones unipo-
lares, que fluctúan entre el cuadro patológico y situaciones de mejoría
espontánea. Esta tendencia, reconocida por muchas escuelas psicológicas con los nombres de *compulsión a la repetición*, *gestalt inconclusa*, *guión de
vida*, etcétera, puede verse también en situaciones menos dramáticas
no reconocidas como patológicas, como ocurre en aquellas personas
que repiten una y otra vez sus patrones de vinculación, generalmente
ineficaces, con sus padres o con sus hijos, o que fracasan en los estudios
o en los negocios por razones similares, o en el tema que nos ocupa,
quienes reiteradamente eligen parejas con características similares con
las que tienen el mismo tipo de conflictos.

Esta estrategia intenta saturar una pauta emocional o de conducta
que se ha hecho excesivamente rígida y rítmica (oscilante) introduciendo "ruido", indicando tareas específicas mientras ocurre la mencionada conducta disfuncional para hacer que ésta "pierda el ritmo".

Como ejemplo contaré el caso de David, un hombre de unos 40
años, profesional, quien estaba en una situación que le generaba mucha ansiedad: se encontraba desempleado, en pleno tratamiento de
una adicción a psicotrópicos y reevaluando una vida en la cual se sentía decepcionado por no haber podido ser arquitecto, por razones
económicas, y haber tenido que elegir una profesión que, aunque le
gustaba, no le apasionaba de la forma como lo hacía la arquitectura.
Después de varias experiencias afectivas frustrantes, había iniciado una
relación con una mujer, con quien empezó a tener el problema de
siempre: se volvía extremadamente agresivo cuando ella no lo compla-
cía o cuando tenía opiniones distintas de las de él. Decía que si ella
realmente era para él no podía pensar tan diferente. Eran frecuentes
los episodios de discusiones desagradables en los que él la atacaba

verbalmente, la acusaba de no amarlo lo suficiente y de pretender cambiarlo por otra persona. Su baja autoestima le llevaba a generar un sentimiento intenso de desconfianza. Su pareja se encontraba también asistiendo a psicoterapia, y David me contó que su psicoterapeuta le dijo que ella tenía una autoestima baja y que hacía elecciones de pareja inadecuadas, que tendía a buscar hombres que se parecían a su padre, es decir, agresivos y descalificadores. Por su parte, David parecía estar repitiendo exactamente algunos patrones familiares muy disfuncionales. Su padre, hombre muy inseguro, solía ser muy celoso con la madre en forma injustificada y por lo general muy agresivo con quienes no sostenían puntos de vista similares. Además, su padre le criticó duramente desde la infancia reiterándole que era un "bueno para nada" y que nada le salía bien. La inseguridad de David estaba bien explicada por las creencias que había llegado a albergar acerca de sí mismo y por su historia de vida. Era evidente que las estrategias que usaba para vincularse le habían sido legadas por personas tan inseguras como él.

—Fíjate bien, David: tenemos que entender a profundidad estas crisis de agresividad —le dije, finalizando una sesión—. Necesito que cuando tengas la próxima crisis, antes de que ésta termine, me hagas una lista detallada de todas las razones que te vengan a la mente, por más absurdas que te parezcan, por las que puedas en esos momentos tener coraje con tu pareja. Sé que puede parecer difícil, pero es muy importante para nuestro trabajo: incluye defectos personales o cosas que haya dejado de hacer… en fin, todo. Quiero, además, que clasifiques éstos en orden de importancia, según la escala: muy importantes, importantes, medianamente importantes, poco importantes y muy poco importantes, pero esto ha de hacerse durante la crisis, ya que después de ella el criterio puede variar. Cuando la crisis haya terminado seleccionas las cinco que te parezcan más importantes, si hay tantas, y discútelas con tu pareja.

Cuando regresó a la semana siguiente me dijo:

—Fue endemoniadamente difícil, porque cuando estaba haciendo la lista se me iba el coraje y trataba de conservar la emoción, el malestar y las dudas… tú sabes. Pero se me iba todo. Cuanto más me esforzaba en mantenerlo más se me iba. No puede terminar la lista y menos hacer la bendita clasificación… Entonces ¿qué hacemos? —me preguntó desconcertado.

—Lo que te pedí es muy importante —le dije con seriedad y fingida preocupación—; creo que vamos a tener que seguir intentándolo.

El ruido de la actividad intelectual de observar sus propias crisis, analizarlas y clasificar sus causas evitó que la emoción se exteriorizara en forma impulsiva, mientras en consulta propiciábamos experimentos tendientes a dotarlo de formas de expresión más adaptativas para la expresión del coraje. Además, la mejoría en la relación me dejó el campo libre de dificultades urgentes para trabajar intensamente en los sentimientos de inseguridad y en las creencias autodescalificadoras que abundaban en David.

## Forzar hacia la periodicidad

Para entender este tipo de estrategia y algunas de las siguientes es necesario explicar, al menos someramente, un concepto matemático derivado de la teoría del caos: *el atractor*. Un atractor es una situación en la cual convergen todas las trayectorias posibles de comportamiento de un sistema, el punto final de una conducta o de un grupo de conductas, la situación hacia la que tienden los comportamientos. Es una directriz (Briggs y Peat, 1989/1994; Globus y Arpaia 1994). En los sistemas autoorganizados, a los que pertenecen los seres humanos y sus formas de interacción (pareja, familia, sociedad, etcétera), los atractores son de un tipo que se ha dado en llamar *caótico*.

En realidad existen cuatro tipos de atractores (Redington y Reidbord, 1992), el más simple de los cuales lleva ese nombre. El *atractor simple* más típico es el que gobierna la conducta de un péndulo; los péndulos tienen un tiempo de evolución limitado, cualquiera que sea su posición al inicio y su velocidad, terminan descansando verticalmente en un estado de reposo que se conoce como *punto atractor*. El péndulo de un reloj tiene un atractor completamente distinto: cualquiera que sea su posición y velocidad iniciales, va a disminuir o aumentar dicha velocidad para alcanzar un determinado tempo, el cual se conoce como *atractor periódico*; en este caso, el sistema entra en un ciclo periódico de estados que se repiten indefinidamente, mientras se suministre la energía adecuada al sistema. Un atractor es un grupo de estados en sucesión por los que transcurre un sistema con el transcurso del tiempo, de modo que, a medida que la sucesión resulta más compleja, el atractor pierde periodicidad y aparecen entonces los *atractores cuasiperiódicos*. Los sistemas caóticos también tienen atractores que restringen su conducta dentro de ciertos límites: son los *atractores caóticos* o *atractores extraños*, muy complejos y aperiódicos, con una "dependencia sensitiva a las condiciones iniciales". Esto significa que desviaciones infinitesimales en las condiciones iniciales desencadenan diferencias muy divergentes en los resultados, lo que los hace impredecibles, dinámicos y muy elásticos.

Como dije, el ser humano, en condiciones de salud, está regido por atractores caóticos (Babloyantz y Destexhe, 1986; Goldberger y West, 1987; Skarda y Freeman, 1987; Pool, 1989); sin embargo, las conductas patológicas tienden a ser cuasiperiódicas. Pero el ser humano no es susceptible de comportamiento periódico. El latido del corazón es rítmico, aunque sujeto a múltiples modificaciones, dependiendo de si la persona a la que pertenece este corazón se encuentra caminando, hablando o simplemente recordando algo que le perturba. Este corazón presenta un ritmo y una frecuencia, pero es absolutamente imposible predecir la posición exacta de cada latido en un momento en particular. Un corazón saludable es un sistema regido por atractores caóticos y tiene una plasticidad enorme que le permite adaptarse con velocidad increíble a las cambiantes situaciones ambientales. Desde la perspectiva de la teoría del caos, una arritmia cardiaca es la manifestación de que el corazón ha quedado bajo la influencia de un atractor cuasiperiódico. Las arritmias son tan regulares que pueden ser clasificadas en tipos y fácilmente reconocidas por una mirada experta en un electrocardiograma (Goldberger y West, 1987).

La teoría del caos nos ha legado cinco principios de gran utilidad en el contexto psicoterapéutico. En primer lugar podemos afirmar que el ser humano no es capaz, como sistema autoorganizado que es, de presentar conductas periódicas; luego, la conducta sana, creativa y exponencialmente evolutiva está regida por las leyes del caos. Las patologías son consecuencia de la presencia de atractores (o tendencias de comportamiento) cuasiperiódicos. En el ser humano los atractores caóticos (es decir, los saludables) son más numerosos, por lo cual decimos que tenemos una tendencia a la salud y al crecimiento. Por último, en función de lo anterior puede asegurarse que la salud es no sólo la simple ausencia de enfermedad, sino también la alternancia entre la pérdida del equilibrio y el restablecimiento creativo y oportuno de éste, que además permita algún tipo de progreso. Es saludable quien sana oportunamente y obtiene de su enfermedad algún beneficio y no quien nunca enferma.

Lo antes expuesto explica algunas peculiaridades clínicas observadas en los procesos psicoterapéuticos, por ejemplo: he encontrado que si le pido a quien tiene una conducta cuasiperiódica que intente asumir una expresión periódica de este comportamiento, no podrá hacerlo, tal como plantea el primer principio. Por el contrario, eso hace que el atractor cuasiperiódico pierda el control y, por lo señalado en el principio cuarto, que aumenten enormemente las posibilidades de ser asumido por uno caótico, es decir, el que rige los comportamientos saludables. Un ejemplo de ello lo da Gregoria, quien me decía con mucho coraje:

—Desde que conseguí pareja, un grupo de amigas mías que antes eran muy cercanas están haciendo y diciendo cosas que me molestan. Es como si me tuvieran envidia.

Esto afectaba muchísimo a Gregoria, porque su dificultad para conseguir novio estaba relacionada con una tendencia a complacer a las personas de su entorno más cercano, necesitaba que su pareja fuese aprobada y aceptada por sus padres y hermanos y por algunos amigos.

—Estos comentarios me alteran mucho –continúa–, dicen que es más joven que yo, que estoy con él por mi instinto maternal y no porque lo quiera. Sofía (una de las amigas) dice que le falta valor sólo porque Serafín es amable con ella. La cosa es que termino a los gritos con todas y parecen disfrutarlo, porque lo hacen una y otra vez. Lo que me preocupa es que no puedo controlar mi conducta. Cada vez que la cosa va a empezar, nos miramos y luego todo parece la repetición absurda: una dice algo, yo le respondo, después hacen un comentario más fuerte o se ríen, y cuando me doy cuenta estoy insultándolas a gritos y marchándome de allí.

Le pedí que anotara las situaciones y los comentarios que ocurrían en el curso del día que le hacían perder el control, y luego le sugerí que se molestara mucho y gritara sólo en las situaciones impares, pero que no lo hiciese con las pares, sino que éstas habría de tomarlas a juego y acompañar a sus amigas en sus burlas.

—Para que puedas hacer esto –le dije con mucha circunspección– debes esforzarte en molestarte al menos el doble en las situaciones impares, para así no molestarte en absoluto en las pares.

Gregoria no se dejó convencer fácilmente, pero al final accedió a intentar poner en práctica una táctica que no entendía y que le parecía descabellada.

—No te voy a negar –me decía varias sesiones más tarde– que pensé que te habías vuelto loco. Me costó trabajo hacerte caso, pero al final parece que todos estábamos locos. Cuando iba a pelear no me acordaba si la vez anterior había gritado o me había burlado, por lo que no sé si hice las cosas como deseabas. Creo que terminé burlándome la mayoría de las veces, luego les dije que me molestaba mucho lo que hacían, hasta me atreví a decirles que creía que me tenían envidia y... no sé qué les pasó, pero ahora ya no me hacen comentarios tan desagradables, o tal vez me los tomo de otra manera.

—O tal vez un poco de todo —le digo con una sonrisa.

## Definir el criterio de éxito

Por lo general los pacientes son capaces de describir con precisión todo lo relacionado con lo que creen que es su problema. Sin embargo, suele suceder que no son capaces de definir la situación de ausencia de la dificultad: saben cuándo empezar a trabajar en la solución de algo, pero no cuándo detenerse. Qué nuevo estado de las cosas les indicará que han logrado resolver sus dificultades y en qué forma esto va a modificar su manera de vivir y sus interacciones con las personas que son importantes para ellos, es una información extraordinariamente importante para todo proceso terapéutico. Sólo el que sabe a dónde va sabe también qué viento es propicio para él.

—¿Cómo vas a saber que has solucionado la dificultad que te trajo a verme? —le pregunté a Lorenzo en una de las primeras sesiones, como hago con casi todos mis pacientes.

—Bueno... me voy a sentir mejor. Si me parece que eso es... lo sabré cuando me sienta mejor —me dice con muchas dudas.

—No te entiendo con claridad, ¿qué quieres decir con eso de sentirte mejor?

—Bueno... voy a estar más seguro de mí mismo, voy a poder comunicarme mejor, pondré a la gente en su lugar cuando lo que hagan no me satisfaga... voy a atreverme a reclamar lo que me parece justo, ¿sabes?, y ya no estaré evitando relacionarme con los demás por miedo a que me aparten... bueno, eso es.

—¿Crees que eso será suficiente? —indago—. ¿Cuando estés más seguro de ti mismo, cuando estés comunicándote mejor, poniendo límites, y cuando hayas dejado de evitar relacionarte podremos decir que hemos logrado nuestro objetivo?

—Pues sí, eso será todo un triunfo. ¿Qué más voy a pedir?

—No lo sé, pero por lo pronto tenemos claro cuál es el punto en el que podemos anunciar que hemos alcanzado nuestro objetivo.

## Desentrañar la "indicación"

En su excelente libro *Cibernética*, Neville Moray (1963/1967) menciona una hipotética máquina escaladora programada para alcanzar su objetivo por ensayo y error. El objetivo de esta máquina era escalar montañas. Supongamos que su inventor quisiera hacer que ésta se posase sobre la más alta cima en el mundo, el monte Everest, en forma independiente y automática. Para ello debía programarla con ciertas indicaciones. Puede ocurrírsele que sería indicación suficiente decirle: "cada vez que observes que no vas cuesta arriba cambia de dirección". Provista de un eficiente aparato para medir alturas, la máquina se sube a una pequeña colina y ya no puede ascender más: sabe que no ha llegado a los 8 848 metros que separan al Everest del nivel del mar. Pero, al no poder bajar, está imposibilitada para buscar otra cima. Su propia indicación la incapacita para cumplir su objetivo. Imaginemos también que su constructor la reprograma con una instrucción más amplia: "recorrerás la Tierra subiendo y bajando de toda estructura que esté a menos de 8 848 metros sobre el nivel del mar". Esta vez, tras una serie de intentos indeterminados pero finitos, nuestra máquina escaladora logrará alcanzar su objetivo.

Diana quería tener un compañero que le pareciese suficientemente atractivo, que tuviese sentido del humor, un hombre inteligente, cariñoso, ambicioso, etcétera. Pero tenía una indicación inculcada por sus padres y sustentada por una serie de creencias de ella y de ellos. La indicación (es decir, la creencia) señalaba: "si es un hombre bueno, amable y trabajador, ¿qué más puedes pedir?"

Diana me dijo en una ocasión:

—Román es un hombre trabajador, honesto, cariñoso y buena gente. ¿Qué más puedo pedir a una persona?

—Puedes pedir que sea ambicioso, atractivo, profesional y todo eso que me mencionaste en una oportunidad –le respondo casi cándidamente.

—Pero ¿cómo puedo rechazar a Román? –me pregunta con un tono desamparado–. Eso es de malas personas –continúa, revelando las creencias que la aprisionan.

—¿Cómo puedes hacerle a un hombre tan bueno lo que ya le estás haciendo? –continúo, con voz lenta y mi pose de mayor ingenuidad.

—¿Qué le estoy haciendo?

—Estás con él sin desearlo realmente. A mí no me gustaría que me hicieran algo semejante, ¿y a ti?

—No, tampoco a mí –me responde, entre aliviada y confundida.

Las creencias se constituyen ocasionalmente en indicaciones que limitan las posibilidades de las personas y les impiden alcanzar los objetivos que aspiran aunque luchen denodadamente por lograrlos. Identificar tales creencias, cuestionarlas y cambiarlas por otras es parte del trabajo terapéutico. En este caso me apoyé para desechar la creencia inculcada por sus padres en otra creencia muy difundida socialmente y con el peso de la tradición: "no es justo hacer a los demás lo que no quieres que te hagan a ti", para luego llegar a: "no soy de aquellas que se conforman con menos de lo que creen que es bueno para ellas".

## Ampliar los grados de libertad o el repertorio de oportunidades

Un buen amigo me relató la siguiente historia: en sus años de estudiante universitario en la facultad de ingeniería tuvo un compañero a quien, en un examen, le preguntaron cómo podía medir la altura de un edificio con un teodolito. El compañero respondió que se le ocurrían al menos cuatro formas. La primera de ellas era determinar el peso del teodolito, subir luego al techo del edificio y arrojar el aparato, midiendo el tiempo que tarda en estrellarse contra el suelo, y luego tratar de determinar con estas variables la altura del edificio. En segundo lugar podía medir la longitud del teodolito con una cinta métrica, llamar a esa medida *unidad teodolito*, colocar el teodolito sobre la pared del edificio, sirviéndose de un andamio, para saber cuántas unidades teodolito mide la construcción y luego multiplicar este número por el valor de la unidad teodolito. Podía también, al modo de los antiguos egipcios, en un día de sol clavar el teodolito previamente medido junto al edificio, medir después las sombras proyectadas por el edificio y el teodolito y con tres variables conocidas (la longitud de las sombras y la altura del aparato) determinar la cuarta con una regla de tres. Por último, podía, mirando con el aparato de la forma como lo hacen los geólogos y los agrimensores, medir la altura de la manera convencional, que nunca entendí, pero que supongo era la que sus atónitos examinadores esperaban ansiosamente oír.

Quien sabe de lo que le hablo podría decirme que, teniendo un teodolito, las primeras tres alternativas son absurdas; sin embargo, son maneras válidas y eficaces. Como hizo el compañero de mi amigo, espero que mis pacientes generen tantas alternativas válidas y eficaces como les sea posible para afrontar una situación conflictiva, ya que muchas veces las formas más comunes han dejado de servir para resolver algunas dificultades.

Rosario tuvo lo que ella denominaba un fracaso amoroso y se lamentaba amargamente:

—No quiero volver a pasar por esto —me dijo llorando—; he hecho dos intentos y en ambos he salido destrozada; no quiero ni oír hablar del tema de la pareja. No pienso intentarlo más.

—Me contaron que una ocasión un gato se sentó sobre una hornilla encendida —le comenté—; lógicamente se quemó en un sitio muy delicado y desde entonces decidió no volver a sentarse nunca más.

—Sé lo que tratas de decirme —admite con una sonrisa —, pero, ¿qué puedo hacer? No quiero sufrir esto de nuevo.

—Prefiero hablar del gato —le digo evasivo—. ¿Qué crees que puede hacer él?

—Definitivamente la solución no es renunciar a sentarse. Quizá si se sienta en otro lado, hasta podría sentarse en una hornilla teniendo cuidado de que no esté encendida o muy caliente. Sólo tiene que ser más cauteloso eligiendo el lugar donde va a sentarse.

—Y llevando eso a ti...

—Lo mismo: me parece que negarme a relacionarme es una salida drástica, aunque es una salida...

—Sí, es una opción, pero no la única y, según creo, no la mejor.

—También puedo ser más cuidadosa al elegir, pedir a mis amigos de confianza que me presenten a los hombres que ellos conozcan. Puedo tomarme más tiempo para conocer a la gente, parece que siempre ando con prisa, como si se fuesen a ir corriendo si no los agarro pronto. Tal vez debería ponerlos a prueba, no sé, como una especie de examen de admisión —me dice riendo.

## Usurpación del rol

Trabajando con grupos en psicoterapia pude darme cuenta, tras muchas sesiones, de un hecho curioso, el cual después corroboré con la experiencia de otros colegas, también especialistas en este tipo de trabajo. Se trata de que las personas, cuando pertenecen a pequeños grupos (aquellos con menos de 20 integrantes) adoptan roles, pero cada persona adopta uno diferente, que generalmente es elegido por ella, lo cual depende de su capacidad para representarlo, entre un conjunto de roles determinados por el grupo, obedeciendo a las necesidades específicas de las funciones de éste. Ahora bien, además de este hecho, que no resulta mayormente sorpresivo, pude constatar tres situaciones de lo más curiosas y útiles terapéuticamente. En primer lugar, las personas se aferran a su rol y tienden a representarlo de manera terca e invariable mientras permanezcan dentro del grupo; de este modo si una persona es el más responsable en el trabajo de su grupo o el que hace las bromas pesadas o quizá el seductor, podemos esperar que no cambie de rol en forma espontánea. En segundo lugar, me di cuenta de que, en los grupos entre dos y 20 personas (en grupos mayores la dinámica es más compleja), los roles no se repiten, es decir, no hay dos bromistas, o dos súper responsables o dos galanes seductores. Por último, sorprende la observación de que si una persona del grupo es instruida para usurpar el rol de otro, este último, luego de una defensa más o menos esforzada, tiende a ser desplazado de su papel. En un inicio reacciona con perplejidad ante la conducta del usurpador, a veces con violencia, luego recurre al grupo para que intercedan por él, lo cual el grupo suele hacer muy frecuentemente, pero si el "ladrón" del rol persiste en su comportamiento, el dueño original del papel tenderá a cederlo y a adoptar el rol complementario o el opuesto al que tenía y del cual fue despojado.

De qué nos puede servir todo esto, se preguntará el lector. Dejemos que Jenny y Eliseo nos lo expongan.

—...te juro que no tiene razón para desconfiar de mí —me aseguraba con gran impotencia Eliseo, en una sesión a la que le pedí que acudiese solo—; está obsesionada con el asunto de la infidelidad desde hace dos años, cuando su hermana descubrió que su marido tenía una amante. Me gustaría buscarme una mujer por ahí para que sospeche por algo —dice con coraje.

—¿Te parece una estrategia adecuada? —le pregunto con serenidad.

—No, no me parece. Pero me enfurece que me persiga y me fiscalice sin razón.

—Por favor —le pido—, explícame cómo ocurre esa fiscalización en la práctica.

—Desconfía de todas las mujeres. En general me acusa de mirarlas a todas de manera insinuante, dice que la vista se me va detrás de esta o de aquella. Puede que estemos hablando y de pronto me reclama muy disgustada, dice cosas como: "¿por qué no me dejas aquí y te vas detrás de la flaca esa a la que no le quitas la mirada de encima?" En una oportunidad se levantó de la mesa en un café, se acercó a una muchacha que estaba con una amiga tomando unas cervezas y le dijo que, como yo no le quitaba los ojos de encima, sería mejor que viniera a conocerme, y luego se marchó, dejándome ahí todo abochornado.

A este angustiado caballero le recomendé que invirtiera los papeles progresivamente:

—Sin que parezca una burla o una represalia quiero que comiences a hacerle escenas de celos. Quiero que parezcas más celoso que ella –le sugerí.

Él, aceptando mis sugerencias, comenzó a fingir inconformidad con la relación de Jenny con uno de sus compañeros de trabajo. Inicialmente ella reaccionó con sorpresa, Eliseo mencionó que hasta podía decirse que Jenny lo disfrutaba. Luego comenzó a fastidiarse y al final respondía con indignación y enfado. Las crisis de celos de Jenny dejaron paso a unas amargas recriminaciones hacia Eliseo por su irracional suspicacia. En una consulta me decía:

—Eliseo no deja de repetir que tengo algo con Saúl, lo cual es una idiotez. Pero como dicen: cada ladrón juzga por su condición, si desconfía de mí es porque él no ha sido muy santo.

—Recuerdo que anteriormente tú desconfiabas de él, ¿será porque no eras muy santa? –le increpo.

—No, claro que no era por eso, yo no tengo nada que ocultar.

—¿Por qué ha de ser distinta esa ley del ladrón para él y para ti?

—No tiene que ser distinta. Es posible que yo haya estado exagerando –admite–. Creo que tenemos que trabajar más en el tema de la seguridad–continúa–. Me parece que ambos estamos muy inseguros de nosotros mismos y eso se traduce en estas crisis de celos.

## 6. Técnicas constructivistas

El constructivismo es una corriente del pensamiento que tiene orígenes múltiples y remotos. Aunque se pueden encontrar elementos del pensamiento constructivista en los sofistas presocráticos (Feixas y Villegas, 2000), no hallamos una exposición filosófica consistente y continuada hasta los escritos de Giambattista Vico (Grassi, 1999) y posteriormente en Immanuel Kant y Hans Vaihinger (Nietzsche y Vaihinger, 1990). Pero el constructivismo tiene también influencias provenientes de la *cibernética* de Nobert Weiner (1988), de la *teoría de la información* de von Newman y McCulloch, de los trabajos de los físicos Ernst von Glasersfeld y Heinz von Foerster (Freíd, 1994) y en la psicología de la *epistemología genética* de Jean Piaget (1964/1977), de la *psicología de los constructos personales* de Kelly (1955/1991), de la *terapia racional emotiva* de Ellis y de la *psicoterapia sistémica* del grupo de Palo Alto.

Esta amalgama de influencias ha dado origen a un diverso grupo de escuelas filosóficas y psicológicas que se agrupan con el calificativo de constructivistas y que tienen en común algunos preceptos que han desafiado y enriquecido disciplinas como la docencia, la biología y la psicoterapia. En el área que me compete, el constructivismo se ha opuesto a la visión objetivista de otras corrientes psicológicas, la cual plantea que el conocimiento de las personas es una copia del mundo real, que la realidad es única para todos los individuos y sólo varía en la forma como éstos la perciben y que el ser humano es un ente que reacciona de maneras muy variadas a esta realidad exterior. Por el contrario, el constructivismo plantea que tanto la realidad como el conocimiento son construcciones de cada ser humano, validadas consensualmente por la matriz social en que éste se desenvuelve (Neimeyer y Mahoney, 1995; Feixas y Villegas, 2000). Esta perspectiva obliga a cambiar la forma como algunos conceptos psicológicos son considerados; la verdad ya no debe ser entendida como única, sino como múltiple, influida por la historia y el contexto en que se desarrolla; el ser humano es un participante proactivo (no reactivo ni pasivo) en la elaboración de su experiencia, de su realidad, de su percepción y de su conocimiento; la experiencia y el desarrollo psicológico son procesos continuos de autoorganización individual que mantienen los patrones de la experiencia personal y que proyectan e influyen en los sistemas sociales (Neimeyer, 1993/1996). Esta visión redefine el papel del psicoterapeuta, y lo transforma de un especialista que posee el conocimiento y los métodos para sanar a sus pacientes en un asistente que ayuda a éstos a deconstruir y reconstruir su realidad. Un ayudante en la tarea de rehacer la existencia de forma que sea más adecuada y funcional a las necesidades de cada paciente, y que se ajuste a un concepto de salud y de felicidad personal y particular, que ha de obtener su validez mediante el consenso del entorno social del sujeto.

## La construcción del vínculo terapéutico

Como ya anticipé, el vínculo terapéutico es visto de una forma diferente en este modelo. El terapeuta adopta como punto de partida las construcciones que el paciente hace de su realidad "como si" éstas fuesen ciertas, se respeta su perspectiva y se acepta como una explicación válida de los problemas de éste. Esto no quiere decir que su perspectiva no será desafiada o ampliada, se trata, más bien, de ver el mundo con el enfoque existencial del paciente, y usar sus sistemas de creencias para entender su realidad de la forma más cercana a como él la entiende. El psicoterapeuta no se encierra en esta visión, sino que la utiliza como punto de partida para, junto con su paciente, explorar las formas alternativas de construir otra u otras perspectivas del mundo. Esto es algo muy cercano a lo que Kelly llamó *enfoque crédulo* (Kelly, 1955-1991; Botella y Feixas, 1998).

La postura del psicoterapeuta es investigativa, exploradora y experimental, no aprueba o desaprueba, no demuestra ni refuta. Entiende y desarrolla experimentos y actitudes a ser exploradas por el paciente y con el paciente.

### Las representaciones de rol

Los seres humanos vamos construyendo con nuestra vida eso que llamamos "yo soy" y que en psicoterapia conocemos como el "sí mismo" o "yo". Con el transcurrir de los años y con la acumulación y consolidación de millones de experiencias se va estructurando nuestra forma de ser, nuestros sistemas de creencias acerca de nosotros, del mundo y de la realidad. En ocasiones, parte de este sistema integrado se hace disfuncional y es importante cambiarlo con más celeridad de aquella con que se formó; sin embargo, este cambio es difícil, pues desafía la visión del mundo del paciente, que ha resultado más o menos exitosa hasta ese momento, amenaza la integridad de la personalidad, de manera que el sujeto desarrolla un sistema de autoprotección que intenta mantener indemne esa estructura. Esto se ha llamado resistencia al cambio, mecanismos de defensa, censura, etcétera.

Una de las formas de facilitar el cambio sin luchar denodadamente con las resistencias son las representaciones de rol. En ellas se propone a los pacientes que, en vez de renunciar a sus sistemas de creencias y a su idea de sí mismos han de diversificarlas. No queremos que las personas cambien mediante la renuncia a partes de sí mismos, sino aumentándolas. Se sugiere a las personas que actúen roles distintos de aquellos que representan cotidianamente. Son representaciones breves que suceden en el momento de la sesión de psicoterapia o en su vida cotidiana. Actúan roles que implican sostener creencias diferentes, formas de otorgar significado al mundo que no les son conocidas, aunque les sean propias. Pueden representar a su pareja, a alguna persona que posee destrezas o recursos que el paciente cree no tener, hasta el mismo terapeuta puede ser alguien a quien representar.

—No sé cómo haces para soportarme —me decía ella tristemente—; siempre estoy hablando de lo mismo y nada cambia. A veces me parece que te estás cansando de mí; en realidad ya me habría cansado y me habría despachado por fastidiosa y poco colaboradora.

—Siéntate en mi lugar –le pido levantándome de mi sillón–; quiero que imagines que eres yo y que yo soy un colega mayor al que le pides (o le pido) opinión acerca de tu situación.

—¿Cómo es la cosa? –me pregunta, más asustada que desconcertada– Yo soy tú… el terapeuta y tú eres otro terapeuta, y yo le pido opinión acerca de mi trabajo con Mirtha.

—Así es –respondo, sentándome en un tercer sillón en mi consultorio.

—¿Qué querías consultarme? –le pregunto.

—Verás, colega –me dice riendo entre nerviosa y divertida– tengo una paciente que es muy tonta y no tiene ganas de colaborar con la terapia y no sé cómo deshacerme de ella.

—¿Es eso lo que realmente deseas, Miguel Martínez? –pregunto sonriéndole.

—No realmente –dice, ya más seria–. Se trata de una mujer con tanto miedo –continúa– que me preocupa mucho, he tratado de ayudarla a hacer las cosas de manera diferente… pero tiene tanto miedo, voy despacio, no quiero lastimarla, ¿sabes? Pero no es sencillo, ella es insegura, duda mucho y sufre. Me preocupa de verdad… por eso te consulto… sé que tengo aún mucho que hacer con ella y no es que no sepa qué, pero la veo tan frágil que temo que se vaya y deje las cosas por la mitad y ya no pueda ayudarla… sé que ha estado a punto de renunciar varias veces, pero se queda porque tiene confianza en mí… y sabe (al igual que yo) que puede lograrlo…

Rompe a llorar silenciosamente. La dejo llorar un rato sin interrumpir la expresión de su emoción.

—Quiero mi silla –me dice firmemente de golpe y secándose las lágrimas con el dorso de las manos–; soy una tonta, creo que porque estoy harta de mí misma todos han de estarlo. Sé que te preocupas por mí, sé que me quieres… como persona, digo… y sé que tienes confianza en mí… no porque seas ingenuo, confías porque conoces tu trabajo y yo también sé que puedo.

—Me hace feliz escuchar eso –le digo mientras regreso lentamente a mi lugar.

## La construcción de un rol alternativo

El sí mismo es tanto el conjunto de actitudes, comportamientos, creencias y grupo de significados predominantes y preferidos por cada persona, como el rol con el cual el individuo se siente más seguro y estable y el que representa en forma más permanente. Sin embargo, cada persona tiene la posibilidad de desarrollar una gran variedad de roles alternativos con los que enriquecer el sí mismo. La mayoría de las veces el miedo impide a las personas ser diferentes e intentar estar en la vida de maneras más heterogéneas. Esta técnica permite a los pacientes explorar con intensidad la sensación de ser distintos y apropiarse de estructuras de significados que se hallan profundamente en ellos y ampliar sus sistemas de creencias.

Dicha técnica consiste en sugerirles que describan el rol fijo que habitualmente desempeñan en el mundo pidiéndoles, por ejemplo, que imaginen que son su mejor amigo o la persona, diferente de ellos mismos, que creen que les conoce mejor. Escriben así la descripción de sí mismos y luego la cuentan en tercera persona, y de esa manera dejan que afloren sus creencias de identidad. Luego les requiero que imaginen que van a producir y dirigir una película sobre la vida de una persona digna de admiración y respeto, una persona especial. No es una historia épica o un drama pesado, sino la película sobre una persona real, que ama, sufre, tiene problemas y los resuelve, pero que por alguna razón es digna de admiración y respeto. Les digo que me tienen que definir las características de ese personaje, la forma de ser, la manera como actúa en las diversas situaciones de la vida, como el trabajo, las reuniones con amigos y familiares, con la pareja y los hijos, si los tuviese. Una vez que el personaje está bien definido y que me siento satisfecho por la forma como éste se encuentra estructurado, y una vez que nos queda clara, al paciente y a mí, el modo como actúa en las distintas situaciones de la realidad cotidiana, le digo que me gustaría que actuase este personaje, como ensayo, en las diversas situaciones que mencionamos, al menos una media hora cada día, consciente y deliberadamente, y que observe con detenimiento y tome nota de las reacciones que esto genera en las personas de su entorno, y en cómo se va sintiendo mientras lo representa; debe anotar toda emoción e impulso que le sea posible, si siente miedo, vergüenza o culpa, si le provoca detenerse o prefiere seguir, entre otras acciones.

En general, la mayoría de las personas comienzan con mucha indecisión, vergüenza y miedo a ser rechazados, descalificados o criticados por los demás, luego se dan cuenta de que, lejos de ser objeto de burla, causan extrañeza o agrado y casi siempre son aceptados, mejorando las relaciones con los otros. Al cabo de unas semanas comienzan a confundirse varias de las características del rol fijo con las del alternativo, generando una mezcla en la que los nuevos elementos dan plasticidad y variedad a la personalidad del sujeto.

—Al principio lo hice por no obstaculizar la psicoterapia –me decía un paciente tímido–, creía que era una excentricidad tuya, creo que la propuesta me pareció ingenua o tirada por los cabellos, pero lo hice. Creí que mis amigos, sobre todo mis compañeros de trabajo, iban a pensar que estaba loco, me daba miedo, pero muchos no se dieron cuenta, y si lo hicieron no lo demostraron de ninguna forma. Comenzó a gustarme, hablaba con firmeza y mirando a la gente a los ojos, ponía mi voz más gruesa y hablaba despacio, y la gente en las reuniones me escuchaba, no me interrumpían como antes, no tuve que decirles nada. Y el piojoso de Zamora dejó las bromas pesadas, sólo lo miré de frente y le pregunté: "¿Por qué me eliges a mí? ¿Soy especial para ti de alguna manera?" Respondió una tontería para quedar bien y ahora me habla con seriedad y… hasta respeto, diría yo. Lo divertido es que ahora ya no me cuesta trabajo hacer el papelito; en realidad me encuentro a mí mismo haciendo cosas del personaje sin estar en el momento del ensayo; es como si se hubiese mezclado conmigo.

—Son conductas que siempre estuvieron ahí –le digo–; de otra manera, no habrías podido mencionarlas cuando te pedí que definieras las personalidad de tu rol. Sólo el temor a las consecuencias te impedía ser lo que ahora eres.

—Cuando comencé el tratamiento contigo pensaba que la gente no podía cambiar, pero parece que puedo hacer de mí lo que quiera.

—Más o menos –le digo, meneando la cabeza.

*La técnica de la moviola*

En psicoterapia gestalt se persigue que los pacientes desarrollen un *continuum de conciencia*. Con la experiencia del *darse cuenta*, el paciente gana terreno a lo inconsciente hasta llegar a un estado ideal en que sus comportamientos son conscientes y el paciente tiene una experiencia plena de sus emociones y de sus actos, una experiencia emocional, cognitiva y volitiva. En el modelo constructivista se persigue un fin similar mediante estrategias propias y de otras inspiradas en diversas corrientes de la psicología humanista y de la psicoterapia cognitiva. Una de las más características estrategias de la psicoterapia constructivista es la técnica de la moviola, que consiste en entrenar la observación de los pacientes para que ésta recaiga en las distintas secuencias de su comportamiento. A modo de lo que ocurre en un estudio de cine, de donde la estrategia toma el nombre, se les enseña a ver los acontecimientos como una secuencia de escenas que pueden ser modificadas y cambiadas. Se les insta a enfocar algunas y desenfocar otras, a hacer zoom, ampliando unas y reduciendo otras, para incrementar su capacidad de autoobservación en las situaciones futuras. Se le ayuda a introducir detalles y fragmentos en la secuencia para imaginar cómo cambiarían las cosas con las secuencias introducidas y las eliminadas, considerando los cambios en su manera de sentir y expresar sus emociones y su visión de sí mismo y de su entorno. El cambio en su experiencia tiende a reencuadrar su concepto del mundo y produce modificaciones en su estilo narrativo.

—Si corto la escena de la discusión con Nancy me siento más tranquilo, más... ¿feliz? —pregunta, como buscando en su interior.

—¿Tranquilo y feliz? Entiendo, pero ¿no hay nada más? Imagina de nuevo la escena: ella llega tarde, viene de casa de su amiga y tú estás esperándola frente al cine durante casi una hora...

—¡No!, ¡no! Estoy hablando paja. No estoy nada feliz. Tenía que reclamarle de alguna manera... me provocó marcharme un montón de veces y, sin embargo, me quedé, me sentí preocupado por ella, creí que podía haberle pasado algo y no sabía dónde ir a buscarla, luego me sentí furioso... tenía que reclamarle de alguna forma.

—Entonces ¿qué hubieses podido hacer?

—Tal vez si le hubiese reclamado serenamente —reflexiona—, calmado, explicándole cómo me hizo sentir.

Le pido que lo represente imaginando que su novia está en la silla vacía (el tercer sillón de mi consultorio). Él le habla ensayando varias veces la forma como más le hubiese gustado abordar con ella la situación y cuando se siente satisfecho le pido que incluya ese segmento en la secuencia original.

—Ahora me siento más seguro, satisfecho y... hasta orgulloso de mí mismo —me dice tranquilo.

—¿Cómo cambia eso los fragmentos siguientes en la secuencia?

—Ella no tiene motivos para reaccionar con ira —dice luego de pensar un rato—; vemos la película y nos evitamos tres días de trompa y silencio. Quizá en otra situación ella vuelve a hacerlo, pero yo tendría otra forma de actuar ante estas cosas; creo que me iría al cabo de media hora y la dejaría a ella en la misma posición en que me encontré yo.

—¿Cómo te hace sentir esa posibilidad? —le pregunto

—No estoy seguro, me parece que no tan bien como me imaginé al principio, algo culpable. Quiero ver qué pasa si volvemos atrás en la secuencia y ponemos un fragmento en el que yo me voy a la media hora y me desaparezco, o luego la llamo en la noche o algo así, ¿podemos?

—Seguro. Aún nos queda un poco de tiempo.

### Trampas de lógica

Nino es un joven de 18 años; cuando tenía 7 fue forzado sexualmente por un tío.

—En realidad no me obligó –me dijo– sólo lo hizo y eso es todo; yo no dije nada; creo que pensaba que era normal, aunque no me gustaba, nunca se lo dije a nadie, creo que en el fondo tenía la sensación de que no estaba bien. Ocurrió muchas otras veces después.

En una oportunidad en la escuela, cuando era niño, Nino intentó desvestir a un compañerito a quien consideraba su mejor amigo.

—Creo que me imaginaba que era una forma de afecto o algo por el estilo –me dijo él reflexivamente–, pero el niño se opuso, se asustó o se enojó... no lo sé... y le contó todo a la maestra; ésta nos llevó a ambos a la dirección. El director decidió citar a los representantes de ambos y hacer una reunión con todos.

—¿Qué pasó en esa reunión? –le pregunto.

—En esa reunión se formó un gran lío, no lo recuerdo muy bien –relataba mi joven paciente–. Sólo sé que en algún momento alguien dijo la palabra *marica* y entonces entendí que yo era marica.

—¿Qué ocurrió luego?

—Me cambiaron a otro colegio.

—¿Cómo reaccionaron tus padres? –indago.

—Mi padre hacía ya tiempo que se había ido, mamá nunca se lo dijo y ella me dijo que no quería hablar de eso. No recuerdo ninguna conversación al respecto, sólo que muchas veces me decía indirectas sobre los homosexuales y sus vicios… a buen entendedor pocas palabras. Yo comencé a los 15 años a tener relaciones sexuales con un vecino de la casa. No sé si él es o no es, creo que yo lo convencí. Desde entonces lo hago con él de vez en cuando. Pero no me gusta, me hace sentir mal, me gustaría dejar esto y ser normal.

—¿Cómo puedo ayudarte? –le pregunto cautelosamente.

—Bueno, no sé si se puede hacer algo; después de lo de mi tío todo cambió.

—¿Nunca te han gustado las muchachas?

—Sí, me gustan; en este momento, donde trabajo hay una que me gusta mucho.

—¿Y entonces? –le pregunté.

—Bueno, no voy a decirle que me gusta, ¿no? No puedo hacerle eso, yo no puedo tener nada con ella.

—¿Por qué? –pregunté, visiblemente asombrado.

—Bueno, ya le dije, ¿no me escucha? –replica reteniendo la rabia–. Soy marica.

—¿Por qué?

—Por lo que pasó con mi tío, ¿no?

—¿Crees que eres marica sólo porque tu tío tuvo sexo contigo? –pregunto, con exagerado asombro.

—¿Y no es así? Usted sabe que es así, no necesita darme esperanzas, ni consolarme; yo sé lo que soy y lo que me espera.

—Dime una cosa, Nino –le pido, cambiando radicalmente mi actitud y el tema de conversación para preguntarle, en tono de presentador de programa de concursos– ¿cómo se llama el sonido que hacen las vacas?

—¿Mugido?

—Sí, creo que eso es, las vacas mugen –trato de parecer pensativo.

—¿Qué tiene eso que ver? –me pregunta con asombro y mucho menos a la defensiva.

—Hazme un favor, haz un bonito mugido –le pido.

—¿Para qué?

—Por favor.

—Bueno: muuuuu.

—No, no está bien, no es convincente –digo meneando la cabeza negativamente.

—Muuu, muuu.

—Verás, yo voy a salir a tomar un café y tú te vas a quedar aquí mugiendo. Quiero que mujas hasta convertirte en una vaca. Cuando lo hayas logrado, llámame.

Me levanté para salir y de pronto me retuvo diciéndome:

—Eso es una tontería. No voy a convertirme en una vaca por más que muja.

—Tienes razón –le digo muy serio– son dos tonterías: la tuya y la mía. El marica y la vaca. Hacer lo que hacen las vacas no te hace una vaca y hacer lo que los homosexuales hacen no te vuelve homosexual.

Nino tenía la creencia de que haber tenido sexo con un hombre lo convertía automáticamente en homosexual y se comportaba de la forma como él creía que lo hacía un homosexual, tenía sexo con hombres y rechazaba el contacto con las muchachas, e intentaba ignorar las emociones que éstas despertaban en él. Sin embargo, esto le generaba muchos sentimientos de desagrado y de culpa. Un acto de buena fe puede ser tratar de convencerlo, con explicaciones y argumentos científicos, de que hace falta más para ser homosexual que haber tenido experiencias sexuales con hombres, pero intentar convencerlo con estas observaciones suele resultar inútil o, en todo caso, largo y arduo. Una forma abreviada e indirecta es reducir al absurdo su creencia, igualándola a un postulado que sea realmente un disparate. En este caso, "hacer lo que hacen los homosexuales (tener sexo con hombres) me convierte en homosexual" se igualó a "hacer lo que hacen las vacas (mugir) me convierte en una vaca". Si la segunda resulta falsa, descalifica a la primera y es una *trampa de lógica* que sirve para deconstruir creencias.

## Reconstruir el pasado

A los sucesos que integran nuestra historia personal, es decir, a nuestros hechos pasados, se les ha atribuido una importancia crucial en el estudio de la conducta humana. Desde la publicación de los escritos de Freud, los psicólogos han colocado su mirada escrutadora en el pasado personal de cada paciente, esperando encontrar indicios que les expliquen por qué les ocurre lo que les ocurre y cómo llegó esta persona a enfermarse o a desarrollar tal o cual incapacidad. También se han hechos estudios similares en "personas normales", en un intento por entender cuál ha de ser el ambiente en que ha de crecer una persona para llegar a ser un individuo sano. Freud pensaba que la neurosis tenía su origen en cierto tipo de conflictos que sucedían en la vida infantil del sujeto y que después eran relegados al inconsciente para evitar la angustia que generaban. Gran parte de los esfuerzos psicoterapéuticos de los psicoanalistas iba dirigida a retirar del inconsciente el origen causal de los conflictos de los analizados. Teorías psicológicas más recientes han puesto en duda la eficacia de escrutar el pasado como método para resolver los problemas psicológicos. El pasado puede explicar la causa de los conflictos, de manera que conocer los orígenes de la dificultad puede hacernos más conocedores de la forma como los problemas se originan, o capacitarnos para evitar que tal cosa ocurra de nuevo, pero este conocimiento no resuelve los problemas. Watzlawick, Weakland y Fisch (1974/1976) establecen que existe una clara diferencia entre el problema y su solución y plantean que el uno es independiente de la otra. Grinder y Banlder (1980/1993), quienes idearon la programación neurolingüística (PNL), en numerosas demostraciones públicas han probado que muchas veces es posible resolver los problemas sin tener ningún conocimiento de sus causas y con muy poca información acerca de la naturaleza de éste.

Consideremos, como ejemplo, lo ocurrido a un amigo que al llegar a su casa encontró en su estudio, tiradas en el suelo, las hojas desordenadas de lo que eran los últimos dos capítulos de su más reciente libro. Los había impreso para revisarlos y corregirlos, y ahora estaban las hojas dispersas y desordenadas. Pasó un buen rato preguntándose qué habría pasado. ¿Dejó acaso abierta la ventana y el viento…? O tal vez su hijo pequeño las tomó y las…, o quizá el perro entró en el estudio y las desordenó. Decidió que saber cómo había ocurrido no iba a ordenar las hojas y se puso a solucionar su problema para seguir con su trabajo de revisión sin conocer nada acerca de la causa de su contrariedad.

Es bien cierto que podemos ayudar terapéuticamente a nuestros pacientes a resolver de modo eficaz y permanente sus conflictos. En este trabajo el valor resolutivo del conocimiento de las causas ha pasado a ser considerado una falacia. Pareciera que no sólo no es necesario el conocimiento de los "porqués" de los problemas, sino que también este conocimiento no es posible en realidad. Debemos preguntarnos, ¿podemos realmente saber qué se encuentra en nuestro pasado y cómo influye en nuestras circunstancias presentes?, ¿podemos de verdad tener una idea clara de qué cosas del pasado originan nuestras tendencias de comportamiento actuales? Pareciera que no. El físico David Peat (1995), en su libro *Sincronicidad*, a propósito de la causalidad hace un análisis detallado de la trayectoria de una pelota de tenis tras un golpe de la raqueta de uno de los jugadores. Dicho autor expone la cantidad de fuerzas e influencias que actúan sobre la pelota para determinar su trayectoria. El jugador golpea la pelota con una fuerza determinada, confiriéndole una velocidad y una dirección iniciales. Luego comienza a actuar sobre ella la fuerza de gravedad que la atrae hacia el suelo durante toda su trayectoria, esta fuerza depende de la masa de la pelota, de la materia que integra el campo y, en cierta medida, de la masa de la Tierra. Existen también pequeñas variaciones y efectos ocasionados por la estructura del campo, de los espectadores y de los jugadores. En la fuerza de gravedad influyen también las fases de la Luna, los planetas y las estrellas cercanas. Luego tenemos la resistencia del aire que tiende a frenar la velocidad de la pelota y a desviarla en su trayectoria, resistencia que varía en forma directa a la velocidad de la pelota, de modo que a mayor velocidad mayor resistencia. El cálculo de la resistencia se puede realizar si conocemos la trayectoria, el peso y la forma de la pelota y la densidad del aire. Sin embargo, la densidad del aire no es uniforme, sino que varía dependiendo de la temperatura, las luces del campo, etcétera. Esta densidad aumenta en algunas zonas por la presencia del calor de los espectadores o diminuye porque la humedad de los depósitos de agua o de vegetación cercanos podrían enfriarla. También habría que considerar las corrientes de aire que tienden a desviar la trayectoria de la pelota. Las corrientes de aire dependen de la presencia de lagos o ríos en las proximidades, de la rotación diaria de la Tierra, de las diferencias de temperatura entre los polos y el trópico y entre los océanos, los desiertos y las cordilleras. Las corrientes de aire también dependen del efecto de la Luna sobre la atmósfera de la Tierra. Hasta aquí el problema de la pelota se ha reducido a un sistema físico bastante simple, sin embargo, cuando le añado la presencia del lanzador, sus movimientos musculares finos, el temblor que le ocasiona el estrés psicológico que hace que un lanzamiento no sea igual si es el primero del set o si es un lanzamiento del cual depende el destino del partido.

Creo que nadie va a contradecirme si afirmo que cualquier acto humano es infinitamente más complejo en sus causas que el segmento de arco que describe esa pelota de tenis. Entonces puedo asegurar que es infinitamente difícil, si acaso resulta posible, conocer con exactitud las causas de un conflicto determinado, pues millones de situaciones influyen en él de formas que posiblemente ni imaginemos. *Todo causa todo lo demás*, en términos de que cada cosa parece tener un efecto de alguna magnitud sobre las demás, y es una red enorme de relaciones causales.

No pretendo decir que no es cierto que el pasado influye en nosotros y determina nuestra conducta. En el pasado están las infinitas e inabarcables causas de que seamos lo que somos y en el futuro están las infinitas tendencias que nos guían hacia él. El pasado nos impulsa y el futuro nos atrae.

Lo más importante de esta reflexión sobre las causas de los sucesos mentales es que, lejos de lo que hemos pensado y aceptado como cierto por muchos años, el pasado no es una categoría psicológica cerrada e inmutable. Realmente no sé con certeza lo que en el pasado esté o cómo funciona en el tiempo físico, pero en el tiempo psicológico las cosas ocurren según ciertas peculiaridades del funcionamiento de nuestro sistema nervioso. Los seres humanos estamos en contacto con los sucesos que integran nuestro pasado por medio de la memoria, y la memoria no nos proporciona un registro exacto de los hechos ocurridos en el pasado. La memoria es selectiva, fija los sucesos que nos impresionan más e ignora otros. La memoria completa la información parcial y organiza la información dispersa en formas que no son iguales en los distintos participantes del mismo evento.

La memoria omite, transforma y, sobre todo, distorsiona la información con las emociones vividas y con los significados que atribuimos a los hechos pasados. Al recordar unos sucesos dados en distintos momentos a través de los años, estos recuerdos nos vienen cambiados, pues la memoria es evolutiva, cambia al cambiar nosotros y se transforma con el tiempo. Por ello, si una persona logra cambiar el significado que le atribuye a un hecho pasado que influye en él grandemente, este hecho comenzará a influir de una manera completamente distinta. Nino, el paciente que mencioné en líneas anteriores, es un buen ejemplo de ello. Mediante su proceso psicoterapéutico, Nino tuvo que realizar una serie de cambios personales que incluyeron la reconsideración de su historia a partir de los 7 años, el significado de los eventos fue deconstruido y vuelto a construir, y esto repercutió en sus relaciones interpersonales, que sufrieron una serie de cambios que influyeron de vuelta en Nino y generaron más cambios. El joven se encontró en condiciones de sostener una dramática conversación con el tío que abusó sexualmente de él, y pudo hacer una expresión constructiva de su ira hacia éste, contactó al vecino con quien había tenido relaciones sexuales y le pidió perdón, explicándole parte de la historia vivida por él. Encontró al padre que le había abandonado cuando tenía dos años y le hizo escuchar lo que para él había sido la experiencia de haber sido su hijo y de no haberlo tenido cerca, y por último agradeció a la madre el apoyo que le había brindado al ayudarlo a asistir a las sesiones de psicoterapia. En la trascripción de su última sesión encontré una reflexión tan ilustrativa como emotiva.

—No sé cómo agradecerte todo lo que hiciste de mí —me dijo—. Me pongo a pensar cómo llegue y no puedo creerlo. Me parece que entonces no me imaginé que pudiera llegar a estar como estoy, y ahora no puedo creer lo mal que estuve. ¿Sabes?, después de todo me siento un tipo afortunado. No es que me agrade lo que me pasó, creo que me sucedió algo muy malo, pero a veces me pongo a pensar en eso y me parece que esto es algo que no le pasa a la mayoría de la gente... sí a muchos... pero la mayoría vive una vida menos traumática y con menos complejos, menos miedo y menos sensación de estar estropeado... a mí me pasó esto y lo enfrenté; no fue fácil pero le puse el pecho y luego pienso: "mira, Nino, pasaste por algo fuera de lo común, algo difícil, pero lo resolviste". Sé que me ayudaste —me dice con una sonrisa—, pero, como tú mismo dices, fuiste el medio y yo te usé sabiamente. En fin, lo resolví y ahora estoy bien, puse las cosas en su lugar, tengo mi novia que me adora y a la que amo, y esto no me destruyó. Entonces, eso significa que soy fuerte y que todo este asunto me fortaleció más… y pienso: "si pude con esto de ser forzado sexualmente de niño y con todos estos años de inseguridad y culpa, y esto es algo que la mayoría de la gente no conoce, entonces creo que soy muy fuerte y que hay pocas cosas en el mundo con las que no pueda". No es que vaya a estar buscando pasar por situaciones conflictivas para probarme a mí mismo, pero me siento fuerte y muy seguro.

# Epílogo

La idea de escribir este libro surgió tras una intensa sesión de psico-terapia con una pareja con la que había estado trabajando por más de tres meses. Fracasaban en establecer contacto mediante la comunica-ción y se enfrascaban en discusiones estériles defendiendo sus respec-tivos puntos de vista, como si la vida tuviese sólo una manera de ser entendida: la que cada uno de ellos defendía. Se acusaban mutuamen-te de intransigentes, y tenían la certeza de que era lógico y esperado que después de 10 años de matrimonio la pasión desapareciese, el amor se transformase en compañerismo y la capacidad para entenderse y para vivir armoniosamente dependiera del sacrificio de las posiciones perso-nales; para ellos sólo se trataba de que ambos cediesen de forma equi-tativa. Sus creencias estaban firmemente arraigadas y validadas de modo circular por las experiencias que aquéllas habían hecho que ellos tuviesen en las diversas relaciones de pareja en que participaron duran-te el transcurso de su vida.

Pensé en la cantidad de creencias con las que día a día tenía que vérmelas en mi trabajo con mis diversos pacientes, muchas son extra-ordinariamente útiles y muchas otras han de ser construidas en el pro-ceso terapéutico, para bien de los pacientes. Pero un gran número de ellas son disfuncionales y ocasionan muchas de las dificultades que el individuo confronta en su existencia. Mientras me tomaba un café, al final de esta sesión, decidí escribir aquellas creencias disfuncionales que había encontrado en mis años de trabajo, que fuese capaz de re-cordar.

Luego de escribir unas cuantas, resolví cambiar el método y colo-qué una libreta sobre una mesa pequeña que tengo al lado de mi sillón. Las quería frescas, recién salidas de la boca de mis pacientes y no filtradas por mi memoria y mis procesos mentales; quería saber cuáles eran las más frecuentes, en qué momento de la relación se presentaban, quién las tenía y cuánto costaba que sus dueños las percibieran. En menos de un mes tenía más de cien creencias disfuncionales anotadas en mi libreta, algunas familiares, otras insospechadas y todas ellas se entrecruzaban y tejían una intrincada red que ahogaba las relaciones afectivas, distorsionando las emociones que les son propias, encerrando a la pareja en un complicado laberinto de sentimientos, excusas, silencios, mentiras y resignaciones.

Decidí abordar el tema de las creencias con base en una estructura operativa, que divide el proceso continuo de la relación afectiva en los tres tiempos a los que aluden los capítulos 2, 3 y 4 que, aunque es ciertamente artificial, es también un modelo que me ha resultado extraordinariamente útil durante más de 10 años de trabajo para entender, explicar y ayudar a reconstruir muchas relaciones de pareja.

Quise mostrar a los lectores, al menos las más frecuentes de estas creencias, ya que mis pacientes, al saber de ellas, luego de manifestar asombro y desconcierto, eran más sensibles al trabajo de detectarlas y cuestionarlas, así como más colaboradores al deconstruirlas y cambiarlas por unas más funcionales. Quise que los lectores de este libro fuesen más dueños de sí mismos, de su funcionamiento mental, de sus alternativas y de su potencial. Quise que comprendiesen, al menos someramente, en qué consiste un proceso de psicoterapia de parejas y que pudiesen constatar que no se trata del procedimiento oscuro, misterioso y amenazador que muchas personas piensan que es. Quise enseñar con muchos ejemplos el trabajo humano, sensible y cooperativo que el equipo integrado por los pacientes y su psicoterapeuta realiza, explorando, decidiendo, ampliando y cambiando con un fin común: llegar a una existencia mejor. Quise mostrar el temor, la inquietud, las dudas y la satisfacción que todos los miembros del proceso (pacientes y terapeutas) llegan a sentir y cómo todos crecen y se enriquecen con esa experiencia y, honestamente, espero haberlo logrado.

# Bibliografía

Andolfi, M., *Terapia familiar*, Paidós; Barcelona, 1977/1993.

Anónimo, *Bhagavad Gita* (versión de Juan Mascaró), Editorial Debate, Barcelona, 1999.

Babloyantz, A. A. y Destexhe, "Low-Dimensional Chaos in an Instance of Epilepsy", *Proc. Natl. Acad. Sci*, vol. 83, núm. 3513, 1986.

Báez, V., *Introducción crítica a la gramática generativa*, Editorial Planeta, Barcelona, 1975.

Balzac, H., *Fisiología del matrimonio, o meditaciones de filosofía ecléctica relativas a la felicidad y desgracia de los casados*, Editorial Leyenda, México, 1830/1945.

Bandler, R., *Su cabeza para variar, submodalidades en programación neurolingüística*, Editorial Cuatro Vientos, Santiago de Chile, 1985/1988.

Bandler, R. y J. Grinder, *La estructura de la magia I, lenguaje y terapia*, Editorial Cuatro Vientos, Santiago de Chile, 1975/1980.

Bateson, G., D. Jackson, J. Haley y J. Weakland, "Toward a Theory of Schizophrenia", *Behavioral Science*, vol. 1, núms. 251,264, 1956.

___, *Steps to an Ecology of Mind*, Ballantine, Nueva York, 1972.

___, *Mind and Nature: A Necessary Unity*, Dutton, Nueva York, 1979.

Bertalanffy, L. Von, *Teoría general de los sistemas*, Fondo de Cultura Económica, México, 1968/1987.

Bohm, D., *La totalidad y el orden implicado*, Editorial Kairós, Barcelona, 1980/1992.

Botella, L. y G. Feixas, *Teoría de los constructos personales: aplicaciones a la practica psicológica*, Editorial Laertes, Barcelona, 1998.

Briggs, J. y F.D. Peat, *Espejo y reflejo: del caos al orden*, Editorial Gedisa, Barcelona, 1989/1994.

Castanedo, C., *Terapia gestalt. Un enfoque centrado en el aquí y ahora*, Editorial Herder, Barcelona, 1997.

Chomsky, N., *Aspects of the Theory of Syntax*, Cambridge, 1965.

___, *Language and Mind*, Harcourt, 1968.

Coderch, J., *Teoría y técnica de la psicoterapia psicoanalítica*, Editorial Herder, Barcelona, 1987.

Cooper, S.H., "Neutrality and Psychoanalysis: Separation, Divorce or a New set of Vows", *JAPA*, núm. 44, 1996, pp. 1017-1019.

Dallos, R., *Sistema de creencias familiares*, Editorial Paidós, Buenos Aires, 1996.

Davies, P., *Superfuerza*, Salvat Editores, Barcelona, 1984/1985.

Descartes, R., *Discurso del método*, Ediciones Orbis, S.A., Barcelona, 1983.

Desiato, M., *Lineamientos de filosofía*, Ediciones de la Universidad Católica "Andrés Bello", Caracas, 1995.

Echeverría, R., *Ontología del lenguaje*, Dolmen, Santiago de Chile, 1996.

Erickson, M., E. Rossi y S. Rossi, *Hypnotic Realities. The Introduction of Clinical Hypnosis and Forms of Indirect Suggestion*, Irvington Publishers, Nueva York, 1976.

Fages, J.B., *Historia del psicoanálisis después de Freud*, Ediciones Martínez Roca, Barcelona, 1976/1979.

Feixas, G. y M. Villegas, *Constructivismo y psicoterapia*, Editorial Descleé de Brouwer, Bilbao, 2000.

Freud, S., *La interpretación de los sueños. Obras completas*, vol. I, Editorial Biblioteca Nueva, Madrid, 1900/1981.

___, *Consejos al médico en el tratamiento psicoanalítico. Obras completas*, vol. II, Editorial Biblioteca Nueva, Madrid, 1912/1981.

Frick. W., *Psicología humanista*, Editorial Guadalupe, Buenos Aires, 1971/1973.

Fried, D., *Nuevos paradigmas, cultura y subjetividad*, Editorial Paidós, Buenos Aires, 1994.

Ginger, S. y A. Ginger, *La gestalt: una terapia de contacto*, El Manual Moderno, México, 1987/1993.

Gleick, J., *Caos, la creación de una ciencia*, Editorial Seix Barral, Barcelona, 1987/1998.

Globus, G.G. y J.P. Arpaia, "Psychiatry and the New Dynamics", *Biol. Psychiatry*, vol. 35, núm. 352, 1994

Goldberger, A.L. y B.J. West, "Application of nonlinear Dynamics to clinical Cardiology", *Ann. N.Y. Acad. Sci*, vol. 504, núm. 195, 1987.

Grassi, E., *Vico y el humanismo: ensayos sobre Vico, Heidegger y la retórica*, Editorial Anthropos, Barcelona, 1999.

Greenson, R., *Técnica y práctica del psicoanálisis*, Siglo XXI Editores, México, 1967/1976.

Grinder, J. y R. Bandler, *De sapos a príncipes*, Editorial Cuatro Vientos, Santiago de Chile, 1980/1993.

___, *Trance-Fórmate*, Editorial GAIA, Madrid, 1993.

___, *La estructura de la magia II, Cambio y Congruencia*, Editorial Cuatro Vientos, Santiago de Chile, 1994.

Jung, C.G., *Energética psíquica y esencia del sueño*, Ediciones Paidós Ibérica, Barcelona, 1920/1982.

___, *Arquetipos e inconsciente colectivo*, Ediciones Paidós Ibérica, Barcelona, 1934/1988.

Kandel, E.R., "Small Systems of Neurons", *Scientific American*, septiembre de 1979.

Kelly, G.A., *The Psychology of Personal Constructs*, vols. 1 y 2, Routledge, Londres, 1955/1991.

Kuhn, T., *La estructura de las revoluciones científicas*, Fondo de Cultura Económica México, 1962/1971.

Lagache, D., *El psicoanálisis*, Editorial Paidós, Buenos Aires, 1988.

Lawrence, D.H., *El amante de Lady Chatterley*, Editorial Planeta, Madrid, 1987.

Linton, R., *The Tree of Cultura*, Alfred A. Knopf, Nueva York, 1956.

Lorenz, E.N., "Deterministic Nonperiodic Flow", *Journal Atmospheric Sciences*, vol. 20, núm. 69, 1976.

Makari, G.J., "Current Conceptions of Neutrality and Abstinence (panel report)", *JAPA*, núm. 45, 1997, pp. 1231-1239.

Mandelbrot, B., *The Fractal Geometry of Nature*, W.H. Freeman, San Francisco, 1982.

Mandell, A.J., "Nonlinear Dynamics in Brain Processes", *Psichopharmacology Bull*, vol. 18, núm. 3, p. 59, 1982.

Mandolini, R.G., *Historia general del psicoanálisis de Freud a Fromm*, Editorial Ciordia, Buenos Aires, 1969.

Marías, J., *Historia de la filosofía*, Alianza Editorial, Salamanca, 2001.

Moray, N., *Cibernética*, Editorial Herder, Barcelona, 1963/1967.

Napier, R.W. y M.K. Gershenfeld, *Grupos: teoría y experiencia*, Editorial Trillas, México, 1990.

Naranjo, C., *La vieja y novísima gestalt*, Editorial Cuatro Vientos, Santiago de Chile, 1989/1990.

Nardone, G. y P. Watzlawick, *El arte del cambio*, Editorial Herder, Barcelona, 1990/1992.

Nardone, G., *Psicosoluciones*, Editorial Herder, Barcelona, 1998/2002.

Neimeyer, G.J., *Evaluación construtivista*, Editorial Paidós, Barcelona, 1993/1996.

Neimeyer, R.A. y M.J. Mahoney, *Constructivism in Psychotherapy*, Washington American Psychological Association, 1995.

Nietzsche, F. y H. Vaihinger, *Sobre verdad y mentira en sentido extramoral*, Editorial Tecnos, Madrid, 1990.

_____, *La genealogía de la moral*, Editorial Edaf, S.A., Madrid, 2000.

O'Hanlon, W.H., *Guía breve de terapia breve*, Editorial Paidós, Barcelona 1987/1989.

___, *Raíces profundas. Principios básicos de la terapia y de la hipnosis de Milton Erickson*, Editorial Paidós, Buenos Aires, 1987/1989.

O'Hanlon, W.H. y M. Weiner-Davis, *En busca de soluciones*, Editorial Paidós, Barcelona, 1989/1990.

Ortega, J., *Ideas y creencias (y otros ensayos de filosofía)*, Alianza Editorial, Salamanca, 1997.

Peat, F.D., *Sincronicidad*, Editorial Kairós, Barcelona, 1987/1995.

Perls, F.S., *Sueños y existencia*, Editorial Cuatro Vientos, Santiago de Chile, 1982.

___, *El enfoque guestáltico y testimonios de terapia*, Editorial Cuatro Vientos, Santiago de Chile, 1973/1992.

Piaget, J., *Seis estudios de psicología*, Editorial Seix Barral, Barcelona 1964/1977.

Platón, *El banquete*; Editorial Orbis, Barcelona, 1983.

Pool, R., "Is it Healthy to be Chaotic?", *Science*, vol. 243, 1989, pp. 604-607.

Prigogine, I., *Las leyes del caos*, Editorial Crítica, Barcelona, 1993/1999.

___, *The End of Certainty*, The Free Press, Nueva York, 1997.

Procter, H.G., *Escritos esenciales de Milton H Erickson*, Editorial Paidós, Barcelona, 2001.

Racker, H., *Estudios sobre técnica psicoanalítica*, Editorial Paidós, Buenos Aires, 1977.

Redington, D.J. y S.P. Reidbord, "Chaotic Dynamics in Autonomic Nervous System Activity of a Patient During a Psychotherapy Session", *Biol Psychiatry*, vol. 31, núm. 993, 1992.

Reich, W., *La revolución sexual*, Ediciones El Topo, México, 1930/1967.

Renik, O., "Technique in Light of the Analyst's Irreducible Subjectivity", *Psychoanal. Q.*, núm. 62, 1993, pp. 553-571.

___, "Ideal of Anonymous Analyst and the Problem of Self-disclosure" *Psychoanal. Q.*, núm. 64, 1995, pp. 466-495.

___, "The Perils of Neutrality", *Psychoanal. Q.*, núm. 65, 1996, pp. 495-517.

Rosen, S., *Mi voz irá contigo, los cuentos didácticos de Milton H. Erickson*, Editorial Paidós, México, 1982/1991.

Rusell, B., *Matrimonio y moral*, Editorial Leviatán, Buenos Aires, 1929/1956.

Saint-Exupery, A., *El principito*, Enrique Sainz Editores, México, 1994.

Shazer, S., *Claves para la solución en terapia breve*, Editorial Paidós, Barcelona, 1991.

Skarda, C.A. y W.J. Freeman, "How Brains Make Chaos in Order to Make Sense of the World", *Behav. Brain. Sci.*, vol. 10, núm. 161, 1987.

Thibault, O., *La pareja*, Ediciones Guadarrama, Madrid, 1971/1972.

Timasheff, N.S., *La teoría sociológica*, Fondo de Cultura Económica, México, 1955/1961.

Vico, G., *Ciencia nueva*, Editorial Tecnos, Barcelona, 1995.

Watzlawick, P., J.B. Babéelas y D.D. Jackson, *Teoría de la comunicación humana, interacciones, patologías y paradojas*, Editorial Tiempo Contemporáneo, Buenos Aires, 1967/1971.

Watzlawick, P., J.H. Weakland y R. Fisch, *Cambio*, Editorial Herder, Barcelona, 1974/1976.

Watzlawick, P., *¿Es real la realidad?*, Editorial Herder, Barcelona, 1976/1979.

____, *El lenguaje del cambio*, Editorial Herder, Barcelona, 1977/1980.

Weiner, N., *Cibernética o el control y comunicación en animales y máquinas*, Tusquets Editores, Barcelona, 1998.

Zeig, J.K., *Un seminario didáctico con M.H. Erickson*, Amorrortu Editores, Buenos Aires, 1980/1998.

____, *Ericksonian Approaches to Hypnosis and Psychotherapy*, Brunner/Mazel, Nueva York, 1982.